梅仲孙 /著

教育中的情和爱

——儿童、青少年情感发展与教育研究40年

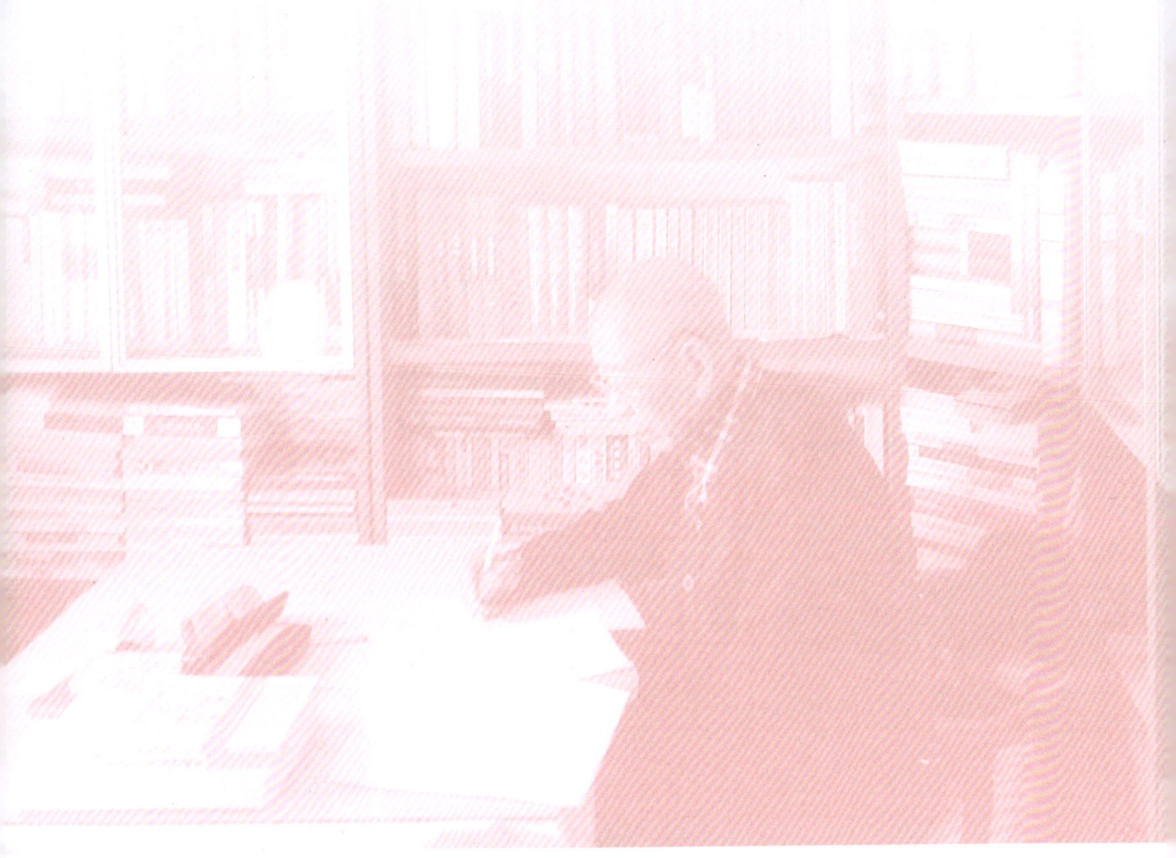

上海教育出版社

《上海教育丛书》编委会

1994 年至 2001 年编委会

主　　编　吕型伟
副 主 编　姚庄行　袁　采　张民生　刘元璋（常务）
编　　委　于　漪　刘期泽　俞恭庆　江晨清
　　　　　陆善涛　陈　和　樊超烈

2002 年至 2007 年编委会

主　　编　吕型伟
副 主 编　姚庄行　袁　采　张民生　刘元璋
　　　　　夏秀蓉　樊超烈
编　　委（以姓氏笔画为序）
　　　　　于　漪　王厥轩　尹后庆　冯宇慰
　　　　　刘期泽　江晨清　陆善涛　陈　和
　　　　　俞恭庆　袁正守

2008 年至 2014 年编委会

顾　　问　李宣海　薛明扬
主　　编　吕型伟
执行主编　夏秀蓉
副 主 编　姚庄行　袁　采　张民生　尹后庆
　　　　　刘期泽　于　漪
编　　委（以姓氏笔画为序）
　　　　　王厥轩　王懋功　仇言瑾　史国明
　　　　　包南麟　宋旭辉　张跃进　陈　和
　　　　　金志明　赵连根　俞恭庆　顾泠沅
　　　　　倪闽景　徐　虹　徐淀芳　黄良汉

2015 年至 2018 年编委会

顾　　问　姚庄行　袁　采　夏秀蓉　张民生
　　　　　刘期泽　于　漪　顾泠沅
主　　编　尹后庆
副 主 编　俞恭庆　徐淀芳
编　　委（以姓氏笔画为序）
　　　　　王　浩　仇言瑾　史国明　孙　鸿　宋旭辉
　　　　　苏　忱　杨振峰　邵志勇　金志明　郑方贤
　　　　　周　飞　赵连根　贾立群　缪宏才

前　言

建设一流城市,需要一流教育。办好教育,最根本的是要建设好教师队伍和学校管理干部队伍。

在长期的教育实践中,上海市涌现了一大批长期耕耘在教育第一线呕心沥血、努力探索,积累了丰富经验的优秀教师;涌现了一批领导学校卓有成效,有思想、有作为的优秀教育管理工作者。广大优秀教育工作者教育教学和管理工作的经验,凝聚着他们辛勤劳动的心血乃至毕生精力。为了帮助他们在立业、立德的基础上立言,确立他们的学术地位,使他们的经验能成为社会的共同财富,1994年上海市领导决定,委托教育部门负责整理这些经验。为此,上海市教育局、上海市中小学幼儿教师奖励基金会组织成立《上海教育丛书》编辑委员会,并由吕型伟同志任主编,自当年起出版《上海教育丛书》(以下称《丛书》)。1995年上海市教育委员会成立后,要求继续做好《丛书》的编辑出版工作。2008年初,经上海市教育委员会领导同意,调整和充实了《丛书》编委会,并确定夏秀蓉同志任执行主编,协助主编工作。2014年底,经上海市教育委员会领导同意,调整和充实了《丛书》编委会,确定尹后庆同志担任主编。至2018年11月,先后共编辑出版《丛书》122册。《丛书》的内容涵盖了基础教育和中等职业教育的各个方面,包含有较高理论水平和学术价值的著作,涉及中小学教育、学前教育、师范教育、职业教育、校外教育和特殊教育,以及学校的领导管理与团队工作,还有弘扬祖国优秀文化、促进国际教育交流等方面的著作,体现了上海市中小学教育改革与发展的轨迹,体现了上海市中小学教育办学的水平与质量,体现了优秀教师和教育工作者的先进教育思想与丰富的实践经验。《丛书》出版后,受到广大教师、教育工作者及社会的欢迎。

为进一步搞好《丛书》的出版、宣传和推广工作，对今后继续出版的《丛书》，我们将结合上海教育进入优质均衡、转型发展新时期的特点，更加注重反映教育改革前沿的生动实践，更加注重典型性、实用性和可读性。希望《丛书》反映的教育思想、理念和观点能起到抛砖引玉的作用，引发大家的思考、议论和争鸣；更希望在超前理念、先进思想的统领下创造出的扎实行动和鲜活经验，能引领当前的教育教学改革工作，使《丛书》成为记录上海教育改革历程和成果的历史篇章，成为广大教师和教育工作者的良师益友。限于我们的认识和水平，《丛书》会有疏漏和不尽如人意之处，诚恳地希望广大读者提出宝贵意见，帮助我们共同把《丛书》编好。

《上海教育丛书》编委会

2018 年 11 月

目录

1 ▶ 八十寿辰贺兼序言

1 ▶ 序二

1 ▶ 自序

1 ▶ 第一章　多彩的情感世界探秘
　　第一节　情感的奥秘 / 4
　　第二节　情感的元素 / 13
　　第三节　情感的功能 / 25
　　第四节　情感发展的敏感期、机会之窗与教育最佳期 / 31
　　第五节　情感的匮乏与健康情感的培养 / 41

51 ▶ 第二章　情蕾初开与婴幼儿情感培养探源
　　第一节　情感萌发于生命之初 / 53
　　第二节　婴儿依恋感的形成与抚育者的关注 / 55
　　第三节　婴幼儿自主感的形成与培育策略 / 66
　　第四节　早期多元智能的萌发与自信感的培养 / 83
　　第五节　给幼儿一双发现美的眼睛 / 94

101 ▶ 第三章　快乐童年与小学生情感教育探微
　　第一节　小学生情感发展的特点 / 103
　　第二节　童心童真的呵护 / 110

　　　　第三节　童趣的特点与兴趣的培养 / 118
　　　　第四节　小学生情绪晴雨表与情感教育课的探索 / 129
　　　　第五节　小学生爱父母、爱老师、爱同学系列研究 / 142

149 ▶ 第四章　阳光少年与初中生情感教育探寻
　　　　第一节　初中生情感发展的特点 / 151
　　　　第二节　少年之梦与追求 / 156
　　　　第三节　初中生自尊感的特征和培养 / 163
　　　　第四节　品德评语的新视角 / 170
　　　　第五节　内向型少年的情感特点与优势潜能的发挥 / 175

183 ▶ 第五章　花季年华与高中生情感教育探讨
　　　　第一节　高中生情感发展的特点 / 185
　　　　第二节　科学情趣的培养 / 190
　　　　第三节　人文情怀和艺术情致的培育 / 197
　　　　第四节　高中生责任感培养的实践研究 / 212
　　　　第五节　高中生爱情教育初探 / 222

229 ▶ 第六章　学校中的教师情、教育爱与人格美探幽
　　　　第一节　学校中的教育教学活动与情感发展 / 231
　　　　第二节　教师情感的特质与教学中的发挥 / 245
　　　　第三节　教育爱与师爱传递中的审美化研究 / 256
　　　　第四节　教师人格美的内涵和体现 / 267
　　　　第五节　教师在反思中成长 / 280
　　　　第六节　教师完整人格的培养与情感师范教育 / 289

297 ▶ 第七章　家庭中亲情育爱资源探觅
　　　　第一节　情感发展在家庭教育中的特殊地位 / 299
　　　　第二节　卢梭的《爱弥儿》对儿童情感培养的启示 / 306

第三节　良好家庭氛围与儿童情感健康发展 / 316

第四节　父母爱与爱父母 / 321

第五节　家庭情感教育的实践体验 / 327

第六节　情系晚辈,教育为本 / 332

347 ▶ **第八章　社会交往育真情与自主发展探究**

第一节　交往与儿童情感发展 / 349

第二节　师生交往与师生之情 / 354

第三节　师生交往艺术的细化研究 / 367

第四节　同学交往与同学友谊 / 377

第五节　集体生活与学生情感培养 / 385

第六节　社会交往与自主发展 / 390

400 ▶　附录　著者主要论著索引

404 ▶　后记

八十寿辰贺兼序言

时光飞逝,转眼间,我的情感教育研究合作者,我尊敬和信赖的国内优秀心理学特级教师梅仲孙八十华诞悄然而至。为表心意,我托人在上海代为敬奉蝴蝶兰花一盆,希望为他的寿辰家庆增添几分喜色。

知道梅老师的大名是在1990年构思博士论文《情感教育论纲》时。他的爱国主义情感研究,特别是"爱的操练"研究进入我的文献检索范围。梅老师从心理学角度所做的研究不仅具体化地增强了我对情感之于人的道德意识、动机、行为之重要本体价值的认识,而且增强了我对儿童情感早期培育之重要性与可能性的认识。他此前的一系列操作性研究成为我对自己构建的情感教育理论如何抵达操作层面的宝贵原型摹本之一,与其他来自一线的研究一样,比如李吉林老师的情境教育研究,它们引发我对儿童道德情感孕育、儿童道德启蒙的浓厚兴趣,刺激、牵引我的理论想象与结构化思维。论文写作期间,我去上海访学第一次拜访他,粗略地了解到他热爱情感研究的生活经历以及心理学专业的基础。同时,也是因他的极力主张,我又专程登门拜见我国品德心理学的开拓者李伯黍教授,得到李教授的悉心指点与鼓励。从沪返宁,我反复研读不同学科的相关资料,对情感的生命发育机制、情感教育不同于认知教育的相对独特过程有了新的拓展性认识。我还把梅老师研究的"爱的操练"放进了《情感教育论纲》,作为情感教育模式之一。

由此,我的人生经历,特别是研究生活和学术生涯中出现了一位新的重要人物——梅仲孙。1993年,我从莫斯科大学访学回来,第一次去他在上海浦东的新居拜访，见到他几代同堂、相亲相爱、特别和睦的一家人。听他诉说自己儿少时代的贫困、求学阶段的苦读，听他深情回忆兄长对他的无私爱护、感念岳母对他潜心研究的支持，听他诉说人生坎坷的经历和对情感发展与教育研究始终不渝、坚韧不拔的意志性格，特别不能忘怀恩师胡守棻教授对他的提携和殷殷期待，不能忘怀王逢贤教授如何支持他从儿童情感培育入手研究爱国主义教育……他的人生故事是那么多！他对所有帮助过他的人都记忆、描述得那么生动细腻，他的感恩之心、之情那么充沛而真诚。那丰盈动人的情节对我而言真正是饱满而深刻的情感教育。我与他的交往愈深，这样的感受愈加强烈和清晰。我强烈地意识到，这就是他，一个有特定专业背景、特定生活经历、特定气质信仰、在特定历史时期选择以爱的情感教育研究为主题的学者，缘何对此有着最为内在的、最强有力的学术动机。他的生活史、他个人的情感经历统统化作了他研究的养料，流淌在如泉水喷涌的思维想象里。

我和梅老师的合作是从上海市宝山区红星幼儿园的幼儿情感教育研究开始的。我们和园长、老师们将3—6岁儿童情感发育及其教育的一般特征、典型案例、教育操作策略与方法以那个时期的认识水平、尽了最大努力勾画出来。为了增强研究的科学信度，梅老师邀请上海师范大学顾海根教授参与，共同开发研制出一套分为三个层级的评价指标体系。以1994年我们所拥有的认识水平做出来的研究成果，今天看来也许略显粗糙，但我们的学术热情和开创性工作着实可嘉。尤其是梅老师，他为此项研究付出心血最多，我们为他骄傲。20多年过去了，红星幼儿园的儿童情感研究依然是今天同类研究的重要基础和起点。

除了研究儿童在学校场域中依恋感的形成机制外，后来我们还合作就中小学生同情感、友谊感、责任感等分别在上海市闵行区、无锡市华庄镇等地的学校以及江苏省丹阳师范附属小学开展研究。梅老师第一个孙子出生后，他将极大的热情和心血投注到亲子关系与婴幼儿情绪情感发育的家庭跟踪研究上，写出大量有价值的观察日志。那时，他与我的沪宁通话、通信几乎都是有关儿童情绪情感发育的实证资料交流与分析。我们共同完成了《儿童情感发展与教育》专著以及数篇儿童情感发展及道德形成的论文，同时在各种自己组织举办的国内、国际情感教育研讨会上，在学校情感教育研究的现场研究和论证会上相互听取发言、相互学习。

梅老师是以他的心理学专业背景、他的心理学特级教师身份与我合作的。他的条件与我在专业知识积累、思维方式与研究视角上有很大的不同，有时我们会因观点不同而争论，因相互不认同而各有保留，但更多是十分必要的，也可以说是奇妙、美妙的互补、连缀与统合。我在德育方面发表过哲学型、科学型和工程艺术型三类研究文章。我从哲学和教育科学研究角度去探索情感教育的规律性较多。而他教过心理学、教育学，并兼任班主任，还进行个案跟踪研究，对情感心理学研究情有独钟，在工艺学的操作化、精细化、精准化研究上，很有本土化特色，扎根较深。他重视实证资料，尤重直接做观察记录的第一手资料；他比我有更多的时间和更安宁的心境大量阅读各类书籍，从中撷取有用的资料；他比我更频繁地跑学校、更接地气；他对生活、对人始终抱热爱、信任、宽容、豁达的心态。所有这一切成全了他在任何场合都能把似乎高深的理论说得那么通俗、明白、风趣，而且雅俗共赏、老少咸宜。我常常想，梅老师，他就是性格鲜明而有个性的他。他不必与我相同、相似，也不必与其他身处大学的研究者的研究范式、风格相同、相似。他是我国情感教育研究园地里独特的唯一。

在大学里工作时间长了，会受到研究范式、标准、风尚的影响和左右，其中有好的、符合身处大学的研究者知识生产要求的东西，也有不怎么好的，诸如理论至上、概念堆砌、知识生涩、表达呆板而了无趣味，等等。所幸我和梅老师合作的那些年，社会风气和研究风气及价值取向都还较为正面，我们共同地为研究本身而不为其他目的努力着，共同地酷爱研究、钻研学术、琢磨事功而不计个人得失，共同地感受研究和学术交流的愉悦与欢欣。我们共同地坚信，情感教育是值得花一辈子的生命精力去投入、去探索的特别有意义、有魅力的研究领域，而且共同地深刻体验到这一研究过程就是我们自己最愿意过的有意义、有质量的生活。因为这一方向的研究不仅惠及孩子、惠及社会，而且惠及自己、惠及家人，我们自己正是情感教育最大的受益者。

梅老师与我同一属相，长我十二岁。他就像我的兄长，我可以无顾忌地、安全放松地与他交流对时政、对社会及人文现象的看法，可以在有需要时向他倾诉烦恼与困惑。他不仅是我学术上的同道,也是我人生里的重要他人。如今他已是八旬老人了,八十寿辰对一个人来说,是值得庆贺的。人生八十年有多少沟沟坎坎,多少经验教训,多少沧桑故事!阅尽人间事,难得平常心。在我的心目中,梅老师最难得、最宝贵的正是拥有一颗平常心。梅花香自苦寒来,正是他人生的写照。他永远那样执着于事、忠诚于人;那样谦虚、好学,随时拿出笔记本细细密密地记个不停;那样质朴、无华,就像弄堂里家门口的退休老头儿;那样率真、热忱,又不失冷静、平和,他的灵活、睿智令人佩服,他永远像一个俏皮幽默的"老顽童"。

学术让人年轻,热爱让人年轻,善良让人年轻,友情让人年轻,梅老师身心健康的最大奥秘在于他热爱生活、韧性而达观地对待生活。在这方面,梅老师身上有我永远学不会、难以企及的品质。他的《教育中的情和爱——儿童、青少年情感发展与教育研究40年》一书即将出版,可喜可贺,特此作序。我衷心祝愿梅老师学术生命长青不老,事业有成;祝愿他安享天伦之乐,阖家安康幸福。

北京师范大学教授、博士生导师
中国陶行知研究会会长
俄罗斯教育科学院外籍院士
朱小蔓
2018年2月28日

序 二

揭示人的精神生命的成长密码

上海市教育科学研究院的梅仲孙先生是我国情感教育研究的重要开拓者之一。近日,我突然收到多年没有联系的梅老师的来信,当时的心情是喜出望外,格外高兴。1993年拙著《情感教育论》出版后,曾专门奉上,请梅老师指教。我也曾就梅老师的《爱国情感教育心理学初探》一书写过学习体会,发表了《情感教育研究的新进展》评介文章。

梅老师这次来信,谈到他最近完成了40余万字的《教育中的情和爱——儿童、青少年情感发展与教育研究40年》一书,即将由上海教育出版社纳入"上海教育丛书"出版。朱小蔓先生写了序言,请我再写"序二"。从我内心深处而言,有朱老师的序言,我是没有资格再写"序言"之类的文字的,但有感于梅老师几十年来在情感教育研究方面孜孜以求、笔耕不辍,完成了他在情感教育研究方面的集大成之作,又没有任何推托的理由。

这段时间,我挤时间断断续续拜读了梅老师的大作,时时为梅老师关于情感教育的思想发现兴奋不已,禁不住击节叫好!

1. 人的精神生命的培养是教育最伟大的使命

人有三重生命,即自然生命、智慧生命和精神生命。人的自然生命,是人生存、生活和发展的物质基础;人的智慧生命,是人生存、生活和发展的本质力量;人的精神生命,则是人的生存、生活和发展的价值体系。

人的情感,作为人的情绪体验和价值认同的一种表现方式,是人的精神生命的重要组成部分。梅先生认为,水是万物生命的源泉,而情和爱是人的精神生命的源泉。情感是人类精神生命中的主体力量,它是主体对自身的精神需求和人生价值体现为主要对象的一种自我感受、内心体验、情境评价、移情共鸣和反应选择。

人的存在是一种价值的存在,人的一生都在追问人生的意义到底是什么;人是一种智慧的存在,人的一生都在探索自己的生活、生存与发展之路;人的存在是一种情感的存在,人有了爱的需要,才具有最充分、最旺盛的创造热情和生机勃勃的生命力。在人的三重生命中,人的智慧生命的培育和发展,离不开人的精神生命的滋养和支持。可以说,以爱和情为核心的人的精神生命的培育,是人类教育最伟大的使命。正如梅老师所说,在儿童的心田上及早播下爱的种子,能培养一种爱的能力,孕育美好情感的发展,这是儿童个性和谐发展的前提。

大数据、云计算、互联网、物联网和人工智能时代的到来,正在深刻地改变着人类教育的形态,以知识的学习和掌握为中心的人类教育,必将让位于人类德性和情感的培育,人的情感发展和教育在人类教育中的重要地位将日益凸显。

2. 认知发展与情感发展相统一是教育的本质规律

伟大的教育家孔子说过,"不愤不启,不悱不发"。这里的"愤"和"启"、"悱"和"发",讲的就是人的学习过程中的情感活动与认知活动的关系,教师的教学活动必须建立在学生的情感激发和情感调动的基础上。正因为如此,梅老师认为,人的认知和情感是互为联系、不可分割的。人的认知发展与情感发展是内在统一的,教育的成效以人的内在感受和情感共鸣为基础。

教育必须遵循人的认知发展与情感发展相统一的内在规律。梅老师认为,教育的本质是要给学生以完美的生命和幸福的生活。重视儿童身心的和谐发展、认知与情感的和谐发展是促进学生和谐发展的关键。正如美国心理学家布卢姆所比喻的那样,一个人要用两个并排的梯子去爬墙。一个梯子代表认知行为和认知目标,另一个梯子代表情感行为和情感目标。

1993年12月,我在拙著《情感教育论》中提出了"还人类教育的另一半,构建认知与情感互补协调的未来教育新模式,已成为刻不容缓的重大教育课题"。"人类教育在走向21世纪的征途中,面临着来自科技发展和社会伦理的两大挑战。要有效地面对和迎接这两大挑战,必须加强认知教育,重视情感教育,使认知教育与情感教育实现和谐统一。"梅老师认为,可惜的是,在现实教育生活中,人的生命发展被扭曲了,人们往往只注重认知行为和认知目标,而丢失了情感行为和情感目标,造成了畸形的教育。

3. 促进人的情感发展必须尊重和把握儿童情感发展的关键期

人的情感发展是有其内在规律的。梅老师系统研究了中外心理学家和教育家关于儿童情感发展的关键期的研究成果,并结合自己的长期研究,形成了较为完整的儿童情感发展关键期的理论。他将儿童情感发展的关键期分为婴幼儿(0—6岁)、小学(6、7—11、12岁)、初中(11、12—14、15岁)、高中(14、15—17、18岁)四个阶段。认为婴幼儿时期是依恋感形成、发展的关键期;小学入学阶段是儿童对老师、对学习以至于对学校生活产生积极情绪的关键期,小学生情感的内容不断丰富,深刻性、稳定性不断增强,小学高年级学生已能逐渐意识到自己的情感表现以及随之可能产生的后果,而且控制和调节自己情感的能力也逐步加强;初中阶段是个体情感发展的重要转折期,也是完美人生基础情感形成的关键期;高中阶段是人生的一个过渡性转折期,在生理上由少年向成人过渡,在心理上处于认知与情感的转折期,在情感方面由考虑自我转向对他人的理解和关注,在社会生活方面是个体社会角色和社会地位的转折期,是责任感形成的关键期。梅老师对儿童情感发展关键期、敏感期、机会之窗和教育最佳期的研究成果,从一个侧面揭示了人的精神生命成长的密码。

梅老师不仅深刻揭示了儿童情感发展的规律,而且描述了儿童情感发展的内在机制。在儿童成长和情绪发展中,人与人之间存在着移情共鸣机制。比如,见到别人快乐,自己也快乐;见到别人痛苦,自己也痛苦。这一情感的移入和共鸣,是助人为乐等社会行为的动机基础,具有激发和促进个体社会行为的动力功能。这种移情共鸣机制产生于婴幼儿期,发展于儿童期,升华于青少年期。这种机制在幼儿与儿童期,表现为孩子们开始从他人的需要去理解他人的心理,会对他人产生同情、关心和帮助行为。它是自我与他人情感交融的桥梁和通道,作为培养儿童助人为乐、合作分享等亲社会行为的动机要素,为儿童善良品质的形成奠定基础。

人的情感体验在人的情感发展和人格塑造中具有基础性、整合性和建构性作用。这是因为人的情感体验是人的整体生命历程的反映。人的情感体验包括个体亲身的体会、精微的体察,带有经历的反省、察验和深刻的感受,是主客体浑然同一、物我两忘、融合无间的一种心态,是通向生命世界的中介。内心体验在情感中具有加工、深化、扩展、监测和升华的功能。它是主体的过去经验、现实感受和未来期待的整合体。情感体验的信息加工过程,将有机体的整个生命过程都卷入进去,因此,体验比经验具有更深刻、更强烈、更活跃、更生动的情感色彩。正因为如此,梅老师特别主张,在教育中要提高学生的感受能力,增强他们在情感交往中的敏感性,丰富他们的情感感受和情感记忆与表象。

4. 剥离了儿童情感的唯理智主义教育是人类教育的大敌

布卢姆发现,影响儿童学业质量的变量有五个,这就是认知前提、情感基础、教学质量(因材施教)、家庭教育环境和学习时间与机会。

梅老师经过长期的研究,则深刻地揭示了儿童的认知学习与情感学习的内在关系。一是从学生学习的本质看,学生的认知学习并不仅仅是对客观知识的机械接受,更是一种有意义的学习;二是从学生的学习过程看,要使学生在知识理解的基础上不断形成新的认知结构,必须有师生情感上的共同介入;三是从学生的学习动力看,学生的求学动力不仅来自对知识本身的兴趣,不仅出于认识上的需要,而且伴随其他心理上的欲望。

马克思认为:"激情、热情是人们强烈追求自己对象的本质力量。"中外心理学家和教育学家的研究告诉我们,人类教育不仅是一种单纯的认知活动,而且是丰富的、多彩的、热烈的情感活动。情感是人的精神生命的原动力,是促进人的认知发展的内在动力。爱因斯坦说过,探索世界的奥秘是一种最美好最深刻的情感活动。离开了人的情感活动的教育,必然是冷漠的、僵硬的、低效的、没有活力的教育。

遗憾的是,当今教育陷入了日益残酷的应试教育的极端功利主义的泥潭不能自拔。正如梅老师所指出的,当今教育最大的问题在于将认知从情与趣中剥离开来、从善与美中抽取出来,撇开"情"与"趣"去片面追求知识、分数和升学率,最终走上了唯理智主义的绝路,走上了唯分数主义和唯功利主义的死胡同,使充满生命价值和富有情趣的教育教学活动失去了生命的意义和有情有趣的精神追求。

夏丏尊先生在翻译意大利作家亚米契斯《爱的教育》时指出,办好学校的关键必须有情感,必须有爱,缺少爱的教育是死的教育。无疑,剥离了儿童情感的唯理智主义教育,是人类教育的大敌!

5. 用教师的人格和情感素养照亮人类教育前行的路

2018年9月10日,在全国教育大会上,习近平总书记强调,教师是人类文明的传承者。"师者,人之模范也。"人民教师无上光荣,每个教师都要珍惜这份光荣,爱惜这份职业,严格要求自己,不断完善自己。做老师就要执着于教书育人,有热爱教育的定力、淡泊名利的坚守。2016年9月9日,习近平总书记在北京师范大学与部分师生座谈时强调:"老师的人格力量和人格魅力是成功教育的重要条件。"按照习近平总书记的要求,广大教师要担当起培养德智体美劳全面发展的社会主义建设者和接班人的重任,既要有丰厚的知识素养,又要有高尚人格,要做"有理想信念、有道德情操、有扎实学识、有仁爱之心"的"四有"好老师。

没有爱就没有教育。"教育的真谛是爱,是情,是亲。教育要以爱为本,以情为源,以亲为先。人生智慧之真、道德之善、心灵之美,需要从小培养。"这是梅老师的教育信条。他强调,教师情感的内质是一种纯情结构,对学生和事业具有一种纯真的爱,是纯粹、纯朴、纯洁心灵的集合。在这里,无私的奉献是教师爱的本质。正是这种爱转化为教师对事业的执着,对学科的迷恋,对学生的理解和尊重。

人类教育这一"仁者爱人"的天职,对教师的人格和情感素养提出了崇高的要求。可以说,教师的人格和情感素养,是照亮人类教育未来之路的灯塔!

中国教育学会第七届理事会副会长
情感教育论资深学者
张志勇
2018年10月30日

自　序

我们教育的对象是成长中的儿童、青少年,他们正处于情感发展的敏感期和情感教育的最佳期。他们有着强烈的情感需求。即使是初生的婴儿,也有几十种本能的需求。儿童与青少年的情感需求不仅数量更多,水平更高,而且心理结构也更为复杂,满足其情感需求的机制和教育策略及方式方法极为复杂多样。如果处理不当,稍有偏差与失误,就会引起逆反与违拗,其效果会适得其反,事与愿违。英国哲学家弗朗西斯·培根说过:"跛足而不迷路,能赶过虽健步如飞,但误入歧途的人。"孩子成长的过程有它的复杂性、长期性和曲折性。我们在引领中要把握好发展方向,千万不要迷失育人之宗旨。作为影响孩子终生发展的家长和老师,我们一定要坚持"以人为本",要对孩子的情感发展的特点、历程及教育策略有更多的了解、理解和掌握。

教育的天职是要关爱未来一代的健康成长,使他们在德、智、体、美、劳诸方面得到全面发展。这就需要以情为源、以爱为本、以亲为先、以自为主、以美为育。人生智慧之真、道德之善、心灵之美,需要从小培养。完美的人格,源于父母之爱、师生之情、伙伴之亲、祖国之恋。

教育中的情和爱,是教育的生命和真谛。情是感受,是体验;爱是融合,是给予。触景才能生情,真情才能至爱。爱是情理相融,天人合一,有智有慧,有情有义,它是人的精神生命中的核心要素。孩子情感生命之孕育始于婴儿的依恋,幼儿的亲情,童年的快乐,少年的自尊,青年的责任和使命。

我们的事业,既是花的事业,又是根的事业。十年树木,百年树人。培育小树苗的成长,需要像园艺师那样给予细心、耐心和精心的培育;需要把握季节和生长规律,既不可消极等待,也不能操之过急,拔苗助长。这就需要父母和老师,如同春天的风,夏天的雨,秋天的月亮,冬天的太阳那样给予他们滋润、体贴、温馨和关爱。人的素质提高和人格升华,需要以归属安全感、自尊自信感和责任使命感等积极情感品质为基础来支撑。人的成长、成人和成才,既要严格要求、意志磨砺、习惯养成和理想追求,又要给予心心相印、入情入理、循循善诱、体贴入微的教育之情和爱。

我对教育中的情和爱的研究情有独钟。一是我在成长中备受师情、师爱、师恩的泽惠和滋润;二是我从教近60年,对此有深切的感受和体验;三是我在研究的道路上受到过多方面的关心、支持和指引。1978年迎来了科学的春天,我当年作为上海市心理学界的教师代表,出席了全国心理学代表大会。在会议期间,我收到了我国现代心理学的奠基人之一,大会主席潘菽教授的亲笔来信。他在信中对我从事心理学科普工作给予肯定与鼓励,并希望我成为研究型教师。他在信中写道:"现在我国心理学的普及工作有一个根本问题,自己的研究成果太少。"他要求我把教学与研究结合起来,拿出自己的研究成果。他还写道:"现在,要写一本普及心理学知识的书,其本身就应该是一项研究工作,否则就难以对大众有益。"①我对此有强烈的认同感和使命感。此后,我下定决心按潘老的要求,选教育中的情和爱为专题,从发展心理学的角度进行专心学习,潜心研究,也颇有几分恒心。在之后40年中,我坚持写研究札记,个案跟踪观察日记也足足写了20年,现在还在继续。在这期间,还参与和主持了国家多项重点课题研究,发表文章60多篇,出版专著多部。这次要感谢"上海教育丛书"编委会为我创造条件,提供平台,让我把几十年的研究心得和成果进行系统梳理和提升,与大家进行交流和分享。我珍惜这一机会,力求使这一成果能体现它的科学性、人文性和创新性,还要注重它的典型性、实用性和可操作性。在框架结构上,力求清晰;时间上,分婴幼儿、童年、少年和青年初期四个阶段及相应的教育进行分析;空间上,分家庭、学校与社会三方面进行拓展;从主体性的视角看,突出成长中的自主性,让孩子们成为情感发展的主人;在内容与写作上,努力做到求真务实,情真意切,既有生动的实例分析,又有教育策略的探索,还有研究的过程和理论的反思,使之情理交融。

让我们的教育在有情中哺育真情、真诚和真爱;让教育能扎根在现实的

---

① 潘菽.潘菽全集(第九卷)[M].北京:人民教育出版社,2007:339.

土壤之中；让孩子们能在关爱的阳光下茁壮成长；让我们在先进教育理念的指引下，把握情感智慧发展的敏感期，创造最佳的人文关怀的教育生态环境，使每一位学生的身心与人格都能得到最佳发展，为他们的幸福人生奠定良好的基础。

上海市教育科学研究院普通教育研究所

心理学特级教师

梅仲孙

2018年2月28日（初稿）

2018年7月18日（定稿）

第一章

多彩的情感世界探秘

天上最美的是星星,
人间最美的是真情。

在我国现代教育史上,有一所著名的学校——浙江上虞白马湖畔的春晖中学。这所学校在20世纪20年代曾一度聚集了夏丏尊、丰子恺、朱光潜、朱自清等一批教育大家,他们在教育上的基本理念和主要经验是:对学生要有深情和关爱,这如同夜间的星星与明月,让学生得到温馨和挚爱。其中,夏丏尊老师对学生的关爱更是感人。他对学生既严格又慈爱,爱严结合,深受学生的热爱与敬重。他在当年利用教学之余,还翻译了意大利作家亚米契斯写的一部关于爱的经典小说——《爱的教育》。它以一位意大利四年级小学生的日记的形式,讲述这位小学生在校内外的所见所闻所思,它把师生之爱、父母对子女的爱、同学之爱、对祖国的爱都写得感人至深,催人泪下。此书后来成为一本父母和教师广为阅读的好书。夏老师在他的"译者序言"中指出,办好学校的关键必须有感情,必须有爱,缺少爱的教育是死的教育。他主张学校、家庭、社会都要重视情感教育,情和爱是教育的基础,这是学生成长、成人、成才的精神元素。他还写道:"教育上的水是什么?就是情,就是爱。教育没有了情、爱,就成了无水的池。"[①]他在自己的教育实践中,倡导对学生的关怀、爱护、真诚、坦率、尊重和理解,他主张将情感教育和意志教育结合起来,实行人格的陶冶,因此深受同学们的爱戴和家长与社会的好评。

　　夏丏尊老师把教育比作水池,把教师的情和爱比作池中之水。这一比喻不仅贴切、形象、生动,而且内涵深刻、深沉。从自然生态学的角度看,水是万物生命之源泉,而情和爱又是人的精神生命之根本,它具有多种含义上的可比性。老子的《道德经》提到"上善若水""水善利万物而不争"。[②] 他以水喻道,以水喻德,以水喻情。水之道,以柔克刚,以柔胜强;水之德,使万物滋长而不与它们争名夺利,它乐于奉献,淡泊名利,胸襟广阔,无私无畏,遇险而不惧;水之情,言谈真诚,交友真挚,待人以真情,这是一种心态、睿智、境界、情操与品格。我们以水喻教,教师的本性在于默默奉献于祖国花朵的成长,它的功能是潜移默化,

---

① (意)德·亚米契斯.爱的教育[M].夏丏尊,译.北京:开明书店,1924:译者序.
② 老子.道德经·第八章[M].

"随风潜入夜,润物细无声"。在中国的典籍里,水被赋予一种人文精神和道德情怀。在我们的教育实践中,也应该有水道、水德、水情和水爱,将水文化的特质融于教育之中,培育一种如水之清美的纯真之情,润泽万物,谦居本职,情由自守,大爱无痕,大美无言。夏丏尊老师以水喻情喻爱的教育理念,至今还有深远影响,为广大教师所铭记、传承和发扬光大。

第一节 情感的奥秘

一、研究教育中的情和爱的必要性

对于教育中的情和爱,如何从当代心理学和教育学的视角来阐释它的本质和功能,并在教育实践中给予操作化,需要我们不断地探秘和研究。

我对教育中的情和爱的探索,受到不少名师、大家的直接影响。在 20 世纪五六十年代,我有幸受到我国著名心理学教授和情感教育专家的教诲和引领。1955 年,我在华东师范大学教育系读书时,教普通心理学的是张耀翔教授,教生理心理学的是胡寄南教授,教儿童心理学的是萧孝嵘教授,教教育学的是倡导教育爱的萧承慎教授,他们对教育中的情和爱都有专门研究。张耀翔教授有这方面的专著,他在著作中写道:"人非草木,孰能无情。"人的情绪与情感起于生活的变化。他引用古代学者关尹子的话,认为"情,波也""心,流也;情,水也"。情,好像在平静的水面上遇到大风而起的波浪,大风如同情绪、情感的刺激物,而河面上的波浪就是人的情绪和情感。张耀翔将人类的情绪与情感分为原始性的情绪和高级的复杂性情绪。高级的复杂性情绪,即情感与情操,它有道德情感,如同情心、仁爱心等;有求知情感,如好奇心、探究欲和迷恋科学及读书乐趣等;有艺术情感,如美的欣赏和美的创造等。[①] 张耀翔教授还专门论述了爱的心理。他认为,儿童的爱源于母爱,即"母亲是儿童的快乐源泉"。儿童爱的发展,有友爱和仁爱。友爱源于社会性的交往;仁爱,是一种复杂性的情感,源于同情,表示赞美、尊重和尊敬的情义。同情心是仁爱之心的根本,是道

---

① 张耀翔.心理学文集[M].上海:上海人民出版社,1983:50-57.

德情感的基础。为此,研究儿童与青少年的情感发展,一定要特别重视同情心的培养。①

胡寄南教授对情感与情绪有专论发表。他认为,情感和情绪在我国古代早有记载。《礼记》中写道:"何为人情?喜、怒、哀、惧、爱、恶、欲七者,勿学而能。"情绪有广义与狭义之分,广义的情绪一般是作为情感的同义词来使用的。狭义的情绪乃是与生物性需要相联系较多,而情感较多地是与社会性需要是否满足的感受和体验相联。②

有研究认为,情绪与情感的区别还在于情绪具有较大的波动性、暂时性和较多的外显性、冲动性,而情感具有较大的稳定性、深刻性和较为内隐与深沉。情绪与情感虽有不同,但又相互联系而交织在一起。总之,情感与情绪是心理学中最为生动的一章。实际生活中若缺乏情感与情绪,人生便会暗淡而无色,缺少应有的活力和动力。但是,情感与情绪恰恰是研究得很少的一个问题,与认识过程的丰富性相比,对情感的研究显得相当贫乏。因此,胡寄南教授指出:"情感的心理实质及其培养与转变过程,是当前心理学所迫切需要研究的问题。"③老师们的期待我一直铭记于心,从学生时代就立志要传承老师们的事业,将情感的心理实质及其培养策略的研究作为我一生的课题。

有关情感与情绪的深入研究,要追溯到20世纪七十年代。我在1978年参加全国心理学代表大会期间,有幸认识了北京大学心理学系的孟昭兰教授。她几十年来潜心研究人类情绪、婴儿心理学和学生情感的培养。她不仅将有关的专著赠予我,而且还多次来信,对我情感发展与教育的行动研究给予肯定和鼓励,并寄来了感情相互作用分类等资料。这为我深入研究教育中的情和爱提供了基础性指导和操作性帮助。她认为,情感、情绪的研究,即使是应用性、操作性研究,也要有扎实的理论基础,这样才能在联系和解释人的实际精神生活方面有充实的依据。随心所欲地进行想当然的解释,是不科学的。我在她的影响下,在1989年开始了"爱在德育中的地位与作用"的研究,有关论文发表在《上海教育科研》等刊物上,得到了多方面的肯定和鼓励。

有研究认为,与情绪相比,情感更为复杂,它包含:(1)引起情感的因素具

---

① 张耀翔.感觉、情绪及其他[M].上海:上海人民出版社,1986:181.
② 转引自:胡寄南.胡寄南心理学论文选(增补本)[M].上海:学林出版社,1995:192,196.
③ 同上:198.

有多元性,既有遗传、内在生理变化等因素,又有社会与教育等因素;(2) 引起情感的内外因素之间,还存在着关联性与情境性;(3) 情感与人之关系也很复杂,既有联系性与一致性,又有差异性与冲突性;(4) 情感在表现形式上,既有外显性,又有内隐性;(5) 情感发展过程有其流程上的特殊性、曲折性和非线性等特征。因此,美国哲学家苏珊·朗格在《情感与形式》一书中从生理学、心理学和人类学等方面溯本求源,深刻分析了人类这一无比绚丽多彩、无比神奇美妙的情感现象。她认为,情感与讲究同一性的逻辑思维不同,人的情感特征"充满着矛盾与交叉,各种因素互相区别又互相接近、互相沟通,一切都处于一种无绝对界限的状态中"。[①]

我们要了解教育中的情和爱,它蕴含的情感情绪元素和它的机制、功能及社会影响极为复杂,极其丰富。因此,我们在情感教育和培养过程中一定要充分考虑它的难度、深度和复杂度,在精心培养学生的情感世界过程中一定要充分发挥情感与情绪的适应、动机、组织和信息等功能。

二、如何研究情感的奥秘

关于情感的奥秘,主要从情感研究的历史遭遇、情感现象的认识过程和情感的突破性研究这三方面加以论述。

1. 情感研究的历史遭遇

情感由于它自身的机制特别复杂,让人难以琢磨。如同奇山美景,深处崇岭幽谷之中,它被浓雾笼罩,被异常神秘的面纱掩盖,使人们身居山之中,不识山之美,并将奇峰异彩视为深不可测的鬼谷,望而生畏,行而却步。情感在成人的精神世界中过去被视为魔鬼,受到禁锢和桎梏;它在儿童生活中常遭冷漠和训斥;它在教育领域中被置于偏僻冷落的地方,成为"被人遗忘的角落"。

情感遭受种种厄运的原因有很多。这正如孟昭兰教授在《情绪心理学》一书的"序言"中所分析的那样,情绪和情感异常复杂,无限纷繁,它与人们行为之间的联系常常使人迷惑不解,如同"瞎子摸象"。这"除了方法上的困难之外,更根本的问题是从古老的传统来看,无论西方或东方的文化和哲学背景,都把人作为理智的实体来看待,而把情绪看作为生物本能的、似动物的、从而是低下的

[①] (美)苏珊·朗格.情感与形式[M].刘大基,等译.北京:中国社会科学出版社,1986:37.

现象而持有偏见,从历史上就阻碍了情绪的研究"。①

近60年来,随着时代的发展,科技的进步,人文精神的弘扬,人们生活水平的提高,高技术和高情感的结合成为时代的福音,生活的主题,新人的标志。为此,人们需要在创造高智能的同时,培养高品位的情感。人们应当有幸福烂漫的童年时光,激情燃烧的青年时代,成就辉煌的中年时期,归真享受的老年生活,使人生的情感在真的追求中、善的氛围内、美的感受里丰富、完善。

2. 情感现象的认识过程

情感作为人们精神生活中的一种特殊体验,虽然能给人以刻骨铭心之情、荡气回肠之感,但要真正把握它的本质内涵,却极不容易,要给它以确切的定义,那更是难上加难。

人类对自身情感现象的认识和理解有一个过程:从现象到本质;由大量的外在表情的文学描述,到内在体验的科学探索。最早切入情感领域的是文学描述。人们丰富的情绪、复杂的情怀、千姿百态的情态、万种波澜的情爱,为文学艺术提供了宽广的描述领域。在日常生活中,人们因需要得到满足而愉悦欢乐,因欲望被阻而愤怒憎恨,因遭遇不幸而涕泣痛苦,因事业成功而微笑自豪,因遭受威胁而受惊害怕,因人际关系亲密而柔情满怀……据《礼记》记载,人有"七情",即"喜、怒、哀、惧、爱、恶、欲"。在《汉语大词典》中,对"情"字的解释有近20种,涉及"情"字的词汇约200个,其中表达感情内容的词语有情趣、情致、情谊、情调、情愫、情怀、情理、情志、情操等;表达感情状态的词语有情绪、情态、情思、情爱、情妒、情迷、情变、情虑等;此外,还有表达人际关系的情缘、描述表情特点的情昵、叙述情感空间的情境等。② 描述情感的词语更多,有情谊深长、情操高尚、情思如焚、情意绵绵、情窦初开、情理通达、情投意合、情同手足、情景交融、情急生智、情有可原……描述"七情六欲"的词更是数不胜数。我国心理学家林传鼎于1944年从《说文》中找出9 353个正篆,发现其中有354个字是描述人的情绪的。这些字按释义可分为18类,即安静、喜悦、恨怒、哀怜、悲痛、忧愁、愤激、烦闷、恐惧、惊骇、恭敬、抚爱、憎恶、贪欲、嫉妒、傲慢、惭愧、耻辱。③

情感究竟是什么? 早在2 000多年前,我们先秦时代的哲人荀子,在他的

---

① 孟昭兰.情绪心理学[M].沈阳:辽宁人民出版社,1986:4.
② 汉语大词典(第7卷)[M].上海:汉语大辞典出版社,1991:576-588.
③ 孟昭兰.普通心理学[M].北京:北京大学出版社,1994:402.

《正名篇》中就写道:"性之好、恶、喜、怒、哀、乐谓之情。""性者,天之就也;情者,性之质也;欲者,情之应也。"①这是从人性和欲望角度来揭示情感的本质属性。他认为情感是人性的体现,是人的欲望的一种感应,是欲求满足与否的反映。中国古代对情感的探索,除了从情与性、情与欲的角度来说明它的本质属性之外,对它的表现形式提出了"情波说"。这一学说最早由南朝梁代经学家贺玚提出。他说:"性之与情,犹波之与水,静时是水,动则是波,静时是性,动则是情。"有人认为情感是由外物影响而激起的一种心理的波动状态。

"情",从词源学分析,"心"旁表意,"青"旁表音,如"清""请"等。又有学者在理解时,把"青"与"青山绿水""美景""美感""美意"相联,凡是带"青"旁的字,都带有"美好"的意义,如晴为日美,清为水美,倩为人美,请为言美,菁为草美,情为心美。国学大师王国维在《论教育之宗旨》一文中指出:"教育之事,分为三部:智育、德育(即意育)、美育(即情育)是也。""美育者,使人之感情发达,以达完美之域。"②由此可见,情美相连、相融、相合,情感可理解为美的感受和体验。

西方较早开始关注情感的是古希腊的柏拉图。他在《理想国》中认为,人心有理与欲之分。人有比较高尚的冲动,渴望名誉,这是创造科学、艺术和人文制度的冲动,也有比较低级的欲求。亚里士多德也认为,思想和欲望为心的元素。"愉快和痛苦的情感因知觉而起。""活动最完善时,最使人感到快乐。"③这些观点是西方情感认识的早期理论,直到17世纪才由笛卡尔加以发挥。笛卡尔认为,情绪和情感是控制着决定人类行为的活力因素,它由羡慕、爱、恨、欲望、愉快和悲哀组成。它们的混合物便产生了我们称作情绪的内省情感。④ 继笛卡尔之后,达尔文于1872年在《人和动物的表情》一书中,从情感的生理学角度出发强调情感和情绪外显的行为和外界刺激的重要性。美国心理学家詹姆士1884年在《心理学原理》中提出了较为系统的情绪理论,阐明了刺激、行为和情绪体验之间的关系。他认为,情绪和情感是一种对有机体反映的强烈感受,包括躯体变化的感受和道德、理智、审美的感受。他把人的情绪分为粗糙的情绪和细致的情绪。粗糙的情绪,如悲哀、恐惧、愤怒等心理现象,是强烈的机体反

---

① 转引自:高觉敷,主编.中国心理学史[M].北京:人民教育出版社,1985:85.
② 聂振斌,选编.中国现代美学名家文丛·王国维卷[M].杭州:浙江大学出版社,2009:89.
③ 梯利.西方哲学史(上册)[M].葛力,译.北京:商务印书馆,1975:83,107.
④ 斯托曼.情绪心理学[M].张燕云,译.沈阳:辽宁人民出版社,1986:4.

应,它是跟在身体上的表现之后发生的。"所谓细致的情绪,就是道德的、理智的和美感的情绪。"①

3. 情感的突破性研究

心理学家对情感的研究在20世纪有了不少的突破性成果。弗洛伊德经过20多年的思考和临床经验,提出了较为系统的精神分析理论,对情绪、情感等心理现象作出了独具特色的理论分析,为我们打开了一个新的人的微型世界。他研究了本我、自我和超我,重视欲望在个体情绪、情感和人格行为中的动力作用。他强调情绪与情感是一种体验,在情绪状态中,无意识的体验成分更多。他在《文明与不满》(1930)一书中明确指出,人生的目的在于"寻求幸福,他们要得到幸福,而且要永葆幸福"。情感就是一种人生对幸福的感受和快乐的体验。弗洛伊德还认为,文化的成就可用人类幸福的程度予以测量。② 他的学说继承者弗洛姆专门分析了人特有的心理需要与情感的关系。弗洛姆认为,人有归属的需要,有受爱和创爱的需要,"孤独是强烈焦虑的来源"。"人与人之间融为一体的渴求,是人类最强有力的奋斗的动力。它是最基本的激情,它是一种保存人类种族、家庭、社会的力量。"③由此产生了爱的情感,这种情感表现为"对所爱对象的生命和成长的积极关系",带有强烈的同情感、责任感、自尊感。他据此认为,人持有的这种情感,按其本质来说是一种能力,是一种感受体验人生价值的能力,是一种突破使人与人分离的那些屏障的能力,是一种把他和他人联系起来的能力。④ 这种能力使人感受到生活的甜美、生存的幸福,从而摆脱各种自然力的束缚,向着人类永恒的爱的情感世界前进。由此可见,弗洛姆的新弗洛伊德学派把人的情感、人的需要、人的体验作为人性的具体内容,它是人的本质的体现,这与我国古代的性、情、欲合一论有其相同之处。

到了20世纪60年代,由于认知学派的发展,情感研究领域出现了不少新的理论,阿诺德的评价理论成为第二代情绪学说。这一理论不仅将情绪和情感看作有机体生理上的唤醒和个体生理欲望的满足,而且重视客观情境刺激对人之意义的作用的认识评价。这就将对情感本质的认识推进到了一个新的阶段。

---

① 詹姆士.心理学原理[M].唐钺,译.北京:商务印书馆,1963:288.
② 高觉敷,主编.西方心理学的新发展[M].北京:人民教育出版社,1987:336.
③ 弗洛姆.爱的艺术[M].刘福堂,译.合肥:安徽文艺出版社,1986:7,15.
④ 孟昭兰.人类的情绪[M].上海:上海人民出版社,1989:77.

阿诺德认为,人的体验是有机体对刺激事件的意义被觉知后产生的,而刺激事件的意义来自评价。他举了一个很生动、很能说明问题的实例。人如果在森林里遇到一只熊,会产生极大的惊恐。然而,在动物园里看到阿拉斯加的巨熊时,人们不但不会产生恐惧,反而会产生兴趣和惊奇。深夜,当孩子听到室外有脚步声时,不知是谁,会产生害怕;当知道是父亲回来了时,会产生喜悦。同样,当学生不理解老师的严格要求时,也会产生反感,甚至憎恨;而当理解老师用心良苦时,会产生感激之情。情感的感受和体验不仅包括感官的感受和体验,而且包括有认知参与的精神上的感受和体验。这是对情境刺激是否符合个体需要、意图、渴望及意义价值的综合评定后的体验,既包括身心的体察,也包括认知的评价和体验。美国心理学家曼德勒运用认知理论将人看作一个不停地进行着自动意义分析的信息加工系统。在这个系统中,自主性唤醒的知觉和认知评价是产生情绪和情感的两大决定因素。其中,自主性唤醒决定体验的强度,认知评价决定体验的性质。两者的整合作用就产生了情绪和情感的体验。其中情境评价和意义分析显得非常重要。这是环境事件与个体的心理结构和期望之间相互作用的产物,是活跃的有机体,随时随地感知有机体内外事件,对周围事件进行分类和解释,揭示其意义,作出相应的反应。由此可见,情感——人对情的感知,不仅是分析器的直接感知,而且是意识参与下的一种特殊感知,即对感知的再感知,是意义性的、评价性的、选择性的感知,心理学上又称为觉知和采择。这是情感共鸣、情感体验内化和深化的基础。曼德勒进一步认为,意义分析的来源和结果,都存在于由个体的过去经验、知觉的期望和有关的心理结构组成的复杂网络之中。① 情感体验不只是对当前刺激物、当前情境的瞬时、单一的体验,而是个体用自主的、全身心的经验参与的一种全方位、全历程、全情境的整体性体验,这为我们深入分析复杂情感和高尚情操提供了依据,为分析体验产生的过程和机制提供了理论,使情感概念的把握不只停留在个体需要的层面或日常性描述的水平上,而从主体深层次的适应水平来认识情感的本质,从而使我们对情感的理解深入一层。

20世纪80年代,美国心理学家加德纳在《智能的结构》一书中将情感视为一种能力。他在论述自我感时指出,在审视人性发展中,"这里,起作用的主要

---

① 孟昭兰.人类的情绪[M].上海:上海人民出版社,1989:84,87.

能力是通向一个人自己感受生活(即一个人的情感或情绪范畴)的能力"。他将之称为内省智能,它的原始形式为区分快乐与痛苦感受的能力;最高层次"能监测复杂的高度划分了的感受"和获得深刻而又丰富的内心体验。再有一种能力是"人格智能转向了外部,转向其他的个体",这就是人际智能。"内省智能主要是个体对自己的感受的审查与认知,而人际智能则面向外部,指向了其他人的行为、感受和动因。""我们将了解到,自我感的出现是人格智能领域中的关键因素,是对全世界个体来说都至关重要的因素。""在全世界范围内出现的大量不同的'自我',使人感到,我们最好应把这种'感'看成某种混合物,看成从一个人的内省认知与人际认知的结合或融合中出现的。"这种人格智能也是信息加工能力(其中有一种指向内部,另一种指向外部),它们是人类每一个婴儿与生俱来的一种能力,是人类认知不可分割的一个部分,应当成为人类智能群中的一个部分。① 加德纳的人格智能观揭示了情感和智能的统一。他提出的内省智能实质上是个体对主观体验的一种自我认知,人际智能是个体对他人情感体验和行为表情的一种认知。这两种认知揭示了情感体验过程中的信息加工机制。它们既是认知能力,又是情感能力。

与此同时,作为第三思潮的人本主义心理学对情感内涵的研究作出了特殊的贡献。其中,马斯洛的需要层次论和高峰体验的提出,使"情感产生于需要"这一科学命题有了更具体、更清晰、更富层次感的表述。马斯洛提出的八种需要,按层次排列是生理需要、安全需要、归属与爱的需

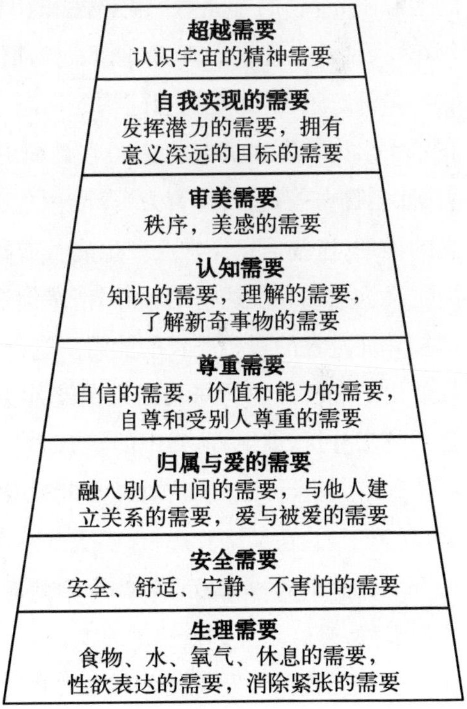

超越需要
认识宇宙的精神需要

自我实现的需要
发挥潜力的需要,拥有意义深远的目标的需要

审美需要
秩序,美感的需要

认知需要
知识的需要,理解的需要,了解新奇事物的需要

尊重需要
自信的需要,价值和能力的需要,自尊和受别人尊重的需要

归属与爱的需要
融入别人中间的需要,与他人建立关系的需要,爱与被爱的需要

安全需要
安全、舒适、宁静、不害怕的需要

生理需要
食物、水、氧气、休息的需要,性欲表达的需要,消除紧张的需要

图 1-1 马斯洛的需要层次论②

---

① 加德纳.智能的结构[M].兰金仁,译.北京:光明日报出版社,1990:277-281.
② (美)理查德·格里格,菲利普·津巴多.心理学与生活(第16版)[M].王垒,王甦,等译.北京:人民邮电出版社,2003:346.

要、尊重需要、认知需要、审美需要、自我实现的需要、超越需要。

马斯洛认为,情感产生于需要的满足。当生理、安全、归属、审美等需要都能得到满足时,人会强烈感受到友爱的可贵,渴望在一定的社会集体中建立深厚的同伴、同事关系,希望自己能够胜任所担负的工作并能有所成就和建树,并充分发挥自身的潜能,成为一个富有理想、富有创造能力的人,去体验人生的崇高价值,获得一种情感上的高峰体验,使"完美的人生"能在人生完满中度过。

20世纪末21世纪初,情绪情感方面的研究有了新进展。中国科学院心理研究所对此进行了前沿性研究,出版了《情绪心理学》一书。该书概括分析了情绪研究的最新动态。书中将情感(affect)作为情绪、感受、感情等心理现象的统称。[1] 它的作用被概括为适应、动机、组织和信号这四大功能。一个人微笑的频率影响他人对其亲善度和吸引力的评价。[2] 研究还认为,情绪情感是生活中的七彩阳光,它的丰富性、多彩性和积极性对人具有享乐和保健功能。2001年,有人统计心理学界有90种不同的情绪定义。[3] 其核心成分是感受和体验。它不是静态过程,而是社会建构的动态过程。1990年,耶鲁大学萨洛维和新罕布尔大学梅耶提出情绪智力。它被研究者认为是一种热智力,还包括人格智力、社会智力等,它与冷智力(言语理解、知觉组织等)相对,是对与人有关的信息的推理(这些信息经常会产生痛苦或积极的反应)。[4] 2004年,有人将情绪智力定义为觉知和表达情绪,利用情绪促进思维、理解情绪和情绪知识,以及有效调控并促进人的素质成长的能力。它是理性和感性的结合,它是人类在漫长的发展史上展现出的适应和处理情绪能力的整合。[5] 用我们中华民族积储的人文关怀来分析,情绪、情感中的热智力包括:对己要有自知之明,自我反省;对人要善解人意,体贴入微;对事要审时度势、情急智生;在人际关系中,要己所不欲,勿施于人;在情绪管理上,要受宠不惊,镇定自若等。这些热智力的研究,对提升广大师生的智慧品质和教育中的温度效应有直接的作用。正如弗洛姆所说的那样,爱既是人的情感的自然表露,又是一个人的实践能力,它是人与人、人与己、人与自然、人与社会保持和谐的精神力量,它是人性中最核心的本质要

---

[1] 傅小兰,主编.情绪心理学[M].上海:华东师范大学出版社,2016:6.
[2] 同上:14.
[3] 同上:2.
[4] 同上:243.
[5] 同上:245.

素。有研究者指出，在高科技时代，人们要重建人的情感世界和培育人的情感智慧。因此，21世纪将是情感智力开发的世纪，也是建设和谐社会的新世纪。①

从上面关于情感本质之研究的简要回顾来看，我们认为与人的理性一样，情感也是人的精神活动的重要部分，它是人类的生命精神和自由精神的体现，是人性的本质反映，是人生创造、人生享用的一种生存方式。与理性活动的不同之处在于，情感指向的对象主要不是客观的物质世界，而是主体的精神世界；它是对跟自己有着不同的利害、损益关系的事物在意识观念上的不同态度的反映。它与个体自身的一系列生理状态的激活有关，不仅有大脑皮层的参与，而且有丘脑、内分泌腺及多种感受器共同参与的协调活动。因此，情感具有很强的动机功能和激活功能。人的不同品味的精神要求对各种刺激物具有不同的感受体验，会产生如情趣、情致、情愫和情操等不同的情感体验。不同的精神境界会形成不同的情感品质和情感反应，形成不同的人格素养。

我们认为，情感是人类精神生命中的主体力量，它是主体对自身的精神需求和人生价值体现为主要对象的一种自我感受、内心体验、情境评价、移情共鸣和反应选择。其中，以需要满足和价值体现为情感体验的对象和前提，以大脑皮层和丘脑网络调节及腺体激活、各感受器官的协调活动为情感的生理基础，以自我感受、内心体验、情境评价、移情共鸣和反应选择为情感活动的内在机制，以语言、行为、表情反应形式为情感的态度表现。按人格智能理论分析，情感又是一种能力，它主要是由内省性认知能力和交往性交际能力为主要内容的一种生存能力，爱己、爱人、爱国，正是个体的自我感、归属感和价值感在社会生活中的体现。

第二节 情感的元素

水是由氢元素和氧元素组成的化合物。而情感是由主体的需要以及对客体的感受和体验等心理成分组成的精神资源。

我对情感这两种心理成分的认知，除了理论研究之外，还得益于合作研究

---

① 杨岚.人类情感论[M].天津：百花文艺出版社，2002.

中的感受和体验。其中有两件事对我有启迪作用,一是,20世纪末,我曾受上海市思南路幼儿园郭宗莉园长之邀,参与有关幼儿的需要研究。我认为,郭园长把需要看作儿童发展的动力源泉,深入细致地去研究儿童的生理和心理需要,去理解他们的认知和社会性的发展需要,去辨别儿童"不合理行为"中的合情合理的需要,认为教育要从尊重和满足儿童需要开始,去关注儿童的特殊需要,为他们创设特殊需要服务的绿色通道,正是把握了儿童情感生态发展的本源和教育生态的机缘,揭示了儿童身心和谐发展的关键性元素。

二是,在20世纪八九十年代,我曾与上海市长宁区实验幼儿园赵赫园长进行过幼儿健康情感培养的合作研究。她给我讲述过一个印象十分深刻的故事,她在谈到自己成长的过程时深情地讲到,她从教40多年,体验最深的一点是"要做孩子可亲可敬的老师,先要做孩子的知心朋友"。这体会来自她小时候的亲身感受。她回忆说:在她上幼儿园时,有一次不注意尿湿了裤子,在极度不安与尴尬之际,小伙伴们又因不懂事而笑话她,这令她非常难堪。就在她感到无地自容之时,一位带班老师走了过来,看到她如此不安的表情,什么话也没有说,双眼饱含着理解、体贴和温柔,用大毛巾紧紧地包住她,带她到卫生间换上了干净的裤子。此时此刻,小赵赫从老师每一个表情和动作中强烈地感受到老师的关怀、体贴和温暖,老师爱心的暖流传遍了她的全身。从那时起,她就抱定主意,长大后一定要像这位老师那样去关心别人。40多年后的今天,赵赫老师谈到此事时,还是那样动情地说:"这件事给我留下了很深的印象。当我自己长大当老师以后,我深深地感到,幼儿年龄虽小,可是也有强烈的自尊心,他们需要关怀和抚爱,作为一名幼儿园老师,我一定要体贴入微地爱他们。因此,在多年的实际工作中,我努力地按照这一目标去做,并且引导青年教师也向这个方向去努力。"[1]

在以上感受的启迪下,我对情感的心理元素和成分进行了更深入的研究。情感作为主体对自身精神需求和人生价值体现的一种自我感受、内心体验、情境评价、移情共鸣和反应选择,其主要心理成分包括两大部分:一是主体自身的精神需要和人生价值的体现;二是在上述需要满足和价值体现过程中的感受、体验、评价、移情和选择。前者是情感产生的前提和基础,后者是机制和情

---

[1] 梅仲荪.感受——道德体验的基础[J].思想理论教育,2001(12):52-53.

感的核心内容。为了整体把握儿童情感的发展和教育,我们有必要简要分析个体的自身需要和人生价值。

需要,是个体和群体对其生存和发展条件所表现出来的依赖状态,是个体和社会的主客观需求在人脑中的反映,是个人的心理活动与行为的基本动力。它是人的情感产生的内在源泉。根据需要是否得到满足以及满足需要的方式与手段的不同,人会产生不同的情感体验。

精神分析学和人本主义心理学将欲望和需求作为一切心理活动的基石和动力。弗洛伊德认为,人的情绪和情感"源于本能的心理能量的释放过程",内驱力量在这一过程中产生更为本源的力。他将情绪和情感视为一种体验和反应的过程。儿童的行为受快乐原理支配,"似乎我们全部身躯的活动都集中于取乐和避苦,这似乎是由快乐原理自动调节的"。因此,幼儿早期的情感体验在他们的人格结构中起着十分重要的作用,它会明显地影响后来的情感发展和社交能力及个性的形成。霍妮认为,儿童的时代是"焦虑的时代"。"儿童能敏锐地感觉到爱是否出于真心,而不会被任何假意的表示愚弄。一个儿童不能得到足够的温暖和感情,主要原因在于父母自己的神经有问题而缺乏这方面的能力。"她认为,一位理想的母亲要极度关心自己的孩子,"创造一种重要气氛","这种气氛在抗御关于未来的极端不安全感方面是比任何其他因素更有效的支柱"。[1]

安全需要会强烈地影响人的一生和未来的人生观的形成。在儿童身上,安全需要表现得更明显,他们喜欢有节奏的生活,"仿佛希望有一个可以预测的有秩序的世界"。他们希望得到父母的保护和关怀,"父母发怒,以体罚恐吓小孩,大声叫唤,严厉训斥,将孩子推推拉拉,虐待他或施以体罚等,会引起孩子们的恐惧与痛苦"。在陌生的、难于控制的环境中,"小孩会狂热地依恋父母"。即使是成人,也盼望有一个安定、良好的社会环境,在和平的世界中生活。除此之外,人还有爱的需要、归属的需要,有接受别人爱和爱别人的需要。爱的需要在情感世界中,处于"最普遍的基础核心"的地位。特别是在生活和工作不顺利的情况下,爱的需要特别强烈,它会贯穿于整个情感生活的全过程。[2] 为此,在我

---

[1] (美)J.P.查普林,T.S.克拉克威克.心理学的体系和理论(下册)[M].林方,译.北京:商务印书馆,1984:139.

[2] 马斯洛,等.人的潜能和价值:人本主义心理学译文集[M].林方,主编.北京:华夏出版社,1987:163-168.

们进行情感发展和教育的研究过程中,必须重视精神生命、精神需求、精神价值、精神潜能的发挥,将爱国主义教育和归属感的培养结合起来;将集体主义教育与友爱感的培养结合起来;将理想教育、价值观教育与自我成就感的培养结合起来,使情感教育贯穿于整个人的精神生命教育之中,成为道德教育和美育的核心。

作为个体精神需求和价值体现的一种心理过程,情感是由自我感受、内心体验、情境评价、移情共鸣和反应选择五个部分组成的。

一、自我感受

在理性展开的过程中,感知觉是一切认知活动的基础;情感活动的过程离不开感知觉的参与。皮亚杰认为认知的发展和情感的发展是同步的。"情感和智慧二者是不可分割地统一于人格机能中发挥作用。"[①]没有感知就没有情感的体验。

现代哲学和心理学从现象学角度提出,情感本质上就是一种感受,自我的感受是情感的核心。美国社会学学会情感社会学分会主席诺尔曼·丹森1984年在《情感论》一书中指出:"情感就是自我的感受。""自我感受是生动的情感过程的结果。""自我的感受构成情感过程的本质和核心。"[②]早在1872年,达尔文就对焦虑、悲伤、失望、欢乐、痛恨、气愤、厌恶、内疚、骄傲、惊奇、恐惧、羞愧和害羞等情感现象进行了考察。达尔文在考察中发现,感受是引起上述情感现象的主要因素。这里所讲的感受,不同于一般认识活动中的感受。一般认识活动是对客观世界具体刺激物直接作用于感受器官后的反映。而情感中的自我感受是面向自身,是自身状态的感受,有人称它为"感觉的再感觉""知觉的再知觉",它来自人们所感知的各种生理感觉的兴奋,与自身需要相结合所产生的感受。这种感受不仅决定于刺激对象所引起的生理结果,而且还涉及受纳者的主观需要。皮亚杰认为:"觉知始于对目标的追求,这种追求导致对成功或失败的意识。"[③]也有人称"觉知"是"情感性的知觉"。因此,我们在情感形成、发展和培养教育中,要重视儿童自我感受能力的培养,不要一味从教育者的主观愿望出

---

① 皮亚杰.皮亚杰发生认识论文选[M].左仁侠,李其维,主编.上海:华东师范大学出版社,1991:196.
② 诺尔曼·丹森.情感论[M].魏中军,孙安迹,译.沈阳:辽宁人民出版社,1989:7.
③ 皮亚杰.皮亚杰发生认识论文选[M].左仁侠,李其维,主编.上海:华东师范大学出版社,1991:299.

发,认为"我们给予儿童一切好的东西,儿童一定会产生良性的感受反应",事实常常相反。在家庭教育中,这一现象更为普遍,更为突出。为什么爱心愈给愈多,而孝心愈来愈少?为什么个子愈来愈高,胆子愈来愈小?其中一个重要原因是,父母的爱心没有被孩子感受到。"可怜天下父母心",孩子们却认为"理所当然""自作自受"……为此,我们今后在情感教育中,要提高学生的感受能力,增强他们在情感交往中的敏感性,丰富他们的情感感受和情感记忆的表象,为他们发展情感体验创造条件。

感受是一种基础性、综合性的心理状态,有求知需要满足的快感,有关心他人快乐自己的幸福感,有获得成功的喜悦感受,还有对父母、老师的感恩情感等。它是艺术人生的源泉,精神生命的基座。有人把感受比喻为一株植物上的层层之叶、舒展之茎、执着之干、坚固之根,当感受丰富而又深刻时,如同生命之花在开放、结硕果。我在与基层学校合作开展教育科研过程中,在参加一所学校的校庆活动时,遇到一位名校长,他回母校共祝校庆。在大会上,他向母校师生及到会的校友深情地表达了对母校的感激之情。他叙述了一段刻骨铭心、终生不忘的往事。他说在小学四年级时,由于奔跑太快,他不慎在操场上跌了一跤,当时跌得十分厉害,造成右手骨折。老师与同学见到之后,马上送他到医院处理,上了石膏和绷带。为了不影响学习,他坚持每天上学。骨折对他平时听课似乎影响不大,哪晓得有一次期末考数学时,给他带来了诸多不便。在进行笔算时,他每写一个数字都会带来骨裂般的疼痛,几乎到了无法执笔的地步。当时的数学监考老师及时地注意到他的表情和难处,马上走到他身旁,用十分亲切的语言询问和关心他,用理解、尊重的表情安抚他,并满怀体贴、关怀地带他到讲台前,请他口述答案,自己代笔书写答案。此时此刻,这位老师破例的举动和超乎寻常的关切,使他感到无比的温暖和温馨,并感受到一种激励的力量,暗暗下决心一定要考好。他最终的数学成绩是 98 分。他说:"这成绩不仅包含老师的智慧、知识的传授,而且也包含老师的爱心传递和高尚人格魅力的感染。"此景此情,从此永留于他的心间,铭记于他的大脑之中,让他一生结下了敬业、爱生、尊师、重教的特殊情结。从那时起,他就立下志愿,长大之后,一定要做这样的老师,去关心他人、热爱学生、献身教育。为此,我们一定要把孩子们的冷暖疾苦放在心上,将关注儿童与青少年的需要看作教育的第一要素,要时时刻刻、事事处处去关注他们成长中遇到的种种困难和各种特殊需求,包括因自理生活能力较弱而带来不便及病痛的学生。对于特殊学生,更要给予特别的关心和照顾,让他们感受到更多师爱的温暖。

二、内心体验

体验是情感心理学中最具有特殊作用的概念。它既有亲身的体会、精微的体察,又带有经历的反省、察验和深刻的感受。这是主题独特的觉知,是心理活动中的一种主观成分,是感情生命中的重要部分。当人们有愉悦的情感体验时,会情动于中而形于言,咏歌之不足而手舞足蹈之。它是主客体浑然同一、物我两忘、融合无间的一种心态,是通向生命世界的中介。体验是个体对感受的再感受,对知觉的再知觉,对经验的再经验。因此,体验心理学认为,人在知识体系中,正在总结、认识主体内部的精神世界,发现人的情感在主宰着他的内心活动,左右着内部的精神自由。体验是主体在经历各种生活事件之后(包括经历痛苦和挫折)的考验并使精神保持平衡的能力。体验使人的情感世界日趋丰富,走向成熟。体验,不仅是"忍受痛苦的能力",而且也是"心理上战胜情境的能力"。①

内心体验在情感中具有加工、深化、扩展、监测和升华的功能。体验不同于经验,它不只是个体经历的感知和记忆,它带有生命的体会,具有强烈的情感性。它是主体的过去经验、现在感受和未来期望的整合体。情感体验的信息加工过程将有机体的整个生命历程都卷入进去,因此体验比经验具有更深刻、更强烈、更活跃、更生动的情感色彩。体验进一步发展和升华,可以使主体的全部心理机制调动起来,进入全身心的心醉神迷状态。马斯洛将这种体验状态称为情感的"高峰体验"。高峰体验是指人在进入自我实现和自我超越状态时出现的一种特殊的、神秘的体验,是一种非常广阔和极度兴奋的、非常喜悦的心理状态。这是人们情感生活体验中最奇妙、最快乐、最令人着迷又最有快感的时刻。在父母爱的体验、艺术审美的体验、智力的顿悟体验、科学与艺术的创造体验、助人为乐等体验中会出现高峰体验。它使人的感受能力更加敏锐、透彻、深刻。母亲凝视婴儿,鉴赏家凝视画面,可以达到全神贯注的状态,它能使人观察入微。高峰体验使情感升华到一个新的水平、新的精神境界,它的爱能导致对所

---

① 瓦西留克.体验心理学[M].黄明,译.北京:中国人民大学出版社,1989:14.

爱对象内在本质更深刻的觉知,以极度关怀的情感倾注于所爱的对象上,从中可以觉察到尚未实现的种种潜在性的因素。这种情感体验是纯真快乐的体验,是真、善、美融合于一体的体验,给现实染上惊奇、赞美、敬畏和满意的情感色彩,使情感体验者本人能处在自己能力发挥的顶峰,使他觉得自己此时此刻比其他任何时候都更加聪明、更加敏感、更有才智、更强有力,甚至更加优美。这是情感的最佳状态,是身心和谐一致的状态,也是竞技状态的巅峰。① 这时人真正成为自己命运的主人,精神生命的主宰者,情感世界的创造者、奉献者和享用者。

三、情境评价

情感是对自身之情的感受。这种情除了包括自身感受和内心体验的内情之外,还包括引起感受和体验的周围情境所给予的影响,这为外情。事实上,人的任何一种情感都是内外因素相互作用引起的。主体的需要和价值与客体所给予的条件、创造的氛围有着直接的关系。近几十年来,心理学界在探索情感本质时,不仅重视内驱力及需要论的研究,而且重视认知心理学有关信息加工理论和现象学的符号论对情感影响的研究。20世纪60年代,美国心理学家阿诺德认为,情绪和情感不仅与有机体的生理唤醒状态有关,而且与依赖于引起情绪和情感的客观情境有关。认知派认为,认知是刺激事件的意义被觉知之后产生的,刺激事件的意义来自评价。例如,在野外遇到一只猛虎或一条毒蛇时,会产生极大的惊恐。然而,在动物园里看到东北虎或眼镜蛇时,不但不会产生恐惧,反而会产生兴趣和好奇。又如在体育竞赛中,学生的集体荣誉感与竞赛时是否有自己的班级参与有关。这种情感反应的区别,显然与对情境的觉知和评价有关。

人的情感不单取决于刺激,作为主体的人,意义分析极为重要。意义在理性活动和情感活动中发挥着十分重要的作用。意义不仅来源于现实观察,而且还来源于主体意识的活动。评价能揭示意义,将情境刺激是否符合人的需要、意图或渴求的内心体验深刻地显示出来,产生相应的情感反应。意义分析是指人作为活跃的个体,随时随地感知着有机体内外发生的一切事件,对周围事物

---

① 马斯洛.存在心理学探索[M].李文湉,译.昆明:云南人民出版社,1987:96.

进行分类和解释，从而在意识中揭示其意义，作出需要性评价。曼德勒还认为，意义分析具有创造性。它是环境事件与个体心理结构和期望之间相互作用的产物。由此可见，情感体验常常发生在意识之中。由于评价的参与，当我们获得成功时，就会产生成就感，还会对周围情境产生愉悦感和美感；反之，在产生失落感的同时，会对情境产生反感和不满。作为社会主体的人，其情感产生的关键是个体自身需要和对情境所作出的认知评价的结合。评价是一个过程，有初评价和再评价。初评价又分为无关性评价、有益性评价和紧张性评价。当情境对人具有保护和增强的价值时，人对此会作出有益性评价，伴随而来的是愉悦、舒畅、兴奋、安宁和安全感、信任感、幸福感；反之，就会紧张不安、恐惧和反感。评价作为一个过程，常常不是一次性完成的，而是有一个连续序列。再评价是初评价的继续，使评价者在情感体验上更加深刻，作出反应时也更加强烈。为此，我们对学生的情感教育，要重视培养学生的意义分析能力和情境评价能力，使他们增强识别真、善、美和假、恶、丑的能力，在学会评价中提高自己的情感品位。

四、移情共鸣

移情共鸣是指一个人对他人的情绪、情感产生一致性反应。它在情感中处于中介和核心地位。移情一般是指在人际交往中彼此间情绪、情感交流过程中产生的一种替代性体验，它是人际双向移动的心理过程。它可以是主体知觉到别人的情感体验时产生自己的情绪性反应。例如，别人快乐，自己也快乐；别人痛苦，自己也痛苦。它也可以是主体以自己的情绪、情感状态去理解别人的情感反应。例如，自己快乐，以为别人也快乐；自己痛苦，以为别人也痛苦。这种情感移入机制使人们能与他人情感保持一种一致性的联系，它是维系和沟通人们内心世界的桥梁。移情是助人为乐、合作分享等亲社会行为的动机基础，具有激发、促进个体亲社会行为的动力功能。

移情通常有两个维度：一是认知维度，即情感移入被看作对他人情感、思维、意向及自我评价的觉知；二是情感维度，即情感移入被视为一种共鸣反应。事实上，这两者是相互作用的。共鸣通常依赖于对他人情感的认知和推断；与此同时，被唤起的共鸣情感能为理解他人提供内部线索，能帮助人们站在对方的角度去考虑问题，体验对方的所见所闻；将自己内心的情感移入对方，和对方一起感受。由此可见，感受、体验、理解他人的情感是移情的基础，而同情和利他行为是移情的外化。移情共鸣在情感世界中,是自我与他人情感交融的重要的中介变量,没有移情就没有人的情感。

移情能力是觉知、辨别、理解、联想和分享他人情感以及角色进入等多种能力的整合。儿童移情能力的发展,一般有四级水平。婴儿期为整体的情感移入水平,它的特点是来自婴儿自己身体的、来自对他人的朦胧知觉和对周围情境的模糊反应。幼儿期为自我中心的情感移入水平,这一阶段幼儿的移情很容易将他人的情感混同于自己的情感。儿童中期为对他人情感的移入水平,这一阶段儿童的移情开始能从他人需要的角度去理解他人。儿童后期为对他人整体生活条件的情感移入水平,这一阶段移情的深度和广度都有很大的变化,能超越直接情境去理解他人的情感,从而对他人情感的愿望给予理解,并作出相应的反应。[1]

移情的种类,除亲社会性移情之外,还有审美移情和科学理智移情等。后两种移情,指的是主体将自己的情感移射到审美对象和认知对象中去。就审美移情而言,它不仅从审美对象上感受美,而且将自己的情感投射并覆盖到审美对象上去,从而使审美对象带有更为明显的拟人的感情色彩。古语云:"登山则情满于山,观海则意溢于海。"这正是移情效应的写照。

五、反应选择

情感作为主体精神生命的一部分,具有相应的反应系统,即通常所谓的"触景生情""引起情感的波澜""产生表情反应",等等。情感反应以态度为中介,通过面部表情、语音、语调、语气和行为动作体现出来。态度是个体对某一对象所持的评价和行为倾向,是刺激与反应的中介。它具有明显的对象性,是情感的标志。态度还具有内在性的特点,是人接受的刺激(对象)与可观察到的反应(行为)的中介。刺激是自变量,反应是因变量,态度则是中介变量。它与个体的内在需求有关,符合需要的,表现为肯定、积极的态度;不符合需要的,表现为否定、消极的态度。态度还具有持久性。态度是个体在后天的社会生活中形成的,一旦形成,便具有相对的持久性。稳定的态度是人格的组成部分。作为情感的态度,常常难以改变,"情深意切""刻骨铭心""永生难忘"。

---

[1] 秦建健.情感移入的定义与测量[J].心理学动态,1988(1):45-49,54.

情感中的反应选择,有它的生理基础。不同的情感会出现不同的内部器官变动和生物化学变化,它通过血液中化学成分的变化,呼吸和脉搏频率的变化,汗腺、内分泌腺和消化系统的变化来实现。例如,战斗飞行中的恐惧,就会出现一系列的生理反应,如心跳加速、肌肉紧张、口内干燥、出汗、想呕吐、发抖、晕厥,等等。这与交感神经系统和副交感神经系统的机能有关。有机体在紧急情境刺激下,交感神经系统被激活,引起心率加速、血压升高等变化。

有研究认为,略有压力对人有好处,这会刺激人的身体产生一种名叫皮质醇的重要激素。然而,压力过大,时间过长,它对健康害处较多。长期压力过大会抑制免疫系统,导致骨质疏松。有研究还认为,学习压力过重与考试前的过分紧张,还会引起身体不适应性综合征。它有三个阶段:一是警戒反应阶段,二是抵抗阶段,三是疲惫阶段。警戒反应是一种生理上的复杂反应,它是由紧张源激发的。所谓紧张源就是"产生紧张的事物",它有外刺激,来自老师的批评、指责、训斥、发火;还有内刺激,来自害怕难题、害怕失败……学生的警戒反应过程从生理学上讲,是这样的:每当我们感到恐惧时,就会心率加速、手脚变凉,这是神经紧张的标志。大脑将信息转至下丘脑,下丘脑是激素警戒系统的关键。它控制着害怕、失望、悲伤、愤怒、高兴等情感。当我们的脑记录下一个"危险"反应时,下丘脑就向位于大脑底部的脑垂体发出信号。脑垂体分泌出一种叫作促肾上腺皮质激素(ACTH)的物质去激活肾上腺。肾上腺接着释放一种叫作皮质激素的物质到血液中,皮质激素将信息带给其他腺体和器官,其他器官也开始对"危险"作出反应。其结果是引起胃酸的分泌。如果胃酸在空腹时被释放出来,它就可能烧灼胃室、食道和肠子上部等器官。如果这一情况持续发生,就有可能导致胃溃疡和胃出血。上述情况如果持续发生,引起胃酸过量分泌,对肠胃是极其有害的,对心脏也是如此。这种紧张反应往往会导致胃溃疡、心脏病等。[1] 紧张源在人们生活中无处不在,它的紧张反应范围也很广。其中,有积极性紧张,如兴奋、高兴;也有消极性紧张,如害怕、恐惧,后者会引起免疫力下降,还容易引起感冒、头痛等症状,这需要我们给予学生身心健康上的特别关心和保护。

生物心理学研究还表明,学生在学习过程中,也有各种生理性反应,如果学

---

[1] (美)夏夫尔·马丁.生活与情绪[M].戴芳,等译.北京:工人出版社,1986:8.

习任务过多、难度过高、作业完成的时间过急,也会引起焦虑、失眠、郁闷、发高烧和胃出血等问题。以焦虑为例,它是一种担心、恐惧或不安的心理,当学生频频面临考试,而又没有作好准备,他们就会产生焦虑、厌烦、紧张与难受的情绪,以致出现"作业恐惧症""考试恐惧症""失败恐惧症"等。这会给他们的生活、学习、睡眠和健康带来不同程度的影响。有研究还认为,如果出现不必要的过度焦虑,就会产生心理障碍。例如,有学生到心理咨询室向老师反映,说他因为害怕考试通不过,连续好多天在家躺在床上,已经错过三次考试机会。这说明他在学习生活中处处感到有压力、不安全,自己有无能感,对学习与生活感到不高兴、不满意,感到学习对自己有威胁,对学习提不起兴趣,以致躁动不安、睡眠不好、没有食欲、身体不适、情感淡漠、焦虑或抑郁等。焦虑还会出现手心湿冷、心跳过速、眩晕、恶心、呼吸急促、心事重重、注意力难以集中等反应,如果压力持续过重,情绪过于紧张,会导致胃部感染恶化。人会因功能性消化不良而经常感到胃疼。上述身心性问题,会出现消化不良、肠道溃疡、神经衰弱、失眠等问题的产生。[①] 这就要求家长和教师多加关注,及时让学生放松与休息,并给予更多的理解、宽慰与鼓励,切不可火上加油,再责备与训斥。否则,孩子的焦虑会由一般性的焦虑向广泛化、病理性焦虑转化,会造成更加严重的后果。

情感反应选择,一般通过面部表情、语音语调语气和行为动作表现出来。早在100多年前,达尔文就对表情进行过专门研究。他著有《人和动物的表情》一书,认为表情在人类历史进化、生存发展中,存在一种特殊的反应模式。如人类祖先在捕猎、搏斗和防御时会产生愤怒反应和愤怒表情,这有助于战胜猎物或敌手;在认识和探索环境中,兴趣和好奇的情绪驱使他们趋向新奇事物;恐惧情绪提醒他们回避危险等。这是通过表情的外显反应进行情感交流和信息传递。

表情是有机体通过自己身体的外显行为变化来表达感情的,主要表现为面部表情、身段动作表情、言语和手势表情。

面部表情。人的面部肌肤是富于活动性的。当情绪和情感发生变化时,总要伴随一定的表情动作,其中有眼、眉、嘴、鼻、脸等部位形状或神色的变化,如两眼闪光之惊奇、喜悦,眼泪汪汪之悲哀委屈,眉毛紧锁之忧愁,扬眉之得意,双

[①] 丹尼斯·库恩.心理学导论——思想与行为的认知之路(第9版)[M].郑钢,等译.北京:中国轻工业出版社,2004:644.

目圆瞪之愤怒,嗤之以鼻之厌恶,脸色苍白之惊恐等。还有眼神温柔,目瞪欲裂,横眉冷对,咬牙切齿,面红耳赤等表情,都是有机体通过面部肌肉皮肤变化来表达感情的种种方式。这些表情与脸部肌肉及血管等变化有关,例如喜悦与颧肌有关,痛苦与皱眉肌有关,忧伤与三角肌有关。羞愧因血管舒张而脸红,恐惧因血管收缩而苍白。达尔文用20张照片代表不同的表情,让20个判断者断定,若大家的判断一致,就认为这张照片的确代表某一情绪。他的研究还指出,人的面部表情极有可能保留了动物祖先的某些行为遗迹。心理学家在研究面部表情时还发现,面部表情有表演式面部表情和自发性面部表情之分。表演式面部表情是指面部表达的情绪,并非由真实刺激情境引起,而只是在假定情况下的一种表演;自发性面部表情是指在实际的或真实的刺激情境下,个人因刺激而表现于面部的情绪反应。研究表明,由于情绪的复杂性,单以面部表情为线索判断情绪种类存在困难,亦即面部表情与情绪间的对应关系并非绝对或纯粹的,需要通过多方面的综合观察,才能作出较为正确的判断。

身段动作表情。除面部表情外,人的全身动作也有表现和传递感情的作用。恐惧、发怒时全身发抖;高兴时手舞足蹈、动作轻快;悲哀时动作缓慢、步履沉重。此外,"趾高气扬""垂头丧气""抱头鼠窜""呆若木鸡"等词语都是形容表现感情产生时有机体姿势的变化。

言语和手势表情。人们说话的声音、语调、节奏、断续及弦外之音等,都是表达和判断情感的指标。如悲哀时语调低沉、节奏缓慢,高兴时语调高昂、节奏加快,爱抚时语言温柔,愤怒时言语生硬。手势是人类语言的一种形式,也是表达情感的重要指标。手势和言语变化是人类特有的表情方式。在个体的发展过程中,情感反应的选择能力是人际交往中极为重要的一种能力。人际关系心理学对情感的非语言交际进行了专题研究。有人认为,光是人的脸,就能做出千万种不同的表情。姿态语言在交往中起着不可忽视的作用。以手的动作姿势来表情达意尤其重要,如拍手称快、握手言欢等。这在情感反应选择中用得很多。小学低年级老师常常鼓励大家以拍手形式来表扬表现好的同学,有的孩子高兴时还会手舞足蹈,以至得意忘形,前俯后仰。一般情况下,我们的身体在说话时越是倾向前方,越是表现对他有好感;若怕他,可能很紧张;若喜欢他,身体放松的程度就会增加。中小学生交往中,一般中学生对小学生往往表示为亲近的动作;同班同学相处,较为随便;与老师交往,较为紧张。声音作为感情的一种密码,不同的音调、音量、语速、节奏,都能反映出一定的情感。一般来说,表示气愤的声音特征是声大、音高、音质粗哑,音调不规则,变化快,节奏不规则,发音短促;表示爱慕的声音特征是音质柔和、低音、共鸣音色,慢速、均衡而微微向上升的音调,有规则的节奏等。

情感反应选择是情感生活中的一个重要方面,既有自发性的一面,又有后天习得的一面。儿童在成长中要学会反应选择。受轻伤时不哭,受威胁时要采取勇敢的姿态;在别人遭到不幸时要表示同情;在对自己的安全或自信有所怀疑时,要表现镇静。在人际交往中,要真诚、热情、大方、有礼,还要培养一种自我调节情感和修饰表情的能力。在不同民族文化的影响下,情感反应选择具有一定的民族性。对儿童进行情感培养,既要重视保留中华民族传统性格含蓄而深刻、沉着而坚韧的特点,又要培养他们以真诚、深厚、坦率、大方的方式来表达自己的情感。提倡儿童情绪愉快,鼓励他们满怀兴趣地探索新知识,增强乐观情绪和同情心,促进儿童追求进取,发挥积极、主动、独立、勇敢的精神,让儿童在欢乐中度过童年,在活泼开朗中表达自己的真情。

第三节 情感的功能

我国近代思想家梁启超在 1922 年给清华学子讲演时说:"天下最神圣的莫过于情感。""用情感来激发人好像磁力一般,有多大分量的磁,便引多大分量的铁,丝毫容不得躲闪。"所以,情感是"人类一切动作的原动力"。"情感能引人到超本能的境界;情感的性质是现在的,但它的力量,能引人到超现在的境界。我们想入到生命之奥,把我的思想行为和我的生命进合为一,把我的生命和宇宙和众生进合为一;除却通过感情这一关门,别无他路。所以,情感是宇宙间一种大秘密。"它具有魔力般的神奇功能。[①] 梁启超的上述论述揭示,情感是人的生命的基质,情感向内是个体完善的必要通道,向外又是融入社会的基本通道。情感的激扬是人的生命活跃和人生实践的基础,没有情感,就没有生命。我国著名作家冰心也认为:"有爱便有一切。"她整个一生,以爱而著称,她爱花,爱

---

① 金雅,选编.中国现代美学名家文丛·梁启超卷[M].杭州:浙江大学出版社,2009:102.

草,爱小动物,爱大海,爱蓝天,爱孩子,爱家乡,爱祖国,爱中华民族,爱全人类。她用真挚的情、博大的爱,爱着这大千世界。她的人生格言是:"爱在右,同情在左,走在生命路的两旁,随时撒种,随时开花,将这一长途,点缀得香花弥漫。"①

那情与爱的神奇功能何在?有关情绪与情感的功能,20世纪60年代之后,国内外心理学家开展了深入研究。我综合多方面研究成果认为,情绪与情感对于个体的成长、成人与成才,主要有以下四大功能。

一、情绪与情感具有强大的动力功能

20世纪60年代,以马斯洛为代表的人本主义心理学家认为,情感与动机相联系,它是个体成长与发展中具有整体性的动力功能,能激励人们去"自我实现""发挥潜能",去感受"高峰体验"。

以往的心理学理论对人基本需要的满足,对人的情绪、情感、自我体验、高峰体验等涉及人的成长和潜能发挥的重要内容,很少涉及。到20世纪60年代,以美国心理学家马斯洛为代表的人本主义心理学家提出"整体动力理论""自我实现""高峰体验""发挥潜能"等一系列新观点。

马斯洛在《人的动机理论》一文中写道:"爱的需要,包括给别人的爱和接受别人的爱。"②人们生活在社会之中,强烈地希望得到亲人、朋友、同事以至社会团体的理解关怀。人们希望得到爱,常常胜于其他。儿童对爱的需要特别强烈,他们渴望父母的爱、老师的爱、同学的爱。爱的需要贯穿于儿童整个生活的全过程。在儿童心田上及早播下爱的种子,能培养一种爱的能力,孕育美好情感的发展,这是儿童个性和谐发展的前提。马斯洛认为,人们的"尊重需要""自我实现的需要",在某种意义上也是"爱的需要""归属需要"的发展。人有了爱的需要,才具有最充分、最旺盛的创造热情和生机勃勃的生命力。自尊需要,包括自尊、自重和为他人所敬重。一个具有足够自尊的人总是更有信心、更有能力,也更有效率地去完成学习和工作任务。尊重需要来自自身对实力、成就、胜任感、自信、独立等的期望,也来自对地位、声誉、名望、赞赏等的企盼。儿童期望得到父母和老师的尊重、好评、表扬和夸奖,这可以使他们天天向上,不断进

---

① 王斌根.冰心,爱是一切[M].郑州:大象出版社,2003:40.
② 马斯洛,等.人的潜能与价值:人本主义心理学译文集[M].林方,主编.北京:华夏出版社,1987:167.

步。认知、审美和自我实现是高层次的需要。在儿童身上,好奇心和求知欲正是上述需要的表现。如果儿童的好奇心和求知欲得不到保护或受到压抑,儿童就会表现出智能衰退和精神萎靡。因此,在孩子的儿童时代,要特别注意保护其好奇心和求知欲,这是儿童发展理智感、审美感的基础。自我实现和高峰体验是马斯洛人本主义理论提出的高层次需要和高级状态。自我实现论强调"完满的人性",其内涵是指让人的友爱、合作、求知、审美、创造等潜能得到充分的发挥。根据马斯洛大量调查和综合研究的结果,自我实现者大都是中年人,是心理发展比较成熟者。但他们的成就与童年期情感等因素的发展关系密切。粗暴的控制和过分的放任对个体的正常发展危害甚大。他认为,最有效的教育是"一定限度内的自由"。2岁以内的爱的教育特别重要。童年情感的正常发展如果遇到障碍,如失去爱、安全感和尊重,儿童长大后很难向自我实现的方向发展。因此,他认为自我实现者能与他人发展深刻的关系,能和他人打成一片,建立深厚的友谊;正确地对待自己,知道自己的长处,也承认自己的缺点,不护短,不遮掩,力求改过;能和现实保持良好的关系,对现实采取客观态度,关心社会,同情他人;富有创造性,保持新鲜感,对待生活永不厌倦,以活跃的姿态去体验生活,去感受高峰体验的愉悦、欢乐和神秘。马斯洛认为,高峰体验本身是一种同一性的感受,在这样的时刻,人有一种返归自然、与自然合一的欢乐情绪,达到对自然景色的迷恋,对艺术欣赏的陶醉,对科学追求的执着,对生活感受的和谐,这是超常的欢乐、宁静平和的喜悦。这是完满人性、完美人生、完善人格的综合体现,也是个体情感发展的高级状态和情感教育目标之所在。另一位人本主义心理学家罗杰斯认为:"一个人拥有许多潜在的、强大的直觉力量。真的,我们远比自己所认为的要聪明得多。这方面有许多证据,我们正在逐步发现,我们多么可悲地忽略了(人身上)非理性的、创造性的、隐喻性的心理能力。"[①]罗杰斯所讲的这种心理能力实际上就是爱的能力、情感的能力。最新科学研究认为,这是影响人生的关键性品质要素。因此,上述理论的意义在于为我们展现了儿童情感发展和情感教育研究的新领域,提供了人生体验的新发现,开辟了深入研究的新天地和突破口。

神经心理学的研究成果表明,人的积极情绪与情感素质的提高,有助于

---

① (美)詹姆斯·O.卢格.人生发展心理学[M].陈德民,等译.上海:学林出版社,1996:65.

人们充分深入地开展人脑潜力的开发,可以调节人的大脑机能,提高学习和工作效率。1983年,英国《自然》杂志提出"脑内吗啡肽"的概念,认为它对人的作用有三个方面:活化脑细胞,促进细胞维持年轻有活力的状态;促使失去平衡的左右大脑半球恢复平衡;增加大脑能量。这从大脑生理学的角度为情感教育功能的发挥提供了科学佐证。情感教育可以通过审美的对象,使主体在欣赏(教育)进程中,在大脑中产生吗啡肽,在心理上产生愉快轻松的正能量和正效应,在生理上产生有利于促进大脑能量和身体健康的积极作用。

二、情绪与情感具有心理活动的组织功能

情绪与情感对人的心理活动,不仅具有强烈的驱动功能,而且具有对认知的调节和行为的监控的组织功能。情感心理学将情感分为积极情感与消极情感。积极情感主要是指主体感受到愉快的情感,如幸福、感激、高兴、兴趣、满足、受爱与创爱等情感体验;消极情感主要指主体感受到不愉快的情感,如恐惧、悲伤、愤怒、厌恶、焦虑、失望、忌妒等情感反应。这两类情感对人的心态、心境都有不同的影响作用。积极情感对愉快的心境具有"放大认知的背景"功能,在生理上的反应是大脑中多巴胺水平的提高。它是快乐、年轻的荷尔蒙,会影响"快乐中枢",产生兴奋、愉悦与满足等心理状态。个体的积极情感还会展示趋近的适应性偏爱,去探索新奇的对象、人或情境。[1] 它还有自我调节的功能,为损耗的自我充电,使自我恢复而处于兴奋状态。这要求我们在教育教学中要给学生以尊重、信任和鼓励,使他们在学习生活中获得精神上的满足,产生好奇和探求的心理,去感受和体验学习生活的愉快、兴奋与创造,从而对学习产生迷恋,热爱并沉浸于阅读,收获社会交往中的友谊。

对消极情感既要避免或减少,又要学会调节和转化。有研究认为,积极情感对消极情感有解除、化解等效应。如教学中教师的风趣和幽默,会对消极情感和学习压力起到有效的化解作用。

学生生活在社会环境中,有顺境,也有逆境,以致会受挫折,由此产生某些消极情感,这是难免的。这就需要我们学会理解和关心学生的消极情绪,帮助学生学会自我化解和转化,让失败成为成功之母,让压力转化为动力,让自卑转

---

[1] 许远理.情绪智力三维结构理论[M].北京:中国社会科学出版社,2009:64.

变为自信、自尊、自强的激励因素。有学者还认为,消极情感中也含有巨大的潜在的转化功能。关键在于我们如何适时、适当、适切地利用消极情感的转化功能来为我们的发展服务。如考试的失败、悲伤可使我们从中觉醒并反思,从而学习更勤奋,做作业更认真,运算更细心。

情绪与情感的组织功能还表现为对人的行为的内部监控作用。人的认识不一定导致行为。从认识到行动,其中介是以情感为核心的意向系统。情感在其中作为评价的动力机制,使人选择某种行为并使它现实化。人的情感体验是以满意与不满意的感受状态表现出来的,它将人本身的感受、自我评价、自我监督、自尊心、自信心、自制力携带进去,构成一个主体对自己活动关系(物我关系、人我关系等)的内部监控系统。当对某些活动表示满意时,人将注意指向某类信息,择取某类信息,而忽略、回避与主体情感需要相悖的信息,或者将这些相悖的信息作出与主体情感需要相一致的理解。在这里,情绪与情感发挥着行为选择的评价机制。内部监控系统的客观存在,决定了人不是依据外部世界的客观要求,也不是根据主体自身的原发性需要,而是从外部世界反观自身,理解主体与客体之间各种现实或可能的意义关系,审度其中的利弊,然后将各种心理能量有效地聚合、组织起来,在情感的基础上产生意志能力,继而通过神经系统的下行传导通路将信息传向感受器和外围,使人的行为上升为随意的动作水平,即直接控制主体活动。

研究表明,情绪与情感对认知活动的作用,只用"驱动"来描述是不够的,它还可以调节认知的加工过程和人的行为。诸如情绪自身的操作可以影响知觉对信息的选择,监视信息的流动,促进或阻止工作记忆,影响决策、推理和问题的解决。"情绪可以驾驭行为,支配有机体同环境相协调,使有机体对环境信息作出最佳处理。同时,认知加工对信息的评价,通过神经激活而诱导情绪。在这样的相互作用中,无论情绪还是认知,作为心理因素都以内容而起作用。不同的是,认知是以外界情境事件对有机体的意义,通过体验快乐或悲伤、愤怒或恐惧而起作用。它们之间在本质上的区别导致的后果,在于情绪具备动机的作用,能激活有机体的能量,从而制约认知和行动。就此而言,情绪似乎是脑内的一个监测系统,调节着其他的心理过程。"[1]

---

[1] 孟昭兰.人类情绪[M].上海:上海人民出版社,1989:31.

三、情绪与情感在人际交往中具有信息交流功能

情绪、情感与语言均有信息交流功能,但外显形式不同。言语交流以语声(或书写)等形式来表达思想,陈述意见,回答问题。而情绪、情感的外显形式是表情。表情由面部肌肉运动模式、声调变化和身体姿势变化等构成。人们在情绪反应和情感交往中,常常通过这三种表情的整合活动,来实现信息传递和达到相互了解。在这三种表情中,面部表情携带的情绪信息具有特异性。它在情绪外观、交往中起着主导的作用。孟昭兰教授还认为,情绪的信息作用在很大程度上能够决定孩子的生活和生存的质量。它在情绪的社会性参照功能中起着关键性作用,并影响儿童与青少年的情感发展。学校生活中的师生交往、情绪与情感的信息交流,几乎每时每刻都在进行着。教师的面部表情、语音语调变化,都会对学生起着情感交流的功能,它会使学生受到情感上的感染,引起兴奋、快乐、同情、共鸣和移情等心理效应。孟昭兰教授还提及人有深度知觉和情绪知觉等问题。"人们拥有独特而细微的辨认表情的能力。"[①]据我研究,儿童与青少年在成长的道路上,对教师的表情的流露,具有特殊的敏感性。[②] 在本书中,我还将就师爱之情的传递进行专题论述,让教师的微笑成为一种智慧、关怀、信任、肯定和欣赏,给学生带来阳光般的温暖和中秋明月那样的赏心悦目与甜蜜温馨。

四、情绪与情感对人的生命具有享用功能

情绪与情感的生命享用价值是通过人的情绪色调来唤醒和调节的,它以满足人心理上的享乐和享受需要来实现。涉及人的生命享用质量的感觉情调是多种多样的,其中最重要的积极情调是快乐,以及具有快乐色调的自我安慰、自我满足、憧憬、希冀等。快乐能增强人的自信,增进人与人之间的社会联系,不仅使人享受到亲密、真诚和互相帮助的人际关系,而且鼓舞人们运用智慧,调动潜能,去享受成功的愉悦。同时,快乐还是紧张的释放和适度的唤醒,它调节人体的激素分泌,使之趋于平衡,以维持生命的内稳定状态,防止疾病的侵入,这些都是基本的生命之享用。

---

① 孟昭兰.人类情绪[M].上海:上海人民出版社,1989:40.
② 梅仲荪.发挥师生情感交流中的暗示效应[J].天津教育,1992(5):13-14.

以婴儿为被试进行各种情绪对认知操作(问题解决)的影响的实验研究,结果表明,正情绪和负情绪对认知操作的影响差异显著。在实验室引发各种不同情绪的条件下,在欢乐和痛苦、兴趣和惧怕、愤怒与无怒之间,快乐、兴趣和无怒的被试,比痛苦、惧怕和愤怒的被试更快地完成呈现给他们的手工操作作业,两者之间有显著差异。快乐和兴趣是最一般、最普遍的正情绪。快乐的享乐度很高,它使人与外界事物或他人处于和谐的境地,使人处于超越和自由的状态,摆脱功利的束缚,使人更容易接受或接近外界事物。兴趣使人倾向于某种对象并被这一对象吸引。因此,处于中等唤醒水平的愉快状态和兴趣状态(兴趣本身就具有中度唤醒水平的性质),为认知活动提供了最佳的情绪背景。孟昭兰等人研究表明,儿童愉快状态和兴趣状态交替出现和互相补充时,呈示出最佳的操作效果。[①]

在个体发展中,快乐能增进人与人之间的社会性联系。建立良好的社会交往和真诚的关系,可以增强人的自信,促进能力的发展。快乐可以使人心胸开阔,对未来充满信心,鼓舞人积极向上,不断进取,去体现人生之价值,去享用人生之快乐,使人生完满。因此,有人将情绪与情感喻为精神上的"太阳神"、生命中的"维生素"和永葆活力的"青春宝"。

第四节　情感发展的敏感期、机会之窗与教育最佳期

早在 20 世纪八九十年代,我参与国家课题"中小学德育整体改革研究"并主持"中小学生爱国主义教育中的心理学研究"。当时德育存在主观随意性和无序性等弊端,给教育的针对性和实效性带来严重影响,"教师讲得辛辛苦苦,学生听得迷迷糊糊"。有幼儿园老师给幼儿讲"祖国是母亲"时,由于孩子年龄小,没有"祖国"的概念,为此出现了不少笑话。我在查阅相关文献资料时发现,瑞士心理学家皮亚杰于 1969 年进行过"祖国"观念形成的研究。他发现,儿童在 12、13 岁之后才能对这一概念获得恰当的情感价值,在这个年龄阶段之前,

---

① 孟昭兰.人类情绪[M].上海:上海人民出版社,1989:34.

儿童难以达到这一水平。同样情况也适用于社会、公正、合理、审美、社会理想等概念。① 这不是说 12 岁以前不能进行爱国情感的培养，而是要依据儿童的年龄特点与他们的情感发展规律，选择适切的教育内容和适当的方式方法，使之达到最佳的教育效果。如何根据儿童与青少年的年龄特点和他们的情感发展规律来进行教育？为此，我开展了有关关键期、印刻现象、敏感期、机会之窗和最佳期等基本概念的研究。

时空论认为，任何事物及其形态的运动，总是在一定的时间和空间内进行的。儿童情感的形成、发展，除了要探索相关因素的空间联系之外，还要探索其时间运行的轨迹，研究其时相运动的规律。时相，即时间运行的轨迹和生命的坐标系统，具有客观性、顺序性、持续性、一维性、不可逆向等特点。它总是朝着一个方向流逝，一旦贻误时机，就会抱憾终身。古语说："机不可失，时不再来。"宋庆龄在 1979 年"六一"题词中写道："有些事是可以等待的，但是少年儿童的培养是不可以等待的。"② 这说明她将儿童教育看作"不可等待的事业"。这就需要我们去研究儿童与青少年情感的形成、发展在时间运行中的轨迹，研究它的时相运动的规律，把握其变化发展的敏感期、机会之窗和教育最佳期，创造最佳的教育环境，使每个儿童与青少年都能得到最佳的发展。

一、关于关键期、敏感期和最佳期的辨析

现代生态学研究认为，有机体在生命运行过程中存在关键期。关键期（critical period），是指在个体发展过程中，在适宜的环境影响下，发展特别迅速、习性特别容易形成的时期。这一时期内，如果缺乏适宜的环境影响，就会引起病态反应，甚至会阻碍日后的正常发展。

关键期这一概念最早是由奥地利生态学家洛伦茨在研究生物习性时提出的。他在 1937 年进行动物早期习性的研究中，发现小鸭、小鹅出生之后，通常将第一眼看到的对象认作自己的母亲，并对其产生一种偏好和追随反应。这种"认母印刻"发生在出生后 10—16 小时（现代研究结果更精确，为出生后 8—9 小时）。洛伦茨将此印刻发生的时间称为认母行为的"关键期"，并根据有关实验指出：关键期形成的印刻，作为动物的习性保存下去，是不可逆向的，即一旦

---

① 皮亚杰，英海尔德.儿童心理学[M].吴福元，译.北京：商务印书馆，1980：113.
② 宋庆龄.宋庆龄论儿童教育和儿童工作[M].中国福利会，编.上海：上海教育出版社，1992：151.

形成就不能修正或还原;若幼畜的印刻过程遭到阻碍或被迫中断,即一旦错过这个关键期,其认母能力就将永远丧失,母畜和幼畜将永不相识。

在人类个体早期发展过程中,也同样存在获得某些能力或学会某些动作的关键时刻。在此时刻,个体处于一种最积极的准备和接受状态,如果这时能够给予适当的刺激与帮助,某些能力就会迅速发展起来。由于在关键期内,个体接受外来作用和经验影响的感受性和敏感性最为强烈,所以人们又将它称为敏感期。从学习和培养的角度看,某种特定的行为和能力最适宜在这一时期学习,其发展速度也最快,会达到最佳状态。因此,人们又称它为最佳期。最佳期(optimal period)是指在个体发展过程中,教育和环境影响能起最大作用、能达最佳效果的时期。

洛伦茨的研究不仅获得了诺贝尔奖,而且引起了心理学界、教育界对关键期、敏感期和最佳期的兴趣和注意,并进行了大量研究。有的研究者发现,人类胚胎最容易受到损害的关键期是怀孕后 6 周以内,即主要器官发育时期;一切先天缺陷都发生在妊娠的关键性的头 3 个月内。有的研究者提出,大脑发育的关键期为出生后 5—10 个月。母婴的依恋感形成的关键期为 0—7 个月。还有研究者认为,2—3 岁是儿童学习口头语言的关键年龄,4—5 岁是开始学习书面语言的关键年龄,4 岁以前是形象视觉发展的关键年龄,5 岁左右是掌握数概念的关键年龄等。这时期若给予相应方面的教育,会取得最佳效果。我国教育家陈鹤琴认为,幼儿期是人生可塑性最大的时期,也是奠定人生健全发展的时期,需要适当的环境与优良的养育,以促使儿童快速发展。许多研究表明,儿童自出生到三四岁的阶段中,如被剥夺了感性经验,缺乏社会交往,疏忽智力教育或没有双亲的抚爱、照料等,都会严重影响日后心理的正常的发展。[①]

"关键期""印刻现象""敏感期""最佳期"这四个基本概念,在许多心理学专著和心理学词典中是通用的。但从有关实验研究和生物时相学角度分析,它们之间仍存在某些差异。我们认为,印刻是指一种天生的、本能的、迅速的学习方式,它是一种很特殊的生理状态,只发生在生物刚获得生命的最初时刻,具有短期性、永恒性和不可逆转性等特点。起初,人们将这个时期称为关键期或敏感期,只是动物习性学上的概念。这一概念一旦应用于人类,其意义就复杂、高级

---

① 李维,主编.心理学大百科全书[M].杭州:浙江教育出版社,1995:612.

得多。不能将之理解为极为短暂而又不可弥补的。对人的发展而言,其关键期或敏感期,不仅指印刻发生的时期,而且包括个体整个发展过程中的突变时期、某些能力形成的快速期。它表明,个体的心理发展过程,包括儿童情感发展过程,既不是直线的匀速运动,也不是随意的加速运动,而是一个有特定时相的运动,具有明显的阶段性、转折期和临界点与印刻现象,这对探索儿童情感发展的关键期,具有十分重要的意义。

有研究表明,关键期和敏感期这两个概念不仅存在相似性,而且存在一定的差异性。关键期是指人的发展过程中的一个特殊时期。此时特定的事件会造成重大影响,特定的环境刺激是正常发展必不可少的要素。敏感期是指该时期中有机体对环境中特定种类的刺激具有较强的易感性,但这些环境刺激的缺失并不总是会导致不可逆转的坏结果。这说明关键期强调时间上的特殊性和环境刺激的特定性;而敏感期既强调时间上的选择性,更强调环境刺激上的易感性。因此,当代发展心理学更倾向于用"敏感期"来代替"关键期"。在敏感期里,有机体对所处环境中特定种类的刺激有更强的易感性。然而与关键期不同的是,特定环境刺激在敏感期阶段的缺失并不总是会带来不可逆转的坏结果。[①] 这一观点得到多方面科学家的认同。"在人类的发展中,在特定的年龄范围内,一些环境刺激对于发展有更大的影响。然而,在大多数情况下,这些年龄段说明了某种刺激的最佳时期,而不是唯一的时机。也就是说,个体在一生中的某一点上,最易接受某种刺激,但在其他时候,这些刺激也是有益的。因此,当谈论某种环境经验发展的最佳时机时,有些心理学家更愿意使用敏感期(而不是关键期)一词。"[②] 这一辨析告诉我们,既要重视时相的运作,把握时机,又要认识到人的能力的潜在性,"勤能补拙""往者不可及,来者犹可追"。错失这一机遇,还可争取并把握另一机遇。

二、机会之窗

人的大脑只有一个柚子那么大,重 1.4 千克左右,由大约 1 000 亿神经细胞

[①] (美)罗伯特·费尔德曼.发展心理学——人的毕生发展(第4版)[M].苏彦捷,等译.北京:世界图书出版公司,2007:14.
[②] (美)特里萨·M.麦克德维特,等.儿童发展与教育(上册)[M].李琪,等译.北京:教育科学出版社,2007:10.

构成。在高倍显微镜下观察人的大脑时,就像进入一个奇妙的世界,那里到处都像纵横交错的蜘蛛网,密布着细细的纤维和一些透明的小球。更为奇妙的是,还可以看到四处飞驰的电脉冲,而所有的物体又都浸泡在一个运动着的化学物质海洋中。[①] 这一化学物质海洋又由无数敏感的神经细胞和神经纤维组成。脑控制着维持生命所需要的各种重要功能,保持着与外部世界的广泛联系。它向肌肉和腺体发布着一道道命令,对人体的每一种需要作出反应,创造着人的神奇的意识和多彩的情感。它犹如一扇扇窗户,似开似闭地面对着人体的内外世界,与各种信息进行着选择性的交流和加工性的处置。神经生理学家卡拉·沙兹说:"大脑的工作原理就是通过神经网状结构,对眼、耳等任何感官获得的信息进行准确的加工处理。"[②]孩子出生以后,一系列的感官刺激促进了神经活动在大脑中形成初步印象,并逐渐将之完善。

神经科学发现,儿童生活的头三年要比人们想象的更为重要。每个儿童大脑的主要能力是在 10 岁前形成并得到加强。这一发现告诉年轻的父母,特别要重视早期与婴儿的接触和交往,要多花时间抱抱婴儿,和刚学走路的孩子说说话,给他们提供更多的亲情的感受。孩子在 3 岁之前,如果没有得到过父母的关爱,或在责骂声中长大,那会给孩子终生发展留下难以抹掉的负面影响。

这一阶段亲情之窗敞开着。神经科学家认为,这一阶段是婴幼儿获得语言信息和情感的亲情依恋与情感自制力的窗口期。[③] 因此,在这一阶段,内容丰富和充满关爱的环境对孩子的成长有很大的促进作用。这一研究鼓励家长和老师要多给孩子创造更多有利于他们成长的环境,不仅有利于语言和思维的发展,而且也有利于情感的发展。

有研究还认为,大脑急速增长的旺盛期在 10 岁左右(之后开始减缓),这个时期是大脑突触产生和消亡之间的平衡急剧转变的时期。以后的几年中,在突触的使用和衰退期间,大脑会无情地损失掉那些最脆弱的突触,而保护那些经验巩固了的突触。在青春期即将结束时,约 18 岁时,大脑的可塑性降低而其机能却在增强。

---

① 丹尼斯·库恩.心理学导论——思想与行为的认识之路(第 9 版)[M].郑钢,等译.北京:中国轻工业出版社,2004:66.
② 转引自:艾尔·赫维茨,迈克尔·戴.儿童与艺术[M].郭敏,译.长沙:湖南美术出版社,2008:13.
③ 同上:21.

儿童与青少年阶段,学习会受到情绪的强烈影响,通过大脑的化学反应,它能够识别学习和情感之间的这种联系。当老师在学习过程中增加情感教育的因素,学习会变得更有意义和令人振奋,大脑就会注重输入的信息,记忆力也会增强。反之,威胁或恐惧的情感会使学习受到阻碍。

机会之窗的脑科学研究,很多把注意力放在情感对学习的显著作用上。强调积极而稳定的情感支持,保持令人愉快的适度紧张,提供难易适度的新挑战,安排适量的社会活动,让学生的技能和兴趣能在体力、智力、美育、社交和情感等方面都得到发展,使他们成为学习与各种活动的积极参与者,而不是被动的旁观者。

机会之窗要求创建一幅幅快乐而又健康的学习环境的蓝图,让他们在美的环境中,得到美的教育,心灵得到美的滋养。机会之窗的研究还认为,儿童在心灵窗口敞开期学习的东西,会比在窗口关闭或半关闭之后学习的东西印象更深刻,效果更好。同时还认为,如语言发展的窗口,对学说话期间的孩子是敞开着的,之后这扇窗口就会逐渐关小,但永远不会完全关闭。[①] 这又为人的终身发展与终身学习提供了机会的依据。情感的机会之窗如同语言之窗一样,既有敞开之时,也有永不关闭之状,而且,它比语言之窗更为多种多样,各种情感之窗开放的时序也不一样,开放的形式也各有不同,如对父母的依恋,敞开于新生之初;对小伙伴之亲始于幼年,延续至青少年,以至终身;对异性之情,萌发于少年,成熟于青年以至中年。不同的情感,开放的方式,敞开度的大小也各有特点。为此,需要我们对它进行细致的审美化的研究,使人生之情和爱,如同一首诗、一幅画、一支歌,写出新意,画出美景,唱出甜美。

机会之窗的提出为我们开展情感发展性研究提供了新视角、新思路,因为机会更具有包容性和拓展性,它既有关键、敏感、最佳等机制要素,又有发展中的时机、机遇和教育中的机智、机灵、机动和机敏等艺术性要求;它既有发展的内在因素,又有外在因素;既需要等待机会,又可以创造机会;它既有必然性和规律性,又有偶然性和机缘性。缘是相互联系、相互吸引、相互影响,有随缘、情缘、善缘、结缘等情感因素。情感有缘分,要善于把握和珍惜。

---

① 艾尔·赫维茨,迈克尔·戴.儿童与艺术[M].郭敏,译.长沙:湖南美术出版社,2008:4.

机会是为有准备的人而创造的,只赐予有科学思想准备的人。为了孩子们的身心健康和潜能的有效开发,我们需要多视角、多方面、多层次地去开展情感与潜能等方面的机会之窗的研究,使机会不错失,时间不贻误,使社会能及时把握和准确利用时机,让幼苗在机会之窗敞开之时得到更多春风的吹拂、阳光的照射和雨露的滋润。有教师在教育实践中提出,我们不能忽视孩子的好奇心和探究欲出现的信号,当他们眼睛放光之时,也正是"机会之窗"打开之际,我们就要敏感而及时地把握这一机遇,应立即放下手边的事情,去关注、倾听和鼓励孩子,并创造条件,让孩子们大胆而勇敢地去尝试和探索。只有这样,才能使智慧之火、情感之苗,在初放之时得到保护和点燃,燃烧成灿烂多彩的火焰。

三、情感发展的阶段性和教育的最佳期

情感教育要以儿童、青少年情感发展的轨迹和社会需要为基础,来确立情感教育的目标、内容和师生互爱的教育策略。

人格教育理论认为,儿童、青少年人格的发展主要受社会和个体的情感需要所制约。为了保证儿童和青少年身心健康发展和人格完美,学校、家庭和社会要创造条件,以适性的方式去满足儿童、青少年的内心需求,应给予儿童与青少年以自由、自主、自律的发展,让他们在适应社会环境中,培养亲社会的情感和行为,在人格的形成与发展中,培养自尊、自爱、自信、自强的品质和对社会强烈的责任感和使命感。

美国心理学家埃里克森提出了心理社会发展阶段论,他将人格发展分为八个阶段。每个阶段都有其中心发展任务,重点要解决一对主要矛盾。他的人格发展阶段论,从出生到青少年分为五个阶段,每个阶段有对应的品质:第一阶段,信任感对怀疑感(0—1岁);第二阶段,自主感对羞怯或疑虑感(1—3岁);第三阶段,主动感对内疚感(3—5岁);第四阶段,勤奋感对自卑感(6—12岁);第五阶段,同一性获得对同一性混乱(青少年期)。[①]

情感发展存在着敏感期。"人在10岁前,其大脑的感觉皮层要经历两次'迸发性生长'高峰,即3—4岁左右时,人的大脑感觉皮层的神经元数量达到了

---

① 丹尼斯·库恩.心理学导论——思想与行为的认知之路(第9版)[M].郑钢,等译.北京:中国轻工业出版社,2004:149.

极限状态;5岁左右,儿童的大脑感觉发展依据经验进行细胞重塑,即保留那些接受了信息刺激的神经元及突触结构,淘汰那些未接受信息刺激的'多余'神经元(约占原先细胞总量的50%)。"①情感经验发生于3—10岁。青少年时期正是人的一生中身心发展上质的结构性改组最迅猛的时期。它在情感发展上显示出与众不同的特质。

"人的情感记忆时时刻刻受到前额叶(发送理念信息,如动机、意向等)、杏仁核(情感模式)、海马(记忆编码)、感觉皮层(经验情景)和联合发展(认知信息)等大脑核心结构的结合调剂,进而从短期情感记忆转化为长期情感记忆。""经验的内化和活化是情感生存的动力之源。"②因此,情境、情趣、情志教育显得特别重要。卢梭认为:"问题不在于教给人各种知识,而在于培养人爱好学问的兴趣。"杨振宁也认为:"成功的真正秘诀乃是兴趣。"这一阶段,兴趣、情趣、志趣和好奇、好问、好探索能力的培养尤为关键。

表1-1 0—16岁儿童与青少年积极情感的培养

年龄段	发展目的	活动范围	实现结果	研 究 主 题	部 门
0—2岁	获得信任	家庭	希望	家庭化(自我萌芽、规则习得、认知发展、情感安全) 个人在家庭中的身心发展,亲子密切 对0—2岁幼儿安全依恋的培养	保健院 托儿所 早教中心
3—6岁	自主主动	家庭与幼儿园	意志自信	家庭化向社会化(同伴交往、个体独立)的初步转变 依恋与探索,依赖与独立,个性自由、自信、自主,同伴交往 如何引导幼儿的社会交往;如何促进儿童个体主动性发展,培养其创造性?	幼儿园
6—16岁	自我实现	家庭、学校	勤奋乐观	社会化(社交和谐、角色自我认可) 能力发展,责任明确,勤奋乐观 校外教育对青少年成长的作用是什么?	中小学校、团队组织、校外活动中心、少年宫等

---

① 丁峻.情感演化论[M].北京:科学出版社,2010:11.
② 同上:21.

表1-2　儿童与青少年情感发展的年龄特点和情感教育的要点与策略①

年龄特点	关注要点	教育策略
依恋的0岁	依恋感	重视关注性的满足
好动的1岁	安全感	重视安全性的保护
可爱又"可怕"的2岁	信任感	重视支持性的参与
"听话"的3岁	秩序感	重视尊重性的引导
模仿的4岁	自主感	重视榜样性的示范
好问的5岁	探求感	重视积极性的鼓励
合群的6岁	认同感	重视合作性的互动
规范的7岁	自豪感	进行当一名小学生很光荣的教育
好学的8岁	勤奋感	培养学习兴趣,鼓励刻苦学习,进行磨砺教育
友谊的9岁	友爱感	培养相互交往中的友爱感
上进的10岁	进取感	培养天天向上的进取感
迷惘的11岁	自爱感	培养自我认同的自爱感
冲突的12岁	自尊感	培养自我肯定的自尊感
闭锁的13岁	自立感	培养自我要求的自主感
阳光的14岁	自强感	培养自我激励的自强感
幻想的15岁	美感	培养自我欣赏的美感,进行真善美的教育
花季的16岁	责任感	培养学会负责的责任感,进行自我要求的教育
憧憬的17岁	成人感	培养学会关心的成人感,进行追求理想的教育
成熟的18岁	使命感	培养学会反思的使命感,进行崇高使命、珍惜生命的生涯教育

四、情感教育分阶段的目标要求和核心内容

1. 婴幼儿阶段

婴幼儿时期(0—6岁),我们把情绪情感教育的重点放在依恋感、安全感、亲近亲切感和自主感的培养上。

---

① 本表是我多年研究和整理的心得,很不成熟,供批评和参考。

在抚育策略上强调以亲为先、以自为主、以动为育、以察为重、以导为要的原则,让婴幼儿能在自由自在中开心,在自说自话中开口,在自作主张中开窍,在自主活动中开胃。在幼儿园要开展三亲互爱教育活动,即父母亲亲父母,老师亲亲老师,小伙伴之间的互亲之爱,从小培养爱小动物,爱护花草树苗,为长大后爱自然爱社会积累情感基础。

2. 小学阶段

小学时期(6、7—11、12岁),我们把情绪情感教育的重点放在自我认同感和对他人的尊重感、关怀感上。

在重视爱祖国的基础情感培养中,要从爱父母、爱老师和爱同学着手,进行爱班级、爱学校和爱家乡的教育,让儿童从了解学校的变化和家乡的地理、风貌与历史演变中,感受学校和家乡的发展,从而激发起爱校爱家乡的情感和勤奋学习的热情。小学阶段特别要重视三童教育,呵护童心、童真和童趣,让他们在快乐自由中生活和学习,充分享受童年的幸福和成长的快乐。

3. 初中阶段

初中时期(11、12—14、15岁),友爱感成为初中生心理发展的动力源和兴奋点,重点进行"珍爱自我"和"珍惜友谊"的教育,把爱的教育和美的教育结合起来,让我们学会用美的规律来塑造美的心灵和美的形象。

初中阶段是个体情感发展重要的转折期,也是实现完满人生的关键期。"自古英雄出少年",少年时期正是情感奔放、求知欲旺盛的时期,我们要把他们的热情和爱心引向成熟。初中阶段要重视自主、自尊、自信的教育,使他们成为有理想追求、有豁达心态、有坚强意志、爱科学、爱学习、爱劳动、爱同学的阳光少年。

4. 高中阶段

高中时期(14、15—17、18岁),通过责任感教育,可以帮助他们建立准确的自我形象和增强自我认同感,并在原有的自尊感、友谊感和集体荣誉感的基础上,衍生出公民感、人际适应感、社会责任感和历史使命感,使情感更加丰富,人格更加完美。

高中阶段处于青年初期,正是个体各方面发展的成熟时期,他们的生理在成熟、心理在成熟、思想在成熟、情感在成熟,这是步入人生新阶段,为未来大有作为做准备的花季。需要学校教育为他们人生的追求、情感的融合、理想的向往、科学的攀登、事业的奋进和激励给予精神的滋养。高中阶段要重视三情教育,培养高中生的科学情趣、人文情怀和艺术情致,使其用真善美来塑造自我,成为身心健康者、人格完美者、未来事业的创建者。

综上所述,我们认为有情的教育是以情本教育思想为指导,以亲情教育为基础,以培育高尚的情操为主要目标和核心内容的情感教育新模式;它是以儿童、青少年健康的情感发展轨迹为主线,以培养积极心态、完美人格、高尚情操和强烈的求知欲为教育目标,把握情感教育的最佳期,以分阶段、有重点地进行情感系列化教育为主要特征的情感生态教育新探索。

第五节　情感的匮乏与健康情感的培养

情感是人的精神生命的原动力。马克思认为:"激情、热情是人们强烈追求自己对象的本质力量。"在中华民族发展史上,有许多的志士仁人,为了人民的幸福、民族的独立和国家的振兴、人类的自由和解放,前仆后继,奋斗终生。他们在青少年时代也都抱有强烈的爱国之情和报国之志。在当今改革和开放的年代,人才辈出,德才兼备的优秀分子和广大民众一起在各条战线上,用他们的爱国热情,为实现中华民族的强国梦在奋斗着。

一、有必要创建以爱的教育为核心的教育新生态

人的情感的形成与发展,同社会发展与教育相联系。当今科学技术日新月异的变化,不仅让人们的物质生活更加丰富、便捷且有整体水平的提高,而且对人的精神生活也有质量上的提升。信息社会、互联网时代使人们视野拓展、眼界开阔,及时了解国内外的瞬息变化,更加关心国家大事和世界风云变化,人与人之间的交流与沟通更加便捷。事物发展带有两面性。有学者认为:"如今世界一面是科技发达,寿命延长,衣食住行不断改善,另一面是精神失落、道德困顿、名利纠缠、真情难得。"①例如,在工业化过程中,环境保护稍不注意,就会造成空气和水质的污染,给人的生命安全带来严重的影响。在精神层面,人们渴

---

① 李泽厚.世纪新梦[M].合肥:安徽文艺出版社,1998:55.

望友情、温暖和关怀,可是,市场经济带来商品交易活跃和生产大发展的同时,也带来了唯利是图、功利主义的泛滥,使人性冷漠、人情扭曲,它如同癌细胞那样在不断增殖中,使人们对自然原有的神圣感和敬畏感受到影响,从而带来了一系列不良后果,如生态危机、雾霾严重、水质变异。它给教育也带来了种种影响。有人认为,当今教育生态面临着三大突出问题:(1)人的物质生活与精神生活的失衡,表现为重物质,轻精神;重经济,轻文化。人的物质生活越来越富裕,精神生活却似乎越来越空虚。物质的、技术的、功利的追求在社会生活中占据了压倒一切的统治地位,精神的生活和精神的追求则被忽视、被冷淡、被挤压、被驱赶。有些青少年不知道怎样做人,也不知道人生的意义和价值是什么。因此,从物质的、技术的、功利的统治下拯救精神,就成了时代的要求和呼声。(2)人的内心生活的失衡。科学的进步,在给人类带来巨大的财富和利益的同时,也给人类带来深刻的隐患和危机。人的全面发展受到肢解和遏制,和谐发展受到严重的挑战。席勒当年感受到的"感性冲动"和"理性冲动"的冲突,在当代要比以往任何时代都更为尖锐。功利性的追求在学校演变为越来越紧张的升学竞争。整天忙忙碌碌的生活,使人的内心失去平衡,使不少人产生焦虑感和失落感。(3)人与自然关系的失衡。人为了追求自己的功利目标和物质享受,利用高科技无限度地向自然索取。自然固有的节奏开始混乱,自然资源大量浪费,自然环境急剧恶化。自然景观和生态平衡受到严重破坏,人与自然的分裂越来越严重,已经发展到有可能从根本上危及人类生存的地步。①

有调查报告认为,当今学生过重的学业负担不仅造成体力、脑力"超负",而且造成他们成长中的精神与心理"超负",成为抑制孩子天性和身心健康的可怕"杀手"。他们在沉重书包的重压下,稚嫩的双肩过早佝偻;在超负荷的学习中,甜美的梦想和必需的睡眠被剥夺。②

曾有家长带着孩子向我进行心理咨询。当这位家长谈及当今教育生态中的失态、失常、失衡时,他身边的那位小学三年级的孩子马上插话说:"我喜欢老师说温柔和鼓励的话,科技老师和美术老师常表扬我,我听他们的话,如同喝矿泉水、汽水和柠檬水;我不喜欢有些老师说训斥的话、骂人的话和凶狠的话,听老师说脏话如同喝脏水、污染的水、有毒的水,很不舒服。"孩子还说:"有老师还

---

① 叶朗.美在意象[M].北京:北京大学出版社,2010:463.
② 上海少年儿童研究中心,编.儿童心声[M].上海:少年儿童出版社,2006:98.

在同学面前,讲我只会傻笑,其他什么也不懂;说我作业写得慢,还威胁我要把我调出这个班级,这使我害怕、担心、恐惧,有时还会发抖。"据我了解,这孩子实际上是很聪明又很天真的小学生,他脱口而出,把老师凶狠的话比作脏水、污水和有毒的水,正需要我们在教育中加以深思和反省。我联想到,国土资源部领导在报告中提及,我们国家水质污染的土壤问题十分严重,水质堪忧,土壤污染的防治要比大气污染更为严峻、更难根治,因为水质和土壤污染更为复杂、更为严峻,一旦污染,出现劣质化、板块化,带来的危害是天长地久的。① 有科学家还认为,世界上有 1/4 的病人患病是由于水污染引起的。水质和土壤中有 30—40 种矿物元素,缺少某种营养元素,会使人产生疾病,以致慢性中毒。这使人想到我们的学校教育,如果教师对孩子长期缺少关心、爱护、尊重和鼓励,是否也会造成其心理上的"慢性中毒",是否也会使孩子心田沙漠化、板结化和恶质化。危害一旦形成,其影响就更为复杂,后果更为严重,以致难以根治。

有调查发现,当今心理问题呈现低龄化的倾向,中小学生中的焦虑、抑郁的症状也在增加。这是一种信号和警钟,需要引起我们的高度重视和及早防治。

教育原本是阳光雨露,它滋润着孩子们肥沃而又纯洁的心田。可是,由于受功利主义、唯智主义等影响,教育受到污染,校园出现了"雾霾",教育的"水质"也在变坏,孩子的心田受到侵蚀。为了让教育成为阳光普照、雨露滋润、绿意葱茏的新天地,需要净化、纯化、美化教育生态环境,将情感教育落到实处,让我们的孩子们在关爱的阳光下茁壮成长。

面对教育生态失衡现象,20 世纪 80 年代,我在有关文章中提出,要使孩子身心健康,我们必须从小重视爱己爱人、爱自然、爱社会的道德情感的培养,使他们的情感世界更健康、更完美。②

马克思曾说过:"爱是生活深处的一朵炙热的火花"。③ 爱是生命之火,希望之花。这火花给人们带来生命的活力,给世界带来温暖和光明。我们的教育就是要在每个学生的心田上播下爱的种子,让他们从心灵的深处开放出更加鲜艳的花朵,让世界充满爱,让人生在爱的花园中,在青山绿水的生态中生活,享

---

① 陈璐.环保郭副部长:土壤一污染就"天长地久"[N].中国青年报,2015-03-09,第 3 版.
② 梅仲荪.论爱在构建德育新格局中的地位——情感教育系列研究之一[J].上海教育科研,1988(6):5-8.
③ 中共中央马克思恩格斯列宁斯大林著作编译局.马克思恩格斯全集(40 卷)[M].北京:人民出版社,1982:709.

受快乐和幸福。

有关爱在教育中的作用和地位的研究,既是一个崭新的课题,又是一个古老的命题。早在2 000多年前,我国伟大的教育家孔子对此就有过论述。他认为,在人际交往中,要以仁爱为本。樊迟问"仁",子曰"爱人"(《论语·颜渊》)。他大力提倡"爱人"教育,主张"泛爱众而亲仁"(《论语·学而》)。在家爱父母为"孝",爱兄弟姐妹为"悌";在校爱老师为"敬";在社会上爱朋友为"信";扩大之,爱民族、爱国家,为"忠"。孔子这一教育思想的提出,对协调社会的人际关系,提高民族的道德素质,起着巨大的亲和作用。教育心理学研究表明,孔子的"爱人"教育,对学生道德情感的形成、发展和道德规范的养成,对教师师德水平的提高,都有促进作用。因此,孔子的"爱人"教育,不仅在目前的东南亚仍在发生巨大的影响,而且还传播到欧美等国家和地区。有的美国学者认为,孔子的"爱人",是促进"社会合作"和"人民幸福"的教育。① 而且,"己所不欲,勿施于人"的爱人精神,让互信互赖的道德意识取代强制手段,从而使社会稳定,这是人伦世界的天然节奏的反映。②

关于教育中的情和爱,有学者从人类文明发展史的角度分析。人类社会经历着三个大阶段:一是古代的农耕社会,靠天吃饭,听天由命,人是自然的奴隶,以土地为生,此阶段之文明为黑色文明;二是现代工业社会,科技发展,"人定胜天",人是自然的主人,造成雾霾,此阶段之文明为灰色文明;三是信息社会,互联网、大数据、云计算等科技高度发达,人类对自然有了新的认知,感到人与自然应是朋友,要保护蓝天白云、青山绿水的生存家园,此阶段之文明为绿色的生态文明。从审美生态史角度分析,人类由古代的依生之美,经过现代的竞生之美,进入到21世纪的全球一体化、命运共同体。师生关系的希望共同体中包含共生共处之美的生态研究,在这教育生态美的家园中,要像爱护自己的生命那样爱护生态。人与人之间,相亲相爱,和睦相处,要提倡"情本文化"③,使世界充满情感因素。在中国优秀的文化基因中,强调情理交融,赋予自然、宇宙以巨大的情感性的肯定色彩,重视人性情感的培育,以情"作为人性和人生的基

---

① 杨焕英.孔子思想在国外的传播与影响[M].北京:教育科学出版社,1987:238.
② 同上:232-233.
③ 李泽厚.哲学纲要[M].北京:北京大学出版社,2011:39.

础、实体和本源";①使人们更注重在日常生活和普通行为中自强不息、韧性奋斗;使人们身心健康、人格健全,既有天性之刚毅,又有地性之柔顺,以"天行健""厚德载物"这类充满积极情感的格言来支持人的生存,以"大爱无疆""仁者爱人""己所不欲,勿施于人"的人文生态,化育学生的人格和心灵,让父母之爱、师生之谊、朋友之义、爱国之情、家园之恋永驻心间。

有中国学者在联合国总部的教育论坛上传扬中国优秀传统文化的"五施"因素:颜施,以自己发自内心的真诚之微笑,去善待他人;身施,以自己的行为实践去广做善事;言施,以自己诚实的语言交流,去与人交往;眼施,以自己发现美的眼睛去欣赏他人;心施,以自己仁爱之心去感受、感激和感动他人,从中享受人间自有真情在,让真善美在仁爱中绽放。这一讲演,获得国外听众的好评、认同和分享,其实,人们渴望幸福生活的愿望是相通的。

爱作为人类特有的情感,具有深刻的内涵和丰富的外延,它是与社会性需要的满足相联系的一种情感体验和目标追求。这种情感体验和目标追求,不只是情爱的体验,而是对真、善、美的仰慕与追求。这正如我国现代哲学家贺麟在《辩证法与辩证观》一文中所说的:"所谓爱是人之灵性所特有的功能,乃是指对于至美至真之仰慕,而力求与其所仰慕之对象合一的过程而言。"②

爱具有把人类、种族、社会和家庭联系在一起的协调和凝聚作用,又能把人类及全体民众的昨天、今天和明天联系起来,激励人们去追求和创造幸福美好的未来。这是人的需要、人的价值和人的本质力量的体现。它是人类在认识世界和改造世界过程中形成和发展起来的主观能动性的一种表现。过去,人们在对人的主观能动性的认识上往往偏重对理性能力的了解,忽略了爱的情感中带有非理性能力,在对爱的功能的认识上只强调意识的作用,忽视了无意识、潜意识的情感在人类社会和个体发展中的巨大能动作用,以致使过去的教育体系实际上成为单一的观念教育体系;没有看到情感教育在整个教育体系中的基础地位和它的特殊作用;没有看到爱在推动人们追求人生意义和寻求真、善、美,创造未来生活中的推动力量;也没有理解爱在鼓舞人们在事业上建功立业,不断进取,勇敢开拓的激励力量,以及追求社会稳定,协调人际关系和自我完美中的

---

① 李泽厚.论语今读[M]//李泽厚话语.上海:华东师范大学出版社,2014:65.
② 转引自:许苏民.中华民族文化心理素质简论[M].昆明:云南人民出版社,1987:114.

调节力量。爱的这种推动、激励和调节功能，正是新时代、新道德、新文明赖以建立的基础和未来新一代提高思想道德素质及科学文化素质的内核。

现代情感心理学研究表明，爱是一种心理的正能量。这种能量对人的行为具有激活、维持、调整和组织作用，它体现在人类道德文明的进程之中、个体行为的社会化过程中。它需要创造一种爱的教育环境，培养爱人、爱己以及爱真理、爱祖国、爱人类的高尚情操，去激发人的奉献精神，维持其坚韧不拔的意志性格，调整其社会生活中的人际关系，组织其各方面的协调能力。这一切均需要爱的参与，没有爱就没有追求，没有动力，没有人际的凝聚力，也没有人生的快乐和社会的进步。

爱在个体成长中的动力、定向和调节功能，在马克思的成长过程中得到很好的证明。马克思的青少年时代就是在爱的哺育、爱的向往、爱的追求和爱的鼓励下成长的。他将父母的爱比作温暖的太阳，为能沐浴在慈爱的阳光下而感到骄傲和幸福。他对老师的爱、同伴的爱、英雄人物的爱有深切的感受。他在14岁所写的诗歌中赞美上述的爱，这些爱使他内心囊括着群星的光耀，孕育着无比勇敢的志向和伟大的目标。这对他未来职业的选择和理想的确立产生了极为深刻的影响。他从小受到爱的陶冶，爱的火花使他产生了强烈的社会责任感和人生的尊严感。他17岁时在《青年在选择职业时的考虑》一文中，表达了这样一种感情：他从父母走过来的漫长的生活道路中，感受到人间的辛酸；从敬仰的理想人物的自我牺牲中，受到了感情上的震动，产生了强烈的使命感。"在选择职业时，我们应该遵循的主要指针是人类的幸福和我们自身的完善。""人类的天性本来就是这样的，人们只有为同代人的完美，为他们的幸福而工作，才能使自己也达到完美。"[①]马克思的学生时代，由爱的教育产生的爱人与爱己相结合的真挚深沉而又高尚的感情，为他后来献身于人类解放事业奠定了基础。随着岁月的增长，社会实践的不断扩大，他学生时代的情感体验得到了升华和提高。他在《1844年经济学哲学手稿》中，表达了他对爱的理解与认识。爱是人的本质的体现，是人性丰富性的表现；也是人的一种需要和自我享受，它是能动和受动结合的产物，具有心理相容、双向鼓舞、互爱性和协调性等特点。"人同世界的关系是一种人的关系，那么你就只能用爱来交换爱，只能用信任来

---

① 中共中央马克思恩格斯列宁斯大林著作编译局.马克思恩格斯全集(第40卷)[M].北京：人民出版社，1982：7.

交换信任……如果,你想感化别人,那么你就必须是一个实际上能鼓舞和推动别人前进的人。"①在这里,马克思表达了这样一种思想:你要别人爱你,你首先要爱别人;你要生活在爱的阳光下,你就要让世界充满爱,以你对人类的爱,去赋予世界,鼓舞和推动别人共同前进。

今天,我们创建情感教育新体系,就要以科学的教育理念为指导,吸收和发扬古今中外一切优秀的教育遗产,从中国特色社会主义实际出发,将之与世界科学技术突飞猛进的现状整合起来加以研究。社会主义商品经济的发展,对每个社会成员的主体竞争意识和自爱自强能力要求愈来愈高。在日益频繁的社会交往中,互爱互助、互相协作、遵守信誉等精神也需要得到进一步的发展。未来的世界是一个高技术高感情的世界,感情的协调和爱的教育作用,在未来社会发展中将处于更加突出的地位,发挥更加重要的作用。有人认为,21世纪将是激烈竞争的世纪,又是人类互爱的世纪;未来的职业将是微笑的职业。改革开放和商品经济的发展,正在改变着几千年来自然经济的社会结构,也改变着单调、狭窄、空虚、压抑的感情生活,它正在唤起人们自爱的潜能和互爱的要求,去创造丰富的物质生活和更好的精神享受。

根据上述分析,我们可以得出这样的结论:爱是人际关系美好生活的体验,是创造人生价值的欲念,是对真善美的一种追求,它不仅是理想的追求,感情的体验,而且还是心理能量的释放。爱是高水平的评价选择能力的表现,也是一种高尚的行为规范。因此,它是多种心理要素的集合体,具有多层次的特点、多功能的作用。它是人类幸福之源和力量之本,是人类进步、个体发展、社会安定、祖国繁荣、生活美满的精神支柱。它以道德为核心,以教育为基础,形成具有中国特色的社会主义教育体系。它应当继承以仁爱为本的民族传统,吸收以博爱为主的西方文明,以马克思主义互爱学说为指导,在社会主义人道主义的基础上,创建以爱的教育为中心的教育新生态。

从当前世界教育研究的总趋势来看,研究者们愈来愈重视学生主体要求和情感教育功能的研究。当代许多著名的心理学家、伦理学家、教育家、哲学家普遍认为,爱应是道德的核心,人的爱的需要是产生伟大精神的源泉,而爱的教育应是整个教育生态发展的主旋律。

---

① 中共中央马克思恩格斯列宁斯大林著作编译局.马克思恩格斯全集(第42卷)[M].北京:人民出版社,1982:155.

二、如何创建以爱的教育为核心的教育新生态

创建以爱的教育为核心的教育新生态,具体设想如下。

1. 建立主客体双向需求和谐协调为目标的新教育体系

这体系应在原有的爱祖国、爱人民、爱科学、爱劳动、爱社会主义的公德教育基础上,发展为爱己、爱人、爱社会、爱自然、爱未来的新"五爱"教育体系。这新"五爱"教育体系的主要特点是:(1) 不仅反映社会单向需求,而且反映学生主体的自我完善和爱己爱人的互爱要求;(2) 教育的功能由单一的人际协调转向对未来社会的全面适应、主动参与;(3) 将情感教育的时空领域由单纯的社会关系拓展到人和自然、人和社会的综合平衡,爱的辐射点从过去和现在扩展到指向未来;(4) 教育过程更具有阶段性、层次性、可行性,这样,有利于道德教育和理想教育的结合,有利于情感教育和意志性格教育的结合,有利于学生的社会化、个性化的发展,使培养社会主义新人的要求和民族素质的提高能落到实处。

图 1-2 新"五爱"的内在关系

在这新"五爱"教育生态体系中,新"五爱"的内在关系是:以爱己为基础,爱人为核心,由此拓展到爱社会、爱自然和爱未来。根据心理学研究,自尊、自重、自强、自律的个性品质的形成都是在自爱的基础上形成的。爱人正是自身的社会价值的体现,是自爱能力的一种反映,爱社会、爱自然和爱未来正是主观能动性在各个领域中的表现。因此,这几种关系成了一个互相联系的整体(见图 1-2)。

2. 在教育新生态体系中研究儿童与青少年情感发展的阶段特点

按不同的年龄特点,选择最合适的教育内容和最优化的教育方法,力求达到最佳的教育效果。我的初步教育实验结果表明:幼儿园阶段可进行爱小伙伴、爱小动物、爱小玩具的教育;小学低年级可进行爱父母、爱老师、爱同学的教育;小学中、高年级可进行爱班、爱校、爱家乡的教育;初中阶段可进行爱己、爱人、爱国的教育,高中阶段可进行爱真、爱善、爱美的教育。在爱己教育中,可进行爱生命、爱才能、爱品行的教育;在爱人教育中,可从爱亲人开始,逐步扩展到

爱国；在爱自然教育中，可从爱一草一木开始，逐步扩展到爱大自然；在爱未来教育中，可从真、善、美的追求到为实现人生理想和社会理想而奋斗；在进行爱社会和爱自然教育中，可以与爱科学结合起来，用辛勤的劳动去创造美好的未来。在爱劳动教育中，可进行爱清洁、爱卫生、爱劳动教育。此外，在初高中的学生中可进行友情和爱情教育；在职业学校可进行爱职业、爱专业和爱事业的教育。有学校正在进行社会科学、自然科学、未来科学的整合，进行新课程的实验研究，这将有助于培养学生爱社会、爱自然和爱未来的高尚情操。

3. 在教育途径和方法上建立显性教育和隐性教育相结合的新教育法体系

在显性教育中，要改革思想品德课和政治课的教育内容和教学方法，强调晓之以理，动之以情，导之以行，持之以恒。在教法上，采用启发式以及现代化的教学手段，提高显性教育的感情效果。此外，要创造一整套的隐性教育体系，建立爱的心理场，包括创造爱的教育环境和美的校园文化，形成家庭爱、师生爱、同学爱、社会爱的教育气氛。让学生在生活、学习、劳动中都能感受到爱的温暖。在具体教育方法上，要充分发挥暗示在教育中的应用，要采用语言暗示、榜样暗示、信誉暗示、艺术暗示、情境暗示、气氛暗示、活动暗示和自我暗示等多种教育方法，达到潜移默化、陶冶心灵的教育效果。在隐性课程教育中，要寓爱于各科教学之中，寓情感教育于各育之中，寓教育于校内外活动之中，形成知、情、意、行整体结合的教育影响，将教育工作提高到一个崭新的水平。

教育的真谛在于要给每一个学生以全面的发展与完满的生命，快乐的生活和幸福的未来；要给他们以身心和谐和知情协调发展的完整教育，知、情、意、行，德、智、体、美，缺一不可。教育生态需要的是如诗如画、含"情"脉脉、心心相印和入情入理、入心入脑的关怀。让我们的教育真正成为有情有爱的教育，让教育在有情中哺育真情、真诚和真爱。让教育扎根在现实的土壤之中，在关爱的阳光下，开出美丽的生命之花，结出幸福的成长之果。让我们在教育生态理念的指引下，把握情感智慧发展的最佳时期，创造最佳的人文关怀的教育环境，使每一个学生的身心都能得到最佳的发展，为他们的终生发展和幸福人生奠定基础！

第二章

情蕾初开与婴幼儿情感培养探源

婴儿喷发出甜柔新鲜的生气,
来自母亲温柔安详的神秘之爱。

情感是人类精神生命的源泉,是个体精神力量的支柱。每个人精神生命的质量和完满人生之路,起步于早期的情绪与情感生活状态。科学家在对儿童早期情绪状态研究中发现,孩子早期情绪将给人的一生以巨大的影响。情绪心理学研究认为,刚出生1—2天的新生儿就有痛苦、厌恶和微笑反应,这与其生理需要是否被满足密切相关,这些先天的情绪也是人际互动的社会化开端。随着生理的成熟和心智的成长,婴幼儿情绪与情感越来越受社会文化因素的影响,由初级情绪慢慢分化出复杂的社会情绪与情感。婴幼儿的情绪情感体验和态度的形成开始很早,[①]早在婴幼儿时期就受到种种影响,在与父母日常生活的交往沟通中,受到各种暗含情感的交流。在这种情感性的交流中,儿童养成对世界、对社会、对人类、对人生的种种态度。这种情感上的定势,将会影响他们生活的方方面面。

第一节 情感萌发于生命之初

我在进行婴幼儿情绪情感早期发生、发展的研究中,曾看到过胎儿在母腹中的真实照片,当时,我对此理解不深。后来,我从一部心理学经典教材中看到一张胎儿在母腹中放大而又十分清晰的类似照片,并有这样的注释:"胎儿的大脑每分钟产生250 000个新的神经元。孩子一旦来到这个世界,大脑必须做哪些准备?"[②]这说明,胎儿在母腹中以惊人的速度在进行着神经细胞的繁殖,而且神经细胞的轴突和树突也在快速增长。有资料还表明,出生后的头三年,婴儿处于脑发展的一个敏感期,它要求抚育者给婴、幼儿提供早期的适性刺激,创造丰富的生活环境并开展多样的游戏活动,这样可以促进婴、幼儿的智慧和情

---

① 傅小兰,主编.情绪心理学[M].上海:华东师范大学出版社,2016:184.
② (美)理查德·格里格,菲利普·津巴多.心理学与生活[M].王垒,王甦,等译.北京:人民邮电出版社,2003:288.

绪、情感的健康发展。①

以上研究还表明,胎儿到出生时,其神经元超过 14 亿,这如同浩瀚的宇宙中的星星那样多。婴儿出生之后,他的神经元周围又生长出众多的树突,如同电话线和互联网那样,构成人类每一个个体的认知与情绪、情感生理基础型的网络系统。这再次证明,它可以为人生潜能和情感智能的开发提供极为宝贵而又异常丰富的物质资源和无穷的精神宝藏。

我对取名仁诚的婴儿进行了持续跟踪研究,发现这孩子不到 2 岁就有强烈的好奇心和求知欲,还有良好的情感记忆能力。根据当时的现场记录,他 2 岁时,就能背诵古诗 20 多首,童话 30 多首。他在 2 岁 4 个月时就会自己起床后,自主地打开 VCD,开始自学英语。他在听"迪士尼神奇英语"和"小蜜蜂英语"录音时,能静静地边听边看边读,一听就是一个小时左右,而且听得十分入迷,还掌握了不少英语单词。他刚满 2 岁 6 个月,就进了幼儿园的幼托班,得到社会性情感的早期发展与教育。他刚进幼儿园幼托班时,老师发现他在人际交往上出现不适应、不合群,对周围环境有明显的陌生感,与小朋友交往时,显得异常胆小。我们分析他胆小的心理成分时感到原因有很多,其中一个重要原因是,这孩子对自己的能力缺乏认知。根据加德纳的多元智能来分析,有一种内省智能,它是指个体对自己的感受的审视与认识,这又称为"自我感"。皮亚杰认为:"儿童在这时期,仍锁在自己个人的世界的概念中,他尚不能完全把自己置于别人的地位。"那时,他们是一个单维度的人,是一个孤立的个体,"是个内在的社会人"。此时,教育的关键是要让他们参与社会交往活动,逐步融入幼儿的群体活动。在一次班级活动中,老师发现这孩子好端端地将椅子放在老师身边,准备听老师讲故事,可是,他刚要坐下时,那椅子突然被另一个小朋友抢坐了。当时,仁诚无奈又纳闷地说:"咦,我端好的椅子,你怎么可以坐呢?你自己端一把椅子来坐,不是很好吗?"那孩子根本不理睬他。此时,他只能将求助的目光投向老师,盼望能得到老师的关心和支持。老师发现后及时给予他帮助和支持,对那位抢坐的小朋友说:"这椅子是仁诚端的,你要坐,就自己另外去端一把椅子吧!"由于老师的介入,那个小朋友就站了起来,仁诚立刻坐到自己的椅

---

① (美)特里萨·M.麦克德维特,等.儿童发展与教育(上)[M].李琪,等译.北京:教育科学出版社,2007:117.

子上,显得十分得意,扭了扭身子,还看看老师,表示对老师关心支持他的感谢和敬意。老师这一教育措施,对婴幼儿的成长是非常有利的,不仅可以使守纪律、做事认真的孩子在人格智能上得到正向的强化,而且还让其从小品尝到守纪律者的被支持感、成功感与自豪感,使其人格智能在早期得到培养。

仁诚从小得到老师在成长上的关爱与支持,因此,他在人际交往中的安全感、温暖感、信任感和亲切感也得到增进和提高。这一切,使他在日后人际交往中也学会了关心和尊重别人,还增强了他善解人意和与人友好相处的能力。实践证明,仁诚后来到小学和中学之后,在情感发展和人格提升及求知欲、道德感等方面都有了较好的发展,得到了学校老师和同学们的肯定和好评。

从上述案例中,我们既看到孩子成长中蕴含巨大的智慧与情感的潜能,又看到早期关怀的重要性。如果老师能关注他们在社会交往中的情感感受和体验,他们的社会性情感和交往能力就有可能得到很好的发展。对婴幼儿的情感形成特点,需要更细的探究。

第二节　婴儿依恋感的形成与抚育者的关注

一、婴幼儿时期是依恋感形成、发展的关键时期

根据生态学家的研究,依恋是人类的印刻,是个体生存能力的特殊反应。儿童早期依恋感的形成和发展,对于他们未来一生的幸福具有关键性的奠基作用。心理学家普遍认为,依恋是个体生命早期的情感联结,是婴幼儿与抚育者之间一种积极的充满深情的情感联系,它对激发父母或抚育者更精心地照料后代,对儿童的信任感的形成具有重要的影响。依恋作为爱的关系的先驱物,与感情得到保证和忍受分离的能力之间有密切的关系;依恋在形成情感联系的能力和儿童向所遇到的挑战进行斗争的能力的发展中,被认为是非常重要的基础力量。其中,母婴依恋的建立尤为重要。他们表现为:将多种行为,如微笑、咿呀作语、哭叫、注视、依偎、追踪、拥抱等都指向母亲,最喜欢同母亲在一起,与母亲的接近会使他感到最大的舒适、愉快,在母亲身边能使他得到最大的安慰;同母亲的分离则会使他感到最大的痛苦;在遇到陌生人和陌生环境而产生恐惧、

焦虑时,母亲的出现能使他感到最大的安全,得到最大的抚慰;而平时当他们饥饿、寒冷、疲倦、厌烦或疼痛时,首先要做的往往是寻找依恋对象,接近依恋对象的可能性要大于接近任何其他人。

母婴依恋一旦建立,婴儿就会经常欢笑而少哭闹,情绪欢快、活跃而好探索,喜欢玩弄、操作物体,喜欢尝试着接近新事物、新情景甚至陌生人,这有助于婴儿形成积极、健康的情绪情感,养成自信、勇敢、敢于探索的人格,并促进婴儿智力发展,培养婴儿乐于与人相处、信任人的基本交往态度。

在母婴依恋建立过程中,母亲对儿童反应的敏感性、接受性促使其形成一种稳定的依恋,这种依恋对儿童的合作性、社会性行为以及表达正性情绪的能力都有帮助。当它发展成为更平衡的伙伴关系后,它将有助于儿童自我导向的发展以及领会别人的感情和关切。因此,依恋感的培养又是移情能力和同情心形成的基础。

依恋感形成和发展的最佳时期,是在婴幼儿时期。研究者认为,母婴依恋印刻于出生之初,它有一个从自然依恋向社会依恋、从无区别的依恋到有区别的依恋、从范围较小的依恋到范围较大的依恋的发展过程。

马尔文认为,成熟的依恋感在 4 岁左右形成。"在第一年末儿童企图影响他们的照料者按照他们的行为去做。在第二和第三年时,儿童可调整他们的计划去适应照料者的计划。然而,在这个时期,儿童并不是从人的角度来看待照料者,他们只是关心照料者怎么做。到 4 岁左右时儿童才把照料者看作有感情、有动机的独立的人……为了相互适应,儿童必须能够了解别人,能设身处地。因为道德包含着对别人的尊敬,包含着了解别人的成熟的依恋感在道德发展中的重要地位。"[①]

由此可见,婴幼儿时期依恋感的建立,对个体爱心的培养,对亲社会行为的发展以及未来道德人格的形成具有重要意义。它不仅是个体归属感、安全感、信赖感、亲切感形成发展的基础,而且也是道德人格形成、发展最重要的基础,同情心、同理心、自制力、自主感、乐观、信任、积极甚至责任心都是由依恋感的衍生、发展而迁移创生的。根据精神生态学,儿童对父母的依恋有可能发展为对老师和同学的依恋。对学校、对家乡、对民族、对祖国以至对人类的亲切依恋

---

① 马克林,诺尔士.道德发展心理学[M].台北:商务印书馆,1993:143.

感的产生,也与早期的健康的依恋感的形成有密切的关系。为此,我们一定要从小重视健康的亲切依恋感的培养,让婴幼儿在依恋感发展的最关键时期,建立最温馨的亲子关系和最美好的人际关系,为他们今后高层次的情感发展奠定基础,为未来的社会体验留下深刻的印迹和满意愉悦的基础情调。

二、婴幼儿依恋感培育的操作研究

婴儿依恋感的形成对个体情感的健康发展具有奠基性的作用。在20世纪的大部分时间里,"心理学家一直强调儿童与照料者之间的关系,并且把他们间的相互作用看作情绪和认知发展的基础"。其中照料者的关注,对形成婴儿的依恋安全感具有特别重要的意义,他们为婴儿提供的愉快的照料行为,常常使婴儿"产生积极的感觉和亲密的感情"。[①] 我就婴儿依恋感的形成和抚育者的心态等问题做过研究,它为建立婴儿培育新模式提供某些操作性的实例。

1. 婴儿依恋需要还没有引起人们的足够重视

中国民间育儿传统普遍认为,对初生婴儿的照料,"最最重要的三要素是吃饱、穿暖、睡足"。有关育儿"三字经"中写道:"要睡好,要吃饱,体健康,顶重要。"在这种育儿观念的影响下,抚育者常常把主要精力投入于喂奶和饭食营养调节安排以及大小便早期训练上,而忽略了婴儿早期交往需求的满足,以及彼此信任感的建立。在养育方式上,年轻夫妇的心态和动作一般比较急躁、生硬和粗糙,不够耐心、和蔼、柔顺和细致。这种育儿模式在性质上还带有某些生物学模式的影响。将婴儿视为初生的小动物,似乎只有生理性的需求,而忽视了他具有早期的心理性、社会性的需求。上述观念也存在于西方心理学和教育学观念中。例如,弗洛伊德也认为:"婴儿生来就有要求满足的生物学本能。"[②] 儿童对食物需要表现为"力求感觉的满足"。他认为,在婴儿期,"吃的活动是使婴儿得到满足的最主要的根源"。为婴儿喂食的过程,这是"精力投入"的过程。因此,在20世纪前中期,美国许多儿童发展专家和父母把大量的注意力放在儿童喂食的研究上,"是奶喂还是瓶喂?按时间表喂还是按儿童的要求喂?什么时候从奶喂转为瓶喂?如何从瓶喂到用杯子喂?"……这些研究后来证明,儿童

---

① 墨森,等.儿童发展和个性[M].上海:上海教育出版社,1990:124.
② 同上:124.

对亲人依恋的强度,并不是与一种简单的方式如喂食等物质需要满足次数相联系的。事实上,根据哈罗的实验研究,母婴联结的源泉在于接触的舒适。他认为,即使是灵长类动物,"与食物相联系的愉快并不是父母与婴儿依恋联结的基础"。① 那究竟什么是婴儿依恋感形成的关键性要素呢? 新弗洛伊德派认为:"富有感情的、始终一贯的、可信赖的和柔和的方式的照料。"② 埃里克森提出:"婴儿期内关键的发展就是建立对别人的信任感。一直能体验到养育满足的婴儿,就能成功地通过这个发展阶段,而没有这种体验的婴儿,就可能缺乏对别人基本的信任感。"孟昭兰教授也认为,依恋感形成于婴儿与成人交往过程中的感情交融,这种交融的"关键变量是成人对婴儿发出信号的敏感性以及反应"。她要求抚育者"能始终不渝地听取婴儿的信号,正确地解释和理解这些信号,并作出即时、恰当的反应"。依恋问题专家安斯沃思指出,成人对儿童发出的感情信号的敏感性,开始于婴儿出生后的第一个月,"成人对婴儿信号的敏感性的不同,导致婴儿对他们发生的信号的效果的信任程度和对成人的依赖程度的不同"。③

婴儿与成人在早期交往中,由于1岁以前尚未获得语言交流功能,所以婴儿与成人心理沟通时常常用微笑、哭泣、转头、手指和注视等表情和行为动作来进行情感性信息传送。在这种信号传递中,婴儿的哭泣作为呼唤成人陪伴的"武器",具有显著的唤醒效果。婴儿用哭声作为饥饿、疼痛、寒冷等状态的反应信号,来呼唤成人对他的注意和照抚,使他离开那些对他来说具有危险的有害刺激,达到解除痛苦的目的。新生儿早期发射性微笑和全身性活跃,作为唤起抚育者的爱抚的信号,也具有情感交流性的价值意义。而新生婴儿的视觉反应,却常常为抚育者所忽视。

我在对一个新生婴儿进行个案跟踪观察研究中发现,新生婴儿情绪交流需求表达,除了有声的哭泣之外,还有无声的视觉信号,这种视觉信号携带着情绪信息,具有独特奇异的信息传递交流功能。这种功能,如果引起成人的关注,就可能成为婴儿与抚育者之间建立情感联结的媒介,成为依恋感形成的重要机制。

---

① 墨森,等.儿童发展和个性[M].上海:上海教育出版社,1990:127.
② 同上:125.
③ 孟昭兰.人类情绪[M].上海:上海人民出版社,1989:284.

2. 婴儿依恋感形成的内在机制和抚育者的视觉反应

依恋是个体对另一个个体寻求并企图保持在身体和心理上的亲密联系。这种联系是一种积极的、充满深情的心理归属和精神连接,也是一种生存能力的体现,它是个体精神生命的重要组成部分,维系着人的一生。

有关研究表明,依恋感形成有一个发展阶段,它可分为前依恋期、依恋建立期、依恋明确期和伙伴行为期。婴儿期正处于前依恋期和依恋建立时期。从依恋对象的选择来看,有关研究认为可以分四个阶段,即出生至3个月,为无差别的社会反应阶段;3—6个月,为有差别的社会反应阶段;6个月至30个月,为特殊的情感联结阶段;2岁以后,为目标调整伙伴关系阶段。它形成的内在机制在于对婴儿需求的觉察、认同、悦纳和满足。其中,通过对婴儿视觉信号觉察的敏感度,对其信号传递信息判断的准确度,抚育者对此需求认同的受纳度以及对此需求的满足度,在婴儿依恋感建立阶段起着特别重要的作用。

我在抚育一位新生婴儿J的过程中发现:

J出生头几天,除了对母亲有亲昵行为之外,我们还观察到,J出生第三天的上午,当护士来看望此婴儿时,他的小手将护士衣角抓住,使护士感到奇怪和喜悦,也用手去拍拍J表示亲热。5天后的下午,当我去看望他,用手抚摸他时,他也用小手把我的手握住。这种依恋性的行为动作,明显地带有无条件的性质。

在J出生后的头两个月,我多次发现他吃饱奶汁后一个人躺着时,有时要哭,而当我们走近他时,啼哭就立即停止,还以微笑与全身性的欢乐活动来给予应答。到2个月时,他较为明显地出现了要求成人给予关注、关怀的欲望,并还有与成人对话的需要。我们发现,当我坐在他身旁看书,他显得不太安静,此时,我将头转向他,不仅注视他,而且还与他作对话式的"交谈"时,J安静下来,还向我微笑,也以咿呀学语的方式与我"对话",显得十分高兴。那笑脸相迎的神态,给人以自然、天真、甜蜜的感觉,似乎不是我在喜欢他,而是他在喜欢我。他以这种婴儿特有的童真的微笑,吸引我去喜欢和关注他,他主动地"抓住"我去与他对话。这告诉人们,新生婴儿的依恋感有其先天性、自然性和本能性。他从降生起,在诞生生理生命的同时,也同时诞生了精神生命。他生理饥饿时,需要给他喂奶,他精神饥饿时,需要抚爱和关怀。这一阶段的啼哭,我初做统计，约有 1/3 是生理饥饿和肌体不舒服引起的，而有 2/3 是孤独、孤单、寂寞引起的。他生理需要的满足会产生对母亲的依恋，而精神需要的满足，就会产生对母亲和抚育者的依恋。按依恋印刻现象的研究来分析，生理饥饿得不到满足，就以啼哭来呼唤母亲喂奶，而精神饥饿得不到满足，就有可能使天然性的带有本能性的依恋行为消退。成长后，那种天真般的依恋行为不可能再出现，会给人以更多的冷淡和冷漠。如果对初生婴儿早期带有本能性的依恋需要给予及早及时的满足，有可能使他的本能性的依恋与社会性、习得性的依恋结合起来，使个体依恋感的发展更带有自然性、天真性、丰富性和真诚性。

婴儿在 2—3 个月时，有要求成人抚摸和亲吻的欲望。新生婴儿在 1 个月时，由于身体的柔弱和大部分时间处于睡眠状态，因此以躺睡为主。而到 2 个月以后，我们开始注意到，他一个人在床上自由自在、安安静静地躺着，他见到有人在他旁边时，小手伸伸，似乎要成人去搂抱。我认为，这是他机体要求更多的接触、搂抱以及有一定活动能力和活动要求的表现。我在主动搂抱他时，他手舞足蹈，显得特别高兴。我想，婴儿的笑和手足欢乐性的活动，正是婴儿身心满足感、愉悦感的反应。个体的依恋感就在这种温馨、柔情、关注的怀抱中成长。成人抚抱正是在他需要活动而自身机体难以独立活动期间，即在 2—6 个月之间，这一阶段抚育者的抚抱、拥抱、搂抱、怀抱，不仅可以给婴儿更多的温暖、体贴和肌肤性的接触，而且还可以扩大他的视野，增加他的活动量。在这个阶段，我认为多亲抱有百利而无一弊，虽然有人认为婴儿早期不宜多抱，多抱会增强他的依赖性。根据我的研究，婴儿早期在他尚未形成独立活动能力之前，时时处处要求依靠成人的关怀，这种依赖性正是新生儿个体发展这一阶段的心理特征。依恋，某种程度产生于依赖。婴儿早期的依赖，包含依赖、安全、归属、可靠、保护等多种正向心理成分。今天，你作为成人依从婴儿，无微不至地关怀婴儿，使他在潜意识中形成一种内在的交往模式，感受到他有需求时，有人在关注他，体贴他，抚爱他，这有可能深刻地影响其安全感、归属感和对人的信赖感的形成。如果忽略了这一阶段的依从、依赖和依靠，不仅直接影响其依恋感形成的速度、力度和强度，而且会带来焦虑、淡漠、易怒、多疑、不满等种种心理性疾病和情感性贫乏症的产生。我认为，情感性交流、情感性发展、情感性培养萌芽于新生婴儿的早期培育，应让他在人生最初的起跑线上，就赢得关怀和信赖。

我根据上述研究认为，婴儿情感体验和情感态度的形成开始得很早，在婴儿出生的头几个月就形成了。抚育者与婴儿的种种交往，包括注视、微笑、亲吻、搂抱等都是一种情感信息的传送，热线传送和冷漠苛刻会形成两种不同的定势模式，会影响儿童未来对人生、社会以至人类世界的种种态度。鉴于以上认识，我在抚育J的过程中，特别关注他的依恋感的形成与抚育者的心态研究。

3. 婴儿依恋感的形成与抚育者的心态研究

我国心理学家林传鼎提出，要从小培养儿童的积极情绪。他指出："热情是一种强烈、稳固而深刻的情感。这决定一个人思想行为的基本方向。一个人的热情，来自儿童期的基本感情欣赏。没有喜悦，就没有热情。"为此，我对婴儿成长中的喜悦特别关注。据我观察，婴儿在出生后第一个月起，就有喜悦的表现。当他睡醒后，就有微笑的表情；在摇篮车中，他感到强度适宜的柔光，听到节奏和谐的乐曲，显得高兴、欢乐、活跃。到 2—3 个月时，有明显的以定向反射为基础的探究欲出现，那时，他似乎对周围环境的一切都有兴趣和好奇。这成为这一阶段种种表情的优势反应。对此，我特别关注，从医院出来之后，我一有空就主动陪伴他。对他瞩目、微笑、说话、抚摸、亲吻、搂抱，还把他抱到他喜欢的地方去走走、玩玩。有人认为，婴儿期，要做规矩，要进行习惯训练。我认为，这一阶段许多行为习惯尚未形成，也不可能马上形成，做规矩时要尊重自然规律，大小便习惯的训练一般要到 10 个月之后。10 个月之前，对婴儿热情、亲近、及时关注、主动关怀应是第一位的。

婴儿依恋感的形成，要求抚育者充分发挥关注的视觉效应。J 在 4—5 个月时，喜欢我们抱他到户外去，我认为，这正是探求欲发展的表现，应当给予充分的满足。让他在户外看到绿色的小树、过往的行人、飞驶的车辆，让他感受明媚的阳光，春风的吹拂……当听到小鸟在鸣叫时，我就抱他到鸟笼旁边，让他仔细观察，静静欣赏。我发现他的小眼睛睁得大大的，十分专注，这会给他未来欣赏自然、探求自然带来积极的影响。我想，婴儿的精神生活中，应当从小印刻有绿化的世界，明媚的阳光，鸟语花香的氛围，以及树荫丛中的环境……他看到这一切，饶有兴趣地笑了。婴儿的笑正是他通向情感世界的钥匙，婴儿的笑正是他与外部世界良性交融的一种愉悦感的反应，应当让他及早地生活在绿色和谐的世界中，积极地去满足他感知丰富世界的合理要求。

婴儿依恋感的形成与抚育者的关注心态有密切的关联性。下面是我在跟踪观察过程中记下的一篇研究性日记——《抱的研究》。

我每天抱J,已有8个多月,每天2—5次,时间30分钟至3个多小时,虽然在时间上不算最多最长,但舒服度、亲切度和满意度也许超过他人。有人说,男同志力气大,抱他出去玩,所以他喜欢你抱。我想,抱有抱的学问,抱有抱的科学和艺术。

1. 抱有抱的心态

为什么要抱,以怎样的态度去抱,大有讲究。主动抱还是被动抱,喜欢抱还是不喜欢抱,享受、享用、享乐地抱还是尽责任尽义务地抱,动脑筋带有研究性地抱还是不动脑筋当差使地抱,效果都不一样。民间俗语说:"宁挑千斤担,不抱肉疙瘩。"这反映了一种消极的心态。我们应以积极的心态去搂抱婴儿。

我抱J是喜欢抱,看到他可爱,想到他的成长,特别感到早期抱是一种培养特殊情感的特殊方式,也是建立亲切依恋感的最佳方式,是给他以安全、抚爱的一种传递方式,又是全方位保护他,满足他身心需要的一种基本途径。同时,对我自己而言,也是一种精神享受,尤其见到他的微笑、亲昵,将他抱在手中,感到有一种幻化似的天伦之乐。抱在马路上,人家说,这娃娃很漂亮,白白胖胖……在一片称赞和夸扬声中,我有一种特别的愉悦感。当然,有时也有不喜欢的时候,一是忙,手边有不少任务缠身,尚未完成,又急于完成,此时,抱孩子与赶任务有矛盾,似乎不喜欢抱。但又想到,任务再忙,它有一定的弹性,可以利用晚上时间,在婴儿睡觉之后弥补。而抱婴儿,是一个硬任务,不抱,他要哭,要吵,要影响他的健康和心理发展。宋庆龄表达过这样的思想:培育孩子的事业是不可等待的事业。发展心理学告诉我们,这一年龄段正是培养依恋感的关键时期,机不可失,时不再来。因此,当我不喜欢抱时,想到这些,也变得喜欢抱了!

主动抱的好处多:(1)可以增强亲切感;(2)可以有利于婴儿在怀抱中成长,让他有一种温柔感;(3)可以调节生活方式,休息日一天三四次,早、中、晚。白天上班,晚上再疲劳,也要抱他一刻钟到半小时,可以保持持续性的亲密。

抱的心态中,我还有一个与众不同的地方,我带有研究的心态。我将J抱在手中,除了使他舒适、舒服、舒心之外,还想如何与他进行情感性交流,促使他智力和情绪、情感的健康发展……包括边抱边观察边分析,研究他的种种心态。从他的小眼睛的活动注视中,从他小身体的扭动中,头部的朝向中,小手的扭摸中,以至咿呀学语中,在"嗨……""啊……""哇……"的发声中,去辨别、寻找他喜欢的心态和有关心声的信息。他喜欢户外活动,喜欢观察户外的红绿世界和倾听小鸟的鸣声以及观看过路的行人,我认为这正是他探求欲萌芽的表现。智力开发,不是抽象的,就是在主动地满足他探求欲的过程中,强化他的智能发展。在抱的心态中,还表现为一种专心、关心和细心。需要注意的是,抱到靠窗口时,要顾及四周和防止他突然的扭动,以防危险。

2. 抱有抱的科学

依据我的研究,对于婴儿,0—1个月,要少抱,让其多躺多睡。1—6个月,要多抱多亲,甚至愈多愈好。6—10个月,抱和爬、坐、站结合起来,老是抱,会产生负性效果。这一阶段,放手让他在地板上打滚爬行,这对他的机体发育和智能发展有很大的促进作用。有研究表明,个体发展有一个爬行动作发展阶段,为此,让他在爬行中发展他的机体。到10—12个月,就要让他学会独自行走。到那时候,再多抱,不仅不利于他的独立性、自主性的发展,而且对亲切依恋感的形成还会产生负面效应。

3. 依恋感形成的三"度"要素和若干问题

几年来直接参与婴儿抚育的实践证明:婴儿成长,吃、穿、睡是重要的,抱的姿势研究是重要的,但更为重要的是对婴儿的视觉反应的关注以及和他的情感交流。这里存在三个"度":一是对婴儿表情、行为动作和需求关注的敏感度;二是对婴儿所给予需求信息判断的准确度;三是抚育者对婴儿需求的认同受纳度和满足度。我认为,以上三"度"对依恋感的形成具有决定性的影响。

我在抚育婴儿的过程中,全身心地去关注他各种行为、表情所反映的欲望、要求、兴趣、爱好以及活动倾向,我们走过幼儿园的大门,听到广播音乐很感兴趣,我就抱他走近幼儿园,让他在园外观看幼儿做早操;看到幼儿园有木马玩具,他可以注视5—10分钟。而且,我对视觉注视、听觉倾向、身体姿势倾斜、头部转动、小手指向、嘴巴活动、发声特征……都一一关注,仔细揣摩,力求迅速及时作出准确的反应,尽可能满足他的合理且可能满足的种种要求。例如,我感受到不到10个月的婴儿已经对幼儿园产生了强烈的兴趣和向往,因此,我主动去和附近幼儿园的老师商量,在不影响幼儿园正常活动的情况下,利用下午4点以后的时间,让婴儿有机会到幼儿园体验一下那儿的游戏世界。幼儿园里幼儿放学回家欢乐的情景,使他非常兴奋。由此我想到亲子学苑有开办的必要,幼儿园可以向更年幼的幼儿开放,早日实现托幼一体化。

在几年来抚育婴儿的实践中,我感受到,在0—1岁这一阶段重视依恋感的培养,对个体的身心发展和良性人际关系的建立,发生着深刻的影响,取得的显著效果有以下四点。

第一,建立了超乎寻常的亲切依恋情感。周围人都说:"这孩子对你特别亲。一见到你,不仅迫不及待地要你抱,而且,抱在身上,更是眉开眼笑,笑口常开。有时还会伸出舌尖,带有特别亲昵的神态给你亲吻。"在我出差时,家人告诉我:"这孩子居然爬到你床上,看到你平时穿的那件风雪大衣,他吻吻你的衣服也显得特别高兴。"这是他出生后8个月时出现的依恋现象。在他对母亲的依恋中,也有类似现象出现。它带有"爱屋及乌"的移情性意义。家人还说:"你研究依恋感,现在尝到了依恋感的味道了。你走到哪里,他跟到哪里,一大清早当他见到你时,就连漱口洗脸的时间也不给你,扑到你身上,缠住你不放……"这使我想起一首歌:"情是牢,爱是牢,缠在身上吃不消。"婴儿初期这种依恋需要珍惜,至于今后如何把握好依恋度,需要在跟踪观察中加以进一步研究。

第二,依恋感带来明显的安全感。具体标志是我抱他睡觉的效率特别高,速度也特别快。不仅在他疲倦时,我一抱,他就可以在几分钟有时甚至几秒钟内进入睡眠状态,而且即使没有达到极度疲劳,在一般状态下,我抱他睡觉时,他也能比较安静、安稳、安定地伏在我肩上,静静地安躺一段时间,再进入睡眠状态。这说明他伏在我的怀中时有一种心灵上的归属,感到绝对的可靠性和可依赖性,这也有助于他的身心健康和快速进入梦乡。

第三,由于我对他的关怀,似乎他对我也显得特别的亲昵和尊重。除经常性地将他认为可口好吃的甘蔗、糖果塞到我嘴里之外,他还对我心爱的图书给予出奇的爱护。在J没有出生之前,我们全家最为担心的事是我家有藏书几千本,而且散放在家里的每个角落。当时大家害怕婴儿出生后,出于好奇好玩而会撕书……可是,J出生后的几年,不仅没有出现过撕书的行为,而且,在看到那么多图书时,有时出于好玩,他也会一本一本、一页一页地翻看,似乎看得很认真。我想,依恋感形成的教育效应,能使婴儿对他依恋对象的观察性学习能力明显提高。

第四，依恋感形成还有利于婴儿活动性、探求欲的增强。我发现他在依恋对象的身边更加活泼，精力特别充沛，可以较长时间地进行各种活动；而在陌生人的身旁时，就很拘谨和紧张，潜力的发挥受到影响和抑制。

当然，也有不少问题需要进行更深入的研究和探索。（1）婴儿依恋感形成的内在机制是他需要的满足。事实上，在个体成长中，婴儿的种种需要不可能事事都能得到满足。当某些需要得不到满足时，婴儿要发脾气和啼哭，此事如何处理为好？（2）婴幼儿依恋感的形成，具有相当大的动态性。早期关怀有利于依恋行为的形成，但需要不断强化，一旦接触减少，依恋的强度也会随之而削弱。而且，依恋水平也有一个逐步提高的过程。在婴儿早期，物质需要和抱他外出活动需要的满足使依恋关系容易建立，而随着个体物质需要和精神需要水平的不断提高，抚育者的关怀水平也要及时跟上，否则，有可能损失依恋的内在价值。（3）依恋研究在西方已经进行了三个阶段，包括理论框架研究、测量研究以及影响因素的多方面研究。而我们的研究还处于起步阶段。要达到更高的科学水平，需要做更深、更细、更扎实的研究。

总之，在婴儿的培育过程中，人们对婴儿的食物需要表现出高度的敏感性，忽略了他们的交往需要；对婴儿微笑反应较为积极，对啼哭反应较为消极；对饥饿感、冷暖感较为关注，对安全感、归属感、抚爱感较为忽略；一般重视饮食和睡眠的定时定量等早期行为习惯的培养，忽略婴儿探求、交往、活动和自主等方面的精神需求的满足。上述情况的存在，不仅影响婴儿与抚育者之间的依恋关系，而且还会影响婴幼儿情感发展和人格完善。在婴儿培育中，存在多种模式：关注与漠视、允许与限制、悦纳与拒绝、主动满足与被动满足，重视情感的早期培育与过早进行习惯强制训练以及精细研究与管教粗放……对其利弊、得失需要进行更深一步的研究。我认为，抚育者的眼睛是婴幼儿精神生命成长的太阳，关注婴幼儿的情感需求，尊重婴幼儿的活动需求的培育模式，肯定有助于婴幼儿的身心健康、智慧发展、依恋情感的形成和人格的逐步完善。因此，我们一定重视婴儿早期的亲切依恋感的培养，让婴幼儿在依恋感形成、发展的最佳时期，创造最佳的温馨环境，建立最美好的人际交往关系，为未来的社会体验留下深刻的印迹，为满意愉悦的基础情调和高层次的情感发展奠定基础。

第三节　婴幼儿自主感的形成与培育策略[①]

一、婴幼儿情绪情感发展的特点

婴幼儿发展心理学认为，1—3岁是自主感对羞怯感的时期，它是人生中最重要的发展阶段之一，尤其在情绪、情感和人格的形成上带有里程碑的意义。婴幼儿到1—3岁时，其情绪活动进一步分化，能体验到高兴时的愉快、受赞扬时的满足，但情绪总体上还很不稳定。这一年龄段表现出幼稚而又强烈的自主意识和独立要求，要摆脱大人的约束，自己要干自己的事。有人认为，这是小能人成长期，是从依赖、依从向自主、独立发展的过渡期，是对大人意见采取反抗的违拗期，是爱发脾气的高峰期，是社会性情感和人格发展的敏感期，是步入人生的第一心理反抗期。"这个阶段人们常常称为可怕的2岁期（terrible twos）。学步儿童似乎非常苛求，并坚持按照他们的方式做事情。对一个2岁儿童讲道理是非常困难的。"[②]这就需要抚育者深刻地理解这一年龄段宝宝的情绪情感发展的特点。

1. 这是获得自主感的时期

美国哈佛大学心理学教授埃里克森长期从事发展心理学的研究，他认为，一个人从出生到死亡，大体经历着八个相互联系又有特质的阶段，每个阶段包含着两个相互矛盾的特定的心理状态。0—1岁是信任感对不信任感的时期，1—3岁是自主感对羞怯感的时期。"自主和自豪，相对羞耻和疑惑，这就是人类第二个核心冲突。""为了发展孩子的自主性，必须建立一个坚定不移的不容置疑的连续的早期信任感。"[③]这一阶段，由于婴幼儿学会爬、走、抓握和说话，以及控制大小便等能力的出现，他们开始有条件地独立处理事情，宝宝的自我认知开始萌芽，为此，时时处处希望体现自己的自由意志。这一阶段的关键是让婴幼儿感觉到自己的力量，感受到自己对环境的影响力，这是自主感的源泉，

[①] 我于2002年参加《0—3岁婴幼儿早期关心和发展的研究》，这是与上海市浦东新区博山幼儿园黄建春老师的合作研究成果之一，顾俏峰老师也参与了部分案例的合作研究。

[②] （美）纽曼.发展心理学：心理社会理论与实务[M].郭静晃，吴幸玲，译.台北：扬智文化事业公司，1994.

[③] 埃里克森.童年与社会[M].罗一静，等编译.上海：学林出版社，1992：75.

它要求父母给孩子以适度的自由、教育和训练,也要宽严适度,要尊重他们的意愿,防止过分溺爱或过分苛求,或不公正地使用体罚。这会加重他们的疑虑和羞怯,会影响其情绪情感及人格的健康发展。如果给予宽容和尊重,会让幼儿获得意志等品质,为今后形成自主决策、自我约束和自我要求等良好性格奠定基础。因此,我们在抚育中,要特别重视和关注其自主感的发展,要给宝宝以更多的自主、自由、自在的发展机会,让他们的自信心、自尊感得到早期培养。

有大量的观察研究表明,这是自作主张的年龄,这是干什么事情都要他自己干的年龄,表现为衣服要自己穿,鞋带要自己系,筷子要自己拿……如果不让他干,他就会大吵大闹。如有一位2岁的宝宝,见到家人用牙签来吃草莓时,他也一定要自己用牙签吃。这时父母怕造成伤害,加以阻止。可这宝宝,就是不听,不依不从,非要自己干不可。他那种执拗的蛮劲,大哭大闹,让父母束手无策。最后,全家人只好都改用小匙,使矛盾得以缓解。

这案例说明,婴幼儿到了两三岁时,他们开始把自己作为主体来看待。他们时时处处要表达自己的想法和愿望。他们在与父母交往中,总是要把自己的名字挂在嘴上,常常会说,"宝宝要""宝宝来""宝宝喝水"。并且,在这基础上,他们逐步形成了"我的"这个概念。他们知道哪些东西是"我的"。这既标志着自我知觉、自我意识的萌芽,同时也反映了他们的自主感正在形成,独立性正在发展。由此,也带来了任性和反抗,这一阶段他们用得最多的一个词是"不"。

有调查表明,婴幼儿时期,有84%的孩子都要经过这个反抗期。这正是自主与反抗意识的萌芽,并表示他们正在朝着健康正常的方向发展。

德国心理学家海茨曾经做过研究,他将100名2—5岁的儿童分为反抗型和顺从型两组,进行追踪调查,直至青年时期。结果表明:反抗型的孩子84%成长为意志坚强、有判断能力的人。这种品质在顺从型的一组中,只有24%,而其他大多数是缺乏判断力,要依赖他人来生活。由此可见,婴幼儿期孩子们的"反抗",正是一种正常心理的反映,他们要求自主、自立、自己干,是一种健康积极心态的表现,我们要加以珍惜和保护。我们只要给予正确的理解和因势利导,就可以使孩子们这可贵的自主、自立、自信和独立性、主动性向着有利于身心健康的方向发展,养成不屈不挠、坚强的性格,在未来的成长中,更有自信心和自尊心,更能自立于社会!

2. 这是伙伴关系发展的时期

英国心理学家约翰·鲍尔比长期重视婴幼儿依恋感的研究，他和另一位心理学家安斯沃思研究认为，2岁以后，为目标调整的伙伴关系阶段。2岁后，幼儿能认识并理解母亲的情感、需要、愿望，知道她爱自己，不会抛弃自己，并知道交往时应考虑她的需要和兴趣，据此调整自己的情绪和行为反应。这时，幼儿把母亲作为一个交往的伙伴，并认识到她有自己的需要和愿望，交往时双方都应考虑对方的需要，并适当调整自己的目标，这时与母亲空间上的邻近性逐渐变得不那么重要。比如，当母亲因需要干别的事情而走开时，婴儿会表现出能理解，而不会大声哭闹，他可以自己比较快乐地在那儿玩或与母亲交谈，相信一会儿母亲肯定会回来。

有关研究还表明，这一年龄段的婴幼儿，随着与父母依恋感的建立，随着认知和语言能力的发展，以及他们社会交往范围的拓展等因素，2岁以后的婴幼儿的依恋目标开始由父母转向小伙伴和托儿所、幼儿园的老师和保育员。

这一阶段的孩子能够忍受与父母有一段时间的分离，能逐渐习惯与同龄伙伴和其他成人相处，如与托儿所、幼儿园老师和保育员的相互交往。这时期，与他人一起玩耍、嬉笑，甚至一起吃饭、午睡占据了他们更多的时间，这一阶段的婴幼儿已开始能够延迟满足他们想和母亲在一起的愿望，懂得这种延迟是由于母亲去做别的事情引起的。进入托儿所或幼儿园会导致分离痛苦，在2岁时，90%的婴幼儿会大哭大闹，而且这通常会延续一段时间，一周至一个月。到3岁时，分离性痛苦和焦虑只在10%的幼儿身上发生，而且会很快得到缓解并消失。因此，在2岁6个月到3岁之间入托和进幼儿园幼托班，从婴幼儿的感情承受能力来看，较为合适，但他们有一个逐步适应的过程。

请看下面的案例。

案例：焦虑在婴幼儿自我安慰中得到缓解

我们在参与幼托班的研究中有如下新发现。

1. 发懵的问题

在实施托幼一体化的过程中，我们在幼儿园试办幼托班，接收2岁6个月左右的婴幼儿入园。我们发现，初入园时的婴幼儿在与亲人分离时，那真是哭声一片，叫喊声此起彼伏，有的孩子还边哭边呕吐，甚至有小朋友用哭闹来拒绝吃饭……这类情况,不是只发生在开头几天,而是连续几周。

面对这一情况,老师发懵,家长发急,园长发愁。有的家长怕孩子哭出毛病而想领回去,但又想到长此下去,让宝宝在家也会影响孩子的独立性和社会性的发展,所以硬是送了进来,而回过头去,自己却在暗暗哭泣。担心、忧虑、害怕和着急一直压在老师和家长的心头上。对此情况,如何理解和处理为好呢?

2. 理解和应对

有研究表明,2—3岁的婴幼儿正处在分离性焦虑的高峰期。他们初入园,第一次较长时间离开父母,到一个较为陌生的地方,由此哭闹,这一方面反映他们对自己亲人与家庭生活的适应、亲热和依恋;另一方面也是一种自我安全的保护心理的体现,这是一种心理健康的常态反应。如果,此时此刻,他们毫不焦虑,无动于衷,十分冷漠,这倒要引起我们的关注与担心,是不是心理冷漠症或自闭症的迹象。

从幼儿园和老师角度来看,我们对孩子们初入园时的哭闹,首先要给予理解、同情和积极关怀。入园前,我们安排了多次亲子活动,并邀请儿童心理学专家给家长作"做好入园的准备,缓解分离性焦虑"的专题报告,还通过家访让孩子对老师有一个美好的首次印象,让家长对老师也有一种信任感。在入园制度上,也作了弹性安排,全日制和半日制让父母自选。每天的活动尽可能做到丰富多彩,天天有新花样。老师对孩子们更是亲上加亲,以一片爱心去对待他们,以温柔的话语去抚慰他们,以亲热的态度去搂抱他们,以亲切的表情去关怀他们,以亲近的行为方式去安抚他们,使他们从对父母的依恋,逐步转向对老师的依恋,由对老师的陌生、害怕,转向对老师的亲近、亲切、亲热,使孩子觉得老师可亲、可爱、可依恋。

上述措施在缓解焦虑上发挥了积极作用。但是由于哭闹的孩子面较广,人亦多,在两位老师和一位保育员一时难以招架之时,我们发现另一种现象出现了。

3. 新现象、新发现和新认识

过去我们总认为,2岁6个月的婴幼儿十分幼稚,只会哭闹,只能由老师和家长去呵护。事实上,我们在带班中发现,2岁6个月左右的婴幼儿在忍受与依恋对象的分离上,有着独特的承受能力,在缓解焦虑中有互相安慰和自我安慰能力。

下面几个观察实例可以说明这一点。

实例一(借物自我安慰)

依依早上来园时,胸前抱着一条毛巾毯,她亲热地叫它"毛巾妈妈",这是她最心爱之物。无论走到哪里或做什么事,她总是搂抱着这一"毛巾妈妈",一刻也不离手。情绪好时,会把"毛巾妈妈"折叠好,抱在怀里亲亲它,拍拍它,和它说悄悄话。想家、想妈妈眼泪汪汪时,她会轻唤着"毛巾妈妈,毛巾妈妈……"还把它轻轻放在脸上揉搓着,似乎得到一种心理安慰和需要满足,此时情绪也趋于稳定。

实例二(语言自我安慰)

萱萱连着两天来园哭闹不止,第三天早上来园,她学着爸爸妈妈的话对我们说:"我长大了,我上幼儿园了,我不能哭了……"说着独自坐在一边使劲用纸巾擦眼泪。过了一会儿,她又走到老师面前说:"我听话,我乖,我不哭了,爷爷就要来了。"这次真的止住了眼泪,心情也平静得多了。

实例三(情景安慰)

小宝来园,继续哭闹,老师抱着他并安慰说:"奶奶去买菜了,一会就会来的。"过了一会儿,小宝问:"奶奶怎么还没来?"说着就大哭起来。老师告诉他,将纽扣串得长长的,那时奶奶就来了。他听了,马上跑去串纽扣。接连几天,小宝来园边哭边说:"我要串纽扣,串得长长的,奶奶就来了。"他在串纽扣的过程中,既有情景物的心理寄托,又转移了注意力,忘了哭。第四天,小宝一早来园,神秘地对老师说:"哭是没意思的,我去串纽扣了。"此时,他似乎找到了情景的寄托和心灵的归属,情绪安定得多了。

实例四(相互安慰)

顺顺来园后,连续不断地哭,哭声不绝于耳。未未走到他面前,对他说:"给你吃好吃的东西好吗?"顺顺略停了一会,又哭了起来。萱萱拿出心爱的"米奇"玩具给他,并跟他说:"给你玩一会儿好吗?"还有一个小朋友主动拿纸巾给顺顺擦眼泪,有时还会说上简短的安慰话:"不要哭了。""哭也没有用。"小宝走过来对顺顺说:"哭没意思的,不要哭了。"说着将天线宝宝塞在他手里……顺顺在众多小朋友的安慰下,情绪逐步平静下来,参与到他们的游戏活动中去了。

4. 我们的分析与反思

（1）有关研究表明，2—3岁以及更大一些的孩子，他们的心理发展水平出现了重大变化，即能够忍受与依恋对象在一段时间内的分离，逐渐习惯与同龄伙伴与其他人的交往。这一方面表明他们的自我意识和自我调节能力、自我控制能力在增强，另一方面也反映了他们在同伴交往中，同情心和友谊感以及合群性等社会性品质在萌芽和形成中。过去，我们对此认识不足，也很少了解，通过这次教养实践，我们对幼托班和小班孩子的认知水平和社会化发展进程中的自我安慰和相互安慰的能力，有了进一步的认识和理解。我们感到托班和小班孩子的分离性焦虑的缓解，不仅要依靠家长和老师，而且还要依靠婴幼儿的自我安慰和同伴之间的相互安慰。

（2）实例一、二、三都说明，婴幼儿在分解自身的心理焦虑中，办法也是多种多样的，有借物自我安慰、语言自我安慰和寄托于动作的自我安慰等。他们通过这些方法，既达到了心理安慰，又排泄了不安情绪，而且也提升了情绪的自我控制和自我调节能力。当我们发现这一现象后，就对情绪调控能力较强的孩子给予表扬和鼓励，包括亲吻、拥抱、语言表扬、给玩具和多分糖果等方法，以示奖励。这样，可以使这类孩子的自我安慰能力得到肯定、巩固和提高，同时也为全班其他孩子树立了榜样，使更多的孩子能向他们看齐和学样。

（3）实例四说明小朋友之间出现了相互安慰，这是一种互相抚慰的现象。它体现了婴幼儿中有一部分孩子有了同情的心理，能对别人的情绪有一定的感受、理解、体验和体贴，这是婴幼儿中早期移情能力的表现，他们开始能够体察别人的焦虑情绪，又能学会用自己调节情绪的感受体验告诉小伙伴，让他们也能分享自己的调控方法。

由此可以看到，2岁6个月左右的婴幼儿，在社会化的进程中，他们的社会感受和情绪觉知水平以及人际交往能力，也正在合群中得到萌发。为之，我们从苦恼中得到鼓舞，对孩子中的相互抚慰行为大力表扬，让全班小朋友一起来观看这一相互抚慰现象，引导大家向参与互相安慰的小朋友学习，并向参与互相安慰的小朋友发小礼品和五角星，以示表扬、鼓励和奖励。让托班孩子的同情心、友谊感和合群性得到提高。

通过上述的努力，不到半个月，我们带的幼托班的孩子的笑声代替了哭声，欢乐代替了焦虑，合群代替了孤独，现在他们正在快乐活泼地成长着。

由此我们认为,让婴幼儿早一些融入群体生活中,可以使宝宝在社会交际的广度、力度和多样性、丰富性等方面得到拓展和加强,这既符合该年龄孩子的心理发展水平,也有利于促进他们社会能力的发展和人格的形成和完善。让我们有更多的婴幼儿能在合群中得到健康成长。

3. 开始懂得自我调节情绪的时期

情绪调节是个体灵活地对一系列情绪(包括积极的和消极的)发展要求作出反应的能力,以及在需要时作出延缓反应的能力。这能力在情绪智能发展中具有基础性的地位,发挥着核心的功能,因此,需要及早培养。

情绪调节能力在婴幼儿2—3岁阶段,发展非常快速。[①] 有研究表明,2—3岁的幼儿开始懂得以建设性的方式来调节自己的情绪。例如,在导致愤怒的情境中,2—3岁的幼儿倾向于以避开某些情境来调节自己的愤怒体验。

我们观察到,2岁6个月的林林小朋友在户外游戏时,他喜欢的活动玩具被另一个小朋友独占了,他想去玩耍,可是那个小朋友就是不让他玩,一个人独占独玩。此时此刻,我们看到林林既表现出一种愤怒,又表现为一种克制。最后,他选择了回避的方式,到另一个活动玩具处,开展他的游戏活动。我们又看到囡囡小朋友,她身边的活动玩具被另一个小朋友抢走了。此时,她可能有三种选择:一是把它从那个小朋友手中夺回来;二是向老师告状,借助老师的力量把它要回来;三是她见到操场上还有其他玩具没人玩,就选择其他玩具,以此来调节自己的情绪。她选择了第三种处理方式。这既避开了矛盾、冲突和愤怒的情境,又达到了自我活动选择上的多样性的要求。这种自我调节能力的发展,在幼儿社交能力和自我心态平衡中,发挥着协调的机制,并对他人格智能的形成,有着深刻的影响。

有研究表明,情绪自我调节能力的形成,在2—3岁发生着转折性的变化。当孩子步入2岁时,他们变得十分任性,不肯顺从,不愿合作。在小朋友之间,时常会发生打人、抓人、咬人等现象,所以有不少父母认为这是可怕的2岁。

我们在教育案例中也处理过类似的情况。以咬人为例,我们可以看到,这年龄段幼儿的调控能力在教育的影响下能获得提高。

孩子案例:

---

① 桑标.当代儿童发展心理学[M].上海:上海教育出版社,2003:314.

"啊——！哇——！"

在孩子进餐处,突然传来一阵尖叫声,接着又传来了哇哇的哭声。老师疾步跑上去察看实情,发现玮玮手臂上有一排深深的牙印。

"皮皮,你怎么又咬人了!"

"对不起,我错了,我下次真的不咬人了。"此时皮皮向老师承认了错误,似乎非常后悔自己刚才的行为。可是刚过几个小时,他又咬人了。而且,在辉辉的胸口上留下了两排带有血痕的牙齿印记。

事发后,皮皮的父母带着皮皮向玮玮和辉辉道歉,还一再要求皮皮:向老师和小朋友保证,"我要做一个乖孩子,我不咬人了"。

对于婴幼儿之间的咬人行为,有专家认为:"这年龄的宝宝咬人并无恶意,刚学步的孩子,还不懂得用语言表达自己的感受,所以常喜欢用咬人的方式来表达他们的兴奋和激动。"我研究过一个孩子的咬人事例,由于前排小朋友没有排好队,他想纠正其行为,而语言跟不上,他只能用咬人的方式来表达。因此,我们处理此类问题时要掌握四个原则:一要细心,重分析;二要耐心,重教育;三要关心,重预防;四要诚心,重协调。①

二、2—3岁婴幼儿自主感及其他情感发展的抚育策略

2—3岁婴幼儿情感发展处于充满众多矛盾的时期,它既渴望自主、独立,又想依赖大人;在行为上,既想"金鸡独立",当一名"超级的杂技演员",但又体力不支而"弱不禁风""动作呆笨",站立片刻就会"摇摇欲坠",时时刻刻需要成人加以保护;可是,此时此刻,如果大人真的给予他们更多的关心与帮助之后,他们又会"怒气冲天""大发脾气""又哭又闹""撒娇不止"……因此,年轻的父母和其他抚育者,对早期发展过程中特殊年龄段的孩子,特别要讲究情感发展的抚育策略。

1. 父母在抚育中要特别冷静与理智

埃里克森在分析2岁幼儿的自主感时认为,这时期的婴幼儿常常会用双手顽强地去抓住物体,然后又以挑战的姿势抛开它;他们有时会坐在一旁堆砌玩具,当玩具堆砌到很高时,他又会马上用力将之推倒,重新再堆砌;他们有时与

---

① 梅仲孙.抚育者的眼睛:一位爷爷对孙子的心理解秘[M].上海:中国福利会出版社,2006:143.

父母缠绕不放,又会突然变卦,将父母猛力推开,等等。这一切都是2岁幼儿自主感的特殊表现,他们既不满足于狭窄空间的生活环境,又担心超越自我环境而产生疑虑、羞怯和害怕。由此,父母对待这一阶段的孩子,在态度上要特别冷静、理智,要注意掌握抚育策略的分寸。因为,婴幼儿自主感的建立,不但要求他们付出巨大的努力,而且还要求父母有极大的耐心。学步儿童常常会反抗不符合他们内心需求的"好意""善意""美意"。父母在与2—3岁婴幼儿相处的过程中要学会好言相哄,要忍耐和忍受幼儿无礼的态度,有时还必须允许孩子们去尝试一些他们不太可能做得到的事情。要鼓励孩子们参与新的挑战,不断提高他们自身的能力感和耐挫感。在具体操作时,要注意如下三点。

第一,要利用婴幼儿对自己的信任,就要在某些方面给予其充分自由,让他们在自由自在的活动空间中自由自主地玩耍。只要不带危险和大破坏性质的活动,都可放手放心地让他们去玩耍,不要过多地干预、干涉或加以限制。

第二,对于带有危险和大破坏性质的活动和行为,要加以控制、限制和制止,不可放任,包括打人、咬人、砸人……因为对这些行为的放任或溺爱,会造成幼儿中的伤害事故,对幼儿性格的发展极为不利。

第三,在行为习惯训练时,切不可操之过急。前面讲到幼儿有其特定的秩序要求,我们要细心去体察,耐心去等待,诚心去尊重幼儿秩序感的发展,否则,就会阻碍他们的自信心和自尊心的发展。

2. 要重视游戏在2岁儿童情感发展中的独特作用

埃里克森在讲到2岁儿童自主感发展时强调,要非常重视游戏功能的发挥。这一阶段婴幼儿的游戏,正是他们自主、自我发展的重要途径之一。

这一阶段婴幼儿的游戏有许多特点,其中一个明显的特点是带有重复性。他们在游戏中总是试图加以重复,这是自主与疑惑、肯定与否定、好奇与探索等心理交织的表现。

下面有两个案例,可以说明这一心态。

案例一:喜欢重复做事的孩子

图书角里,津津将书架上的图书一本一本拿下来,然后有选择地将写着"认字"两字封面的图书一一排列成行,有时小朋友顺手拿掉一本,他要么大声嚷嚷,要么一把抢过图书,迅速放回原来的位置。每次他选择到图书角玩,基本上是重复以上将图书排列成行的动作。

他到搭积木的地方,总喜欢摆弄用布做成的六面图,上面分别写着1—6的数字,每一次他都喜欢将1—6的数字由小到大排队。同样,如果有谁拿掉其中一块,他马上会作出强烈反应——大发脾气。而且,他到这个地方玩六块拼图时,排列顺序总是不变。

重复做事的现象在幼托班中比较常见,栋栋经常用积木堆高,堆到5—6块积木的高度后,就会把它推倒重来。一次,老师走过去鼓励他再堆高些,同时旁边加了两根柱子,想显出房子的特征,他却说:"不要这样嘛!"并将之一把推倒,使之又恢复至原来的高度及形状。

思考与分析:

我们看到,2岁6个月左右的孩子总是喜欢重复做那些事情。这是正常行为还是反常行为?如果是正常行为,其原因和作用是什么?幼托班的老师如何利用这一年龄特征,将他们引向更高的发展水平?

我们带着这一问题,阅读了意大利著名的幼儿教育家蒙台梭利所写的《童年的秘密》。她也发现这一年龄的孩子具有"重复练习"的心理特点。她写道:"我特别注意到的第一件事是,一个大约3岁的小女孩不停地把一些圆柱体放进容器中,然后又从容器中取出。这些圆柱体大小不同,正好可放进容器中相应的孔内,就像软木塞盖住瓶口一样。我惊讶地发现,年幼的儿童能如此聚精会神一遍又一遍地进行这项练习。这个小女孩并没有显示出明显的加快速度或提高灵敏程度。这是一种重复不断的运动,我开始数她重复这项练习的次数。结果发现,这种动作使她进入忘我的境地,任何声音都干扰不了她。最后,我们将这个小女孩连同她所坐的椅子一起搬到桌子旁,但她仍在继续自己的工作,一直重复42遍才停下来,如同大梦初醒地笑了起来。"

蒙台梭利在观察中还发现:"这种重复练习的现象在幼儿的所有活动中经常不断地发生,而且一项练习的各种细节教得越详细,越可能成为幼儿无穷无尽地重复练习的对象。"她指出:"每次当儿童经历这种体验之后,他们就像经过休整的人,充满着活力,仿佛感受到某种极大的欣喜。"

由此可见,2岁6个月左右的婴幼儿中出现的那种重复练习的行为,不是反常行为,而是一种极好的正常行为,教师应给予珍惜。它可以帮助婴幼儿在这种重复练习中发现自己的潜力,进一步完善自我。为此,我们不仅要理解和尊重这一行为,而且要鼓励和引导这一行为,使他们的潜力向更高水平发展。

案例二:塞满了,才满足

顺顺在自主游戏的时间来到娃娃家,他拿着一个玩具面包机,走到"喂小动物吃东西"的地方,继续他昨天的工作(昨天他在面包机里塞了好多好多绒线做的小花)。今天他又对准面包机上有小孔的地方,十分认真和仔细地将塑料小叉子塞进去。塞了一会儿,他将面包机摇了摇,里面发出"骨碌碌……"的声音,他知道这是叉子在往下落,他看到面包机的上半部又留出了不少空间,于是,他又将小叉子一个又一个地往里面塞,似乎非要塞满才肯罢休,其投入的程度和专注的神态,出人意料,令人钦佩。

我们发现在幼托班中喜欢朝着小孔的容器中塞东西,而且非要塞满才肯罢休的婴幼儿远远不止顺顺一个人。前几天,明明也向玩具热水瓶里塞了好多塑料小积木。昨天在娃娃家里,因因掀开玩具电饭煲的盖子,发现里面有满满的一锅积木,自言自语地说:"怎么搞的?都是积木。"说着就将之"哗啦啦"地倒在地上。萱萱见此情景,一把夺过玩具电饭煲,将地上的积木一块一块地拾起来之后,又重新塞进去,并说:"这是饭饭啊。"

今天我们在整理玩具积木时还发现,放积木筐的两根塑料杆的小孔里也塞满了小珠子、小纽扣等小东西,这些小宝贝真是无孔不入、无处不塞。

思考与探索:

幼托班孩子这种无孔不入、无处不塞,非要将小孔塞满后才满足的心理现象,引起了我们的思考。我们想:孩子们为什么那样喜欢塞东西呢?其原因何在?我们应如何引导?我们思考其原因,认为大体上有以下三种。

其一,是由好奇、好玩、好探索的心态引起的。婴幼儿心理学认为,2—3岁的孩子,正处于对周围世界充满好奇心的时期。蒙台梭利还认为,1—3岁的幼儿,正处于细节和手的活动敏感期,他们对小孔等细节特别敏感,总是喜欢用小手去触摸和乱探索一番,这是他们要去探觅外部世界奥秘的一种努力和工作。顺顺、明明、萱萱的这种塞物活动,正反映了他们的好奇心和探索欲。也许,他们想知道面包机、热水瓶、电饭煲里的空间和孔眼,是否可以放东西,可以放多少东西。

其二，空间智能的萌发。加德纳在《智能的结构》一书中指出，空间智能，又为视觉空间思维能力，它是一种对容积、体积、容量以及整个视觉世界的把握能力。这种能力在不到3岁的儿童身上已经开始有所表现。我们想，幼托班的孩子正处于这个年龄段，他们对有空间的物体表现出如此大的兴趣和爱好，其注意力和投入程度超过我们的预想，这反映出了他们的空间智能正在萌发之中。

加德纳在讲到空间智能发展问题时说，有的学者对儿童的空间能力研究缺乏直感，缺乏技能，缺乏兴趣。我们可否利用婴幼儿有一种塞物满足的心理需求和对空间探索的独特兴趣，去探索婴幼儿空间智能的早期培养的方法。于是，我们在日常的区角活动中，对孩子们的塞物兴趣，不但不批评，反而加以欣赏和鼓励。为此，我们设计了迎合他们塞物兴趣的玩具材料，如有大孔、小孔的网兜和色、形、大小相匹配的"饼干"与"娃娃"等。还参与他们的游戏，和他们一起比一比谁塞得东西多，看哪些孩子能按要求和指令去填塞。由于孩子们年龄小，他们塞物时有一种乱塞和硬塞的现象。于是，在参与孩子的游戏活动中，我们逐渐引导孩子明白：容器中积木要塞得多，最好将积木玩具排排队，放整齐，这样就可以在有限的空间里，装塞许许多多的小积木和小玩具。另外，我们还有意地将空间、色彩、形状等知识概念融合在塞物活动中。这样做，既满足了他们的兴趣，又使空间智能及其他智能在婴幼儿时期得到最充分的发展。

其三，想象的火苗在点燃。初生婴儿的感知觉和情绪感受发展明显。到了2—3岁，他们接触外部世界的活动在增多，他们想象的火苗也在点燃之中。

顺顺给面包机塞"小花"，是受"喂小动物吃东西"的游戏的启发而产生的一种联想与想象。他将玩具面包机想象为一种有生命的物体，他似乎感觉它们也会像小动物那样肚子饿了要吃东西。萱萱将地上的积木重新填进"电饭煲"，并认为"这是饭饭"。这非常明显地展示了这一年龄段孩子的一种天真而又逼真的想象。他们将电饭煲生命化、拟人化了。他们将积木作为"饭饭——食品"来对待，对这种童心、童趣和童真，我们在过去的游戏活动中常常有所忽视。通过这一观察和思考，我们认识到，对幼托班孩子的想象之火苗要倍加珍惜。

爱因斯坦说："想象力比知识更重要，因为知识是有限的，而想象力概括着世界上的一切，推动着世界，并且它是知识进化的源泉，严格地说，想象力是科学研究中的实在因素。"我们想到：达尔文创立进化论时，他关于"生命之树"的形成是起源于想象;弗洛伊德将人类的无意识比作冰山的底部,也是一种绝妙的想象。他们的想象力的形成,都与童年时代丰富想象力的培养有关。那我们对儿童想象力的培养,是否可以从婴幼儿开始? 可否从"塞东西"抓起呢?

于是,我们除了在区角活动中鼓励他们进行塞东西的游戏之外,还设计了一些与塞东西相关的富有想象力、操作性的游戏活动。如"给小动物喂食"。我们将张大嘴巴的"小动物"贴在有大孔的纸盒上,将它们一个一个地请了出来,告诉宝宝们:"这些小白兔、小黄狗和小花猫,早饭也没有吃。""这些动物宝宝肚子饿不饿?"他们说:"饿。""那我们喂什么样的食物好呢?""小白兔喜欢吃什么?""小黄狗喜欢吃什么?""小花猫喜欢吃什么?"他们七嘴八舌地说:"小白兔喜欢吃萝卜、青菜……小黄狗喜欢吃肉骨头……小花猫喜欢吃小鱼……""那我们把萝卜、青菜、骨头、小鱼……喂给它们吃好吗?"此时此刻,小朋友的热情可高啦! 他们按自己的想象,用小纸片撕成了各种"食物"(其实孩子们只是撕了一些碎片),一边喂给小动物吃还一边说:"小狗,给你吃块肉。""小兔兔,给你吃胡萝卜……"这一活动既满足了他们的兴趣,又培养了他们的想象力,由此受到了他们的欢迎。

在带幼托班的过程中,如何提高教师的专业化水平,细致入微地去研究婴幼儿的心理特点,防止婴儿教育幼儿化,这是当前特别需要注意的一个问题。要解决这一问题,教师需要在带幼托班中重视观察,善于观察,勤于思考,勇于实践。

第一,要重视观察。《塞满了,才满足》是一个典型的观察案例,它源于带班老师对观察的重视。蒙台梭利在《童年的秘密》一书中,多次强调教师"在跟儿童打交道时,更需要的是观察",这是"科学地探索儿童的新领域"。她在《儿童教育手册》一书中还明确提出,教师最重要、最基本的品质之一,是要努力提高自己的观察能力。观察是走向科学的必由之路,教师的成长和人格完善应从学会观察开始。她本人在工作中非常重视细心、耐心地观察婴幼儿的行为动作和情绪状态,并写了许多的笔记,还加以整理研究,她后来的教育理论的形成和教育名著的出版,都得益于她对婴幼儿的观察。那么怎样观察呢? 这一案例提供了观察的思路和方法。

第二,要善于观察。观察作为一种科学方法,既要有目的性,又要有细节性。有位科学家说过:"知识来源于对周围事件中相似处和重现情况的注意。"这一案例揭示的这种心理现象,在幼托班的孩子中时有发生。人们对习以为常的现象,常常有两种态度:一种是视而不见或熟视无睹;另一种是引起注意,加以研究。要做研究型教师,就需要从无疑处寻找疑问并加以探究。如何探究呢?最好的办法,不仅要有目的地加以选择地注视,而且还要善于把握关键性的细节,例如对电饭煲中塞"饭饭"和在塑料杆的小孔中塞小珠子、小纽扣等现象及神态,要加以详述和细描。这样从细微处着眼,从深描处着手,才能发现这一年龄段孩子有一种无孔不入、无处不塞的特殊的心理满足感。

第三,要勤于思考、勇于实践。观察不是一种被动、消极的注意,而是一种主动、积极的关注和探究。这种关注不仅要去发现某种现象,而且还要去追根求源,寻找原因,揭示本质,并采取有效的教育策略给予引导。

据我们了解,2 岁 6 个月左右的孩子喜欢塞东西,这一年龄特征在全世界的婴幼儿中相当普遍地存在。美国婴幼儿教育家玛丽琳·西格尔博士花了几十年的时间潜心研究儿童心理。她在对 100 多个婴幼儿进行观察研究之后,写了一本《快乐成长列车》,在其中 2—3 岁的成长方案中,她专门写了"两三岁的儿童喜欢用小东西把一个容器填满"。她认为:这是一种好奇和探索。也许受父母在钱罐中塞硬币的启发,他们总是要将各种东西塞到有空隙的洞眼里去,这是一种喜欢和爱好。

幼托班老师要能利用与婴幼儿朝夕相处这一宝贵的时机,重视对他们行为动作和情绪状态的观察研究,去探索和发现孩子们的心理秘密,去引导他们向多元智能和谐发展方向努力!

3. 要做好婴幼儿的情绪调节和分离性焦虑的缓解

有研究讲到 2—3 岁以及更大一些孩子时指出,他们此时此刻出现了一个重大的变化,即能够忍受与依恋对象在一段时间内的分离,逐渐习惯与同龄伙伴及其他成人,如与托儿所保育员、幼儿园老师的相互交往等,2 岁 6 个月至 3 岁之间入托、入园,从婴幼儿的感情承受能力来说,是合适的。

此时,如果再一味让幼儿只生活在爷爷奶奶和爸爸妈妈身边,或事事处处由保姆加以照料,其生活空间只局限于家庭及四邻,就可能会使幼儿在社会交往的广度、深度、多样性、丰富性上受到束缚和限制。所以,及早及时地让他们入托或进幼儿园的幼托班和小班,既符合这个年龄段的心理特点,又有利于促进他们社会性能力的发展和人格形成上的完美。

有人描绘2岁6个月到3岁婴幼儿的心态时写道:"我快要到3岁了,有人说我是婴儿学校的'大学生';也有人说我将是幼儿园的'小学生';还有人说我是游戏研究院的'博士生'。总之,我现在长大啦!"

这一年龄段的孩子向往过合群生活,但又怕过集体生活,怕与许多陌生人接触,怕老师管教,这种矛盾心态,正如有人形容的那样:"他们正如放炮竹,又喜又怕又想玩。"喜的是可以与更多的小朋友生活在一起,那里有许多新鲜的好玩的事。我们在研究中发现,婴幼儿初接触群体生活时十分好奇,其中有这样一些因素在吸引他们。人多,如教师多、小朋友多;玩具多,有积木小汽车,还有各种各样的遥控玩具;活动方式多,有室内活动、户外活动,有集体活动、个别活动,有跳舞、画画、唱歌等;花园里的花草多;周围环境的新鲜事多,如大小便有新的地方,洗手有许许多多的小毛巾等,所以他们内心十分向往。但他们也有许多担忧和恐惧,怕远离父母、怕老师、怕大小便不方便、怕活动不自由……因此,对2岁6个月左右的婴幼儿来说,在他们要进托儿所或提早进幼儿园幼托班和小班之前,年轻父母要多做准备,让宝宝有一个逐步适应的过程。

第一,要让宝宝有一个入园的心理准备。有资料反映,不少家长在送婴幼儿入托入园之前,常常缺乏必要的心理暗示,于是使许多婴幼儿入托入园之初常常会哭闹不止,还有家长竟然恐吓孩子,说:"你在家里爸爸妈妈拿你没办法,现在送你到托儿所(幼儿园),让老师好好地收拾收拾你。"这说明送婴幼儿入托入园本是一件好事,但要做好不容易!

进园是人生之初的一个重大转折,要有一个逐步适应的过程,需要有一个平稳的过渡,否则会导致情绪伤害和行为反抗,以至造成恐托症、恐园症,对他们的心理和未来健康发展十分不利。

为此,需要做三方面的工作:(1)了解幼儿的心态。在幼儿2—3岁时,就问他们想不想去托儿所和幼儿园。他们回答:"不想去!""为什么不想去?""怕!"可以问问他们怕什么。他们对这样的问题,既不会说,也说不清楚。但大人可以从中获得一些信息,做到心中有数,避免草率行事。(2)引导幼儿逐步接近幼儿园(托儿所),培养亲近感。第一步是在带幼儿进行户外活动时,尽可能多地去接近幼儿园与托儿所。让幼儿在幼儿园的门口看到里面的大哥哥大姐姐是如何欢乐游戏的,这时他也会跟着手舞足蹈起来,似乎也想加入他们的行列。第二步,让幼儿的父母常常带孩子到附近的幼儿园去参加园部新组织的亲子活动,使幼儿在亲子活动中逐步地熟悉老师和环境。我们发现有幼儿首次参加亲子活动时,十分胆怯和害羞,对众多的陌生人连看都不敢看。后来,他看到游戏活动室里有变大变小的哈哈镜,有多种多样的积木,有跳跳蹦蹦的玩球活动,加上父母在身边,陌生感就逐渐消失了。每次亲子活动之后,问他:"幼儿园好玩吗?"他总是说:"好玩!""想去幼儿园吗?""想去!"(3)鼓励幼儿参与幼儿园的亲子活动,感受一下群体生活的乐趣,使幼儿获得一种心理上的依托感和温暖感,使他原来的害怕逐渐被喜欢取代。

第二,让幼儿有一个能力上的准备。让2岁6个月左右的孩子进托儿所或幼儿园幼托班,不可想送就送,而要分析幼儿自身的适应能力,在自理能力训练上早作准备。其中有一个较为突出的困难是大小便的自控能力和表达。如果孩子在这方面的能力较差,或发展过于迟缓的话,可以适当推迟去过集体生活。幼儿的父母要根据自己孩子的特点,在家给予更多的个别照顾,以免过早过集体生活而给自家孩子的生活带来诸多不便,还有可能在心理上带来种种负面影响。所以,我们建议像这样的孩子还是推迟或延缓入园为好,不可"一刀切",凑热闹。这不是消极措施,这是因人而异。对这样的孩子,在家中要积极培养,抓紧训练,但不可过于急躁。

有书中写道:"对婴幼儿的排泄指导和训练最重要的一点是不要性急。"有的孩子会晚于一般标准能力发展数月,这种发展上的差异是常见的。父母在幼儿大小便的自控能力训练上,关键要了解幼儿是否有排泄的心理需要,如果他不主动的话,你的责怪或强制只会使婴幼儿对厕所、便盆和排泄行为产生恐惧感。如果长此以往,就会给良好的大小便习惯的养成带来更多的困难和麻烦。有专家还认为:神经质的婴幼儿在大小便上过于勉强,会造成便尿恐惧感,它将给孩子成长留下尿床等多种后遗症。因此,当婴幼儿练习大小便失败时,千万不要加以指责,而且,在幼儿多次训练中,一有成功,就要加以表扬、肯定、鼓励和赞美,这是心理学式的指导法。我们在尝试采用这一方法时,感到效果确实很好。

我们还发现幼儿在表达大小便时所用的语言和肢体形态。他会用"尿尿""吾吾"加上用手指自己的肚子,表示肚子胀。我们认为,这一切要求父母和其他抚育者给予倾听、关注和及时呼应为好!

第三,适应性的良好行为习惯也要及早培养。有研究表明,2岁幼儿是一个非常喜欢守规矩的年龄,蒙台梭利把它称为秩序感形成的敏感期。尤其是从2岁6个月到4岁,这种倾向更为明显。他们有自己从早到晚的种种小规矩,如心爱的玩具,要安放在固定的地方,如果父母随便挪动,没有将它放在他指定的地方时,他就会不高兴,发脾气,有时还会为此而哭闹。此时父母就要学会尊重他的规矩和秩序。这对婴幼儿养成良好的行为习惯是十分有利的,包括进餐、洗手、按时睡眠,等等。

第四,配合入所入园,做好一系列的物质准备。(1)物质上,包括幼儿午睡用的毛毯、被褥,万一裤子尿湿后的更换衣裤,还有小毛巾、小牙刷等。(2)随身带的小玩具。这不仅可以使幼儿手中有东西好玩,而且从家里带去的玩具有安慰物的功能,既能减轻幼儿入园初的焦虑感,还可以缓解他的分离感,分散些痛苦。为了防止玩具的遗失,还要给它贴上幼儿的名字、班级,并放进玩具包里,以免弄错和遗失。(3)有些细节问题也要注意。如果是保姆代接送的话,那要向托儿所和幼儿园的老师做一介绍,以便由保姆来接孩子时,大家放心。

总之,在婴幼儿的抚育上,在提早入园的准备工作上,要体现无微不至和细而又细,只有这样,才能让幼儿度过这一重大的转折期。

婴幼儿入托与入园,不仅要做好一系列的心理准备、能力准备和物质准备,而且要关注他们入园初期的焦虑情绪。

焦虑心理人人都有,婴幼儿的分离性焦虑源于和父母分离后带来的担心和不安,如果父母和幼儿园老师在这方面的关怀度和体贴度增强,那么他们的焦虑度也会随之而减弱和淡化。在一般情况下,婴幼儿的分离性焦虑常常与他们的年龄大小有一定的关系,孩子年龄愈小,对父母的依恋度也会愈大,在分离时的焦虑度也愈高。

儿童心理学研究认为,婴幼儿原来生活在关怀备至、体贴入微、十分温馨的家庭环境中,他们与自己的父母已经形成了一个特别亲昵的依恋情感。现在,突然要让孩子从熟悉的家庭环境来到陌生的幼儿园(托儿所),他见到的是陌生的人与陌生的环境,由此要打破他原有的生活习惯和改变其心理定势和动力定型。因此,他本能地感到害怕和不安,他们要用尽一切办法来争取分离的亲人能留在自己的身边,这是他对父母依恋的表现,同时也是正常心理的正常反应。

要缓解婴幼儿的焦虑情绪,父母一方面要想尽办法,让孩子由原来对父母的依恋转向对老师的依恋,另一方面也要告诉孩子,爸爸妈妈这次的离开是暂时的,因为父母都有工作,需要离开一段时间,现在由老师来照顾他;能与小朋友一起玩,也是很好的,过一段时间,爸爸妈妈就会来带他回家的。婴幼儿心理学研究认为,2 岁后的孩子在一般情况下,能理解父母的情感、需要和愿望。他们也能调节自己的情绪和行为表现,将依恋和关注的对象由父母转向老师和小伙伴,在与他们同玩乐的过程中,获得焦虑的自我缓解,这既有必要,又有可能。

第四节　早期多元智能的萌发与自信感的培养

我在开展婴幼儿情感早期发展和培育研究过程中,重视与幼儿园教师的合作研究,他们处于教育第一线,与幼儿朝夕相处,一起生活、游戏,能直接观察到孩子们的行为变化和心理发展。我与他们分别选择一个幼儿,进行较为系统的个案跟踪研究。个案研究是研究个体的一种最直接、最简单的心理研究方法,它可以对一个人的心理发展过程进行微观的精细研究,这研究的切口较小,获得的资料较真实,教师的经验较实在,操作又较方便,具有较强的可行性和生态性。

下面我选取两个案例,其中观察和资料的收集以第一线的教师为主,整理和撰写以我为主。

案例一:早期多元智能的萌发
——一个 2 岁 6 个月孩子的跟踪观察研究[①]

加德纳有关人际智能、自我认知智能等多元智能理论的提出,给我们研究婴幼儿的情感发展带来了新的视角,也打开了新的窗户。本案例的观察对象是一位聪明好学,对学习入迷的幼儿,但在人际交往上又十分胆小,在合群方面有些问题。为此,我们对他进行了跟踪观察研究。

---

①　合作者黄建春,上海市浦东新区博山幼儿园高级教师。

观察记录之一：报名

仁仁刚满2岁6个月，在妈妈和亲戚的陪同下前来报名，有些紧张。他见到活动室有大型钻洞玩具——"毛毛虫"，见到许多小朋友兴高采烈地从"毛毛虫"的洞口钻进去、钻出来，似乎被吸引住了。他在旁边看了又看，似乎想玩又不敢玩。在我们的鼓励下，他蹲下身子，一只脚刚想进去，见里面比较暗，又比较深，就赶紧退了回来。在我们的不断鼓励下，他终于鼓起了勇气，但钻到洞的五分之一处后，又退了回来，而且脸部出现了欲哭的样子，接着就哭了起来，叫喊着"妈妈我怕"。

在走小山坡时，他也不敢走，他见到爬梯时，想爬，但又不敢爬，只是看看。

我们带他做其他动作游戏时，发现其小手的精细动作能力较差。如用小勺将绿豆从一只碗舀到另一只碗时，他不会用勺，而用手代替。在吃糖果时，他选了齐云山枣糖，可不会剥，在我们的鼓励下他自己动手剥，但未成功。我们说："要不要老师来帮忙？"他点点头。

我们的思考：

仁仁胆小，除因对周围环境有陌生感外，从多元智能的角度来看，胆小的孩子，至少对自己的能力认识不足，或认识偏低或认识过低。个体对自己的感受的审视与认知，就是加德纳所说的内省智能，又称"自我感"。如何帮助仁仁提高对自己能力的认知水平，增强其自我感，即重视内省智能的培养，应是教育研究的重点。

同时，多元智能理论十分重视个体的身体运动智能的发展。加德纳认为，个体不同的行为以微妙的方式结合起来，去进行思维运算。幼儿的握勺与抓物，总是先把够物与视物这两个动作结合起来进行。这中间存在着行为动作的复杂化和精细化的过程，这里既有发展的差异性，又有教育的功能发挥等问题。按《上海0—3岁婴幼儿教养方案》的要求，婴儿用小勺进食动作的训练，从13—18个月就可开始。仁仁2岁6个月了，在用小勺等方面的动作不熟练，反映了他某些动作智能的发展还存在滞后性，这需要我在带班中加以注意。

观察记录之二："他是一个不说话的人"

仁仁来园的第一个月，除了有一个星期因亲戚离开他哭了几天之外，大部分时间是在一个人独处一方，一声不响的玩耍中度过的。平时活动也是自行其是。一天上午，我们带小朋友去戏水池看中班的哥哥姐姐抓鱼，好多小朋友开心地与哥哥姐姐呼应着:"呶,这里有鱼。""又抓到一条了。"可不一会儿,我们发觉在身边的仁仁不见了,急忙四处寻找,结果在小操场的运动器具处找到他,他正独自在一间小屋内自娱自乐地玩着。

这一阶段,我们总是千方百计地去亲近他,并与他讲悄悄话,可他采取的态度是不理不睬、不声不响,总以沉默来对付你。有时,我们组织孩子们做游戏,其他小朋友能积极响应,而仁仁却从不响应,总是一个人坐在教室的一角,不知道他在想些什么。有小朋友称他是"一个不说话的人"。如何让他开口说话?又如何让他融入孩子们的群体之中呢?这正是摆在我们面前急待研究的问题。

我们的思考:

加德纳在《智能的结构》一书中讲述2—3岁的婴幼儿时提及皮亚杰的研究成果,认为这正是处于"自我中心主义的阶段,儿童在这一时期仍锁在自己个人的世界的概念中,他尚不能完全把自己置于别人的地位上"。他们是一个单维度的人,是一个孤立的个体,"是一个内在的社会人"。为此,我想,仁仁刚来幼儿园还不到一个月,是否要急于让他开心?是否马上要他融入群体之中?他是否要马上对老师进行积极的回应?我是否过于急躁?从他家人那儿我了解到,他在家里话并不少。所以,我改变主意,不再急于去改变他的性格特点,而是更仔细地进行观察,以便进一步了解。

观察记录之三:"哭没有意思"

仁仁来园四个星期了,起初两个星期有亲戚陪伴,分离性焦虑主要表现为情绪不安,或一个人独自静坐在小椅子上。他总是在能看到亲戚的视觉范围内,观察着那些哭闹的孩子,有时还以同情的心态,用餐巾纸给哭闹的小朋友擦擦眼泪和鼻涕。

两个星期后,亲戚不再陪同,他的分离性焦虑表现得十分明显,在亲戚送他来园之后,他总是紧紧地搂抱着亲戚,不愿走进教室。见亲戚硬性离开时,他哭叫得十分厉害。他边哭边闹地叫喊着:"我要回家。""我要妈妈。"……我们抱着他,可他还是哭个不停。在不得已的情况下,其他老师将他抱到园长室,以免影响其他小朋友的情绪。他却从老师的手中挣扎下来,独自走到自己的教室,表示不愿在园长室久留。

在这一阶段,仁仁总是哭哭停停、停停哭哭,这样持续了大约一周。到第四周,他表现为不哭不闹、不声不响,总是一个人闷坐于教室的一个角落里。有一天,我对仁仁说:"今天你再也不要哭了。"他回答我说:"哭没有意思。"据他家人反映,这一阶段,他回家讲得最多的两句话是:"哭没有意思。""哭没有用。"他用这话一直在进行着自我安慰,以此来排解自己内心的不安和焦虑。

我们的思考:

1. 仁仁用语言来进行自我安慰,这说明30个月左右的孩子,不仅能忍受与过去的依恋对象在一段时间内的分离,而且他们的自我意识和自我情绪调控能力也在增强。其中,有些孩子还能用语言自我安慰等方式来宣泄自己的不安情绪或缓解焦虑的心情。仁仁在这方面有较强的情绪自我调控能力,我就对此加以表扬和鼓励,以更多的亲吻、拥抱、多分糖果和语言表扬等方式来肯定、巩固他的自我安慰能力。同时,这又为他融入群体提供了条件。加德纳在《智能的结构》一书中也提出,婴幼儿的人格智能的形成,"如果没有群体来提供相关的参照,那么个体(像野孩子一样)便不可能发现他是'人'这样一个事实"。这一实例很能说明这一点。

2. 加德纳说2—5岁的婴幼儿正在经历着一场"理性革命",他们能用符号称呼自己,称呼别人及谈论自己的经验。仁仁这次在自我缓解焦虑中所说的"哭没有意思""哭没有用",正是他自我经验的一种表达,显示他能运用语言符号来调控和发展自己的人格智能,我们应对此特别重视。

3. 多元智能理论似乎不强调性格的外在表现特点,而更多地关注其"自我感"及自我调控能力的发展。过去,我们对内向型婴幼儿的负面因素看得较多。通过这一观察研究,我看到"不说话的人"的内心在说话,而且,一旦他说出话来,其水平也许会超过他人。这要求我们对内向型婴幼儿的"自我感"的研究还要更深入和更仔细。

观察记录之四:拼板

十月上旬这几天,仁仁对拼板活动发生了浓厚的兴趣。他一早到幼儿园来,就与薇薇几个小朋友一起拼板。拼了几块后,还招呼我跟他一起拼,并指着拼板对我说:"这里是圆的(指底板上的空缺处),这里也是圆的;这里是尖的,这里也是尖的。你放下去,要转一转。正好,这样就拼好了。"我认真地听他讲解,并对他的指挥报以积极呼应:"噢!原来是这样拼的,我明白了。"我边说边按照仁仁指点的方法去拼,一会儿就拼好了!仁仁也高兴地拍着小手说:"对了,对了。"

我们的思考：

1. 拼板和拼图等游戏是发展空间智能和动作智能的好工具和好途径，它可以让孩子们从识别图形着手，去发展视觉和运动觉的协调能力，还可以发展他们的小肌肉群和精细动作等能力。

2. 婴幼儿的游戏有时需要成人参与，他们有时非常喜欢指挥大人，大人的配合可以增加他们的兴趣，加强他们对自我感和成就感的体验。

体会与反思

这一组观察记录只是我们进行个案观察研究的第一步，虽有许多不足之处，但也让我们有不少感受和体会。

1. 带好幼托班，要把观察研究放在首位。维果茨基强调："3岁前儿童教育的特点是这一年龄段儿童按照他们自己的大纲进行学习的。"教师要做到按幼儿的"大纲"来组织活动，就需要仔细观察和悉心研究，了解幼儿身心发展的特点。例如，在入园初的观察中，我们发现有小朋友能在自我安慰和互相安慰中缓解分离焦虑。于是，我们对他们加以表扬与鼓励，使更多的孩子能在自我安慰中消解焦虑——这得益于观察研究。

2. 积极倾听婴幼儿。《联合国儿童权利公约训练手册》中讲道："孩子是上帝派下来教育父母的人。"我想，这话包含的另一层意思是，孩子也是上帝派下来教育老师的人。观察记录之五的那个情景使我感到，教师在培育孩子的过程中，要学会倾听和尊重他们。情感心理学要求教师能在积极倾听中给予婴幼儿心理上的满足，可以增强他们的温暖感、信任感和亲切感，使他们在日后的人际交往中，也学会倾听和尊重别人，这可以增强善解人意和与人友好相处的能力。这本身就是一种人格智能的培养。

3. 对婴幼儿的观察研究，通过表面深入本质。我们对仁仁进行了两个月的观察研究。第一个月，由于他对周围环境还处于陌生与不适应阶段，所以处处显得胆小、沉默，他的动手能力也较差。同时由于性格内向，其能力易被低估。通过这次个案研究，我感到，多元智能理论强调的不是行为的外显，而是多元智能的内在结构。随着观察研究的深入，我们发现仁仁的运动智能和人格智能中的自我感及交往能力在进入幼托班的第二个月得到了较快的发展。例如，他在积木、拼图等活动中的活跃表现，往往出乎教师的意料。我们想，随着今后更仔细的观察，对幼儿多元智能的潜能会有更多的发现。

案例二：幼儿自信感的形成和教师的激励作用
——带班老师的个案研究[①]

拥有自信是一个人迈向成功的第一步，是面对困境、勇闯难关的一把金钥匙。我们要让幼儿在成功的体验中增强自信，得到发展！

美国心理学家埃里克森在研究人生发展的过程中，提出幼儿期是人主动发展和自主自信形成的重要时期。

自信是指个体对自身行为能力与价值的认识和充分评价的一种体验。自信影响到人的整个个性、社会性的健全发展，它对幼儿的心理健康和认知能力的发展具有十分重要的意义。同时，它能促进幼儿积极主动参与活动、大胆探索、勇于思考，使他们乐于与人交往。自信能使人在获得更多知识和技能的同时，逐渐发展其乐观、勇敢、独立等良好的性格品质。

可惜，我们过去在幼儿园教育中很少对幼儿自信感的培养进行研究，常常偏重于智力和技能训练，重视显性智慧的培养，而忽视对幼儿情绪、情感和性格形成的研究和培养。因此，不少幼儿虽然钢琴、绘画、书法等显性技能发展得很好，但在人格发展上存在许多缺陷，比如胆小、懦弱、优柔寡断、缺乏自信、害怕困难、对人冷漠、难以适应社会等。对这些问题如不加以关注和重视，就会影响他们的终身发展。因此，我们将幼儿自信心的培养列为本个案研究的重点。

根据个案研究的要求，我们选择晓杰为研究对象，理由是他在情感和性格方面，既有突出的优点，又有明显的不足，我们对他的研究兴趣较大。其次是晓杰的家庭成员对此个案跟踪研究很配合。过去的个案研究主要针对问题幼儿和智力超常者，在情感智慧和自信人格形成等方面较少涉及。因此，我们选择这一个案研究，试图探索幼儿情感智慧的培养，为改革幼儿教育和提升研究水平带来更多的启示。

晓杰父母对幼儿园的教养有这样几方面的要求：（1）增加儿童开放性的接触面，营造多元化的语言环境；（2）重视情感和文明行为培养，激发儿童对多种文化的学习兴趣；（3）希望教师要有爱心、责任心和良好的个性，还要关注幼

[①] 合作者徐丽珍，上海市浦东新区东方幼儿园高级教师。

儿童心、童真、童趣等品质的保护。

我们对晓杰情感、性格等特点和问题的总体印象及初步分析是：这个孩子心理健康，性格开朗，见到老师与小朋友总是笑嘻嘻的。由于家庭有良好的教育氛围，他有不少单纯和善良的品质，表现为与小伙伴相处特别友好、宽容、和善，因此，人缘很好，许多小朋友都特别喜欢和他一起玩。由于他生理上的原因，有过开刀、住院的经历，因而受到家人更多的关爱，他在情感的感受和体验上，比一般幼儿更丰富、更深切、更敏感。疼痛在他脑海中留下了阴影。了解到这些情况，既为我们开展研究提供了有利信息，也增加了研究难度，我们对他需要更深入、细致、有的放矢地给予特别照顾。

他的问题是：怕困难，对有些活动采取消极态度，如练钢琴十分勉强，常以泪洗面；上课很少主动举手发言，怕讲错；当老师向他提出要求时有畏难情绪，并浑身不自在等。

教师的态度是：非常喜欢他，能正视其缺点。力求将情感教育和性格培养结合起来，使这棵生机勃勃的小树苗能够身心健康、快乐、和谐地茁壮成长，这也是我们的职责。

研究目标：鼓励晓杰多与小伙伴相处，并将他善良、合作、宽容、友好等良好品质进一步发扬和提升。当面对困难时，引导他不要害怕，要勇敢，尝试在老师和同伴的帮助下，逐步学会克服困难。引导他参加集体活动，尝试主动地参与，大胆地在同伴面前表达自己的想法，与小伙伴一起去体验活动的快乐。

教育策略：(1) 加强观察，及时发现问题，及时进行分析研究，及时寻找教育对策；(2) 利用一切机会，引导他积极参与活动；(3) 提供各种机会，让他在同伴面前发挥自身特点，来增强他的自信心；(4) 通过多种途径，让他能面对困难，学习怎么去克服困难；(5) 将增强他的自信心作为本个案研究的主要目标和中心主题，积极鼓励他的点滴进步；(6) 密切与家长配合；(7) 将热爱孩子、理解孩子、尊重孩子作为教育孩子的前提基础和整个个案研究的根本宗旨。

下面是两个个案及其分析。

个案一：哭了两回和童话效应

小班下学期开学之初，晓杰病愈后来园，大家为之欣喜。他一回来，就感受到小朋友纯真的友爱和老师的关切,所以白天过得很开心。可是一到晚上,晓杰就会想妈妈,要回家,他生怕被同伴看见,躲在一边暗自流泪。一直在边上观察的我及时发现了他的情绪波动,在安慰的同时,又引导其他小朋友主动与他一起玩耍,以分散他的思家之情。我想他需要的是关注、关怀和关爱,我对他要给予更多的热情,更细致的爱护和体贴,因为我希望不仅做他的老师,更希望做他的老师妈妈。

有一天,在一场游泳活动中,晓杰哭了两回。第一回是他的衣服脱不下来,硬拽,脸憋得通红,当听到伙伴们说"你怎么还没脱好衣服,动作真慢"时,他急哭了。此时,我主动走近他的身旁,把他抱在怀中,一边帮他擦干眼泪,一边帮他脱下衣服,并紧握着他的手,安抚他紧张的情绪。第二回,他见到其他小朋友一个个在泳池中"如鱼得水",游得那么自由自在,而他却什么都不会,心里又急又担心,就又哭了。我陪他慢慢走到游泳池的中间,让他与其他小朋友一起熟悉水性,一次次鼓励他别害怕。我还当着他的面,请教练多关心、多辅导。他看到我坚信的目光和微笑的神态,听到我如此安慰的话语,也消除了紧张和害怕,不仅能在大水池中来回走动了,还开始练习屏气,他的动作和神态也放松了许多。

晓杰的两次哭泣,反映了他既好胜又好强,还胆小的矛盾性格。他性格中有敏感的一面,能发现自己的不足,能找到与同伴的差距,但对如何去克服自己的不足,如何去缩短与同伴的差距,则有些茫然,也有些信心不足。此时此刻便需要教师给予关心、鼓励和支持,在思想上给予他更多引导的同时,还需要引导同伴给予他理解和宽容。

我利用孩子们午睡前的时间,坐在晓杰的床边,将他的现状编成了一个《长大的小咪咪》的故事,讲给小朋友们听。孩子们沉浸在故事中,为小咪咪生病而难过,为小咪咪重获健康而快乐,更为小咪咪忘了如何去抓老鼠而担心。我问他们:该怎么办呢?孩子们纷纷表示自己愿意帮助小咪咪。大家为小咪咪重新变成勇敢能干的抓鼠将军出着点子,这时晓杰也大声说:"只要天天练,小咪咪一定会抓到老鼠的。"我说:"对呀!生病不可怕,本领还没学会没有关系,不懂我们可以学,要相信自己一定能行。后来小咪咪果然在小伙伴的帮助下,坚持天天练习,终于成了一只神气十足,能抓老鼠的大将军了。"

我接着问:"你们觉得这是一只怎么样的小咪咪呢?"晓杰说:"小咪咪很好,

我很喜欢。""我们班里也有个小咪咪,你们猜他是谁呀?"小朋友们东看西找,最后都纷纷看着晓杰,都指着他说:"晓杰,你就是小咪咪呀。""晓杰,我们也会帮助你,让你做小咪咪抓鼠大王!"这时候晓杰笑着说:"啊,我变成猫咪啦!"此时,全班小朋友都笑了!

童话是幼儿喜欢的一种文艺形式,孩子们容易从童话中找到自己的榜样,获得激励和鼓舞,它的教育效果,远远胜过我们平时抽象枯燥的说教。我在用童话进行教育中,深深地被孩子们的童心、童真和童趣感动,更被他们天真无邪、纯真善良的友情感染,孩子们是那么可亲、真挚。这自编的童话竟然有如此大的感染力,能引发孩子们的集体共鸣,相信它能产生更大的教育效应。

个案二:练钢琴和练毅力

晓杰在班内活动中有不少优势,别看他年纪小,却对他感兴趣的电脑游戏颇有心得,甚至能将自己研究出来的游戏玩法教给其他小朋友,与同伴们分享游戏的快乐。但在有些方面,他的不足之处也十分明显。如在练钢琴时,畏难情绪非常突出。有一次,我见他走进教室时神情颇不自然,小脸红红的,眉心也皱得紧紧的,我就问他:"晓杰,你怎么啦?"他说:"没有什么。""你想和徐老师说说心里话吗?让我猜猜,是不是被练琴的老师批评了,心里不开心?""是的,我练不好,我也没有办法。"他非常无奈地低下头。"你那么聪明,这点困难算什么,放心,只要你努力,一定能行的。有什么困难,老师帮助你,别急。现在去找个好朋友玩玩吧,放松一下!"他轻声说:"好的。"虽然晓杰的脸由阴转晴,但焦虑仍在心头,还未消退。

练钢琴是晓杰的父母为他报的名,可事实上晓杰对此并没有兴趣。这只是父母为了让他从小能接受艺术的熏陶,并能培养其专注力而采取的一种措施。我想如果兴趣变成了压力,变成了痛苦,变成了包袱,又从何谈起乐趣和兴趣呢?我得帮帮他,既要使他克服畏难情绪,又要逐步提高他练好琴的信心。我思考着该采取哪些策略。第一步,积极与教琴的老师交流,了解晓杰的练琴情况,以掌握第一手资料。同时将晓杰练琴面临的困惑反馈给老师,发挥沟通、协调的作用,以求得教育上的合作。

第二步,与家长沟通,就以科学指导孩子练琴的方法达成共识。我多次与晓杰妈妈通电话,从中了解到晓杰在家的练琴情况。他妈妈说:"晓杰在家什么都好,就是不愿练琴。我不催他,他就不练,我一催他,他就哭,好像我们欠他似的。我有时真想揍他,但想到他身体刚恢复,又舍不得,真没办法。"

我想,练琴本身是一件好事,现在反倒成为他们全家的烦心事了。我知道,我要帮助晓杰,还要帮助他的妈妈。我向他妈妈分析了幼儿的生理和心理特点,如:幼儿的小肌肉正在发育,精细动作的发展还不完全成熟,注意力不能长时间集中。而且,在练琴中不能过于急躁,要分步骤练琴,要先会唱谱,再练琴,以降低难度。练琴时间不宜过长,可采用分段式的练琴方法。同时要重视练琴兴趣的培养,多激励、多启发、多认可,使其获得成功感,才能增强孩子的自信心,使其感受到练琴的快乐。这些建议得到了他妈妈的认可。

第三步,我利用平时的空余时间,在游戏中帮他识谱,感受音乐节奏,分析乐曲表达的含义。还在平时活动中增强他的节奏感、乐感,提高他的听力水平,使他在玩中学习,玩中受益。通过上述练习和努力,晓杰练琴的兴趣有了显著的提高,他妈妈也说:"徐老师,你的方法真不错,晓杰现在自己要练琴了,练琴时也比以前认真了,还常把曲子里的故事讲给我听,真是太谢谢你了。""徐老师,晓杰的手型、手势以及节奏感都比以前进步了,完成作业的质量明显提高。弹琴时也自信多了,有感觉了。"晓杰自己也自豪地对我说:"徐老师,现在我练琴再也不害怕了,您和妈妈都表扬我,说我进步多了,我也觉得我弹得好听了。您想听听我新练的曲子吗?"

从此,晓杰那自信的神采、悠扬的琴声,在我们身边飞扬!

培养幼儿的自信感,首先要了解幼儿面临的困难,要帮助他正视困难,这才是协助他解决困难的关键性一步。为此,要在理解的基础上,采取具体而又可行的措施来解决他的难题。如晓杰跳舞时神情紧张,动作僵硬,于是,我先请一位跳得好的小朋友与他合作,并在集体练习时,将他从后排调到前排来,以便随时指导和纠正他的舞蹈动作。在自由活动时还给他"开小灶",进行个别辅导。在同伴的帮助及老师的关心下,他很快便从神情紧张、动作僵硬中解放了出来,整个舞姿明显地自然了,动作也显得协调了,得到伙伴们的赞扬。

在日常语言教学活动中,外向型的幼儿表现欲较强,所以表达机会较多,语言发展一般较快,而内向型的幼儿由于他们一般比较胆小,常常害怕出错,不敢说,不愿说,语言发展通常较慢。晓杰的性格类型偏于后者。在一次寻常的故事比赛中,孩子们个个想一展身手,晓杰却说:"我不会,我忘了。"再追问他,他便回答:"我不行,我想不起来了。"人也一直往后缩。"你没试,怎么知道不行?

你是男子汉,别害怕,有我在,我们一起试试,好吗?"他被老师的耐心鼓励感动,于是,坐着边听小伙伴讲故事,边跟着讲了起来。此事提醒我:对内向型幼儿的自信感培养,一定要耐心,要学会等待,让他一步一个脚印地逐步发展起来。

此外,还要为他们创造更多的条件,给他们提供发展潜能的机会,以此来提高其自信感。我在与晓杰聊天中得知他有一本英语识字拼图书,我就利用这一识字拼图书,让它变为培养其自信感的教具。我事先让他在家里请爸爸妈妈给他介绍拼图中的有关内容,让他有些准备,做到"胸有成竹"。然后提供机会,让他在全班小朋友面前当小老师,给大家介绍这本书的内容。起初他有点紧张,说话都有些结巴。我对他说:"不要怕,胆子大些,慢慢地说。"当他说到"这是一本外语书"时,有小朋友问他:"什么叫外语书?"他说:"就是平时徐老师教的,这是苹果apple,这是橘子orange,这是数字one、two、three……"他边翻拼图书,边用手指指着画面进行解释,还让小朋友跟他念单词。他越说越顺,越说越兴奋,当听到小朋友的掌声时,他笑了。这是从成功中获得喜悦、信任及自信的体验。

培养自信感一定要给幼儿创造锻炼的机会,难度不可太大,要从幼儿的角度来考虑适度的问题,要创造获得成功的条件和获得成功感受的机会,同时也要做好必要的准备,要耐心等待,让幼儿在锻炼与努力中,战胜困难,在成功中增强自信。

2—4岁正是幼儿自信感形成的时期。在影响幼儿自信感形成的因素中,成功体验的作用特别大。而我在个案研究中对此感受也最深。上述案例中的小朋友晓杰,起初由于生病等原因,特别胆怯和懦弱。而来园之后,我给予他多次机会,让他体验成功,如在电脑操作、绘画、溜冰、游泳、语言表达以及练琴等方面一次又一次地给他锻炼机会。一次次成功的感受和体验累积起来就提升为一种自信感,这样他就会有信心再去尝试、探索,再去勇敢地面对并战胜困难。这种自信感又成为他积极参与活动的动力,这两方面的互相促进,会成为他未来自主发展的一种力量源泉和战胜人生旅途中各种困难的精神动力。这不正是对幼儿进行素质教育所期望的核心品质和追求的教育目标吗?这将使幼儿一生受益。

教师的评价和激励是幼儿自信感形成的重要条件和坚强后盾。有研究表明,幼儿时期的自我意识正处于萌芽阶段,其重要特征是依赖成人的评价。这是由于他们的自我评价尚处于初步发展时期,具有很强的他律性,幼儿往往是以别人的评价为依据来评价自己,尤其是他信赖的亲人和老师。因此,对幼儿的积极评价和激发鼓励显得极为重要。在这一个案研究中,晓杰成长和进步的一个重要因素在于老师对他的爱护、信任、关切和鼓励。在他的成长中,老师的积极评价使他充满自信,敢于直面困难,勇于尝试,因为他知道背后有老师的支持。随着一次次的成功体验,他的自我评价水平不断提高,这使他坚信自己的能力和水平是可以战胜困难的,于是,胆小、怯懦变为坚强和勇敢。这正是我在这一个案研究中的一大收获,它让我与孩子共同成长。

第五节 给幼儿一双发现美的眼睛

培养优美的情感、健全的人格,需要从加强审美教育着手。北京大学在关注人的生活、道德、情感、理智和谐发展过程中,开设了人文通识教育课,其目的是将"心智与情感体验的人文学所怀有的热情"与学生进行交流。为此目标,他们选译了美国艺术教育心理学家理查德·加纳罗等撰写的《艺术:让人成为人》一书。该书的主题是让学生获得更大的信心去寻找自我,学会用审美的心态去面对人生。"一个人的一生,应当是一首诗、一支美好的歌、一段出色的舞蹈、一幅令人惊叹的画、一部美妙的戏剧……达此宗旨就要发现和培养仁爱之心。""让知识淡去,让我们学会爱,爱自己,爱他人,爱社会,爱一草一木。"[1]

艺术人生需要从小进行审美教育。法国艺术家罗丹提出:"美是到处都有的。对于我们的眼睛,不是缺少美,而是缺少发现。"[2]如何从娃娃抓起,让他们有一双发现美的眼睛呢?儿童教育家陈鹤琴认为,观察是开启幼儿智慧的一把钥匙,同时,他还认为爱美是幼儿的天性,所以他提出,幼儿欣赏美的能力的培养,可从审美性观察着手。[3]如何从观察着手,让幼儿有一双发现美的眼睛呢?我在前几年与上海市浦东新区金童幼儿园徐玉杰老师一起开展了这方面的合

---

[1] (美)理查德·加纳罗,特尔玛·阿特休勒.艺术:让人成为人(第7版)[M].舒予,译.北京:北京大学出版社,2007:9,594.
[2] 李振澜,熊光,主编.中外名言大辞典[M].成都:四川辞书出版社,1991:886.
[3] 陈鹤琴.陈鹤琴全集(第二卷)[M].南京:江苏教育出版社,1989:440.

作研究,从以下四方面进行了探索。

一、审美性观察指导是提高幼儿心理素质的有效策略

审美性观察指导是指在幼儿对自然、社会和艺术作品等产生审美感知的过程中进行有效的观察指导。普通心理学认为,一般性观察是指受思维影响的观察活动,人们称之为"思维的知觉"。而审美心理学发现,有另一种受情感影响的观察活动,被称为"情感的知觉",又称为"审美性观察"。这种审美性观察是指情感参与的观察,是一种带有移情性、愉悦性、选择性等情感色彩的审美知觉活动。这一年龄阶段的幼儿在认知活动方面具有特别强烈的情绪性和异乎寻常的情境性,他们常常将自己的童心、童真、童趣和好奇、好问、好探究的心理带入观察活动中,这是幼儿审美的特点,对此,我们需要加以爱护和引导。然而,在幼儿心理素质培养的过程中,存在"三重三轻"的问题:重智育,轻美育;在观察指导中,重科学性培养,轻审美性培养;在传统的艺术教育中,重艺术技能与知识传授,轻审美情趣和艺术欣赏的陶冶。这似乎成为顽症,长期以来得不到应有的重视和根治。

审美教育,可以为幼儿健康人格的形成奠定基础。幼儿的审美性观察力的培养,可以使幼儿大脑两半球的功能得到和谐协调发展,可以使幼儿的知觉过程更有整体性、直觉性、生动性和丰富性,还可以使幼儿的认知更具有形象性、想象性、情绪感染性和弥散性等心理特征。从小进行审美性的观察训练,是一种新颖的"心灵体操",它有助于幼儿心灵美的培养。

艺术智慧的发展不同于一般智慧的发展,它并不一定随年龄的增长而同步发展。如果在幼儿时期缺乏恰当的审美教育,那么幼儿早期的艺术潜能就会随着儿童逻辑思维的发展和认知世界方式与学习任务的改变而削弱、萎缩、消退以至消失。儿童审美心理学研究表明,2岁以后,特别是3岁左右的儿童是审美欣赏发生的敏感期。幼儿期是进行审美性观察能力培养极为重要的阶段,也是幼儿拥有审美的眼睛的关键期。

二、敏锐的审美感知能力培养是培养幼儿审美眼睛的有效方法

幼儿的审美心理结构主要包括敏锐的感知能力、丰富的想象力、对事物的理解力等方面的内容。其中,审美感知能力对学前儿童来说是审美心理结构中

最基本、最重要的组成部分，因此幼儿审美能力的培养首先要从敏锐的审美感知能力培养开始。这要求我们在日常的教育活动中，有目的地引导幼儿通过观察去感受自然万物中的生命形象，去了解自然万物的运动和变化。幼儿生活在自然中，能从四季的变换中感受到生命的有序结构和行星的旋转轨迹等。我们要善于利用这一心理机制，增强幼儿审美感受的敏感性，引导幼儿亲身感受现实世界的运动状态和富有节奏感、和谐感的美感特征，使他们从小具有较为敏锐的感知能力。在日常生活中，我们不仅要引导幼儿以敏锐的眼睛去发现大自然的变化和美景，而且要引导他们关注父母、老师、小伙伴的各种亲切的行为表现，去感受其乐融融的温暖生活，从中得到美的感受、乐的愉悦、爱的体验。在幼儿园的学习生活中，要充分发挥幼儿教育的审美培养功能，让幼儿的智慧和情趣在观察周围事物中得到启迪，为他们心灵美的成长提供源泉和活水。

三、审美性观察指导是提高幼儿审美能力的有效手段

幼儿认识世界主要是通过对自然、对社会以及对艺术的观察来获得美的感受。为此，我们在教育实践中开展了以下三个方面的审美性观察指导和操作性研究。

1. 运用精密观察法来培养幼儿欣赏自然美的能力

幼儿的年龄特点决定了他们对自然界的各种现象变化具有特有的观察兴趣。因此，我们在日常生活中要善于捕捉幼儿的观察兴趣，引导幼儿对自然界中美好的事、物、景进行细致入微的观察，从细节中发现问题，在平常中发现美景。

自然界中蕴含着无与伦比的美景，这些美景变幻无穷。教师要引导幼儿学会感受大自然给予我们的美的享受。我们在开展的亲近自然、拥抱大地的活动中，带领孩子去欣赏野外美不胜收的景色，感受自然界的勃勃生机。幼儿观察着花草树木变美的过程，倾听着树枝上小鸟的鸣叫声，观看着眼前飞过的美丽的蝴蝶和勤劳采花的蜜蜂，寻觅着刚从泥土中钻出的小草……我们还适时用照相机为孩子选择适合的取景视角和拍摄距离，把注意点、趣味点和明亮点聚焦到视觉中心上，让美景、美物达到最佳的审美效果。幼儿在自然界中寻寻觅觅，心灵懵懂，探寻着周围世界的可亲、可爱、可赏，在内心深处涌现无数体现美的童话，散发着自由与欢乐。

2. 运用观察性学习指导法来培养幼儿欣赏品质美的能力

幼儿社会性情感的培养,常常是在社会交往中与同伴做游戏时完成的。他们进入幼儿园之后拥有了同伴世界,获得了许多社会交往的本领,掌握了一定的社会行为准则,养成了合群、守纪律、谦让、互助和共享等品质。正如社会认知论倡导者班杜拉所说,人类行为通过对榜样的观察获得。要让其对榜样进行观察性学习,老师需要引导幼儿的注意,引导其观察身边榜样人物的行为和结果,从而提高幼儿欣赏品质美的能力。然而在生活中,我们发现幼儿在观察他人行为时常找别人的差错,见到"鸡毛蒜皮"的小事,就喜欢在老师面前频繁地"告状"。调查研究表明,在中、大班内,几乎每天有60%的幼儿要向老师"告状",有的幼儿每天"告状"次数达5次之多,这不利于幼儿心理的健康发展和品质美的培养。为了改正这一弊病,我们引导幼儿去寻找小朋友的"闪光点",还要求他们看得仔细、讲出道理、作出行动。

审美性观察指导,不仅要引导孩子看到同伴的良好行为,而且要引导他们感受到行为体现出的优良品质。有一次,孩子们学完游泳忙着洗澡和穿衣时,一个小朋友换洗的裤子找不到了,他哭了起来。坐在旁边的晓杰主动关切地说:"我来帮你找一找!"周围小朋友看着晓杰的一举一动(从开始想帮助他找裤子到将自己的裤子借给他,再到想办法帮助他拿裤子的童心善举),深受感动,纷纷加入关心同伴的行列中。晓杰设身处地关心他人的好品质,使周围小朋友从观察中得到了教育。

在幼儿人格发展中,没有什么比爱和善良更重要了。要在幼儿心中播下爱的种子,重要的教育策略就是要引导幼儿参与审美性的观察,让他们从观察小动物和关心周围弱势群体中获得同情心。

3. 运用鉴赏指导教学法来培养幼儿欣赏艺术美的能力

幼儿美术教学是通过造型艺术活动,在绘画、手工和美术欣赏中进行的。让孩子在对绘画作品、雕塑作品、工艺美术作品、建筑艺术、幼儿美术作品、自然景物、周围环境等的欣赏中,提高对艺术美的欣赏感知能力。在幼儿美术教育中,要求教师引导幼儿以鉴赏的眼光去观察和感受美术作品的雕塑、色彩、构图,去观察周围环境中事物的结构、特征、运动模式,并通过引导幼儿运用多种语言描述来感受艺术作品的造型之美,从而提高审美感知水平。

我们在美术教学中不仅要关注幼儿美术知识与技能的增长,而且要重视让幼儿通过仔细观察环境和艺术作品,来加深和提高他们对周围事物的审美感受。例如,我们在引导幼儿欣赏民间艺术作品时,与他们一起搜集无锡艺人制作的泥娃娃和金山的农民画,让他们从形象生动、形态各异、色彩鲜艳的大阿福和欢快的农家画中,感受中国民间艺术的独创性,从中获得强烈的美感体验。

美术是一种视觉艺术,要提高幼儿的视觉审美水平,就要提供高水平、高质量的视觉资源,发掘幼儿视觉感知的潜能,使他们获得和积累丰富又宝贵的视觉经验,形成敏锐的审美能力,达到"发扬光大"的审美教育目标。名家名作是人类智慧和情感的结晶,可以选择与幼儿生活经验贴近的题材、表现手法为幼儿所理解的作品,让幼儿欣赏,使他们赏心悦目、心旷神怡、境界提高。还可以开展"与大师对话"活动,引导孩子们感受美、升华美。我们选择当今世界杰出的艺术大师丁绍光的妇女画像,让幼儿感受画像的造型美。孩子们将赏画中的感受转化为对审美的体验,他们按照对艺术作品美的观感和理解,来表现自己心中妈妈的美丽形象,在画妈妈的过程中情感得到升华。

审美感知能力的培养,需要引发表意能力,这有赖于手眼并用和绘画水平的提高。在审美性观察指导中,先要让幼儿观察所画对象,引发幼儿的观察兴趣,如画高楼之前,利用环境优势,带领幼儿有目的地去观察周围林立的高楼大厦,观察形状、风格迥异的各类建筑,引导幼儿将每座高楼看作一个个艺术品来欣赏、来赞美。作画时,我们指导他们描绘出观察到的美景,使每一幅画都凸显童心、童真和童趣,使之情趣盎然,各有特色。

四、培育幼儿审美的眼睛关键在于提升教师的审美水平

在幼儿审美性观察指导中,教师犹如一位美的使者,除了发挥引导和激励的作用之外,其本身应是美的化身,是幼儿心目中美的偶像。要让幼儿拥有一双审美的眼睛,我们教师就要拥有一颗超乎寻常、特别敏锐、善于发现美的心灵。在与幼儿的交往中,当美景、美慧、美德出现和闪光时,我们就能在第一时间敏锐地觉察并及时地捕捉到,使之成为审美教育的资源和教材。

我们在日常的教育活动中,努力朝着这一方向铸炼自己的目光和眼力,学习从常景中发现美景,从平常中发现异常,从平凡中发现非凡。

在与幼儿相处之中,我们还要求自己用艺术家的眼光去发现幼儿成长过程中的智慧之真、道德之善、心灵之美,学会从幼儿的稚拙中看到天真,从玩耍中

看到才能,从好奇中看到睿智,欣赏他们成长中的童心、童真和童趣,鼓励他们不断地认识自我、发展自我。

我们在进行幼儿审美性观察指导中,除了探索行之有效的实施方法与策略外,还要提高自身的审美能力和美德素养,用我们传情的眼神和美的心灵去培育幼儿爱美、审美、创美的眼睛。

总之,婴幼儿的世界是情绪和情感的世界,他们对世界的认识,始终是在情绪和情感中发生的。他们的认知和成人不同,充满着好奇。有人对一个5岁孩子进行了一年的跟踪研究,发现这孩子单提问就问了4 043个问题,从"是什么"到"为什么",问题涉及25个方面,上至天文下至地理,从人类社会到宇宙天体,从文学艺术到军事体育,包罗万象。婴幼儿的童心充满着爱心:0—3岁,强烈地爱恋着父母和祖父母;3—6岁,他们的爱从父母爱扩展到师生爱、小伙伴之间的友爱。有人用两年多的时间系统观察了学前儿童交往中的微笑,发现有三类微笑:玩得高兴而微笑;对老师微笑;对小朋友微笑。微笑次数达749次,这说明他们整体生活在欢乐之中。[①] 享受快乐应是婴幼儿健康成长的精神源泉。

上海不少幼儿园按照幼儿成长的规律,开展了以快乐需要满足和爱心培养为核心内容的情感教育课程化研究。上海市宝山区红星幼儿园在刘政园长的主持下,开展了"幼儿园情感教育课程研究"。他们提出两大类的目标要求:一是初步培养幼儿丰富、积极、稳定的六种情感,即信赖感、自信感、合作感、求知感、求美感和惜物感;二是初步培养幼儿三种情感能力,即情绪情感察觉能力、移情能力和情感表达能力。在信赖感的培养上,要让幼儿喜欢与父母、老师、熟悉的小同伴交谈,为他们做一些力所能及的事;遇到不会做的事,能请亲近的人帮助,能感受到相互帮助的愉悦和快乐。在求美感的培养上,要让幼儿喜欢个人整洁,注意站、立、坐、行的姿态美;喜欢幼儿园美的环境,喜欢听优美的歌曲,喜欢欣赏一些手工艺作品,喜欢用美工材料制作小工艺作品。在惜物感的培养上,要从小能爱护花草树木,爱惜粮食和生活用品及玩具,能对被破坏的东西感到可惜等。在情绪情感察觉能力的培养上,让他们能辨别他人用表情、言语、体态表现出来的高兴、喜欢或生气、痛苦等情绪。在移情能力的培养上,要让幼儿

---

① 转引自:陈帼眉.学前心理学[M].北京:人民教育出版社,1989:323.

能为同伴受到老师的表扬、奖励而感到高兴,并能用动作、言语、表情来表示祝贺、鼓掌,为同伴的病痛和心爱物品的损坏或遗失而感到难过,能用言语、表情表示安慰并给予帮助。在情感表达能力的培养上,让幼儿能区分不同的场合(集体活动场合或自由活动场合),选择合适的言语、动作、表情表达自己的喜欢、高兴或生气等。上述的目标要求,可分别通过八个主题的系列活动来给予落实。有"我爱我的幼儿园""家乡多美""温暖的冬天""我是小主人""友爱的集体""美丽的春天""周围的世界多奇妙""再见了,幼儿园"等。通过有关活动,按年龄要求,有重点地给予培养。为此目标,他们探索了情感教育的显性途径和隐性途径。显性途径有主题式教学游戏活动等;隐性途径有创设快乐的校园文化环境,在门厅和大楼的墙面上布置全园各班每个小朋友的欢笑照片,让他们一进幼儿园,就能看到自己天真烂漫、开心欢笑的照片,从中受到情绪的感染,快快乐乐地过好每一天。[1][2]

---

[1] 朱小蔓,梅仲荪.儿童情感发展与教育[M].南京:江苏教育出版社,2003:226-277.
[2] 上海宝山区《幼儿园情感课程》课题组(刘政,仇佩英).幼儿园情感课程的研究与实践[J].上海教育科研,1995(1):36-47.

第三章

快乐童年与小学生情感教育探微

童年是人生最幸福的时期。
童年的微笑是花蕾含苞的初放,
童年的快乐是成长中获得满足感的喜悦,
是对未来抱有乐观情绪的源泉。

第一节　小学生情感发展的特点

一、儿童入学的情绪情感特点

儿童进入小学,在他们的社会生活中是一大转折,在心理发展上是一大飞跃,在情感内容上是一大拓展。

他们对入学有着复杂的矛盾心理,表现为既向往又害怕,对学校的一切既感到新鲜好奇,又不习惯、不适应,因此产生一种特殊的自豪感和拘谨感。这要求我们深刻认识这一特殊情绪状态带来的特殊情感体验。这一阶段是儿童对老师、对学习以至对学校生活产生积极情绪的关键时期,也是建立良好师生关系和培养良好的学习习惯、形成学习兴趣的最佳时期。

当一名小学生,是许多幼儿的心愿。幼儿常常以羡慕的目光看着大哥哥大姐姐背上书包去上学,回家之后又读书又做作业,在他们的想象中这一定十分有趣。他们盼望自己能早日成为一名光荣的小学生。不少幼儿听到入学的消息,常常喜出望外,拍手高兴;报到那天,醒得特别早。在入学前几天,他们的情绪会处于异常兴奋状态。开学第一天,当他们穿上新衣服,背上新书包,走向学校时,他们的内心充满自豪和光荣感。进校后,他们常常被学校环境吸引,对大操场、小花园、新教室以及课桌椅、小黑板都会产生浓厚的兴趣。有经验的老师会非常珍惜孩子们这种可喜的情绪状态,把学校和教室布置一新,上第一节课时,热情地向孩子们表示欢迎:"祝贺大家成为一名光荣的小学生。"儿童受到尊重时,会萌发一种兴奋感和自尊自豪感,从而以饱满的精神去完成学习任务。

上述的情绪状态和情感体验,在小学生中不仅普遍存在,而且非常强烈。有一位家长记录下一位小学生入学第一天的心情,证实了入学初的首因效应。

今天,我的孩子第一次上学。回家后,她特别高兴地对我说:"妈妈,我们的老师挺喜欢我。我走进教室时,她拉着我的手,把我送到座位上,她的脸上总是笑嘻嘻的。"我问她:"小学好,还是幼儿园好?"她说:"小学好!我们小学有很大的操场,有儿童乐园、图书馆、音乐室,挺好玩的。"我说:"学习是很辛苦的。你长得那么小,妈妈真替你担心。"她挺自豪地说:"我们老师说,人长得小不要紧,只要聪明一点就行了!我还要争取做一名好学生呢!"我们听后都笑了。

由此看到,在小学生的心目中,小学的老师、同学、操场、图书馆……小学的一切,对他们来说都是一个新的天地。它为儿童社会性情感的发展带来了重大的变化。随着社会交往范围的扩大,他们爱的体验范围也得到了新的拓展,情感生活内容更为丰富。

二、小学低年级阶段是建立师生情感特别重要的时期

在小学阶段,师生交往成为小学生人际交往中的关键性的内容。儿童对父母的爱,进入小学之后,常常会转向对老师的爱。小学时期对老师的爱常常会超越对父母的爱。尤其是小学低年级时期,这年龄段的孩子,对老师具有独特的感情,对老师特别尊重、亲昵、听话。他们刚离开父母和幼儿园的老师,迫切需要小学老师给予他们更多的爱护和照顾。在小学生心目中,老师是了不起的人物,是值得敬仰、信赖和效仿的人。这一阶段,老师的要求要比家长的话更有权威性。有关调查发现,100%的低年级小学生认为要听老师的话。[①] 这与皮亚杰提出的6—8岁儿童的道德认知发展处于权威阶段的观点相符。根据罗森塔尔的实验研究,皮格马利翁的期望效应在小学一、二年级尤为明显。其原因是,小学低年级学生对老师的态度,具有特殊的敏感性。我们在进行师生爱的实验研究中,常常看到孩子们用特有的目光,注视着老师的一言一行、一举一动。在他们的眼中,老师的言行、举止、微笑、衣着打扮、风度,都是十分新奇和美妙的。一位家长在她的日记中写道:"尽管东东有时会挨老师的批评,但是他仍十分喜爱他的老师。一天早晨,我送他上学。在校门口一个卖花的小贩摊前,东东拉着我的手说:'妈妈给我买朵花吧!'我说:'你一个大头大脑的秃小子,要花干什么?'他说:'我们的老师很漂亮,我送给她一朵花,她就更漂亮了。'""一个星期天,我带他到少年儿童书店买书,他看见店堂里挂着一幅足有《解放日报》大小的中国地图拼板,就叫我买。我说:'已经给你买了一幅小的,

---

[①] 余强基.中小学生对老师的态度的调查分析[M]//中国心理学会发展心理、教育心理专业委员会,编.发展心理、教育心理论文选.北京:北京师范大学出版社,1985.

自己拼拼就可以了,没有必要再买大的。'他说:'我想送给我们的老师,她给我们上课可以用。'东东常常会告诉我:'徐老师今天头发(发型)变了!'或者'徐老师今天穿的短裙很漂亮',诸如此类,不胜枚举。"我们在实验研究中发现,年级较高的小学生,有较高的爱的倾向和水平。他们不只是停留在外在行为的表现上,而是在观察老师的行为品质的基础上,将对老师的爱拓展到对自身提出学习的要求。例如,有一位小学生在她的观察日记中写道:"我很喜欢上语文课,因为顾老师上的语文课生动、有趣。每次上语文课我都听得津津有味。顾老师不但课上得好,而且还培养我们的观察能力。她给我们观察过刺猬,还带我们参观过动物园和植物园,使我们懂得了怎样才算观察得仔细。最近,我仔细观察了顾老师,发现她有一个很大的特点,那就是顾老师休息的时候,很喜欢和老师、同学说说笑笑,可是一拿起笔来工作,就好像耳朵里塞着隔音纸,不管人家在办公室里讲什么,她都好像没听见,注意力很集中,一个劲地写啊、批啊,所以她的课上得那么好,事情做得那么快,我要向顾老师学习,做功课时思想要集中。"

小学低年级学生对老师的这种爱,还会拓展到其他方面,并能随着年龄的增长不断升华,表现为他们对学校的喜欢、对班级的热爱……这一切,要求教师珍爱儿童这一份纯真的感情,用爱心去培育爱心,把师生爱提升到一个新的水平,为儿童情感发展提供良好的心理氛围和真诚的心理基础。

三、小学儿童情感发展的一般特点

儿童在小学阶段心理发展迅速,知识增长快,交往面扩大,智力和情感在学习与交往协调中得到不断丰富和发展,此阶段是培养良好的情感品质和行为习惯的最好时期。小学生情感发展具有以下三个新特点。

1. 情感的内容不断丰富

小学生以学习活动为主要的活动内容,因而小学生大量的情感内容主要与学习活动和学校生活相联系,学习的成败,在集体中的地位,同伴之间的关系,都会使儿童产生各种各样的情绪体验。同时,小学生的各种社会性情感也不断地发展起来,大大充实了儿童的情感世界。

2. 情感的深刻性不断提高

一般来说,小学生的情感表现还是比较外露的,情绪易激动,但其情绪体验逐步深刻。例如,关于儿童恐惧的研究发现,学前儿童的恐惧主要涉及个人安全和对动物的恐惧。小学生虽然也同样害怕黑暗、怪物、生病,怕被车撞倒,怕被狗咬伤等,但更多的是对学校的恐惧,如怕学业不佳、考试成绩不好,怕受到家长和老师的批评,怕遭到同学的讥笑等。研究发现,随着儿童年龄的增加,儿童的归因能力不断增强,愤怒的情绪开始逐渐减少,并更加现实化。学前儿童常因父母在吃饭、睡觉、洗澡等方面的各种规定而产生愤怒,小学生则经常因在同伴交往中或在学校情境中受到戏弄、不平、讽刺等遭遇而产生愤怒;学前儿童常用哭泣等直接的方式来表示自己的不满,小学生则逐渐学会以语言文字来表达自己的心情和诉求。幼儿常常为父母取消野餐计划而感到不满、愤怒,发脾气。而小学生对此不仅会产生失望感,而且还会进行说理性反抗,并提出自己的合理要求。小学生会对学校和教育行政部门随意改变春秋游的活动安排产生不满。某地区有一位小学四年级学生,得知学校原定2015年11月某天要组织学生进行秋游活动,他前一天晚上兴奋不已,恨不得马上就去秋游!可是第二天,区教育局通知,为安全起见取消这次秋游,这引起了他的不满与愤怒。他拿起笔,给区教育局局长写了一封公开信,信中写道:"今天,听到有关取消秋游安排这一消息,如同晴天霹雳,我差一点儿气得发疯,您不知道,我们是多么盼望每年的春游、秋游!这次好不容易盼来了秋游,却被你们随意取消,这一信息犹如利剑一般刺痛了我们的心!教育局的领导们,你们知道我们的感受吗?当然我们知道,你们是为我们的安全着想,可是,有大学生因跑步而突然猝死,那难道就要所有人都停止跑步锻炼吗?有人因吃鱼而刺伤了喉咙,那难道要所有人不再吃鱼了吗?……为之,我希望教育局的领导,是否能网开一面,理解我们对秋游的渴望心情,让我们去秋游吧!"此信在网上得到了广泛的转发,老师的批语是"观点鲜明"。社会舆论给了这位小学生支持和鼓励。有多家媒体还以小学生秋游被取消"差点儿气疯掉"为题发布了新闻,小学生写吐槽信走红。有关领导部门对此也作了妥善处理。

这一实例再一次说明,小学生的情感要求不仅强烈,而且也比较深刻。为了使自己的合理要求能得到满足,上述小学生进行了充分说理和积极建议,还通过行动来争取使自己的要求得到满足和实现。

3. 情感更丰富,有稳定性

虽然小学生的情绪仍然具有很大的冲动性,他们不善于掩饰,不善于控制自己的情绪,但与学前儿童相比,他们的情感已逐渐内化,小学高年级学生已逐渐能意识到自己的情感表现以及随之可能产生的后果,并且控制和调节自己情感的能力也逐步加强。

四、小学生高级情感的发展特点

高级情感是指与社会需要相联系的情感,包括道德感、理智感、美感。学前儿童的社会情感刚开始发展,小学以后,在学校教育的影响下,儿童的各种高级情感进一步发展起来。

1. 小学生道德情感的发展

道德情感是人根据一定的道德标准评价自己或他人的行为举止、思想意图时产生的一种情感体验。如果认为他人或自己的行为举止、思想意图符合道德标准,就会产生满意、肯定的体验,如爱慕、敬佩、赞赏、热爱、欣慰、荣誉感等;与道德标准不相符合时,就会产生消极、否定的体验,如羞愧、憎恨、厌恶、愤恨等。由此可见,道德情感的产生与道德认知紧密联系,只有在根据已具有的种种道德观念、道德信念,对事物进行道德判断的过程中才有可能产生种种道德情感体验。

道德情感体验的形式大体有如下三种:一是直觉的道德情感体验,它是由对当前某种道德情境的直接感知而迅速发生的,因此,个体对这个过程中的道德行为准则缺乏明显的意识。直觉的道德情感体验对人的行为具有迅速定向的作用,在它的影响下,人既可能产生高尚的行为,又可能产生消极行为。二是想象的道德情感体验,是通过联想某些道德意义的人或事物的形象而产生的情感体验,这种形象代表了某种社会道德标准,可使人更好地认识到道德要求及其深刻的社会意义,扩大个人的道德的经验。三是伦理的道德情感体验,这种情感已清楚地认识到道德理论作为中介,具有较大的自觉性和概括性,这种情感体验中不仅概括着许多较具体的道德感,而且个人情感的道德经验还同理性认识结合在一起,对社会道德要求及其意义有较深刻的认识。

我国心理学家系统研究了儿童的道德情感。①② 结果发现:(1) 小学儿童的道德情感处于不断发展的过程之中。低年级儿童主要以社会反应作为自己

---

① 朱智贤,主编.中国儿童青少年心理发展与教育[M].北京:中国卓越出版社,1990:514.
② 陈会昌.中小学生爱祖国观念的发展[J].心理发展与教育,1987(1):10-18.

情感体验的依据,中年级儿童则主要是以一定的道德行为规范为依据,而高年级儿童则开始以内化的抽象道德观念作为依据。(2)小学儿童道德情感的发展具有明显的转折期,一般是在小学三年级。有研究表明,小学生的道德情感发展确实存在转折关键期,这个关键期一般都在三年级。[①] (3)小学儿童道德情感的发展具有不平衡性,不同道德范畴的情感体验有所不同,如义务感、良心范畴等情感体验发展较早较好,而爱国情感的发展则相对较晚,水平也较低。(4)小学儿童的道德情感具有明显的个体差异。在儿童道德情感的形成和变化过程中,情绪经验积累和概括起着重要作用。(5)自然的、直接的由客观现实引起的情感体验,以及具有高度概括性并带有激励作用的崇高道德感,对小学儿童的道德情感的发展具有重要意义。前者引起小学儿童强烈的、具有感染功能的情绪体验,后者对道德情感的发展起着内部稳定性的作用。

2. 小学生理智感的发展

所谓理智感,是人对认识活动成就进行评价时产生的情感体验,是同人的认识活动的成就获得、需要兴趣的满足、对真理的探索追求及思维任务的解决相联系的情感。如在解决一个难题后产生兴奋感,面临问题时产生强烈的"一显身手"的渴望感,解决问题过程中遇到困难时产生的焦虑或不安,遭受失败时的挫折感以及取得成功时的成就感等,都是理智感的表现。

小学生理智感的发展表现为求知欲的扩展和加深,如学习兴趣在整个小学时期表现出如下发展趋势:(1)从对学习的过程、学习的外部活动感兴趣,发展到对学习的内容、需要独立思考的作业更感兴趣。(2)从笼统的、泛泛的兴趣,逐渐产生对不同学科内容初步的分化的兴趣。如对小学生学科兴趣分布情况调查研究发现,最喜欢体育、语文、美术这三门课程的学生之和占调查总人数的76.2%,而不喜欢其他学科的学生约占20%以上。[②] (3)从对具体事物的兴趣发展到初步探讨抽象和因果关系知识的兴趣。(4)阅读兴趣从课内阅读发展到课外阅读,从童话故事发展到文艺作品和通俗科普小读物。(5)从对日常生活的兴趣,逐步扩大和加深为对社会生活的兴趣。

儿童的求知欲是促进学生深入理解知识、扩大知识面和加深所学知识的难

---

① 王耘,等.小学生心理学[M].杭州:浙江教育出版社,1993:360.
② 祝学明.小学生理想、动机、兴趣初探[M]//中国心理学会.全国第五届心理学学术会议文摘选集.1984.

度的一种学习动力,保护、鼓励和培养小学生强烈的求知欲,可促使他们更加自觉更加积极主动地去学习和掌握知识。

3. 小学生美感体验的发展

美感是人对客观事物或对象美的特征产生的情感体验,是由具有一定审美观点的人对外界事物美进行评价时产生的一种肯定、满意、愉悦、爱慕的情感。人的美感体验有两个特点:第一,对审美对象的感性特点,如线条、颜色、协调等的感知,是产生美感的基础;第二,对美的对象的感知与欣赏能引起人的情感共鸣并给人以鼓舞和力量。不同的人由于审美观的不同,对同一对象的美感体验也会有所不同。

全国儿童与青少年心理研究协作组对我国儿童的美感体验进行了初步的研究。[1] 研究分形体——塑像欣赏(动物造型和人体造型),声音——音乐欣赏(民歌、传统歌曲、流行歌曲)两类。

结果发现:(1) 小学低年级儿童已经能很好地欣赏动物塑像,与高年级儿童的感受体验成绩十分接近,但对人体造型欣赏还处于发展过程之中。随着年级的升高,他们对人体造型美的体验逐渐深刻,美感欣赏能力逐渐发展。(2) 在音乐美感欣赏上,小学高年级学生与中学生一样,认为流行歌曲通俗、易懂、旋律优美,更能引人入胜,使人产生美的愉悦体验。这一方面是因为受社会历史条件制约,流行歌曲到处流行,小学生已对其十分熟悉,而对传统歌曲和民歌却接触不多;另一方面,小学生受知识的局限,缺乏深刻的人生体验,对歌词优美、气势磅礴的传统歌曲和民歌缺乏心灵的共鸣,而流行歌曲以其简明的旋律和节奏易为小学生们接受,并容易产生情感体验。

这表明,小学生美感体验能力的形成与发展,明显地受制于对客观事物外部特点和内部特征的领会和理解,受制于在一定社会生活条件下形成的对美的不同需要。一般来说,经常接触的具有明显美的外部特征的客观事物容易使小学生产生美的感受和体验,那些接触少的、具有深刻内涵的、美体现于内在特征的事物则不易引起他们的美感体验。但是,随着年龄的增长,在教育的影响下,小学生的美感体验会越来越丰富。[2]

---

[1] 黄煜峰,等.儿童与青少年情绪发展的实验研究[J].心理发展与教育,1986(1):1-14.
[2] 王耘,等.小学生心理学[M].杭州:浙江教育出版社,1993:239.

第二节　童心童真的呵护

我们常说教育要以儿童为本,可是,儿童成长的本质特性何在?从儿童心理学和情感发展的视角来看,儿童成长中的快乐、幸福之泉和他们的本性之基础,与童心、童真、童趣有直接的关联。

我在对儿童成长进行跟踪研究中,对下面几件事印象特别深刻。

案主晓杰在4岁时,幼儿园老师给我提供的案例是:"从一件有趣的小事看童心之纯美。"

"在六一节后的一天,小朋友游泳结束后,忙着洗澡和穿衣服。此时,另一个小朋友遇到了困难,原来,他要换洗的裤子找不到了。此时,晓杰正好站在这孩子的旁边,他就主动关切地说:'我帮你找!'找了半天,还是没有,那孩子哭了。他见此情景,出于同情和关切,不假思索地说:'那我就把自己的裤子给你吧!'过一会儿,他又说:'我去告诉阿姨,让她来帮助我们找找!'那小朋友接着说:'算了!算了!不穿了!''那可不行,我不就变成光屁股了。'此时,两人都笑了!晓杰突然灵机一动说:'我还有个好办法,你坐着,我帮你去拿。''那好!谢谢你!'此时,晓杰看到老师赞许的目光,他好不得意,快乐地去帮小伙伴拿裤子去了!"

关于此事,老师在当天的日记上写道:"今天,我从晓杰的一举一动,一言一行中,看到童心之纯、童心之真、童心之美,令人感动。我看到晓杰在照顾好自己的同时,还试图真心地给予同伴帮助。在解决同伴的难题中,他又能想出解决问题的办法,这种同情、关心他人,能设身处地为他人着想的好品质,在4、5岁的幼儿身上得到了真实的展现。我想,虽然这只是一件有趣的小事,但应让晓杰这种关心他人的好品质得到呵护和发扬,也使他在成长中变得更加富有爱心。"于是,第二天,老师就请他在全班小朋友面前介绍自己帮助小伙伴的过程。事后,老师还在"悄悄话"活动中鼓励他今后更多地去关心他人。因为这件事,晓杰不仅得到了五角星以示鼓励,还做了一周"值日生",有更多乐于助人的锻炼机会,获得了小伙伴们更多更深的友情!

晓杰关心他人,乐于助人,不仅在幼儿园得到同班小朋友的喜欢,而且,他进小学之后也很突出。在入学第一天第一节课上,老师要求每一位小朋友用两三句话作自我介绍。轮到晓杰时,他站起来讲了这三句话:"我叫晓杰,来自东方幼儿园,我最喜欢做的事是帮助大家。"此话一出,当场就得到老师的肯定和赞扬。老师说:"晓杰这一态度很好!今后,我们同学中有需要帮助的地方,可以找晓杰。"

我从上述两件事中看到,这孩子在没有成人任何暗示的情况下,完全在自然状态中,就自主自然地表达要为他人做好事,实在难能可贵!我想,这是孩子成长中特有的童心、童真的体现。这引起我的特别关注和深思。在以后数年的跟踪研究中我发现,他童心未变,爱帮助人带有连续性和一贯性。在小学五年中,他时时处处关心同学,多次得到老师的表扬。和他共同生活在一起的表弟,在作文中也专门写到表哥晓杰助人为乐的好思想好行为,作文题目是:"我很欣赏他!"文中写道:"我表哥在生活中经常帮助他人,有一次我们在回家的路上,看到一位老爷爷突然跌倒在地,手中所拎的苹果撒落了一地。我表哥不仅马上把老爷爷扶了起来,还帮他将地上的苹果一个一个地重新捡起来放到拎包中,甚至还将弄脏的苹果擦干净。此时我想,我表哥真是一位助人为乐的人。我不仅欣赏他,敬佩他,还要向他学习,也要做一个像他那样乐于助人的人。"晓杰到中学之后,初中老师也说他是一位善良、有爱心的阳光少年。班主任对他的评语是:"你乐于助人,与同学相处十分友好,你最可贵的品质是宽厚待人,与同学相处,平和随和,宠辱不惊,所以得到同学们的好评。"高中三年,由于他关心同学,关心班级,所以大家推选他为班级干部。进入大学之后的第一个中秋节,他在中午全家团圆共庆佳节之后,想到大学同寝室的几位外地同学,于是带了当天制作的鲜肉月饼,在中秋节的晚上赶到学校,与外地同学一起分享快乐,共同欢度这美好而难忘的中秋佳节。

儿童心理学认为,儿童在成长和情绪情感发展中,与他人之间存在移情共鸣。这一机制认为,人们在社会性交往中,彼此间情绪情感有相互交流过程。其中有一种替代性体验产生,见到别人快乐,自己也快乐;见到别人痛苦,自己也痛苦。这种情感移入是助人为乐等社会行为的动机基础,具有激发和促进个体社会行为的动力功能。

这种移情共鸣机制产生于婴幼儿期,发展于儿童期,升华于青少年时期。在新生儿出生之后,在育婴室内,人们常常看到一个婴儿的啼哭会感染周围初生儿的情绪,他们也跟着啼哭起来,形成啼哭大合唱。这种情绪移入与共鸣机制,是婴幼儿早期同情心形成的基础。在幼儿与儿童期,这一机制表现为孩子们开始从他人的需要去理解他人的心理,会对他人产生同情、关心和帮助行为,为此,我们要重视移情共鸣在儿童情感发展中的中介作用,它是自我与他人情感交融的桥梁和通道,作为培养儿童助人为乐、合作分享等亲社会行为的动机要素,为儿童善良品质的形成奠定基础。

有关儿童早期的童心研究,我国古代学者就有不少评述。老子在《道德经》中就提及人性应复归婴儿,要返璞归真。庄子认为:"性者,生之质也。"人生下来,其本质与本性具有质朴性,即童心是无瑕无疵、无邪无垢之心,所谓赤子之心,它具有天真、率真、纯真和质朴、素朴、纯朴等本质特征。至于人们后来变得追名逐利,弄虚作假,这都是出生后受到社会生态污染造成的,因此,从心理生态学角度来看,我们要呵护好童心的天真和纯朴的本质,使之尽力避免受到"雾霾"的侵入。

提及童心的呵护,我国明代思想家李贽专门写过《童心说》。他认为:"童心者,心之初也。"它"绝假纯真,最初一念之本心也。若失却童心,便失却真心;失却真心,便失却真人。人而非真,全不复有初矣"。① 这说明,童心的本质是真心,这是人生最初未受外界污染时的那颗毫无造作、绝对真诚的本心。如果人失去本心,便是失掉真心;失去真心,也就失去了做一个真人的资格,就会成为人格不健全者。孩子是人之初,童心是人的纯真之心,是人的天然本性和真情实感的表露,它是人的心灵之本原,未受"污染"。因此,守护童心,保护和爱护童心,不让它受社会"雾霾"的侵入,显得尤为重要。

李贽在《童心说》中针对当时封建教育中一味追求古训文本的道德说教,在作文教学中强调一定要"以古之圣人之言不可"。其结果是,使人丧失童心之纯朴和天真。他批判道:"以假文与假人谈,则假人喜。无所不假,则无所不喜。满场是假,矮人何辩也。"这种伪道士的教育结果,使人丧失自然、纯朴、真挚的童心,使人"失却真心",专门说假话,做假事,写假文,使整个社会成为"无所不

---

① 转引自:田正平,肖朗,主编.中国教育经典解读[M].上海:上海教育出版社,2005:230.

假"的制假场所。

这种摧残童心、童真的伪道士的作文教学之流毒，直到今日，我们在现实生活中也时有发现。

我在个案跟踪研究中发现，有老师要求学生写一篇以《美好的时光》为题的随笔。一位小朋友是这样写的：

我一天中美好的时光，那一定是属于睡觉。因为我最喜欢睡觉，睡眠使我得到休息，可以使我的精力一点一点地得到恢复。到第二天，当我苏醒时，感到躺在暖窝窝的被子中，可舒服啦！

上了一天的课，十分劳累。当我做完了作业时，眼睛都快要闭上了，此时，整个身体十分沉重，连抬脚都感到十分累。就在这时，我最想做的一件事就是好好洗一个热水澡，可以把我一身的疲劳都冲掉。然后，我马上冲到床上，睡到被窝里，一瞬间，整个身体都处于放松状态，四肢得到舒展。不一会儿，我就睡着了。

第二天，我起床时，感到精神百倍，神清气爽，上课时精神焕发，精力集中，不会再在课上打瞌睡了。

这使我感悟到，神清气爽、精神百倍的秘密就在于早睡早起。因此，我爱睡觉。我爱这美好的时光！

这是初中预备班学生随手写的一篇随笔。他以自己的切身感受，抒发对睡眠功效的体验。既有对学习一天后的疲劳的描写，又有对睡觉带来精神百倍的赞美，还有对身体好、学习好的秘诀在于早睡早起的感悟。写得有真情实感，写出了童心、童真和童趣，还写出了儿童特有的生活感悟。按理，老师应当给予理解和肯定。可是老师对他的评语是："爱睡觉，有些消极。题目是《美好的时光》，写'睡觉'，中心不突出。睡只是为了休息，养精蓄锐，为明天的学习、工作服务，所以文章意义不大。"

语文老师这一评语，用传统的教育理念来看，可以理解。因为根据这位老师的经验，按考试的评分标准，该文章属于主题"不突出"的C类文章，肯定得分不高。因此，这位老师为了该同学的"升学""前途"考虑，为了考试"分数"，必须"负责任"地告诉他，在作文里写"睡觉"是没有意义的！作文必须写"有意义"的"美好的时光"。

但是,这样的教育理念是否符合童心、童真、童趣呵护的目标要求呢?"爱睡觉"是消极的还是积极的,这本身可以商榷。国际上将每年的 3 月 21 日定为"世界睡眠日",大力宣传"美好睡眠,放飞人生梦想"。提倡要珍惜生命,爱护身体健康。要爱睡、会睡、能睡,养成良好的睡觉习惯,使身体更健康,精力更充沛。有专家认为,充足睡眠是精力焕发,记忆整合,调控内分泌和调节免疫机能,促进儿童生长发育等生理机制的重要基础,它是直接影响生存质量和生活水平的关键性条件,因此,爱睡觉是身心健康的保证因素。这篇随笔中,学生从自身生活感受出发,谈到睡眠的舒服、快乐,谈到早睡早起的生活习惯,这种感受和愿望从教育以儿童为本的角度来看,正是值得爱护、引导、肯定和鼓励的。

据我们了解,目前学生睡眠时间不足,不仅是不争的事实,而且已经成为影响学生身心健康和学业进步的一大问题。有学生能对此写出真情实感,本应该得到老师的肯定,并加以珍视和呵护。

另有一位教师也碰到类似的情况,她的处理态度和方法有所不同。她布置学生以《春》为题写出自己的真实感受。

经过反复揣摩教师出题的用意,绝大部分学生都以《春光》《春雨》《春风》《春花》《春笋》《春景》为题,写出了对春天的赞美。但是,有一位学生却写了《春困》,她迟迟不敢把作文交上去,因为她有过相关的经历,怕老师说她"偏题"。这方面的经历使她心灵受到创伤,以至于一到写作文就害怕。后来,这位学生经过思想斗争,还是鼓起勇气将这篇题为《春困》的作文交了上去!

我们这位教师认为此生的作文写出了真实的感受,因为在作业超重之下学生长期的睡眠不足加重了"春困",由此而引发了苦闷与痛苦的种种心态和困境。因此,这位老师不仅没有批评她,反而因其能够写出自己的真实感受而加以表扬和鼓励。这位学生为之振奋,内心情感得到了抒发和理解,潜能得到了开发,学习效能也得到了提高。

上述两例是我在调查中发现的实例,这使我感到,我们在日常教育教学中应该特别重视对童心、童真、童趣的呵护。

有关童心、童真与童趣如何呵护和培养的研究,丰子恺在 1927 年写过《童心的培养》专论,发表在当年的《教育杂志》上。[①] 他在与孩子相处中发现,孩子

---

① 余连祥,选编.中国现代美学名家文丛·丰子恺卷[M].杭州:浙江大学出版社,2009:27.

的眼光是直线的,不会拐弯,它以直射的眼光去穿透一切,什么也瞒不过他们的眼睛。他还发现"孩子们常常突发一种使我惊异感动的话语或行为"。他将童心世界与成人世界进行比较,认为:"成人的世界因为受实际生活和世间习惯的限制,所以非常狭小苦闷。孩子们的世界不受这种限制,因此非常广大自由。年龄愈小,他的世界愈大。""我企慕孩子们的生活中的天真,艳羡孩子们的世界的广大。"为此,他成为"真心的儿童的崇拜者"。他"费良久的时光来仔细吟味他们的说话或行为的意味,终于得到深切憧憬的启示"。他的启示概括地说,"童心的培养"一要对童心抱有惊敬感。他发现,童心中有特别丰富而奇妙的感受,他们"在平凡的日常生活中,能处处发现丰富的趣味,时时作惊人的描写"。这"包含一种很深刻的人生的意味"。他认为,童心是"人生最有价值最高贵的心,极应该保护、培养,不应该听其泯灭"。[1] 二要理解童心具有独特性。"儿童对于人生自然,另取一种特殊的态度。他们所见、所感、所思,都与我们不同,是人生自然的另一方面。"他发现童心童眼"可以看出食物的本身之美,可以发现奇妙的比拟。在童心中具有超越世俗的非功利性,有独特的艺术欣赏性,对事物特有的趣味性以至还有'傻儿'与'痴呆'。他们的生活,全是趣味本位。"丰子恺认为,儿童为趣味而游戏,为趣味而废寝忘食,作为孩子的父母与老师,"切不可训斥儿童的痴呆,切不可盼望儿童像大人,切不可把儿童大人化,宁可保留、培养他们多一些痴呆,直到成人以后",因为"这痴呆就是童心"。[2]

丰子恺谈及在童心培养中,还要防止和避免儿童过早大人化、成人化,要求让儿童保有一点痴呆的表情特点,这是很有见地的分析。丰子恺所说的"痴呆"的内涵是一种"天真烂漫"的心态,是一种超功利性、超世俗的心态,形似痴呆,实为纯真、纯美。

日常生活中,人们对童心之真之纯不仅缺少认知上的肯定和欣赏,而且常加以否定与斥责。我接触到不少孩子,他们由于好奇、天真烂漫,常常面露笑容。于是,就有老师当着许多孩子的面说这类孩子:"你们只会傻笑,其他什么也不会。"还有家长也说自己的孩子:"你总是傻里傻气,一点人情世故也不懂。"有家长还把拥有豁达心态的孩子说成是天底下最大的笨蛋,事实上,孩子的豁

---

[1] 余连祥,选编.中国现代美学名家文丛·丰子恺卷[M].杭州:浙江大学出版社,2009:27.
[2] 同上:30.

达正是童心的纯真。我们面对童心童真采取否定的教育现象,要引起足够的重视。北京大学钱理群教授提出,我们要防止在教育中培养精致的利己主义者的倾向,忽视童心的保护,一味让孩子从小学会人情世故,学会事事处处去表现自己,争名逐利,八面玲珑,左右逢源,人情世故样样精通,最后他们就会变得利欲熏心,见缝就钻,弄得身败名裂。这正是我们需要警惕的。

冰心讲童心是梦中的真,是真中的梦,是回忆时含泪的微笑。事实上,童心之美,美在真实、真情与真诚,它具有纯真无瑕、天真可爱、率真坦然、言真无忌等特征,表现为好奇、好动、好玩、好问、好学等品质。这正是童年期的孩子心理特质的体现。拥有童心情结者,可以使生命充满阳光,富有理想、憧憬与朝气,心态豁达,情趣浓浓;拥有童心,就拥有纯真的快乐,纯净的美好,抱有积极向上的心情;有一颗未泯的童心,我们就会用童心去审视世界,去面对现实,去向往未来;拥有童心者,人格会无比丰赡,无论外界环境如何,他总能懂得人生快乐的真谛,以积极的态度去调节生活的愉悦。唤起童心,是一种人文关怀,使想象拓展,梦幻延伸,创意纷呈,使儿童更聪明,更阳光,使友谊更真诚!可惜,在世俗化的社会中,教育生态受到精神"雾霾"的侵蚀,使纯真的童心有伤化、异化和劣化的可能。所以,在教育改革的过程中,不少教师与家长提出,不要用成人的思维方式过早地催熟孩子的心灵,使之损失童年特有的天真和快乐。

据我了解,不少教师和家长正在进行童心教育的探索,他们以爱寻爱,呵护童心,从爱护和尊重每一个孩子做起,创设童心的家园与校园的环境,创造童心课堂,开展童心活动,让每个孩子能在充满童趣的氛围中生活和学习。有教师和家长能从了解孩子的兴趣爱好与性格特点着手,让孩子写成长日记,做观察记录卡,做孩子心声的倾听者,努力成为孩子欲望中需求的接纳者,从中寻找、把握教育的契机,做童心的忠实呵护者,使每一颗童心都能在充满爱心的海洋中徜徉,在教育细节中感受与体验爱的快乐。

我们从孩子的作文中,可以看到上述童心教育的成效,有孩子在《童心真美好》一文中写道:"我在繁忙的学业中,虽然有烦恼和痛苦,但是我总想让美好的童心一直陪伴在身边。我时常想到,小学美术课上,美术老师总让我们以'我是一名宇航员'为题,进行自由创作,看谁的想象力更丰富,更神奇。我冥想了一会儿,突然之间,一个美丽而迷幻的宇宙在我眼前出现,一个巨大的行星带着光环,在缓缓的转动着,四周还有五颜六色的卫星,远处有繁锦似的星云,发出柔和的红光,旁边还有一颗蓝色水晶似的彗星,拖着多彩的舞裙,点缀着这梦幻的太空,此时此刻,我就在画纸上描绘着这奇妙的幻想画。当这画面完成时,我感觉真好看。这时我想到自由画可以让我在童心的驱使下按童年时代的特有想象,把我们带到无边无界的太空中去遨游,我感觉童心真美好。"

我们在跟踪研究中,发现这孩子到了初中之后,在一篇题为"我有一个梦想"的作文中,这样写道:

我有一个梦想,听起来奇怪而又可笑,却是我极想实现的——我幻想能让时间倒流,让我回到童年时代,那多好呀,我自问自己,童年时的无知、幼稚,有什么可追求眷恋呢？我想:"小孩子与大人相比,他知道的知识少得多,可是,给予儿童的想象空间却十分广阔。"我记得小时候,抓起画笔,脑中便有广阔的大海,有欢笑的人群,有美丽的景色,有奇特的画面……这想象力如同泉水一样源源不断地冒了出来,并倾泻于我的画笔之下。我童年时代,曾在画纸上留下一幅秋日的落叶图,落叶层层叠叠,不停扩展和延伸到了画纸的边上,好像撑满了整个画面。可是,今日要我再画,我就想不出如此美丽的秋色,我只会画上一棵树,加上一些枯草,不会让秋叶布满画纸。

小时候,我知道我拥有的东西很少,但特别慷慨大方,见到小伙伴获奖时,会赞赏地说上一句话:"你真厉害!""你真棒!""我真诚地祝福您!"可是,人长大了,那慷慨而能真心祝福的心有时会变得吝啬起来。我想,时光不能倒流,可是纯真的童心能保留,以亲情为例,我们每天见到父母时,可以和他们聊聊学校一天的生活,让父母分享学习的快乐,给他们以亲情的芬芳和温馨。我梦想着童心的永存。

这是一篇 11 岁孩子的原始作文,他把自己的童心,写得真实、真切而又真诚。

童心、童真在孩子身上的出现,具有年龄上的阶段性和不可逆性,一旦消逝,就有可能一去不复返。机不可失,时不再来。因此,我们一定要珍视和珍惜童心、童真的美学价值。在美育中,一定要及时把握,对童心、童真给予肯定、呵护和赞赏,让它在爱护中得以保存,使童心不灭,童真永存!

第三节　童趣的特点与兴趣的培养

我在个案跟踪研究中发现,思诚在初中毕业时,被学校免试直升高中理科班,他对此似乎没有自满和松懈,反而更自觉地利用暑假进行自学。在暑假的两个月内,除随父母去香港游玩了一周,参加学校组织的夏令营及志愿者公益活动之外,他有一个多月的时间,从早到晚都沉浸在浦东图书馆的自修室内。他在日记中写道:"图书馆的自修区,给人宁静优雅的文化氛围和学习环境,在那柔和的灯光下自学,似乎闻到了淡淡的书香,它使我沉思着、品味着和享受着读书的乐趣。"他的父母劝他在暑假多休息,可是他的学习兴趣很浓,不愿多休息。这兴趣从何而来呢?

我对他从小学到中学有关的资料进行了追溯性研究,发现他的学习兴趣的形成,与他从小的童趣得到保护、支持、鼓励和提升有关,与他就读的小学进行的学习快乐教育和趣味教育有关。他就读于上海市第六师范附属小学,该校的办学理念是要让学校成为孩子成长的乐园。《有一个快乐的地方叫学校》一书阐述了该校的办学理念,书中提到:"要让每一个学生,在全面发展的过程中,能快乐成长。"学习要从情感体验入手,要让学生在愉快的心境中学习,从中去感受成长的快乐与幸福。学校创设了校本化的快乐学习活动课程,增强了学生的求知欲和好奇心,提高了学生的童趣的发展水平。

思诚的童趣在小学阶段得到很好的保护和鼓励。

在他的作文、周记、随笔中,直接写到自我成长过程的内容占总内容的75％。其中有一个重要内容是写他从小如何抱有强烈的好奇心和童趣来对待学习与生活的。他写到小学二年级时,观察外公津津有味地学习的情景,特别是与外公一起咬文嚼字的情景时,感到非常有趣。

他写到老师的课:"我喜欢上贾老师的课,喜欢的原因是贾老师不仅仅教我们写作文,而且还教很多的课外知识,尤其是做人的道理。贾老师常说:'学作文就是学做人。'贾老师教课生动有趣,他在教作文时,常常不是直接讲作文,而是讲了很多故事。比如,讲电视剧《大宅门》里的'好好读书'的故事。他说那位老奶奶自己不识字,但她知道:'为了以后的生活,一定要让孙子好好读书。'贾老师的教学语言幽默风趣,他还讲了,因为不会写作文而闹出的种种笑话,引得同学们哈哈大笑。上贾老师的课很开心。有一次下课后贾老师还送我一本《贾老师教作文》的书,在书的首页上他签了名。还写上'好好读这本书'的赠言。我很感激贾老师的关心。"

这孩子从小对学习有兴趣,与家长和老师早期引导他阅读童话经典读物有关。儿童心理学研究表明,小学二年级是从朗读走向熟读的过渡期,对于读书指导,这是一个非常重要的时期。在阅读指导上,与其勉强灌输他们很多难懂的深奥知识,不如让他们怀着兴趣去学习。这可以使他们的大脑获得丰富而又充分的精神营养,能唤起学习兴趣,让他们在阅读中,激发求知欲、好奇心,拓展知识面,接受真善美的熏陶。这孩子的家长与老师以小学语文课本上"丑小鸭"为基础,引导他去阅读《安徒生童话故事》的全文,使孩子感受全文的内容更丰富、更完整,有关情节更生动更精彩,由此,他的阅读兴趣也更浓了。

小学生童趣的形成与小学开展各种兴趣小组,如科技艺术创新活动有关,也与他们在活动中获得的成功感和成就感有关。我在个案研究中看到,案主思诚在小学二年级一篇题为《我的故事》的作文中写道:"我的兴趣爱好是数学,特别喜欢玩珠算,我感觉其中蕴藏着许多神奇的奥秘,它等着我们去发现。"学校组织了许多兴趣小组,举办了科技节、小小电脑节、艺术节等活动。他在活动中获得了"科技创新,点亮智慧奖"、儿童绘画佳作奖、"天文与七巧大脑思维"竞赛优秀奖、电脑周作品征集比赛优秀奖、"国际数学头脑思维实践及竞赛"优秀奖,还得过"全网七巧科技竞赛"二等奖。他说:"我有一个美好的愿望,就是要在学习中不断取得成功。"在实际生活中,他真是在朝着这个方向努力。他所在学校的老师还从多方面给他鼓励和引导,使他的数学学习兴趣不断提升。进中学后,他参加了数学建模等社团活动。他在作文中写道:"我在数学建模的研究团队中,沉浸在创造的世界中,头脑里充满数学问题,为了获得各种问题的最优化的解答,需要我们建立数学模型去加以求解,如多层电梯规划,太空垃圾处理,地铁线路设计等问题,均可成为主动探究的问题。"他在另一篇作文中写道:"童年时的童趣,少年时的志趣——数学给我惊喜和快乐,使我变得更加热爱学习,增强了探知欲和钻研精神。"

有关孩子的童趣,清代文人沈复在一部自传体散文《浮生六记》中,写过一篇追忆自己童年的文章《童趣》。他在《童趣》中写到他童年时的丰富想象和天真烂漫的种种童趣,指出他的童趣来自童年视觉的敏感和细致入微的观察,达到"明察秋毫"的程度。童年时的眼力特好,可以看清秋天到来时鸟类长出的非常纤细的羽毛。童年的细致观察常常会给他带来超出事物本身的乐趣,为"时有物处"之乐趣,他可以看到一般成人忽略的"事外之物"。童趣还来自童年的想象和好奇心理,文中提及他能将蚊子的活动想象成群鹰在飞舞,将小小蚂蚁想象为繁草丛中的野兽,地面为凹凸不平之山丘,蚂蚁置身于山谷之中。我们的童年时代也有类似的经历,当代教育家吕型伟在回忆童年时就提及童趣的天性,好玩好观察。他说,我的一生是从小时候观察、研究蚂蚁开始的。我观察蚂蚁在高低不平的石缝中爬来爬去。它们忙忙碌碌的身影常常抓住我的视线。经过坚持不懈的观察,我欣喜地发现,蚂蚁有三种:满地寻寻觅觅的是一种,有大钳子的是一种,还有一种特别大的。后来看书才知道,他们分别叫作"工蚁""兵蚁"和"蚁后"。他接着还说:"我的一生是从观察蚂蚁这个微不足道的小动物开始的,后来一辈子从事的也是研究动物——一种自称为高等动物的人的工作……当然这确是一门最复杂、最奥秘,也是最尖端的学问。"①

儿童的情趣抒发的是儿童之纯情,衬托着儿童的奇趣。童年是人最天真无邪、无忧无虑的时期,这是人生最单纯且善于编织玫瑰梦的年代。他们天真率真的言语、行为与表情,正是人的情感中最自然而又最真切的流露。他们幼稚中带有天真之美,赤子之纯心,不懂虚伪,不会掩饰,充满幻想,兴趣盎然,有强烈的好奇心和求知欲。这正如鲁迅在赞美童趣时所写的:"孩子是可以敬佩的,他常常想到星月以上的境界,想到地面下的情形,想到花卉的用处,想到昆虫的语言,他想飞到天空,他想潜入蚁穴。"②

一、小学生童趣的特点

童趣的形成与发展有它自身的心理特点。有研究认为:小学生的童趣与学习兴趣有关,由对活动与学习过程感兴趣发展到对学习内容及独立思考作业更感兴趣;由笼统的宽泛兴趣到有选择性的学科兴趣,他们的阅读兴趣从课内到课外,从童话故事到文艺作品和通俗科普读物,这些读物都具有激发孩子主

---

① 吕型伟.吕型伟从教七十年散记:从"观察蚂蚁"到"研究人"[M].上海:上海教育出版社,2004:8.
② 鲁迅.看图说字[M]//鲁迅.鲁迅全集(第六卷).北京:人民文学出版社,1981:36.

动阅读兴趣的功能。①

小学生的兴趣特点有很多,我从个案研究中特别感知到如下显著特点。

一是多样的丰富性。我看到一位三年级的小朋友在竞选中队委员时,在自荐小报上这样写道:"我勤奋好学,兴趣广泛,爱好多样,我喜欢体育活动,乒乓球、游泳、滑板、羽毛球等项目。我又爱好组装模型、电动小老鼠和机械鱼制作品等玩具。我还喜欢《上下五千年》和《安徒生童话》等书籍。我最喜爱的还是数学,在数学比赛中,我多次获奖,我感到非常开心。"

二是有明显的游戏性。孩子们学习不喜欢呆板、单一和硬性要求,他们学习缺乏目的性,而常常指向学习过程中的形式与活动的灵活性及自由度。于是当老师在传授知识与训练技能时,通过游戏活动来进行,学生就会兴趣盎然。有孩子写道:"今天体育课玩得真开心。""老师给我们玩游戏的名称为'二传手'。老师叫一个数字,学生就要按数字所指的人数手把手拉开围成一个圈。游戏开始,老师报'2',有同学迅速地拉住别的同学的手,用力拉在身边。我反应较慢,找不到可以牵手的人,正在我绝望时,突然发现还有一个人在找朋友,就高兴极了,马上跑到那个同学身边手拉着手。心想,这真是天助我也。后来数字愈叫愈多,拉手游戏的竞争越来越激烈。我觉得这是一节很有趣的体育课,大家玩得很开心。"

三是有好奇的探索性。这是童趣最大特点之一。孩子有强烈而浓厚的好奇心,他们好问好探索。有个孩子在一次作文中写道:"我做成了一次小实验……科学并不枯燥,而且非常有趣,许多小实验我们都想尝试自己做。一天,我正在看一本关于科学小实验的书,突然看见一个名叫'不会掉落的明信片的小实验'。它上面写着:先将杯子里装满水,然后在杯子上面放上一张明信片,倒过杯子后明信片不会掉落,反而会牢牢吸在杯子口上。我跃跃欲试,想见证这是不是真的。于是我找来材料:杯子、水和纸。经过操作后发现,纸开始时是吸在杯子口上的,但过一会儿纸就从杯子上掉下来了,效果不佳。研究其原因,是书上要求的使用材料是明信片,不是一般的薄纸片。于是,我再找来一张明信片,再试一次,奇迹果然出现啦,这次,明信片牢牢地吸在杯口上。我成功啦,我欣喜若狂,激动得跳跃了起来。我想:这是什么原理呢?原来水的压力

---

① 林崇德,等.小学生心理学[M].杭州:浙江教育出版社,1993:237.

和空气的压力在纸片上相抵,所以明信片才不会掉落。这个小实验不仅有趣,还使我明白了一个科学原理。"从此,这个孩子不但喜欢做各种小实验,而且到中学以后,还爱上了物理和化学等学科,参加了科学社团,成了一名小小的科学探索者。

四是童趣有选择性。不同年龄、不同性格、不同性别的孩子常常会有不同的兴趣选择。孩子在与父母交往中,对于父母的一言一行,也有他们的辨别力与选择性。父母不要认为自己对孩子的关爱与叮咛,孩子都能接受、理解和喜欢。我看到一位孩子在作文中写到"我最不喜欢听的一句话"和"我最喜欢听的一句话"。从这里可以了解孩子童趣中特有的选择性。"我最不喜欢听的一句话是,有一天我和妈妈走在回家的路上,遇到我们常见的邻居阿姨,我正准备叫她时,妈妈抢先一步对我说'你怎么不叫人啊?'听到这话,我只好嘟囔了一句'阿姨好',可是心里感到十分别扭,异常尴尬。我心想,妈妈,你怎么能这样,让我在邻居面前出丑,让邻居以为我是一个不懂礼貌的人。更让我意外的是,这个邻居也说'这孩子,以后要多学习待人礼貌才行'。这更使我感到很委屈。我心想,我明明想叫人的,可大家为什么不分青红皂白地说我不对?而且我明明叫过人啦,可那邻居还是说我没有礼貌。他们为什么要这样?这样做给人多大的打击。它严重地伤害了我的自尊心。其实我也想对妈妈说说心里话,我想对妈妈说'其实我是想叫人的,这是礼貌,我懂。你以后不要再这样不相信我好么?'"在这孩子的作文里,我还发现有一篇作文写"我最喜欢听的一句话"。他写道:"我最喜欢听的一句话是我外公常对我说的'早点睡吧'。这使我感到温暖、温馨和感动。有一天晚上,我做完作业,正在津津有味地看一本书,那时,九点半到了,外公进门对我说:'别看了,早点睡,明天再看也可以呀!'那时,我怎么肯放下手里的书呢?我于是便说:'让我再看一会吧。'外公答应了。夜更深了,时钟到了10点,外公又来催我:'快点睡吧,如果今天不早睡,明天哪有精力上好课。'我本想再度推迟,可突然感觉到外公的话里有许多的关心、爱护和体贴。我想都那么晚了,外公还惦记着我的睡眠,他时时刻刻关心着我的健康和学习,我只有早睡早起才能够让外公安心。那时,我真想对外公说:'你太关心我了,您说的话我一定记住。'从此以后,我每天都会按时睡觉,外公看见这情形,也常对我笑笑。我感觉,我和外公相处,十分温馨和开心。"

二、小学生兴趣的培养

培养兴趣的意义在于,它是学生成长的最好老师。教育史上,有人认为兴趣是最伟大的词语之一。"它是一盏智慧之明灯,它把白昼般的阳光带入教育的航道。"兴趣的形成要求我们善于保护童趣,童趣是兴趣形成的基础因素。兴趣由童趣、情趣、志趣等多因素组成,《中国美趣学》认为,"趣"是指常人的情感。古人曰:"趣者,生气与灵机也。""趣"有兴趣、情趣、风趣、奇趣、雅趣、意趣等。儿童学习兴趣的培养,要求教师在教育教学过程中,既要尊重和爱护孩子好奇好问的探求欲,还要用自己的教育热情和有效的教学方法去诱导他们热爱科学,热爱学习。①

早在 2 000 年前,我国教育家孔子就提出:"知之者不如好之者,好之者不如乐之者。"孔子的学生颜渊好学乐道,就是一个范例。明代教育家王阳明在他的教育方法中明确指出,教育儿童,要顺应儿童的性情,鼓舞儿童的兴趣。他说:"大抵童子之情,乐嬉游而惮拘检,如草木之始萌芽,舒畅之则条达。摧挠之则衰萎。今教童子,必使其趋向鼓舞,中心喜悦,则其进自不能已。譬之时雨春风,霑被卉木,莫不萌动发越,自然日长月化。若冰霜剥落,则生意萧条,日就枯槁矣。"②这里说得十分明显,我们的教育要适应儿童的年龄特点,使他们能在有情有趣中学习和成长。

有关学习兴趣的培养,西方教育家洛克在《教育漫话》中有专门的论述。他主张学习要在游戏中进行,特别要重视好奇心的培养。好奇心是追求知识的一种欲望,是大自然赋予人类探求知识的一项利器,应从儿童幼年起就细心谨慎地予以培养和发展。其方法是,无论儿童提出什么问题,不要制止他,不要讥笑他,而应尽可能地给予答复、解释,按他们的年龄与知识的能量,使他尽量接受。教师还要善于把学生难学的内容变为容易接受的知识,化难为易,变枯燥为神奇,使学习兴趣很好地持续发展。法国教育家卢梭还认为:"儿童期是理性睡眠期。"重要的是,要发展他们的感觉,训练儿童的感官,要注意直观教学和实物操作实验。我国近代教育家梁启超还专门讲了趣味教育与教育趣味。他说:"我

---

① (澳)W.F.康纳尔.二十世纪世界教育史[M].孟湘砥,胡若愚,主译.长沙:湖南教育出版社,1990:114.
② 顾树森,编.中国古代教育家语录类编(下册)[M].上海:上海教育出版社,1962:204.

信仰的是趣味主义。""趣味是活动的源泉,趣味干竭,活动便跟着停止。"他把趣味比作机器运行中的燃料,没有燃料,机器就会停止。他还认为:"人生在幼年、少年、青年,趣味是最浓的。"他是主张趣味教育的人,是要趁儿童或少青年趣味还浓而方向未决定的时候,给他们一种可以受用一生的趣味。这样教育办得圆满,能够令全社会及个体永久是有趣的。他提出的教育方法是要用启发式来引起学生的学习趣味,不能用注射式(注入式),不可把课堂里的东西叫学生死记硬背。把老师嚼过的东西喂给学生,必然无滋无味而无趣。因此,要改变教育方式和教育方法,要启发学生的学习自主性和积极性。

小学阶段正是学习兴趣形成的关键时期。这一阶段儿童的学习活动带有很大程度的情绪化倾向,当儿童对学习有浓厚兴趣,充满好奇心、惊异感和强烈的求知欲时,不仅能产生情感迁移,而且会注意力特别集中,他们的交往能力也会迅速提高。这一切会给整个小学教育和孩子成长带来动力和享用的功能。在这方面,我接触过一个典型性的案例:当孩子迷恋、沉浸于课外阅读时,由于过多过重的作业负担,他的自由阅读的兴趣得不到爱护与支持,受到了阻碍,影响了此后的发展和提升。我看过一位四年级小学生写的《我的愿望》,他真切地写道:"我有一个小小的愿望,就是能有一整天的时间,让我自由自在地沉浸在阅读《作文大王》之类的作文书籍里,那我就开心死了。可惜,我这美好的愿望却很难实现。原因是天天回家后都有堆积如山、题海似的作业在等待着我去消灭。就算作业做完了,爸爸妈妈还是会把一大堆课外练习题压到我的桌面上来,并吩咐我完全做完。每当我做完了这些作业之后,只能有片刻休息的机会,马上抽出五分钟的时间,看上一两篇优秀作文。即使到了星期六、星期天爸爸妈妈还要我去读外语或者把一大堆作业压在我身上。每当我看到那有趣的优秀作文时,我恨不得一下子把手边的作业消灭掉。可是一个人精力有限,也只能面对现实,面对身边如山的作业,不能超越时空,只能眼睁睁地看着有趣的书躺在我身边,我不能去亲密接触。面对这一切,我真想开口对爸妈说:'我想看书,我想自由自在地看书。'可是,不知什么原因总是开不了口。因为我爸爸会这样回答我:'作业做好之后再看。'啊!我期盼着有人给予我时间上的解放,让我能自由自在地看书,那我一定好好地感谢他。"

这是一篇真实的原始作文,是小学生渴望自由阅读的心声,是迷恋、沉浸于儿童自主选择读物中的童心、童真、童趣的写照。这正是发展和培养学习兴趣的机会,是千载难逢的契机。可惜,我们没有及时把握,没有给予充分的支持。这孩子的阅读兴趣就在无形中减弱了,多么可惜和令人痛惜。这也引起了我们对当今教育的反思,对童趣培养契机的把握研究。

反思一,教育的宗旨理应对孩子各种美好愿望给予充分的理解、尊重、满足与支持。可是,在现实生活中,常常事与愿违。原因何在呢?有调查认为,现在孩子什么都不缺,就是缺少一个快乐的童年。其后果是不利于孩子的身心健康与人格健全;不利于未来发展,孩子容易产生厌学情绪;也不利于创造性潜能的发挥,好奇心和活力由此被扼杀,这将会影响孩子一生的快乐和幸福。有专家指出,扼杀童趣的凶手是当今社会唯学历论和功利主义教育理念与应试制度的桎梏。联合国教科文组织发布的《反思教育》报告中指出,教育理念出现了问题,要求重新定义知识、学习和教育,要超越狭隘的功利主义和经济主义,要使服务学生的兴趣愿望融入教育之中,要采取开放、灵活的方法来满足学生的美好愿望,使他们在学习中获得愉悦感、满足感、幸福感,为未来持续发展奠定基础。有文章指出:"教育不仅关系到学习技能,还涉及尊重生命和人格尊严的价值观,而这是在多样化世界中实现社会和谐的必要条件,这应是二十一世纪教育的根本宗旨。"①为此,我们要转变教育理念,要尊重孩子人性、人格中的童心、童真、童趣,尊重他们的美好愿望和需求,要提供和创造他们自主发展的空间和自由支配的时间。只有这样,才能维护和增强他们自由发展、健康成长的福祉。

反思二,对孩子阅读兴趣的意义要有一个再认知,阅读不仅是语文教学的一部分,而且在人的发展中具有基础性的作用。阅读是人类智慧的结晶,是人类进步的阶梯,阅读是文明人的最基础的生活方式。书卷有情似亲人,沉浸之中乐无穷,为此,联合国教科文组织将每年的4月23日定为"世界读书日",倡导全世界民众都要重视读书兴趣与习惯的培养。我国也在制订《全民阅读促进条例》,保证全民阅读有长效的机制。阅读兴趣与习惯要从小养成,阅读对儿童来说具有其特殊的意义,他们处于阅读兴趣形成的最佳期。儿童心理学认为,孩子是天生的阅读者。你塞给一个2岁孩子一本图画书,他就会兴趣盎然地阅读起来。有一位四年级小学生,在《我的愿望》一文中表达了孩子渴望阅读的心

---

① 顾明远.对教育本质的新认识[N].光明日报,2016-01-05.

声,这是多好的心愿,这是难以捕捉的教育契机。可是,在种种现实教育的负面因素影响下,这孩子的良好愿望得不到充分的支持和满足,这十分可惜和令人不安。当过多作业和自主阅读兴趣发生冲突时,该如何处理为好?我们需要对作业负担进行深入反思与改革。我们要充分地认识到,儿童时期正处于纸质书阅读时期,也是开启深度思考与书本学习的起始阶段,这正是养成和奠定精细阅读的基础期。为此,老师与家长要高度重视,积极引导,给予支持。

反思三,作业原本是为了巩固知识、加强理解的一种教育措施,可是,过多过难的作业就会异化,变质为一种学业负担,会对学习产生负面影响,会使学生产生厌倦情绪以致敷衍了事。有的教育部门提出了减轻学生作业负担,有的学校还在探索"作业革命",变单一作业为多元作业;变枯燥的文本作业为充满情趣的、富有色彩的多元作业;变被动作业为主动作业,让学生在自主选择中展示他们的学习风采。在激发求知欲和提升实践能力中,提升孩子的童趣与特长,这是一项深受家长和孩子欢迎的教育改革。如果我们将鼓励学生自主选择阅读也作为作业的一部分,那该多好啊!

反思四,从家庭教育角度看,它比学校教育更有条件,可为孩子阅读的个性化发展和个别化辅导创造更多有利条件。这就要求家长与老师相互配合,在减轻孩子作业负担上共同努力,让孩子的学习兴趣得到更多更好的保护,发挥其积极作用。有调查显示,中小学课堂教学普遍过分强调知识的传授与技能的训练,而有些家长还拼命让孩子去上各种补习班,学钢琴、小提琴,学舞蹈,学各种各样的技艺,这侵占了孩子自由阅读的时间,并使广大中小学生的成长空间和自主阅读时间减少、匮乏,使他们阅读能力的提高受到影响。有研究表明,纸质书的功能有电子读物不可替代的作用,纸质书能让人安静下来,可以边看边思考,这可养成终身阅读的好习惯,一卷在手,物我两忘。一本好书,往往能改变人的一生,如果小时候没有养成阅读的习惯,长大后再培养就很困难。有家长认为,面对有缺陷的教育现状,应以平和的心态将焦虑之心转变为平常之心,尽可能减少对孩子的负面压力。爱因斯坦在童年成长中,得益于父母没有强制性的要求,并给予他强烈的好奇心和求知欲的尊重和满足。在个案研究中,有家长发现自己的孩子在绘画方面有兴趣,在与老师沟通中,老师也认为,这孩子在绘画上有一定的天赋,在班级为出类拔萃者,于是,家校联手,创造条件共同引导这孩子在绘画等方面发展与提高,最终,这孩子的艺术兴趣与才能达到了成功成才的要求。

反思五,培养童趣要重视教师、家长自身情趣的影响。童趣的保护和兴趣教育的研究,我国近代教育家梁启超早在1922年4月10日就有提及。在一次教育联合研究会的讲演中,他将趣味提升到我们一切活动的动力和源泉这一高度来认识。他说:"我的信仰是趣味主义。""趣味是活动的源泉。""没有趣味的主旨,活动便很快停止。"他要求改变教育法,选择趣味最浓的教学内容和方法来使学生"越劳作越发有趣"。① 梁启超在家庭教育中,尊重孩子的学习兴趣,鼓励他们自主发展,在他趣味主义的熏陶下,每个孩子均很优秀。他女儿思庄迷恋阅读,后来在图书馆事业上颇有成就,成为浩瀚书海中的领航者;大儿子思成为建筑学的泰斗;二儿子思永为考古学大师;小儿子思礼为导弹专家,中国工程院院士。

梁启超提倡趣味教育时还强调要求教师对教育事业有兴趣。他认为,教育事业不仅神圣而且有无穷的乐趣,孟子说"君子有三乐",其中"得天下英才而教育之"就是一乐。他还说,教育要比做皇帝还要快乐。教育的趣味如同自然界的趣味"莫过于种花",我自己亲自种的花,它的生命和我的生命简直合并为一,所以我对着它,有说不出来的无上趣味。"教育事业就如种花一样,教育者与被教育者的生命是并和为一的",因此教育是"一条光明大路"。它"富于春秋典学光明","鞠躬尽瘁,忠心大业"。② 关于教师的职业兴趣,我认为教师是人类希望共同体中的一员,我愿用自己的生命之火去点燃人类的光明,用自己的银发去为祖国编织灿烂如锦的明天,这是幸福的享受,也是人生的快乐。

有关童心童真童趣的研究,全国各地有不少学校进行了探索,如上海向阳小学开展了玩的教学研究,上海市特级校长洪雨露主编了《玩的教育》。③ 他认为,兴趣教育的奠基石是玩,爱玩是孩子的天性和权利,是孩子成长最丰富的教育资源,兴趣教育要从满足孩子童趣着手,让孩子在"欢天喜地"中生活,在"喜闻乐见"中学习。他千方百计地使学校的教育活动充满童趣,要求教师心怀童心,在组织元旦迎新活动中有"校园新星""时装新秀""世纪心愿""万米新卷""辞旧迎新"等,使校园文化成为欢乐的海洋;爱画画的,可在万米长卷上挥笔涂

---

① 金雅,选编.中国现代美学名家文丛·梁启超卷[M].杭州:浙江大学出版社,2009:18.
② 同上:19.
③ 朱小蔓,梅仲荪.儿童情感发展与教育[M].南京:江苏教育出版社,1998.

彩;善歌舞的,在新年表演中轻歌曼舞;让爱玩、爱闹、爱动手、爱动脑的孩子,在活动内大展身手。在鼓励学生充分地展示自我,提升情趣,感受合作的乐趣,在户外校外活动中,体验野趣;在教学活动和科技活动中,借助现代教学手段来引发志趣。在唤起兴趣—确定兴趣—发展兴趣—持续升华兴趣中,课堂教学获得最佳效果。他们将兴趣和创造与"玩语文""玩数学""玩科技"整合起来,有理念、有机智、有操作。如教《桂林山水》时,让学生画桂林,有的"坐飞机"画俯视下的桂林山水;有的"坐游艇"画漓江两岸的美景;有的在岸边画对岸的风光。画绿色显示自然的生机,画漓江象征的晨雾。"画桂林",使语文课的意境展现得淋漓尽致,情趣洋溢。①

东北师范大学附属小学从率性教育的角度开展了实验研究,他们的教育理念是倡导率性教育,主张教育要保护孩子的天性,尊重个性发展,让学校成为充满童趣的地方,成为孩子开展神奇想象的梦幻工坊,成为促进创造力的乐园。为此,在东北师范大学附属小学的校园里,孩子在课后休息时,可以在操场的草坪上坐着、躺着、打滚、爬着,开心地撒欢。他们在欢乐中奔跑着、嬉笑着,沉浸于自由、自主、自创的游戏里。学校成为孩子们体验探究乐趣的智慧之家和迷人的乐园。他们认为,儿童好动、好玩、好奇、好探索,这是孩子的天性。所有的孩子都是梦想家,他们的想象超越成人,他们可以通过涂鸦表达自己对世界的理解和追求。有诗人写道:"生命就像季节,每个季节都有迷人之处,童年是初春的季节,是童心、童真、童趣含苞待放的季节,它需要创设率性的校园环境,给予最纯真、最阳光的教育生态。让花蕾之美,在微风中开放。"这一教育理念源于我国古代的天人合一,"天命之谓性,率性之谓道,修道之谓教"。这一率性教育理念还吸取了现代西方教育的科学研究成果,是在儿童成长发展的内在规律基础上提出的,并在教育改革的实践中改变"工业化流水线,标准化,同一化,一刀切"的教育模式,力求使学校成为呵护童心,爱护童真,保护童趣的乐园,成为追求真善美的智慧之家,让每一位孩子在充满情爱的率性教育的氛围中健康成长。②

---

① 洪雨露,主编.玩的教育[M].上海:上海教育出版社,2011:4.
② 于伟."率性教育":建构与探索[J].教育研究,2017(5):23-32.

第四节　小学生情绪晴雨表与情感教育课的探索[①]

我们要创造和谐社会,应当以学生的和谐发展为基础。学生和谐发展的关键在于,要重视学生身心的和谐发展和认知与情感的和谐发展。这正如美国心理学家布卢姆所比喻的那样,一个人要用两个并排的梯子去爬墙,一个梯子代表认知行为和认知目标,另一个梯子代表情感行为和情感目标。这两者又互为联系,不可分割。可惜,在现实生活中,人的生命发展被扭曲了,往往只注重认知行为和认知目标,而丢失了情感行为和情感目标,造成了畸形的教育。和谐发展需要完整的教育,需要寻找"另一半"的情感,即情感教育。

如何去寻找呢?我们感到,幸福的童年应当让儿童在幸福的生活中度过,而且要让他们感受到生活的幸福,体验到幸福生活来之不易,为之珍惜。可是,在现实生活中,家庭、社会和学校教育由于受功利主义的影响,急于求成,急功近利,常常容易孤立而又片面地注重智力的单一发展,过于偏重分数和考试,并把它看作评价孩子成长和教育质量好坏的唯一指标,使"分、分、分,成了学生的命根,考、考、考,成为教师的法宝"。其后果是,不仅累坏了父母和教师,而且严重地摧残了孩子的身心健康,使教育园地变质为主宰孩子未来生存竞争的拼搏场所,使不少孩子感到幸福童年不幸福,快乐校园不快乐。为了纠正这一状况,上海市黄浦区卢湾第一中心小学开展了小学生情绪发展和情感教育实践的探索研究。为使学校的教育真正成为给孩子以幸福童年的生命教育,让他们获得身心和谐发展和知情协同发展的完整教育,学校以引导和鼓励小学生写情绪晴雨表为载体,让儿童自由、自主、自然地表露自己日常生活中的心境、心态和心情,然后通过开设情感教育课等途径,让儿童幸福和愉悦的生活感受得到深化和提升,使苦闷的情绪得到宣泄,使烦恼的心情得到缓解,在情感的相互交流中,让师生、生生和父母与子女之间的情感得到沟通、理解和提升。

---

① 本节为与卢湾第一中心小学吴蓉瑾、程华两位校长合作研究的成果。

一、小学生情绪晴雨表的定位和案例分析

情绪晴雨表是指让学生记录自身情绪状态的日记。晴为好心情,如愉快、兴奋,阴、雨为坏心情,如难过、苦恼。它的定位和操作要求:这不是每天必须完成的指令性作业,而是在教师指导和鼓励下,学生为自己创设和设计表露内在情绪情感的一个平台,心灵的小屋,开放性的花园,学生在此可找到自我倾诉的好朋友。在这一日记型的记录本中,学生可以倾诉自己的一切。有话则长,无话则短,三言两语,不拘形式,有文有画,不求统一格式和华丽的辞藻,只求情感真实,自我舒展。为更好地理解情绪晴雨表,下面附上一个案例及其分析,从中我们也可略知当今儿童情绪与情感的发展与表现情况。

案主是一位9岁的三年级女孩,她两个月内在晴雨表上记录了18次。

"晴"10次,内容涉及得到高分,受夸奖,做值勤,谈心愿,赏花观景,会客……

"阴与雨"8次,生病,住院,受委屈,丢三落四后的沮丧……

案例分析:一位三年级女孩的情绪晴雨表

"晴"之一:今天语文课上,老师讲到神笔马良的故事时,她问我们:"如果你们有一支神笔的话,你们会画什么呢?"我同桌瑜瑜说:"我要画一双健壮的脚,送给缺腿的残疾人,让他恢复健康。"我说:"如果我有一支神笔,我要用它画一座高楼,这样可以使买不起房子的人,也有房子住了。"

老师批语:"真是一个心地善良的好孩子。"

专家点评:有研究报告指出,小学生情感道德的发展具有明显的转折期,一般是在小学三年级。三年级儿童随着他们知识的增长,认知水平的提高,他们善良的心态不再受具体的直觉的感受局限,而是可以凭借想象力去表达自己美好的向往和追求。这位小学生晴雨表中表露的心态,真实而又生动地表达了小学三年级学生善而美的童心。教师在语文课上提出的思考题也很好,小朋友之间进行的心灵交流也很美。为此,这位小朋友在此时此刻记录下当时晴朗的心态,通过这一记叙和抒写,可以抒发这种美的感受和情怀,使童心之美、之善、之真得到了升华。这正是小学生幸福童年、生命关怀和学校完整教育的一种写实、记录和展示。

"晴"之二：今天放学时，我在楼梯上碰到班主任时，她笑眯眯地对我说："今天，你表现很好！"我听了很开心。但不知道她为什么说我很好。我边走边想，我想到了，今天上午第四节课是情感教育课，我在课上发言多次，当时，我没有想到老师会夸我，我真喜欢老师！

老师批语：我每天看到你那样可爱，我很快乐。

专家点评：孩子需要表扬和鼓励，如同种子发育需要阳光、空气、水分和养料。这是个体精神生命成长中的一种依恋、安全、归属、尊重和成就需要的体现。当孩子受到老师的表扬，他的心灵就得到一种安抚，行为得到肯定，成长的进步有了反馈。它可以使儿童获得一种愉悦的感受、幸福的体验和精神的快感。表扬的功能还可以激励学生去迎接更加美好的明天。他会感到这一行为得到了教师、家长和同学的肯定和认可，这既可以让他感受到别人对自己行为的尊重，同时又能强化他的自尊、自爱、自信、自强之心和一种对完美感的追求。因此，教师、家长和小朋友们都要学会善于表扬他人，使表扬、鼓励成为幸福童年生活的一束阳光、一缕清风、一瓢甘露、一杯营养剂。

"晴"之三：我与妈妈来到沙滩上，妈妈说："这沙滩像什么？"我说："像金色的地毯。"妈妈说："想得真妙！"我说："谢谢夸奖。"那时，妈妈在沙滩上写上了两个字"心愿"。她问我："你有什么心愿？"

面对这两个字，我的思绪犹如在广阔的原野上奔驰。忽然间，一个朦胧的、美好的心愿出现在我的脑海里，那就是像外公一样当一名医生，穿上雪白的大褂，胸前挂着听诊器，面对一个个病员，问诊开方，帮助病人摆脱病魔的困扰。

老师批语：宝宝的晴雨表，总是写得与众不同，我希望你的心愿能得以实现。

专家点评：小学生的道德情感常常以一种美好的心愿和对未来的憧憬的形式表现出来。这种心愿与向往又和他们所敬仰、崇拜、依恋的亲人或"明星人物"联系在一起。因此，他们的心愿既遥远又贴近；既富有幻想、指向未来，又以一定的现实榜样为基础，看得见，摸得着，又做得到的。这孩子表达的心愿，就与她敬仰的一位救死扶伤的白衣战士——她的外公有关。她通过以外公为榜样，来表达她关心病人的那颗纯稚的同情心。这一心愿与同情，既表达了这孩子善良的好心态，又为小学情感教育课提供了热爱生命、关心他人的好主题。我们可以让孩子们利用情感教育课这一平台，自由、充分地表达自己各种美好的心愿,从中彼此受到善心的感染、熏陶、启发和教育。"心愿"的主题,低、中、高年级都可以采用,而表达的角度、方式可以有所不同,层次可以逐步提高。

"晴"之四:今天,默写本发下来了,我得了108分,我既高兴又感到有点遗憾。因为,从分数看,我得了一个不错的成绩,但我还没有记住所学的补充词语。今后,我除了要会默写所写的词语外,还应记住更多的词语,以取得更大的进步。

老师批语:多好的孩子,看见你写的内容,我真喜欢。

专家点评:分数作为衡量学生成绩好坏的一种标准,作为成长进步与否的量化工具,具有显性化和数量化的功效,常常为家长所重视,也为孩子们所关心。有人在表述小学生心理状态时曾写道:分数对小学生来说是一种美味佳肴,也有人将分数描写为小学生心情好坏的晴雨表。为了孩子的健康发展,教师在评分上要谨慎郑重,要公正公平,要从积极鼓励出发,要严之有格,格之有规,尽最大可能发挥它的积极效能,而减少和防止分数对学生成长带来的不利和负面的效应。如何正确对待分数带来的情绪效应?可以将之作为情感教育课的活动内容之一,让学生自己来讨论和宣泄分数带来的喜悦鼓励或痛苦烦恼,这对他们保持健康的心态有积极的作用。

"阴与雨"之一:今天早上,我兴冲冲地赶到学校,在整理书包时突然发现,铅笔盒没带,沮丧的心情一下涌来,我怎么这样糊涂呢?上课不带铅笔盒,就好比解放军叔叔上战场打仗忘了带枪,这是多么不应该。今天,我向同学借了铅笔,才没有耽误学习,但我相信这种错误是第一次,也是最后一次。我以后做任何事都要仔细一些,绝不丢三落四。

老师批语:有决心改就好。

专家点评:丢三落四的现象在小学生中非常普遍,常常会引发他们的苦恼、烦心、自责和怨恨。对此,教师、家长和小学生都要有正确的态度。对教师和家长来说,既要重视培养小学生做事细心、一丝不苟,同时也不要苛求、苛刻于孩子,防止过于谨小慎微而造成强迫性人格的形成,这会影响他们的未来发展。因此,教师可以利用情感教育课,鼓励和引导小朋友倾诉宣泄自己由于丢三落四而引起的情绪上的烦恼。一起来分析原因,共同来认识它在儿童身心发展过程中可能引发的问题。由粗心到细心,有一个过程,不能一蹴而就,也不大可能是"最后一次"。对于外向、急躁类型者来说,也许它会伴随一生。因此,我们可以针对不同情况、不同类型的学生,提出预防和克服的应对办法,逐步加以克服。这可以提高小学生自我反省能力的水平,又可以培养他们的意志和良好性格,还可以提高学习与工作效率。这种引导和讨论应成为小学生情感教育课的发展性主题之一,为"如何缓解成长中的烦恼"提供指导。

"阴与雨"之二:今天,老师宣布五个同学当选点歌台的主持人时,我心里不知有多么懊恼,因为前几天我生病了,没能参加这次选拔。从内心来讲,我很希望当这个主持人,所以心里有些不甘,并且有股酸溜溜的滋味从心里直冒到鼻子里,踌躇足足有十分钟,我仿佛是被霜打萎的花,没有精神。后来想,只要注意提高自己的才能,以后还是会有机会的。

老师批语:老师今后会为你创造一切机会,因为你是一个非常出色的孩子。

专家点评:在人的社会化过程中,小学阶段是人的社会形成与发展的重要阶段。同学互爱关系的形成,小学一年级是准备期,小学二年级是形成期,小学三四年级是小朋友友谊关系得到进一步巩固的发展期。这一阶段是进入"团体游戏的最绚丽多彩的时期",又为"团伙年龄期"。他们在团伙中的角色地位开始分化,分化为支配者与服从者,明星与非明星……他们在群体活动中,竞争意识和好胜心在不断增强,在竞争、竞赛和竞选中总有获胜者和落选者。获胜者高兴、自豪,落选者失去心理平衡而懊恼、沮丧、消极、埋怨或豁达泰然、或自我激励再度奋进……在这种情况下,教师要给予引导,为他们创造竞争、竞赛、竞选的机会与平台,并给予关心和鼓励。与此同时,这给小学情感教育课又提出一个新的课题。引导小学生懂得如何面对人生竞争、竞赛、竞选中的胜负、得失,以怎样积极而又豁达的心态去面对人生,是需要我们给予积极和深入研究的大课题。

"阴与雨"之三:爸爸,我曾感到自己是天底下最幸福的女儿,因为有您的宠爱,我不必担心一日三餐和为吃零食而发愁,更不必为学习用品和玩具缺少而烦恼。然而,爸爸,随着我年龄的增长,我感到您对我的宠爱与日俱减。我有不懂的词语问您,您总不直接回答,而是拿出词典,让我自己查。我有做不出的题目问您,您说个开头,要我自己去思考。原来上学都是妈妈骑自行车送我的,但您不同意,让我步行上学,还说:"走路也是一种锻炼!"这一切的一切,是否说明爸爸您不喜欢我啦!

老师批语:哦!孩子!你误解了。爸爸的爱,丝毫没有减少,而是随着宝宝的长大,渐渐改变了爱的方式。就像鹰爸爸,希望孩子翅膀更坚硬,飞得更高,他也会让孩子经历更多的磨练一样。孩子,你长大了,想一想,能想明白的!如果不明白的话,来和老师聊聊,好吗?

专家点评:这孩子的问题很真切,很有意义,富有童心、童真、童稚和童趣。她在自己成长的过程中遇到困惑,产生了误解和误会。那如何消除这一误会呢?小学情感教育可以创设一个很好的平台。让孩子从自己的成长过程来看父母对自己的爱,是喜欢一切顺从自己的溺爱,还是喜欢与日俱进的关爱;父母的爱是为所欲为的放纵还是明智体贴而又严格要求的爱;对父母的关爱是理解、认同、接受、尊重、喜欢,还是误解、埋怨、抵触、反感与反抗。在这方面,老师可以发挥中介沟通的作用,引导孩子去理解父母的用心良苦和对自己成长的关怀。这晴雨表上老师的批语,发挥了心灵沟通的作用,比喻也很形象恰当,还让孩子遇到类似这样的问题,可以找老师聊聊。如果能利用情感教育课,让孩子和家长一起来谈谈自己的各种想法,将更有利于消除误解和达成共识,还可以提高情智和增进亲情。

上述我们列举和点评的几份晴雨表,只是从一个班级随机选取的一个小朋友的个案资料。从全校众多小朋友所写的晴雨表和情绪札记来看,小学生的情感生活十分丰富,情绪波动也千变万化,他们既有成功的喜悦,也有受挫的烦恼。他们在成长中的开心与烦恼,都需要我们加以关注并适时引导。

二、对情绪晴雨表的评析

我认为,卢湾第一中心小学情绪晴雨表的探索研究很有特色,颇有意义,其经验非常丰富,以下三点尤为突出和可贵。

1. 情绪晴雨表首创教师的改革意识和探索精神

情绪晴雨表的首创教师不满足于现有的成绩单和成长手册,力求通过亲身的改革实践,来改变现有的单一的评估手段。卢湾第一中心小学这位教师决心要探寻一条走向孩子心底的通道,寻找一把打开他们心扉的钥匙,从中去把握孩子们的童真、童心的脉搏,使教育工作能真正贴近孩子的生活实际,能达到师生心灵上的沟通。今天,她终于找到了!我们为此感到欣慰并给予祝贺。

2. 情绪晴雨表强调求真务实,切忌虚假

情绪晴雨表的倡导者不满现今作文中的虚构。她心目中的情绪晴雨表,应是孩子一篇篇真情实感的心情日记,心灵世界的 X 光片。她对孩子们记录的情绪晴雨表,行文要求不高,不需辞藻华丽,但在求真务实上要求很高,一定要记真情实感,切忌说假话、空话、套话。"文如其人",老师这一教学风格,必然会影响孩子的人格形成。在创建和谐社会和讲究诚信的氛围中,这样的情绪晴雨表记录,可以让学生受到真诚、真实、真挚的人格塑造。

3. 从情绪晴雨表的批阅中可以看到教师爱生的情怀、情愫和情操

从教师与孩子的"对话"中,可以感受到教师对学生的理解、关怀、热情、同情和亲情。小小的情绪晴雨表凝结着教师对教育理想的憧憬,对真、善、美的追求,对学生的关爱,对自身价值的尊重。

我们由此联想到,瑞士教育家裴斯泰洛齐在给友人信中所写的名句:"我生活在他们中间,我的手搀着他们的手,我的脉搏和他们的脉搏一起跳动;我的眼睛注视着他们的眼睛,我的眼泪和他们一起同流;我和他们共同欢笑。""我时时注视着每一个孩子心灵的细微变化;我的心向每一个孩子敞开着。""我没有一切,只有他们。"

卢湾第一中心小学的教师,用他们的爱心去抚养孩子,使学校充满欢乐。孩子们对学校所教学科非常喜欢;师生关系质朴自然,亲如家人,其亲融融,其乐无穷!

这一情绪晴雨表,不仅受到小朋友的喜爱,而且也得到广大家长们的欢迎和支持。这一宝贵的经验,在校内外得到推广。随着不断改进,情绪晴雨表会更加完善,效能会发挥得更好!

三、情感教育课的开设及案例

上海市卢湾第一中心小学在校长程华和吴莹瑾的领导下,本着以学生发展为本的教育理念,遵照使学校真正成为培养完整人格的教育场所的要求,于 2001 年起在全市率先开设了"情感教育课",其目的在于沟通师生间的情感,提升儿童对幸福生活的感受水平,缓解他们成长过程中的烦恼情绪,为他们的健康、积极成长创造快乐的生活空间,为小学教育改革探索一条新路,为学校校本化的课程改革创造新的经验。

他们在引导孩子们记录情绪晴雨表的基础上,针对孩子们的情绪状态,利用每周一次午会课的机会,让孩子们舒畅地抒发自己的情感,讨论同伴的情感

体验,学会提升自己的情感品质,调控自己的情绪和理解他人的情感,从而提高自己的情感智慧能力。

调查发现,小学生情绪情感问题明显地存在两个维度,一是内容,二是表现形式与发展水平。在内容上主要有对己、对人、对事三类情绪:对己指自我欣赏、自我烦恼;对人主要是对父母、老师和小伙伴的情感、态度;对事包括对班级、学校、学科喜欢与否及考试成绩等。其中,对己的问题特别多,有自我肯定、自我认同,也有自我否定、自我困惑,如:受到委屈后,怎么办?不被他人理解怎么办?总之,宝宝心事一箩筐。在表现形式与发展水平上,存在低、中、高三个不同年级的三种不同形式与发展水平。低年级孩子的情绪有很大的情境性,如过生日、做好事受表扬特别高兴;中年级学生的情绪有很大的波动性,如晴转阴、阴转雨的事情较多;高年级学生的情绪有更多的矛盾性,常常处于自我矛盾与他人冲突状态之中,如父母偷看我的日记怎么办等烦恼较多。面对这一切,如何提升他们的情感水平和缓解他们成长中的烦恼?我们通过开设情感教育课等途径,在行动中加以研究,在实践中进行探索,在反思中求得解决。

下面选辑了卢湾第一中心小学四年级一个班级的情感教育课的三个教学案例。

情感教育课的案例研究

教学案例之一: 标志啊,标志

1. 教育主题确定的原因

接班以来,有不少家长与班主任交流关于标志的问题。有的家长说自己孩子缺乏上进心,明明有中队长标志却不愿戴,认为戴与不戴标志没有什么区别;有的家长认为孩子到现在从来没有当过干部,该给予机会让自己的孩子当一回干部等。对于家长的种种标志情结,教师想了解一下学生的看法。

2. 课堂教育实录

师:新的一轮干部选举即将开始,老师相信这鲜红的标志对你们都具有一定的意义,但每位同学对它的理解又不尽相同,你们能就此发表一下自己的看法吗?

女1:我喜欢当干部,除了能更好地为班级服务,为同学服务外,其实有时也是因为父母的原因,他们总觉得带一个佩戴三杠或两杠标志的孩子出去也光彩些。

男1：我觉得现在的干部轮岗制一点也不好，弄得我对当干部的兴趣越来越淡了。规定连任两年，我在三四年级时都很好，难道到五年级就非下来不可吗？那多没意思，索性不当干部。

男2：妈妈说学生只要把书读好就可以了，所以从来不让我参加班级的干部竞选，更别说是日常的大扫除、出黑板报等工作了。

女2：老师总是暗示我们选她喜欢的同学当干部多没劲，反正轮不上我。如果那些老师喜欢却没有一技之长的人没有被选上，老师还会想方设法让他们当上中队干事，这是假的，我们不喜欢。

男3：干部轮岗要求给每个学生锻炼的机会，这是不合理的。因为有些同学没有能力，给他一个岗位锻炼几个月也没有进步，却占着一个位置，而真正有本事的人却没有位置，这合理吗？

女3：当上干部，老师对你的要求就特别严格，你犯了错误，教师训起话来就特别凶。动不动就扯标志，一个标志一个月里要扯上扯下好几次，太难为情了。

师：听了同学们的发言，老师也感慨颇多，林林总总的想法汇成一句话：一枚标志代表着一份责任。在这枚鲜红的标志上，有同学、老师的信任，有家长的期望，有你的责任。今天，标志不是用来炫耀的东西，不是讨彩的装饰，一旦戴在你的臂膀上，你就要尊重它，履行你的义务。新的一轮选举即将开始，你只要问问你的心灵：是否愿意为班级服务？是否愿意为同学们服务？其他的个人私利都要抛到一边。现在，你们的想法有什么改变了吗？

男1：我很希望自己在这次竞选中当选，但是没什么信心，希望大家给我勇气，我也一定会努力的。

女1：我想在宣传工作上作出成绩，爸爸、妈妈那里我会和他们好好谈谈。

女2：希望这次竞选能够公正、公平。

师：好，老师答应你们的要求。老师会使竞选更民主，让同学们选出真正能为大家服务的干部。但请你们答应让老师也作为四(2)中队的一员参加投票。

全体学生：好的！同意！

男2：我一旦被选上，会尽自己所能为大家服务的。

男3：请大家到时投我一票。我想竞选小队干部，请大家相信我的能力。

师：我和全体同学一样，满心期盼着新一轮干部的竞选。我希望涌现更多的好干部，让我们这个班级蒸蒸日上。

3. 后效

在庄严的选举仪式上，同学们互相推荐、自荐，气氛非常热烈，很快选出了一批新干部。在即兴的就职演说中，他们都表示会珍视臂膀上的标志，会尽力为班级服务。其他学生也表示要继续努力争取。班中队还举行了很隆重的授标志仪式，为每个干部亲手佩戴上了标志，包括每个小队干部。现在新的干部班子成立了，班级一派新气象。

4. 课后专家点评

由"标志"引发的一节情感教育课，很实在，很别致，很有价值。

说它实在，是因为在课前老师了解到孩子们的种种想法，其中也有家长的各种想法，这一切都影响着孩子的情绪。这些情绪会影响他们的竞选态度和选举活动，还会影响孩子的未来成长。因此，针对"标志"这一敏感主题，组织这一讨论，贴近孩子的心态和家长的情结，它有利于情绪智力水平的提高。

说它别致，是因为教师引出这一主题的方式不同一般，先从家长的"标志"情结说起，再引出孩子们已经存在的标志情绪，让他们各抒己见，畅所欲言。教师的引导也颇有画龙点睛、要言不烦的精彩。

说它有价值，是因为民主社会要从小教育孩子有民主意识，重视民主权利、义务和责任，学会参与民主的操作过程，在民主选举中，学当小主人。与此同时，在竞争社会中，让孩子能在竞争、竞赛和竞选的活动中，以积极的心态去接受大家的考验，以豁达的心态去面对成败。因此，标志啊标志，它是永存性的人生一课，不仅小学高年级学生要上，而且中学以至大学的学生也要接受这人生一课的教育和考验。

教学案例之二：老师，您的批评让我……

1. 教育主题确定的原因

我向学生介绍了一篇《挨骂的小学生》的文章，其中提到老师对学生种种形式的批评，引起了学生们的兴趣，他们在大笑之余提到自己所受的种种批评。我想听听同学们对老师的批评有些什么看法。

2. 课堂教育实录

男1：老师的批评让我很难受。有一次体育课我旷课了，后来老师把我叫到办公室狠狠地批评了我，这让我心里很难过。

女1：老师的批评让我很没面子。有时老师在全班面前指出我没有交作业，这时全班同学都看着我，我真恨不得有个洞让我钻下去。真是太没面子了。

男2：老师批评我无所谓，因为有好几次，我受的批评都莫名其妙，而且都是体育课。有一次，我很认真地上完了体育课，正准备上楼，老师就叫住我，说："最近你表现不好，留下来谈谈。"老师把我留得很晚，也没说什么，我觉得真莫名其妙，所以次数多了，也就无所谓了。

女2：老师的批评让我挺难堪的。有一次，我在上课时伸了个懒腰，结果数学老师看见了，说："唉哟，你的姿势真优美啊！"我琢磨了半天，才知道老师在嘲讽我。我的脸一下子发烧了，很难堪。

女3：我真希望老师批评能公正些。有一次，我上课时看见邻座在讲废话，立即劝阻他。可老师看见了，没有批评他，却狠狠地骂了我。我把原委告诉了老师，她还说："他讲话，你不要管，自己管管好。"我当时觉得委屈极了。

师：你们都经历过各种各样的批评，这些批评或多或少都有一些教育意义，希望对你们有所启示。一个人在同一个地方反复跌倒，那是愚蠢的。而老师也要注意批评方式，公正地评价你们每一个人。如果老师错了，你们要大胆地给教师指出，我们愿意改正。让我们互相帮助，互相促进，好吗？

全体学生：好！

3. 后效

学生能正确对待教师恰当的批评，主动承认错误，并努力改正。同时，我也在想：孩子毕竟是孩子，还是应该以表扬为主，鼓励为主。别让批评扼杀了一个天才的诞生。

4. 课后专家点评

让小学生从小能以正确的心态去面对来自各方面的批评，并学会自我批评，这对提高他们的心理耐挫能力，培养坚强的性格和情感智慧能力极为重要。加德纳在多元智能理论中，特别强调培养学生的自知反省智能，要求儿童能逐步具有认识、洞察和反省自身的能力，能较为正确地意识和评价自身的情绪，并在正确的自我意识和自我评价的基础上形成自尊、自律和自制的能力。这就需要以正确的态度去对待批评与自我批评。要把别人的批评看作一面镜子，从中看到自己的不足，以此来鞭策自己，使自己进步。

教师在对待学生的缺点时，还应看到：孩子们的缺点绝大多数是属于他们成长中的发展性问题。因此，大家都要以积极的心态去面对这些问题，要循循善诱，循序渐进，要寻找有关原因，以便对症下药，不可操之过急，以免损伤儿童的自尊心、自信心和打击他们的积极性。

教师对学生的批评，一定要做到公平、公正，切忌挖苦、讽刺，否则这会影响孩子的人格完善。

本课教师的引导很好，对于孩子的教育要以正面教育为主，以发扬优点为主，以表扬鼓励为主，这样可以提高儿童的自信感和自强感，有利于学生在自我教育中得到成长和进步。

教学案例之三：学会感谢

1. 教育主题确定的原因

上星期，我们情感教育的题目是"爱的力量"，我让孩子们懂得了如何去感受父母对自己的爱。那么，你感受到这份爱的时候，是否该去感谢父母的爱呢？尽管有时这与父母深厚的爱相比显得微小得多。

2. 课堂教育实录

师：在这节情感教育课前，老师曾要求同学们做过一份作业，那就是在作业的"每日一段"中写一段话。要求每位同学对父母说一声"谢谢"，当你父母为你盛饭时，当父母一天辛劳后为你检查作业时，描写一下父母的神态或动作。今天，同学们的作业都交上来了。我们先来看一看吧。

女1：今天，我照例回到家，一进家门，就脱下臭跑鞋，妈妈照例递来了软底拖鞋。我想起老师要求我们完成的作业，立即说："谢谢你，妈妈！"妈妈不由一愣，笑了，说："今天怎么客气起来了？"

男1：今天晚饭时，爸爸给我盛了一碗饭，我说："爸爸，谢谢你！"爸爸瞪大眼睛看着我，好像不认识我一样。"快吃饭，啰唆什么？"爸爸虽然这样说，脸上的线条却非常柔和。

女2：妈妈洗完了碗，在灯下为我检查作业，我看见妈妈已经微驼的背，心中不由一阵感动："妈妈，谢谢你！"我由衷地说，妈妈回头看着我，愣一会儿说："傻孩子，说什么呢？"但我分明看见妈妈眼睛里有点湿润，她从来没有听见过我对她说感激的话。

师：为什么我们的父母会有这样的反应呢？为什么他们仿佛都不相信这是事实呢？因为长久以来，我们都一直接受着父母源源不断的爱，却没有感激过我们的父母。老师再问一个问题：在座的同学,你们的父母有多少是记住你们的生日,并为你们庆祝的?

女3：我爸爸、妈妈记得,因为我是八月出生的,爸爸、妈妈每次都带我去大饭店,为我庆祝一番。

男2：我前几天刚过了生日,爸爸、妈妈叫来了很多亲戚朋友,为我庆祝,还买了一个大蛋糕呢!

师：看来大家的生日都过得不错。那么,现在有哪位同学能告诉我,你是否知道父母的生日,又是如何为他们庆祝的?

男3：我妈妈的生日好像在3月,爸爸的生日就不知道了。

女4：我知道妈妈的生日,每次都想为妈妈庆祝,可是总是忘记,总是过掉了才想起来。

师：是啊,我总觉得我们这一代人从父母那儿得到很多,却给予他们很少。当我们接纳了父母那么多的爱之后,却没有想到过要给父母一点爱,直到今天,我们因为一件小事而感谢父母时,他们竟然会如此诧异、惊奇。我们这些为人子女的是不是该好好想想呢?

今天这节情感教育课,我想以一位同学文章中的一段话作为结束,希望大家听后一起来想一想：我们究竟该怎么做?

"躺在床上,我想了很久。我是个不太懂事的孩子,曾经几次三番对妈妈大声嚷嚷：'妈妈,我要那种笔!''妈妈,我要吃肯德基。''妈妈,我想学电脑。'可是却从来没听见妈妈向她的女儿要过什么。生病了,妈妈深夜送我去医院,而妈妈病了,我却没有问候过一声。和好朋友吵架了,是妈妈劝解我,让我们和好如初,而妈妈烦恼时,我却钻在我的漫画书里。我这是怎么了?"

学会感谢,感谢父母给我们的爱,更要学会爱,爱那些爱我们的人。

3. 后效

我一直怀疑自己对孩子的要求是不是太高,对他们讲这些,他们是否能够理解,能够听懂,直到后来,看到他们写上来的"每日一段",那一句句朴实的话语,打动了我的心,我才知道他们正在长大,他们已经能够明白这些道理。

爱——不只是索取,更是付出。

4. 课后专家点评

爱的教育是学校情感教育中特别突出、带有永恒性的系列主题。爱作为一种高尚的道德情感,要从小培养。在小学情感教育中,特别要重视爱父母、爱老师、爱同学的教育。爱的本质,不是接受,而是给予。因此要让孩子们在接受父母爱的过程中,学会施爱和创爱。

可惜,在现实生活中,由于不少家庭存在单爱、偏爱和溺爱的倾向,父母用心良苦的关爱,孩子们常常感受不到,也理解不了。因此,从小培养孩子具有感恩和感激之心,显得尤为重要。"滴水之恩,涌泉相报",这是中华民族传统美德之一,要在我们的教育中加以发扬。

将这一课的主题定为"学会感谢",就是要让孩子从小在与父母进行爱的交流中,去感受和体验父母之爱,去回报和创造对父母的爱。在爱的双向互动中,使父母爱和爱父母的情感得到提高和升华,使它成为神奇的教育力量。让孩子们在互爱中健康成长。

第五节 小学生爱父母、爱老师、爱同学系列研究

在中华民族优秀传统文化中,孔子提出,仁为爱人,"泛爱众而亲仁"。他认为,爱父母为孝,爱兄弟姐妹为悌,爱老师为敬,爱朋友为信,爱民族、爱祖国为忠。国内外不少学者都认为,孔子的这一教育思想是社会稳定、人际和谐的天然纽带,它是促进社会合作、人民幸福的凝聚剂,也是社会性基础情感培养的奠基石。[1] 如何将这一教育理念转化为实践呢?

我们在上海多所小学开展了爱父母、爱老师、爱同学系列实验研究,取得了很好的教育效果,被情感教育专家列为国内开创的一种"爱的系列教育模式",它具有分阶段操作性等特点,这项研究成果向全国作了介绍推广。[2]

我们在小学开展的爱祖国情感培养的实验研究中,先从低年级小学生爱父母、爱老师、爱同学的教育实践开始,大体操作过程是:(1)首先了解孩子们对父母、对老师、对同学的认识和了解程度。调查中发现,有半数以上的孩子不了解自己的父母、老师和同学。他们认为,父母和老师工作轻松,从来没有想到要

---

[1] 杨焕英.孔子思想在国外的传播与影响[M].北京:教育科学出版社,1987:228.
[2] 朱小蔓.情感教育论纲[M].北京:人民出版社,2007:176.

爱父母和老师。在孩子之间,相互争吵、争夺玩具等现象较为普遍。针对上述情况,学校有针对性地制定出相应的教育计划。(2)从知父母、知老师、知同学着手开展教育。如组织"问父母是怎样辛勤工作的""听老师讲对我们有什么希望""看同学之间谁最讲友爱"等活动。在此基础上,组织了"夸父母""夸老师""夸同学"等活动。有的孩子将父母、老师、同学爱护关心自己的动人情景画了出来,并进行讲解;有的孩子编了儿歌,用说唱形式表达自己对父母、老师和同学的感情。(3)组织专题讲座,给学生讲述革命先辈先进人物爱父母、爱老师的故事。如毛主席敬重徐特立老师、朱德总司令爱母亲等故事。(4)开展"见行动"活动。有的学校在"爱父母,见行动"教育中,提出了"五爱五行动"的要求:一爱父母关心我,我帮父母做家务;二爱父母讲道理,我懂道理求进步;三爱父母有理想,我要坚强不怕难;四爱父母品德好,我要勤奋来学习;五爱父母工作有成就,我拿成绩来汇报。通过上述活动,孩子们主动为长辈做好事,刻苦学习,勤做家务,家长们十分满意。这些活动的开展使家长更加主动地关心学校教育,积极配合学校教育好自己的子女。

在小学中高年级,在爱父母、爱老师和爱同学的基础上进行爱班级、爱学校、爱家乡的教育活动。有些学校把爱班级、爱学校的教育建立在爱师长、爱同学的基础上。他们提出:爱师长——听从教导有礼貌,鞠躬敬礼要问好,不任性、不撒娇,尊敬师长要做到;爱同学——我有玩具大家玩,他有困难我帮助,不打架、不独占,友爱互助团结好;爱班级——大家关心班级事,值日工作要做好,不损坏、不乱涂,教学用具爱护好;爱学校——一草一木要爱护,室内室外勤打扫,不喧闹、不乱抛,学校环境保护好。他们在爱班级、爱学校活动中还做到层次化、儿童化、一体化。层次化是:一、二、三年级的学生,要知道班级、学校和少先队都是集体,知道班级同学的姓名、地址和学校的方位,与班级同学相处要团结友爱,遇事谦让,爱护公物;四、五、六年级的学生,要知道自己生活在集体中,应处处关心他人,尊重他人,要为班级多出力,为学校多争光,对损害班级和学校荣誉的事要敢于批评。儿童化是:体现为从小处着手,在"活泼"上动脑筋,在指导练习上下功夫,注意从儿童身边的小事中选取教育素材。例如,"我有玩具大家玩",可以启发儿童在活动中不抢先,不独占,互让互爱。一体化是:将班级集体建设和校园环境建设结合起来,将学校教育和家庭教育结合起来,在"流动红旗"的比赛中,让学生、家长和老师一起参加评议。小学高年级进行爱家乡活动的一般做法是,从调查访问着手,了解家乡的地理风貌和历史演变。上海市虹口区崇明路小学在中高年级开展"爱我虹口"的教育,组织孩子们参观李白烈士故居,让他们为自己生长在烈士战斗过的地方而感到自豪。他们参观曲阳新村,这地方过去是一片空地,现在已经是高楼林立,他们从新旧对比中具体感受到里弄街道在发展,家乡在前进,幼小的心灵不仅增添了幸福感,而且也产生了责任感。在"爱我虹口"的主题班会上,许多孩子热情歌颂家乡。有位学生对在场的虹口区区长提出要让苏州河变清变美的建议。也有的孩子说:"假如我是区长,一定要纠正不正之风。"孩子们对家乡的热爱,引起了家长和老师们的深思,也影响到了社会。

有学校还从认识自我、学会爱人、提升情感、完善人格上下功夫,进行"三爱"(爱父母、爱老师、爱同学)教育的课程化建设。上海市闵行区实验小学把受爱与创爱结合起来,让每一位小学生了解在日常交往中承担三角色的具体要求等内容,使他们知道:自己在爱父母中,既是受爱者,又是创爱者,要爱父母,学做人——我是体贴懂事的好孩子;爱老师,求真知——我是尊师乐学的好学生;爱同学,善合作——我是善良热情的好伙伴。为了落实上述要求,该校编写了校本教材,从一年级到五年级,共编写了十册,将"三爱"活动的内容具体化,要求教育方式层次化、生活化。以爱父母教育为例,其主题有"爸爸妈妈放心吧""爸爸妈妈辛苦了""爸爸妈妈了不起""爸爸妈妈您歇歇吧""爸爸妈妈笑一笑""爸爸妈妈您真好"等。其中,"爸爸妈妈您真好"这一主题活动,一年级(上)要求学生从父母为自己上学所做的大量准备工作中感受父母对自己学习的关心;一年级(下)则通过让学生观看讨论"下雨天,本校一大群学生家长等候在校门口为自己的孩子送伞"的录像,感受体验父母对自己生活上的照顾;二年级(上)安排观察、交流自己每天出门前父母的言语、动作、神态,从中感受体验父母的爱心;二年级(下)安排了一次"我的好爸爸(妈妈)的儿童画展览",让孩子们用自己的画笔画出自己心中的好爸爸好妈妈;三年级(上)安排调查活动,如"名字的由来",课上共同交流调查情况,从中了解并理解父母对自己的期望……上述校本教材实验做到了文字和多媒体相结合,使校本教材图文并茂,语言生动形象,还有录音录像等呈现方式,使学生获得直观的感受与体验。

在社会实践活动中,在可能的条件下组织学生参观父母的工作单位,了解父母的社会角色和社会贡献,感受父母的辛苦;"走访老师""教师工作量的调查"等活动,让学生全面了解老师的工作情况以及对自己的期望。在少先队活动中,有"我为家庭添欢乐""让我帮帮你""我要学他(她)样"等,发挥队员的自主性和创造性。下面摘选有关活动的若干案例。

案例一:名字的由来

在爱父母的活动中,我们孩子对父母的爱的认识常常较为肤浅,一般认为父母给自己吃好、穿好、玩好就是对自己的爱,无法感受父母殷殷期盼和拳拳之心。怎样让孩子有这份感受呢?早在20世纪80年代,就有老师设计了一节"取名的艺术"课,为二十分钟的小课。该课各环节安排如下:第一步,先布置一项课前作业,向你的爸爸妈妈做一番调查,调查内容是各自名字的由来,可用文字说明,也可用图片或视频等资料来说明。调查后发现,每个孩子都对自己名字的由来有了进一步的了解,也知道了父母的用心良苦。不少孩子告诉老师,以前他总嫌自己的名字不好听,很羡慕其他同学的名字好听,现在才觉得自己的名字也挺好!第二步,在课上先给大家讲了一个"取名的艺术"的故事,大意是,有一陈姓人家在孩子出生后,为了取名,花了几天想名字,在文稿纸上洋洋洒洒地写下了近百个名字,最后决定取名"陈曦",因为这名字用普通话念时,与"晨曦"同音,本义为清晨的阳光,念起来音韵和谐,含有几分诗情画意。用上海话念是"神仙",希望孩子生活得逍遥自在。在家唤"小曦曦",又与"笑嘻嘻"同音。这一故事引起了大家的欢笑与兴趣。第三步,让孩子们介绍和交流自己名字的由来。有孩子说:我的名字叫宋蒙申,因为我父母原来是上海人,为了支援边疆建设,来到了内蒙古,我出生在内蒙古,父母为了让我记住他们的故事,就给我取名为宋蒙申。现在,父母作为人才引进来沪,他们还要我牢记我们两代人的这一经历,内蒙古永远是我的第二故乡。有孩子介绍说:我的名字叫张思卿。听妈妈说在给我取名时,家里人翻了很多书,还查字典。在唐诗《九月九日忆山东兄弟》中,有"独在异乡为异客,每逢佳节倍思亲"的诗句,大家觉得"思亲"很好,读起来又好听,所以就给我取名"思亲"的谐音"思卿"。这名字寄托着家里人对我的希望,等我长大了,无论走到哪里,就是出国留学,也要思念亲人,热爱亲人。我也将永远记住父母、长辈、亲人对我的爱。又有同学说:我的名字叫李嘉辰。我姓李,"嘉"的意思是聪明美好,"辰"是日月星辰的"辰","嘉""辰"两个字合起来的意思是每天都很美好,这是爸爸妈妈对我的希望和鼓励,我很喜欢这个名字。

一石激起千层浪,孩子们的话匣子打开了,大家争先恐后地介绍自己名字的由来,为自己父母的深爱而感动。老师把握这一教育契机,开展了"爱父母,学做人"的系列主题活动,如举办班级"摇篮时代"的摄影展,让他们知道自己出生时,如何受到父母无微不至的关怀,从而弥补了婴儿时期记忆上的空白。还开展了"我成长的故事"活动,不少孩子讲述名字给予自己的激励与鼓舞,使他们更爱父母,对自己更有要求、更有信心。

案例二:老师的目光与微笑

眼睛是心灵的窗户,是反映情感状态的寒暑表。老师的目光是学生成长的太阳,老师对学生的爱,除了言语表达之外,往往要通过眼神与表情来传递。老师的微笑还是师生心灵沟通的好方式,它是建构师生心心相印的路与桥。有时,有声语言难以表达的思想感情,常常通过眼神与表情来传送。可是,在师生的交往中,由于小学生年龄较小,尚未走出"自我中心"阶段,因而他们对老师的有声言语比较注意与重视,对老师的眼神与表情则关注较少。于是,有老师就设计了这样一个主题活动,即"老师的目光与微笑"。

一、从观察老师的目光与微笑入手

在活动前,老师给大家布置了一项"有趣的作业",即观察一个或几个老师的目光和微笑,看看有几种变化,又有几种表情。考虑到有部分学生可能有困难,老师事前给他们看了几段有关录像,让他们注意录像里老师眼神的变化与微笑时的表情。从中,看到的目光有注视、略视、斜视与呆视等,微笑中含有欣赏与赞许、理解与支持、肯定与信任、渴望与期待等几种意味,并组织同学们将自己观察到的目光与微笑进行讨论交流。学生能畅所欲言,说出很多不同时间、不同场合情况下老师的目光变化和微笑时各种表情的含义,有表扬、鼓励、批评与提醒,等等。

二、从感受、理解中获得真情

老师创设了几个情境,分别请几个学生来当老师,请他们做一做:你会向这个同学投去怎样的目光,并谈谈当时的感受。还让学生联系自身的体验,回忆自己在看到老师不同的目光后,心里是怎么想的。一位学生说道:"有一次,我没完成家庭作业,老师把我叫到身边,问我原因。知道我是因为贪玩忘了做作业时,他严肃地看着我,看得我不敢抬起头,脸上火辣辣的,我羞愧极了,心想老师的批评是对的,这是为了我好,我下次再也不能忘记做作业了。还有一次,体育课上我摔了一跤,膝盖上擦破了皮,流血了。老师一边安慰我一边把我送到卫生室。从老师的目光中,我看到了体贴、关怀和鼓励。于是,我的伤口不疼了。我想,老师真关心我,她多像我的妈妈啊!"

对于老师的微笑,有同学说:"有一次,我考试后成绩不好,因怕被家长骂而没有给家长签名,我自己仿签了。结果被老师发现了,问我为什么仿签,我只好如实相告,怕被家长骂。老师当时宽容地对我笑了笑,说:'考差了不要紧,下次努力就行了,但做人要诚实。今天,你回去让爸爸签好就行了。'我听了十分感动。后来,老师总是用她温柔和宽容的微笑来鼓励我进步。为此,我感到老师的微笑是我记忆深处的花朵。"

上述活动之后,班级同学普遍地开始关注老师的目光和微笑。有学生到了中学之后,对小学时的这一活动印象还很深,他把小学老师的微笑,称为"我心灵深处的歌"。他写道:"老师,谢谢您!我想送您一首歌,当作我对您的回报:'感恩的心,感谢有您!伴我一生!让我有勇气做我自己。'谢谢您,我小学时的'启蒙老师'!"

案例三:我们都是好朋友

在孩子们的人际交往中,有学生常常只知道自己,不知他人,不会与人交往,缺少朋友。针对这一情况,有老师设计"我们都是好朋友"的主题活动。老师在活动前,让学生们在班级黑板报上写着:"我们都是好朋友,相互关心,相互帮助,让友谊之花在心中开放!"还设计了"同桌情缘""请到我家来做客""平等待人建友谊"等主题活动。

在这些活动开展时,先从身边事说起。这班级有一位从外地转来的学生,由于说话带有方言的语音语调,与同学交流时有些障碍,再加上胆小,她整天沉默寡言,上课不发言,下课不出门,放学独自回家……大家说她是"独立大队"。另一个学生,总认为别人帮他,是没有把他当健全人看待,所以在他有困难与不便时,同学们由于找不到两全办法去关心他而感到困惑。

教师在"爱同学、善帮助"的活动课上,讲了有同学病了的故事。说欢欢小朋友生病住医院,班级同学不仅送去了慰问卡,还把对她关心与鼓励的话语用录音笔录了下来,带到医院放给她听。放学后,班级学习委员还带几个同学去医院帮欢欢补课,不让她掉队。欢欢激动地说:"同学的友谊给了我温暖!我要感谢大家。"

老师讲完故事后,请大家讨论:如果同学遇到困难,我们该干什么?当有困难的同学拒绝你的帮助时,又该怎么办?有同学提出:要主动帮助,但又要将心比心,不要伤害接受帮助者的自尊心;还有同学说:帮助要真诚,说话要委婉,方法要多样,而对拒绝者要有耐心,还要互相学习,对外地同学要多了解外地的好风光、好特产,多学习外地同学的优点;对有病残的同学要从学习他的优点着手,学习他生活上自理与克服困难的顽强意志等,同学们真诚的话语让有关同学感到温暖和鼓励,感受到同学的真诚。他们在交流中增强了理解,增进了友谊,性格也变得更加开朗、活泼,班级同学的交往能力也得到了提高,班里同学之间的关系更加和谐,班级成了一个大家庭,同学间亲如兄弟姐妹,大家感到好温暖好温馨。

第四章

阳光少年与初中生情感教育探寻

人之少年,是四季之春,一日之晨,
如同旭日东升,朝气蓬勃,阳光灿烂。

第一节 初中生情感发展的特点

初中阶段为少年期,它是童年的后期,又是青年的前期,处于童年向青年的过渡期。这是人的一生中身心发展上质的结构性改组最迅猛的时期。有研究认为,人到13岁时大脑发展到巅峰状态,也是大脑最好使用的时期,少年脑结构和功能的发展为它的认知、学习、情绪、情感及社会交往提供条件,铺平道路,储存潜能,提供发展可能性。[①] 在情感发展上,显示出与众不同的特质。少年期儿童对父母的爱、老师的爱、同学的爱以及对劳动、学习、生活的爱,都会提高到一个新水平。初中生的学习动机,由为父母而学习提升到为自身和社会的需要而学习;学习的兴趣爱好,也由狭隘转向广泛,由分散转向集中;对老师的爱由盲目转向自觉,并有一定的选择性。在同学关系中,友谊成为他们精神生活的重要内容,影响着他们的学习和生活方式、心理发展和个性的形成,这是社会情感提高到一个新水平的重要标志。在人际交往上,突破单向从属与依靠,转向双向互助、友爱和尊重。友爱成为中学生心理发展的动力源和兴奋点。他们与伙伴交往中的亲密度,超过了老师和父母。一份"你和朋友是不是比父母更知心"的调查问卷测试结果显示,初中生与朋友的亲密度不仅远远超过父母,而且随着年级的升高而增强。在与伙伴交往中,他们有独特的选择性,择友标准占第一位的因素是感情融合,占第二位的因素是心理相似,占第三位的因素是内在心灵美好。[②]

少年期是人生中具有特别重要意义的特殊时期,是个体情感发展上又一个重大转折时期。这要求家长和老师给予特别关注,细心引导。

一、少年期是完满人生的关键期

许多心理学家早就注意到儿童由小学进入初中之后,在身心方面发生着特殊的变化。当代心理学家皮亚杰认为,在这之前的儿童只能对具体事物或事物的形象进行运算和认知。到了初中阶段,即儿童进入11—15岁的年龄,他们便

---

① (美)詹姆斯·卡拉特.生物心理学[M].苏彦捷,等译.北京:人民邮电出版社,2012:98.
② 李辉贤,李尚孝,李恒荣.初中生友谊心理发展特点的研究报告[J].教育研究,1988(8):41-45.

能在认识上对事物的形式和内容作出区分,使思维超出感知的具体事物,进行抽象的逻辑思维和命题运算,进入形式运算阶段。脑电波的研究表明,十三四岁是儿童大脑迅速发展的时期,这为脑功能的增强、思维水平的提高、情感的发展提供了基础。随着青春期的到来,他们的情感生活产生了冲击波,掀起了波澜。因此,有人称这是"飞跃期",是思维由形象向抽象飞跃的时期;是"第二次诞生期",是由第一次自然生命的诞生,走向第二次真正意义上的精神生命的诞生的时期;是"心理上的断乳期",是由依附于父母走向独立的时期;是"自我发现期",是像发现新大陆那样开始发现自我,包括生理自我的发现和心理自我的发现。这发现又带来了种种迷惘、烦恼和苦闷,使他们感到"孤独",因此,有人又称这一时期为"闭锁期""奥秘期""幻想期"……总之,这是人生重要的转折期,是完满人生的关键期。引导得好,就使各种积极情感得到充分调动,成为其辉煌一生的开创期。"自古英雄出少年",这是少年英雄辈出的时期。引导得不好,消极情感抬头,这一时期就有可能成为"危机期""违拗期""叛逆期""难教育期"。

这一阶段的孩子,既寻求自身独立,又寻求相互依存。这就是人生充满种种矛盾的时期。认知心理学认为,儿童到了 12 岁,是形式运算期,是他们要求把自己的情感和他人情感结合的时期。①

1. 这是身心加速发展的高峰期

人生有两个生长发育的高峰期。第一次在婴儿出生后的第一年,即乳儿期;第二次就是初中生所处的青春发育期。少年期学生,身材迅速增高。小学儿童每年平均增长 4.74 厘米,而进入少年期,每年平均长高 6.35 厘米。这是身材快速增长时期。我跟踪研究的一男孩,刚进初中预备班时是 150 厘米,到初三毕业时,长到了 177 厘米,平均每年长高 6.75 厘米。体重亦有剧变,胸围、肩宽、盆骨等外形特征也有明显变化。与此同时,自我意识的觉醒,逻辑抽象思维的发展,社会化能力的迅速提高,都标志着他们身心在加速变化。

2. 青春萌动期

少男少女到 11—12 岁就先后进入青春发育期,男生开始出现变声,继而出现遗精,女生初经来潮,胸部隆起并逐渐变得丰满,出现了生理发育上的急剧变

---

① (美)詹姆斯·O.卢格.人生发展心理学[M].陈德民,等译.上海:学林出版社,1996:616.

化。与此同时，少年的性心理开始萌动，随着性激素的影响，他们经常受到"自身内在的性本能冲动"的影响，失去了儿童早期的那种"平静的内心平衡"。这对他们来说，是一个"新被发现的世界，是一个对自己充满着迷惘和无法解答的世界"。春情萌动，犹如"疾风和暴雨"，冲击着少男少女，使他们的"感情世界"变得相当隐秘，异常神奇，既喜悦和自豪，又害羞和恐惧。

3. 与成人世界产生了代沟

少年期，又是"闭锁期"，他们需要独立，要有自身"安全保障"的小天地。他们乐意和同龄人交谈而不愿意和父母谈心。在同龄人中间，他们平等、自由、无拘无束，而在父母面前，他们似乎还是"小孩"，得不到应有的尊重，与成人存在代沟，这就需要沟通和理解。父母和老师要了解他们的特殊心理。这正如一位中学生所写的那样："我开始偶尔做些少女梦，我开始为我的梦脸红心跳，日记本也不再拿给妈妈看了，这一切属于我的世界，我第一次想到锁。"由此可见，父母和老师要尊重和理解孩子的心理。

二、少年期是建立友谊感的重要时期

友谊是和亲近的同伴、同学等建立起来的特殊亲密关系，是一种彼此理解，亲切来往，相互热爱，关心体贴的真诚而又深厚的道德情操。它是同伴间的相互依恋，是归属感在伙伴关系上的体现。这是对儿童发展以至人生旅程有着重大影响的特殊情怀，在许多场合会伴随人的一生，从幼年一直保持到暮年，以至终生。

塞尔曼对儿童友谊发展进行过专门研究。他提出，儿童友谊发展有以下五个阶段。

第一阶段(3—7岁)，这个时期的友谊关系还很不稳定。朋友只是一个玩伴，友谊就是一起玩。在这个时期，儿童还没有形成友谊的概念。儿童间的关系还不能称为友谊，而只是短暂的游戏同伴关系。对这个阶段的儿童来说，朋友往往与功利的物质属性及其邻近性相联系。如果要求他们描述一个朋友，他们往往描述具体活动，如他和我一起玩、他不打我等。

第二阶段(4—9岁)，单向帮助阶段。这个时期的儿童要求朋友能够服从自己的愿望和要求，如果顺从自己就是好朋友，否则就不是好朋友，如"他不再是我的好朋友，因为他不肯跟我一起走"。

第三阶段(6—12岁),双向帮助但不能共患难的合作阶段。儿童对友谊的交互性有一定的了解,但仍具有明显的功利性特点。

第四阶段(9—15岁),亲密的共享阶段。儿童发展了朋友的概念,认为朋友之间可以相互分享,友谊是随时间推移而逐渐形成和发展起来的,朋友相互之间保持信任和忠诚,甘苦与共。儿童开始从品质方面来描述朋友,"她理解人,她很忠诚",认为自己与朋友的共同兴趣才是友谊的基础,"我们喜欢一些相同的东西"。儿童的友谊关系开始具有一定的稳定性。儿童出于共享和双方的利益而与他人建立友谊。在这种友谊关系中,朋友之间可以倾诉秘密,讨论、制定计划,相互帮助,解决问题。但这一时期的友谊有强烈的排他性和独占性。

第五阶段(12岁开始),是友谊发展的最高阶段。随着年龄的增长,儿童对朋友的选择性逐渐增强,由于择友更加严格,年长儿童建立的友谊关系能持续较长时间。①

与小学儿童期不同,少年期的友谊有三个特点:(1) 选择性。少年期的朋友不仅具有空间和年龄的相近性,而且常常与自己兴趣相同,有相近的价值观,具备优良品质。(2) 亲密性。亲密友谊是指对个人的隐秘和感受的分享,而且它还包括真正了解朋友的感受、担忧和个性。有调查发现,少年视朋友比父母更知心、更亲密,他们对同性同伴表现出的坦率也比对父母、老师及异性同伴等表现得更多。总之,少年很看重他们的朋友,初中阶段是与同性同伴敞开心扉交往的加速期,同时也是对父母、老师心理封闭的高峰期。② (3) 稳定性。会有几个同学,成为终身好友,一般保持到晚年。

三、少年期是一个情窦初开的时期

个体的依恋之情和精神上的归属感,有一个自身运行的轨迹。它从婴儿时依恋母亲,幼儿时依恋父亲,儿童期依恋老师,到少年期开始产生依恋异性的朦胧的心态,情爱开始萌芽。心理学家赫洛克将从性意识萌发到爱情的产生和发展分为四个阶段:一是显露青春萌发期有疏远异性的否定倾向;二是向往年长异性的"牛犊恋"期;三是青春中期积极接近异性的狂热期;四是青春后期正式的浪漫恋爱期。

---

① 王耘,等.小学生心理学[M].杭州:浙江教育出版社,1993:300.
② 黄煜峰,等.初中生心理学[M].杭州:浙江教育出版社,1993:296.

这四个阶段,前两个时期一般在小学儿童身上体现得较为明显。随着时代的发展,生理成熟年龄的提前,在小学高年级个别男女学生中间,某些青春初期的情感特征也开始显露。"在小学四五年级的学生中,他们在不知不觉中对异性开始关心起来,对漂亮的女孩或擅长体育的男生产生了思慕之情。但是,这种关注和好感,常常不固定于一人,保持时间也不长;彼此的关系也没有明确的具体要求,但到了六年级以后,对自己关心和抱有好感的对方就或多或少地有些固定化了。另外,在对方和自己的关系上也有具体的要求,例如想搞清楚对方的心情,想吸引对方多关注自己,想常和对方接近等。"①

少年的情窦初开一般有三个阶段:一是朦胧思春期。这时对异性的好感是朦胧的,又有些秘密感,加上怕同学嘲笑议论,想接近又不敢接近。因此,表现为行为表面上与异性疏远,内心却愿意接近的矛盾现象。初一和初二的学生大致处于这个阶段。二是两性接近期。开始主动接近异性,特别愿意在一起学习、活动、讨论问题。每个人都力争把自己最好的地方在异性面前表现出来。在健康的班集体里,这可能成为每个人进步的一种动力,可使友谊的水平得到提高。三是出现初恋特点时期。大致到高中才真正有初恋特点的心理活动。②

少年在异性交往中,由于特有的情感体验,开始产生爱的体验,这是可以理解的。他们尚不成熟,因此需要教育、引导,如果引导得当,完全可以将他们充沛的精力,引向对知识、对才能、对科学、对艺术的追求上。俄罗斯著名的文学评论家杜勃罗留波夫在他 13 岁时发表了名诗《幻想》,表达了一个少年对知识和才能特有的渴望、追求和强烈的热爱之情。他写道:"啊! 我是多么希望自己拥有这样的才能,在一天之中,把这图书馆里的书都读完;啊! 我是多么希望具有巨大的记忆力,要使我读过的一切东西,终身都不遗忘;啊! 我是多么希望拥有这样的财富,能够替自己买下这所有图书;啊! 我是多么希望赋有这样巨大的智慧,要把书本中所写的一切东西,都传达给别人;啊! 我多么希望自己也能变成这样聪明,使我也能够写出同样的作品。"③这是少年时代的幻想和追求,不是爱的狂想,而是一种美的追求、爱的向往。这不仅是一股强大的精神动力,

---

① 高野清纯,等.小学生心理(下册)[M].长沙:湖南人民出版社,1985:336.
② 冉乃彦,等.初中生的心理与追求[M].北京:中国文联出版公司,1995:110.
③ (俄)杜勃罗留波夫.杜勃罗留波夫选集(第 10 卷)[M].辛未艾,译.上海:上海译文出版社,1983:11.

而且是心灵深处一朵极为可贵的情感之花。"自古英雄出少年",少年时代正是情感奔放的时代,我们要把他们的热情和爱心,引向成熟,使他们逐步成长为一名真正的智者、强者、有为者、创业者和爱国者!

第二节　少年之梦与追求

20世纪八九十年代,我参加并承担了有关中小学生理想形成与教育方面的国家级课题研究。之后我一直关注着青少年的家园情怀、理想形成、梦的特点及追求等方面的资料的收集、整理和研究。

前几年,我有机会读到初二一个班级学生所写的《我有一个梦想》的作文,共有40多篇,作文以真实的心态和自由自主的表达方式,写出了新世纪少年种种多彩奇异的梦想,这与20世纪八九十年代初中生所写的理想追求有许多明显不同的特点。那么,新世纪少年之梦有哪些特点呢?从他们的作文中,我们可窥一斑。

一、他们的梦想追求有明显的自觉性与自主性

有学生写道:梦想,人人皆有之,只是大小与远近不同。有远大的,有渺小的;有遥不可及的,有近在咫尺的。

梦想是我们心中美好的愿望,是对美好事物的一种憧憬与渴望。它是人们为之奋斗的目标,又是人生前进的动力与快乐的源泉。人,不可能没有梦想。没有梦想,就不能做大事。

有学生把梦想比作一盏灯,这是引领我们走出迷宫,走向光明的那盏灯;有同学把梦想比作隐形的翅膀,它可以把我带上天空,飞向远方,飞到我想要去的地方;有同学把梦想比作一棵树,他可以结出神奇美味的果实,但是它需要浇灌和栽培。"你怎样浇灌,它就会怎样成长。"

学生们从自身特点与特长出发,各自表述了自己的梦想与追求。有学生从小体弱多病,对患病的折磨有较多的感受和体验,对救死扶伤的人道主义精神有更多的崇敬,因此,他的梦想是成为一名医生,给病人更多的温暖、关切与健康。也有学生想当老师、律师、画家与宇航员……还有学生因为从小受母亲的

特殊关怀,就梦想成为妈妈那样的好家长。

二、他们的梦想具有现实性与针对性

我过去曾看过初中生关于梦想的表述,多半较为空泛,盲目追星的内容较多。这次我看到学生的梦想较为现实,并有针对性,有学生的梦想还写得十分具体与实际。

由于当今现实生活中自然生态环境严重恶化,存在的问题很多,因此,好多学生的梦想是追寻一个"鸟语花香、绿树成荫、河水清澈的生存环境"。有学生列举了自己耳闻目睹的种种情景,如江河中的死猪事件、空气中的雾霾、食物中的怪味等。

他们梦想让中国的森林恢复原貌,让鸟儿的歌声传遍大地,让鱼儿在江河中自由自在地生长,让树木葱茏的美景再次回到我们的生活之中。除此,他们还想做一些力所能及的事,如多参与环保志愿者活动,让人们不再乱扔垃圾,让自己改变不良的生活方式,改掉铺张浪费的不良习惯,时时刻刻为保护环境贡献自己的力量。

有学生还联想到自己的未来,要将环境保护作为自己终生的事业。他们写道:"我有一个梦想,一个环保梦,一个看到绿色充满世界的梦,一个穿着环保服为环保事业忙碌的梦。让清泉为自然带来生机,不到山青水秀的那一天,我不会停止我的环保事业!"这是多么美好的梦想,这是多么可赞的追求。

三、他们的梦想追求有显著的层次性与多样性

梦想是人们对未来某种远景的想象和愿望的追求。它的种类、内容、层次丰富多彩、层层叠叠,相互交叉与渗透。人们的梦想大多指向生活追求、职业选择、道德观察、科学幻想、社会美好以及渗透在这些梦想中的审美情趣和美好憧憬。

从我看到的少年梦想中,他们对个人未来物质生活和精神生活的追求向往也有家庭环境和时代的特点。有学生写道:"在我很小的时候,在电视纪实频道上看到世界各地的风土人情与风景奇观,这一幕幕的画面犹如灯塔的光芒,在我幼小的心灵深处下了一颗向往的种子。后来,爸爸带我去香港迪士尼旅游,它是一个神奇的儿童世界的王国,琳琅满目,美不胜收,它让我有了一个环

游世界的梦想。再后来,爸爸又带我去马来西亚、马尔代夫、俄罗斯的圣彼得堡和其他欧洲国家旅游,加上地理课的学习,让我加深了对世界的了解,坚定了环游世界的梦想。我梦想能更多地去感受优雅的英伦风情,去领略繁华的纽约风貌,去探索神秘的金字塔,去发现人世间的所有美景。我想,人生一梦,此生无憾。"在一个人的人生追求中,有如此的审美向往,也可以使生活变得更有情趣和充实。

在这些作文中,也能看出新时代少年的职业理想有了新的变化,更加多样化。所谓职业理想,是指人们对自己今后选择何种专业、从事何种职业以及走怎样的成才之路的设想、预测和追求。

有学生写道:"我从小就喜欢律师这个职业,我从电视上看到他们为正义辩护、为人民申冤,他们匡扶正义的模样,使我钦佩、羡慕。律师匡扶正义的模样已经成为我心中的偶像。我知道律师的辛苦,整天浸泡在伸张正义的资料中,但他们再苦再累,也永远走在正义的大道上,我为此感到光荣,所以我想成为律师。为了这一理想,我要从现在开始,勤奋学习,用我辛勤的汗水,使我的梦想成真,让我一步一个脚印地走在通向律师的道路上。"

有学生梦想成为一名设计师,这一梦想源于生活中的观察,小到文具、箱包,大到建筑园艺,都离不开创意和艺术设计。因此,这位学生写道:"设计师是人们生活欢乐与享受的开采者,环境中艺术美和科学美的创造者,他们用自己的无限创意开采这深邃的宝藏,我的梦想就是当一名设计师,尽我之力去为大家的生活增添色彩与美景。"

这是多好的心愿、多美的理想,值得我们去珍视和培育,使他们梦想成真。

初中生对社会道德准则有了一定的追求和向往,他们在梦想中表达了自己的道德理想。所谓道德理想,是指对自己是怎样的人、要成为什么样的人、怎样处理各种人际关系、应具有什么样的道德品质和一生怎样度过的愿望和志向。

有学生明确表达自己的梦想是"做一个有道德的人",也盼望社会上有更多的人"成为有道德的人"。他的这一梦想来自观看足球比赛,看到多场足球比赛出现违规与输球后的骂人与殴打的情景。他认为这是极不文明的行为,这是道德素质下降的表现,因此,他希望不论是球场上的球员,还是看台上的观众,都应当成为有道德文明的人。这就需要提高民族的文明素质,并要从每个人做起,要从我做起。为此,他梦想着让球场成为文明绿地,让球迷世界变成文明的蓝天。

有学生从阅读海伦·凯勒的《假如给我三天光明》一书中受到启发，决心要像她那样成为自强不息的人，成为坚强、坚持而又坚韧的人。他还表达了要向张海迪等优秀人物学习。

有学生从身边亲人的行为举止中受到熏陶和教育，梦想做一个有责任心的人。她写道："爸爸出国学习，我的成长受到妈妈无微不至的关怀，她吃苦耐劳、任劳任怨、性格开朗、教导有方、受人尊敬。因此，我一直把妈妈作为我生活的楷模，把成为她那样的人作为自己的梦想。"她还写道："我的梦想与那些超凡脱俗、上天入地的梦想不同，我的梦想是不断完善自己，给身边的人带来更多真切的幸福。"我想，这一梦想既具体又实在，是可盼、可望、可行、可实现的好梦想。

学生在梦想中写得更多的是对社会理想的期望和憧憬。他们向往社会安宁、世界和平、政治清廉、人人平等、经济繁荣、科学发达，使自己的祖国更强大，人民更富裕，使全球成为绿色的世界、纯净的世界、和平的世界。他们对现实的社会和世界有着少年特有的感受和期望。

有学生在"我有一个梦想是国家富强"中写到中国的历史，写到中国百年来的屈辱历史与奋斗史，他说："我国人民一直做着强国梦、富国梦和大国梦。"还引用了梁启超在《少年中国说》中所写的："少年强则国强，少年进步则国进步，少年胜于欧洲则国胜于欧洲，少年雄于地球则国雄于地球。"由此提及强国梦必须让我们少年一代来完成。还写道："今天要努力学习和参与绿化大地，让五千年的华夏文明传播到世界各地。"

有学生在追梦中还想到要传承文明古国的优秀传统，他写道：不仅要回首往事、回顾历史，更要保护历史、创造历史、再造辉煌。他还想让自己从小学好历史，参与历史文物保护等志愿者活动。

有学生面对现代信息科学技术迅速发展的今天，梦想成为新技术的发明者，让中国的高科技产品走向世界。"我怀有一颗坚定的心，要参加艰难的科研项目的研制，只要我今天好好学习，打好科学基础，这一梦想终有一天会实现的。"

四、他们的梦想追求有独特性和奇异性

梦想作为一种想象，不受时间与空间的局限，可以飞至星球，也可以钻入地

心。同学少年,任凭心愿,峥嵘岁月,风华正茂,梦想尤为独特而又奇异。当今少年,有他们的时代节奏和不同寻常的个性特点,因此在梦想道路上也有别样的选择和与众不同的奇异内容。

有学生把"追求拥有一颗童心""愿人间处处有童心"作为自己的梦想,这是人生理想的一种独特视角。他写道:"我的梦想听起来似乎有点荒唐,可是我真想回到我的婴儿时代,让我变回一个小孩子。我想:小孩子虽然幼稚,但心地纯洁、纯真、纯朴和善良,如同明月照着我的心灵。我看到小伙伴获奖时,我和其他小朋友会一起给他鼓掌,还会送上一句:'你真棒!'这好比一缕缕暖阳,毫无杂质。我的童年充满了亲情和友情。这正是我憧憬、向往和追求的梦想。"

初中生梦想的独特与奇异还表现在人性内在能力的开发和外在行为的显示上。有学生的梦想是心怀一颗好奇之心,因为它是人类生而具有的天性,是开发宇宙、创造万物、探索未知的源泉,也是挑战未来世界的基石。有学生写道:"我希望让好奇之心永存,可惜,现今教育应试化使我们的好奇心受到禁锢,因此,我梦想所有学校都有能开发学生好奇心的活动课程,让我们的好奇心得到发扬和发展。能获得这一把走向未来的金钥匙,正是我的梦想。"

有学生对"微笑"感兴趣。他写道:"微笑,是一个人轻而易举就能做到的一种面部表情,它只要嘴角轻轻地向上扬一下就可以了。""正是这一表情,具有不可小觑的表达沟通功能与神奇的魔力。它可以消除人与人之间的隔阂和冷漠,它可以给人带来亲和与温暖。有人说,未来将是充满微笑的世界,我愿微笑的魔力传遍大川和大洋,让世界充满微笑和爱意!"还有个学生写道:"微笑如同乌云中透出的阳光,直照到我的心底,带给我光明和温暖。一个微笑,可以驱散我心中的孤独和冷漠。因此,我有一个梦想,愿微笑成为慰藉心灵创伤的良药,让微笑之花在我的人际交往中灿烂绽放。"

少年梦想,还触及学校的教育政策和教师的教学常规。有学生写道:"梦想既可以指向未来,也可以指向当今,我真实的梦想是老师不再拖堂。""学校公然表态,不再拖堂。可是现实生活中,我们常承受着拖堂的折磨和痛苦。"为了实现这一梦想,这位学生既分析了老师拖堂的心态,又写了学生方面的原因。因此,他最后写道:"我有一个梦想,有一天同学们上课时,杂乱的交谈与干扰老师的声音被动听的读书声和沙沙的记录声代替,到那时,老师准时下课,同学课间活动再度出现!"

有学生写到自己梦想成为"古筝爱好者与表演者"的时候,认为梦想如同果树,需要种子、土地和阳光雨露。她童年时代,有一次去杭州游西湖时,听到湖面上飘来圆润、优美、动听的古筝乐曲,当时,她心旷神怡,全身心陶醉于音乐之中,幻想着自己也能学会弹奏古筝。"此时此刻,这一小小的梦想种子就开始在我心上萌发着它的嫩芽,从此,我对古筝着迷起来,时时处处想抱着它、弹奏它。"她还把家庭、学校的文化氛围,父母、老师、同学的激励和自身的努力分别比作土壤、阳光、雨露和自我浇灌。

这一形象的比喻,给我们的理想教育不少启发与反思。

其一,我们过去的理想教育较多强调社会要求和价值引导,而对学生自身的兴趣爱好、智能结构和才能特长研究不够,因此,在今后的教育中,要将社会需求、价值引导和学生的兴趣爱好结合起来,这样就能得到事半功倍的效果。

上海有个学生,在小学一年级时,看到铅笔盒上印有一架小飞机,他就想象自己长大后,也要造大飞机。老师和家长得知他的这一幻想后,对他多加鼓励,于是他如饥似渴地去阅读《十万个为什么》《少年科学》等书刊。在小学与初中阶段,他在学好规定的课程之余,又去学习几何、代数和数论,还攻读大学阶段的微积分、向量代数和空间解析学。结果,他连跳几级,后来又直升中国科技大学,去现代力学系专业攻读高速空气动力专业,后来真的成了我国大型飞机的设计师,为国产大型飞机的制造作出了巨大贡献。

其二,筑梦、追梦与圆梦要有良好的家庭、学校与社会的文化氛围和生态土壤。有梦想的人生才会精彩,有梦想的民族才有希望,有梦想的家庭和学校成长环境才能鼓励学生去筑梦、追梦与圆梦。

有孩子在《筑梦》的作文中写道:"小时候,妈妈总在我身边,拉着我的小手问:'你有梦想吗?梦想是很神奇的东西,它会给你前进的动力。'那时,我挠挠头问:'梦想是什么呢?'妈妈把手放在我的胸口说:'梦想是一棵树,你怎样浇灌,它就怎样成长。'我在朦胧中产生了喜欢音乐的梦想,我想,长大后如果能上台演出,那该多好啊!"

又有学生写道:"我的老师推荐我们阅读《神笔马良》的故事,老师还希望我长大后像马良那样用画笔去帮助穷人。我当时就想,我长大后,要像马良那样用我的画笔去美化周围的生态环境,去设计未来的美好世界。"

鉴于学生的以上需求,不少家长利用节假日带孩子去音乐厅和博物馆,让他们从中受到熏陶,拓展视野。

有学校还开展"同科学家、艺术家和作家的见面"活动,"请草根歌手来校做客",还开展"小发明""小创造"活动,创办"科学童话幻想剧院""我们是未来设计师""漫游未来世界"等教育活动,让孩子们展开想象的翅膀,去设计未来和创造世界。

其三,理想的形成和实现需要有阳光和雨露的滋润,需要有家长、老师和社会的鼓励和引导。有位名作家写到自己圆梦之路时的主题是"母校和恩师"。他的母校在上海的近郊,他筑梦与圆梦得益于他初中时的语文老师。这位老师是一位非常细心的人,她善于观察与发现,她看到这位性格内向的学生喜欢读书,于是在班上表扬他。他在文章中写道:"(老师)还常常从教师图书馆借书给我看,记得她曾为我借过《荷马史诗》《普希金诗选》《雪莱诗选》,还有鲁迅的《野草》和泰戈尔的《飞鸟集》,这两本书使我着迷,在整个中学时代,这两本书一直是我最喜欢的读物。她还要求我准备几本小本子,记下书中精彩的描写。后来,她发现我在摘抄名人名言、名句名段的同时,还记录下自己的所见所闻,她对此给予鼓励。她说:'你不喜欢抄别人的话,很好!一个真正有出息的人,应该有自己的思想。写文章应该用自己的话来写,创造最可贵,你就这样坚持做下去吧!'"时隔三十年,那情那景还常浮现在这位名作家的眼前。"我想,我日后走向文学之路,能够用自己的语言自由地表述我对世界和人生的看法,真实而大胆地倾吐我的理想和憧憬,就和当年语文老师的这番鼓励有关。"①

其四,追梦与圆梦的过程还需要坚强的意志、坚定和灵活相结合的性格特点。心理学研究表明,人的理想形成和实现过程中,其意志品质有两种状态:一是具有坚韧性的品质;二是具有灵活性的品质。张海迪的成长日记中,记录着她用顽强的意志战胜病魔的全过程,其中,有奥斯特洛夫斯基《钢铁是怎样炼成的》的影响。她写道:"我从小就渴望成为这样的人,多少年来,他一直是我学习的榜样。"

在 21 世纪的今天,同样有许多创业者的意志品质鼓舞着当代青少年去努力奋斗、步步攀登。"高峰可攀,但要拾级而上。"有学生在《追逐梦想》的作文中写道:"新时代的企业家,他们的创业之路并不平坦,他们在实现科技强国梦的

---

① 季羡林,等.我的中学时代[M].福州:福建教育出版社,1999:225.

过程中,具有顽强拼搏、永不放弃的精神,需要我们学习和效仿。"

第三节　初中生自尊感的特征和培养

初中生正处于个体情感发展的重大转折期,又是人格形成期,自尊感作为自我情感发展的基础和人格自我调节结构的主要心理成分,在个体情感发展与人格形成中,起着极为重要的作用。自尊对于道德形成、人格完善、文化修养提高、学习能力的增强和未来事业成功都具有动力和奠基的功能。"自尊是通向幸福、取得成功的钥匙。"①俄国著名作家屠格涅夫将自尊心比作可以将地球撬起的阿基米德的杠杆。因此,我们应重视学生自尊心的特征和如何培养的研究。

我下面结合与上海市虹口初级中学梅华老师合作进行的研究,来阐述初中生自尊感的特征和培养问题。②

一、从"我是谁"看初中生自我感的有关特点

我们在初中预备年级学生进校之初,进行了一次"我是谁"的开放性问卷调查。从调查结果来看,这一年龄段的学生,在自我认知上呈现出多维度、多层次、多水平的状态,在发展水平上也很不平衡。我们从以下角度来关注早期初中生的自我感。

1. 从多维度来看

请看学生对主体自我的描述:"我是一个自信的人,一个能让自己更坚强的人""我是有自尊心的人""我是爱展示自己的人"等;对镜像自我的分析:"我是老师的好帮手""我是同学的好伙伴""我很在乎老师对我的评价"等;对理想自我的表述:"我是有许多理想与梦想的人""长大以后我一定要成为国家栋梁""我是喜欢幻想的人,要使自己成为富有哲理的智者"等。

以上说明,年龄处于11—12岁之间的学生,在自我概念上既有自我认知,又有自我想象与追求,他们对了解自我、关心自我、分析自我以及自我成长与发

---

① 乔纳森·布朗.自我[M].陈浩莺,等译.北京:人民邮电出版社,2004:167.
② 梅华.化学教学中培养学生自尊感的研究[J].中国德育,2007(11):82-84.

展抱有憧憬。这为培养他们的自尊感提供了有利的条件和基础,因此我们要好好把握初中生自我概念发展的有利时期,努力使他们的自我概念更丰富、更充实、更确切、更有意义。

2. 从多角度来看

这一年龄段的学生的自我感觉中,身体自我和情感自我较为清晰和强烈,而社会自我感受较弱。

在身体自我感觉上,学生们写道:"我是一个个子比较矮小的人""我是高个子""我是身体比较健康的人"等。与此相比,他们的情感自我更丰富:"我是懂得情感的人""我是爱学习、爱写作、爱生活的人"等。在众多的自我感觉中,提到"社会自我"的较少,只有极个别的学生写道:"我是有孝心的女孩""我是有社会责任的人"。也许,这与该年龄段初中生的自我发展层次特点有关,需要我们在教育过程中引导他们增强社会责任意识。

3. 从发展水平来看

这一年龄段学生的自我概念的发展水平总体不高,带有明显的表面性、浅层性、随意性和杂乱性等特点,缺乏一致性和整合性。

有不少学生偏重从自我身份、性别、个人兴趣与爱好等方面来描述自己,诸如"我是中学生""我是女生""我是内向型的人"等。还有个学生写"我是一个说不清楚的人";也有不少学生对自己作了否定与消极性的评价,如"我是没什么值得自豪的人""我是经常不想自己提出要求的人"等。个别学生还出现了异质性的分析,其自我描述似乎是物品清单,反映了他们自我概念、自我认知的模糊性和困惑。

二、初中生自尊感培养途径的研究

1. 在自我管理中体验自我价值

为了让学生对个人才能有更好的发现与发展,学校教育要回归学生的生活,为学生提供发现自我的机会,让学生在实践中不断体验情感,进行自我教育,从中发现自我,进而超越自我。

我们在虹口初级中学创设了"德育助理"这一学生岗位,让学生在参与自主管理中体现自我的才能和价值;在生活实践、与同学交往中更好地评价自己,并感受和体验服务社会、服务同学后获得的自我认同感、自我胜任感、自信自强感和自我价值感。"德育助理"通过招聘、选拔、任职、宣誓后上岗,工作中既有独立性又有相互合作。每一次活动,从设计、组织到开展都为"德育助理"展示才能提供了平台,如活动的组织和学生座谈、信息反馈、演讲、辩论赛的组织与主持等,都成为"德育助理"活跃的舞台,"德育助理"在工作中享受到了成功的快乐,更感受到自我在社会中的价值。

"德育助理"在同伴中树立了一种良好的同龄人群体形象。无论怎样平等的师生关系,都存在着依赖与被依赖、支持与被支持的角色区分,唯有在同伴之间,才能形成真正意义上的相互依赖和相互支持。而这种在同伴之间建立起的自我形象,有利于学生形成积极的自我调节机制。

"德育助理"的实践获得成功后,我们将这一成功经验推广到班级自我管理中。组建班级委员会,通过让学生自定班规,培养学生自我调整、自我管理的能力,让每位学生发挥特长,各显其能,挖掘其内在潜力,从机制上为更多的学生提供了发展主体意识、提高服务能力的舞台,鼓励学生积极参与年级、学校的各种社会实践活动,让学生在实践中学会合作、学会负责,从而大大提高了学生的参与度和班集体的凝聚力。

2. 通过提高学习成效提升自我认可度

心理学家认为,学业上的成功会促进自尊的提高,而自尊的提高反过来也会对学业成就产生影响。美国心理学家詹姆斯提出,自尊=成功/抱负。我们关注学生内在动机的培养,让学生通过提高学习成效获得成功的体验,实现自我价值。

第一,让学生在自我发现、自我激励中培养自尊。在学校氛围中,我们希望更多的学生能够成为一名主动的学习参与者,认识到学习内容对自身的意义,从而产生学习动力;同时通过对知识的深入探究来发展自己的兴趣,并通过对知识价值的认知来提高自己的学习兴趣。

第二,通过同伴之间学习方式的观察与借鉴,形成自我激励。如在同龄人之间的书法展示中,有学生惊讶地说:"欣赏了班级中大师级人物的作品,我为之震撼,真是自愧不如啊!""书法练习需要毅力,我也曾练过,但放弃了,看了同学的成就,我又有了再练习书法的热情。"对同伴的认可,其实也是对自我的鞭策,在同伴身上似乎投射了那个经过努力可以成功的自我形象。

第三,让学生在小组合作中培养自尊。根据初中生表现欲强、好胜心强的特点,在课堂中采用小组讨论、代表演讲、小组竞赛等方式,有利于形成激励机制,吸引更多学生积极参与,提出自己的观点,即使是一闪而过的思维火花,也是值得关注的。尤其是在演讲的过程中,既培养了学生综合小组意见的能力,又可使其在集体氛围中体验个体的自我价值。教师的评价与指导、同伴的认可与羡慕,可让学生体验到成功的喜悦,人格得到发展。

3. 学生在与教师交往中培养自尊

有研究表明,良好的师生关系,教师对学生的支持、关心、鼓励、期望、参与等有助于学生自尊的发展。初中生常常会从教师对自己的评价中认识和发现自己的价值和潜能,由此使自尊感得到提升。

为此,教师需要尊重学生的生活轨迹,了解他们过去和现在的学习与生活,从而了解学生成长中面临的种种问题与困惑,给予同情与关怀;尊重学生自身的潜能与优点,给予他们更多的信任,这是提高学生自尊感的基础;注重学生自我发展过程中的心理空间,让他们在更高层面上提升自身素养。

尊重学生的自尊,不仅关系到他们道德品质的养成,也关系到他们的学业发展。教师应尽可能地给学生提供展示自我才能的时间和空间,要注重情境的设置,在引导、讨论、师生互动中,鼓励学生思索、质疑与探究,使他们获得更多成功的情绪体验。如在学科学习过程中,要鼓励学生发现问题、设计实验、开展验证。实验成功将使学生获得意想不到的收获;即使是不成功的实验,也会引发学生反思,其潜在的价值可能更有意义。它可以让学生感受到教师对学生思维能力、实践和探索能力的尊重。这种尊重将促进学生的未来发展。有研究者认为,如果学生们对这个特定领域的机会感兴趣,那么其中的大多数人就会确信要在这个领域内工作并发展相关技能。

学校德育活动的不断深入,必将为学生提供更宽广的舞台,吸引更多的学生来展示自己的才华,使学生在承担一定社会角色中提升自我的社会地位,体验自我的人生价值,对培养学生的自尊情感具有积极的作用。

三、学科教学中培养学生自尊感的研究

美国人格心理学家库柏·史密斯在对10—12岁儿童的自尊及其发展的研究中发现,具有较强自尊的孩子无论是在学业上还是在社交中都是主动而富有表现力的,对自己的能力表现乐观,为自己确立较高的目标并力求完成。而自

尊感较弱的孩子表现出缺少勇气,易沮丧,多焦虑,缺少信心,较少获得成功。由此可见,自尊感对于学生的学习以及未来事业的成功都具有重要的意义。在当前学校教育中,由于过分强调分数,课堂已由学习的乐园变成生存竞争的场所,学生的学业负担和精神压力越来越重,不少学生成为学业竞争场上的失败者,自尊心受到挫伤。

新课程关注学生作为"整体的人"的发展,要求在教学中将知识、能力以及情感、态度与价值观整合起来;既重视学生的学习过程,更注重把知识融入学生的整体经验中,并转化为学生的"精神力量"和"生活智慧"。因此,我们十分重视在学科教学中树立学生的自尊感,力求通过精心设计课堂教学环节,引导学生"主动参与、勤于思考、乐于探究",使学生在学科学习中发现自我,提升自我,全面发展。

1. 丰富学科知识,激发学生的学习兴趣

在课堂教学中,学生只有感受到所学知识的价值和意义,才能成为主动的学习者与参与者。同时,学生深入到学习过程中去时,可以了解到更多的奥秘,从而产生更大的学习热情。新课程倡导"每一位学生都有自己的生活世界,书本学习与生活世界的感受相联系,可以让所有学生在学习过程中体验到对知识的成功掌握和对生活的丰富感觉"。为此,教师要密切联系教学与生活,向学生充分展示学科知识的丰富性和实用性。例如,化学课,在教"元素符号"时,教师可以在请学生列举生活中熟悉元素的基础上,介绍科学家发现元素并不断探索其规律的历史,引入化学家门捷列夫及其元素周期表的故事,使学生在学习过程中不仅拓展知识,而且被科学蕴含的神奇魅力所折服,对科学家的严谨和睿智产生敬佩之情。教师还可以结合教学内容经常而适切地引入现代科技发展信息。例如,利用电视"探索频道"的相关内容,介绍怎样对未知物品进行定性与定量分析,使看似枯燥的知识变得形象生动。对学习的兴趣可以促使学生投身所热爱学科的探究活动之中,不断开发自身潜能,在尝试、发现、探索的过程中发现知识的价值并实现自我认同、自我欣赏。

2. 关注教学生成,激活学生思维

教学中既有预设又有生成。教师要能及时捕捉生成性教学资源,并加以引导与拓展,以不断提高学生的科学素养。例如,在复习"燃烧与灭火"时,教师请学生思考:灭火的方法有哪些? 学生提出了许多方法。在寻找更多的答案时,有学生提出:"会不会还有爆炸?"这个答案立即引起一片哗然。其实,在油田灭火中,"空中爆炸灭火法"也是方法之一。类似问题的解答,可以发展学生思维的多样性。又如,在学习金属活动性质及置换反应时,学生马上想到:生活中是否可以将不活泼金属镀在活泼金属的表面?胆矾是硫酸铜结晶水合物,有几位学生将胆矾溶于水中,然后将圆规的针尖浸于溶液中,不久他们发现针尖被红色的铜覆盖,实验成功带来的喜悦令他们兴奋不已。于是,教师将预设的实验改为学生自己找材料,完成关于置换反应的自主探究性实验。在浓厚兴趣的激发下,学生自主地从生活中寻找材料,设计方案和实验研究方法,并完成实验。在整个过程中,由于有较大的自由度,学生创造性思维得到激发,不仅获得经验,体验到知识的实用性,也感受到自我的成长,同时,化学学科的价值无形中得到提升,学生的科学品质在实践中得到发展。

3. 尊重、赏识学生,帮助学生体验成功

教育是面向人的活动,教学是分享经验的过程,尊重与赏识可为课堂教育与教学注入活力。在师生、生生的互动中,教师要用智慧发现学生蕴藏的潜能。让教师印象深刻的是一名叫小 Y 的学生。他的作业非常脏、乱、少,教师要从他书写的符号中找到正确的步骤并确定不正确的步骤比较辛苦,如果仅根据答案判断对与错,小 Y 就必然被否定。随着与小 Y 作业的一次又一次的交锋,教师越来越熟悉小 Y 的思维方式,小 Y 喜欢根据自己对课堂学习的理解,用最简单的比例式来解题。于是,教师经常与小 Y 就他的作业方法进行探讨,在面批中小 Y 给了教师很多启示,因为他总是在想方设法走捷径。教师还在课堂上让小 Y 与同学们一起讨论他的作业方法与步骤,使之完善。同学们也从小 Y 的解题方法中得到启发,小 Y 因此得到同学们的尊重、认同与赏识,这种同伴之间分享学习策略的过程,为类似小 Y 这样的学生提供了获得成就感的平台,同时也激励了更多的学生投入到思维多样化与发散性思维的尝试之中。通过尝试,更多学生的成就感得到认可与提升。西方自我心理学倾向于将学生的自我价值感确定为对能力重要性的评价。他们认为,能力评价就是自尊发展的源泉,又有可能成为威胁自尊的因素,因此需要协调自我的能力感与价值感。教师在课堂上鼓励学生提出自己的观点,重视对学生的方法进行分析,激励学生对同伴的思路和学习方法展开讨论,这既丰富了教师的教学资源,又为学生体验自我价值提供了良好的平台。通过学生的参与与体验,教师的指导与评价,同伴的认可、赞扬与羡慕,学生可以真切地体验成功的喜悦,真实地感受到成长的快乐,进而提高自我价值感。

4. 尊重认知结构,鼓励学生的发散思维

教师条理清晰、简明精炼地传授知识是非常重要的。知识只有相互联系,才能发挥最佳效能。有位化学教师在教学实践中借鉴《学习的革命》中的"脑图法"来培养学生的发散思维,将知识结构转变为网络系统,使精炼的知识具有条理性、关联性。他在一堂初三化学复习的公开课上进行了尝试,将知识点浓缩为一个点作为主题,如以"物质"为主题。物质可分为纯净物与混合物,纯净物又分为单质和化合物,单质又分为金属、非金属和稀有气体,化合物又分为氧化物和酸、碱、盐。其中任何一个点又可以分主题加以拓展,这犹如一棵树不断拓展出新的分支。分支既源于主题,又有拓展性。这样的"网络"不是一盘散沙,而是一个具有清晰逻辑关系的多层次整体,显示出知识之间的相互联系与渗透。课后,教师给学生布置的作业是,选择一个主题,画一张脑图,要求联系的知识点越多越好。在这一过程中,教师介绍脑图的绘制方法,然后组织小组讨论,鼓励学生自由想象与组合。结果是学生绘制的脑图是开放的,尽管达不到系统化的高度,但有了更多想象与争议的空间。美国教学论专家奥斯本在"思潮冲击法"中提出:"在集体解决问题的课上,通过暂缓作出评价,以便学生踊跃发言,从而引出多种多样的解决方案。"为此,教师应尽可能给学生提供展示自我才能的时间与空间,尊重学生的认知特点,给予他们更多的信任,以及提高学生参与能力的基础,让学生在尝试中发现天赋、发展才能,在尝试中提高对自我价值的认同。

5. 创设问题情境,促进学生自主探究

以化学课为例。化学学习离不开实验,化学实验需要细致敏锐的观察,需要科学严谨的思考,需要求真务实的实践。在《单质碳的化学性质》一课中,教师采用问题情境设计展开教学,使学生通过发现问题提出质疑,在质疑的基础上设计与改进实验方案,进而通过实验得出结论,提升了学生对理论知识的理解。导入部分通过观赏青铜器,让学生感受中华民族璀璨的文明,然后以我国商朝用木炭和铜矿石冶炼出青铜作为切入点,开展实验室模拟研究。整个教学过程以学生实验探究能力的构成要素及目标为引领,关注学生的"动机—感知—探究—创造—操作—反思"的递进过程。基于学生的学习经验,通过对问题层次的分解,为学生提供有坡度的思考、发现和提出问题的时间、空间,使探索求知的过程更具可行性。通过学生对实验过程的观察与思考,培养学生思维的敏捷性、批判性、灵活性与深刻性。通过尝试实验条件及其控制变量的选择、仪器和装置的调整以及实验操作细节的设计,发展学生善于合作、善于思考、严谨求实、勇于创新和实践的科学精神。在引导学生由具体实验结论概括为抽象概念的过程中,培养学生严谨的推理态度。

看到学生在愉悦的气氛中展开思维的碰撞,获得技巧的训练、得到毅力的磨砺,我们不仅分享到他们的欢乐,也获得了教学的乐趣。苏霍姆林斯基说:"让学生成为学习世界的旅行者、发现者和造物者,把全部学习过程融入学生丰富多彩的精神生活中。"这正是我们教学过程中不断追求的动力和方向。

初中生自尊感的培养,有效途径很多,如体育竞技、艺术表演、作品展示以及让他们参与更广阔的社会交流等。通过实践与感悟,学校道德教育研究将学生个体的自尊感与集体的荣誉感、民族自尊与自豪感的培养相结合,不断提升学生的自尊水平,使每位学生都能成为具有自尊、自爱、自信、自强的勇敢者,学业成就的进取者和人格健全的幸福者。

第四节 品德评语的新视角

性格决定命运。在少年的性格形成过程中,他们的心态、心境和心情具有核心意义。少年期心情容易变化无常,易受环境影响,培养稳定、健康而又多彩的阳光心态尤为重要。

我在进行初中生情感发展的案例研究中,有过很多合作者,合作者之一是上海市建平实验中学的张彩霞老师。

我们合作研究的对象是初中预备班到初三毕业班的学生,他们正处于少年期,这是由儿童成长为青年的过渡期。他们在这一阶段正处于自我意识的觉醒期,逻辑抽象能力发展迅速,社会性能力迅速提高。在这一时期,他们充满热情,富有朝气,求真、求善、求美之心十分强烈,在道德感、理智感和美感的发展上,有明显的年龄特点。面对人生这一重要的转折期,他们渴望老师尤其是班主任能去了解他们,关心他们成长中的苦恼,在人生道路上能给他们"传道、授业和解惑",能给他们点明灯,指方向,引好路,让他们在遭遇迷茫、烦恼和苦闷时,得到尊重、理解、帮助和支持,摆脱消极情绪的干扰,看到自身蕴含的潜能和发光点,增强发奋有为的动力。这一切我们可以通过各种活动和平时谈心来加以引导,而每学期一次的品德评语,更是师生心灵沟通的平台、深度交流的契机。为此,我们十分重视每学期品德评语的撰写,将品德评语的撰写看作对每一位学生一学期成长的总结,力求通过评语挖掘学生的潜能,整合亮点,指点人生航向,激励学生成才,增进师生情感。

一、评语要以提升学生完美人格为目的

我们从初中生处于人生完美的关键期出发,从人生、人心、人格的提升要求去揭示他们成长过程中的人生之路、人心之善、人格之美。

我们按中国传统文化中优秀人格论的要求,力求使我们撰写的评语能体现个性化、人品化和审美化的要求,将其作为评价学生的参照准则。与此同时,又吸取了当代多元智能中人格智能的有关理念,加上我们对学生成长的理想人格的追求,侧重于从朝气、灵气、秀气、志气和大气等几个方面去评价与引导学生,去勾画出一幅幅多色调、精彩而又动人的画面,让他们感到兴奋、亲切和终生难忘。

中国古代《礼记》一书中强调"言有物而行有格,是以生则不可夺志"。孟子还主张人要有志气、正气、帅气和浩然之气。从多元智能来看,人要有一种人格智能,即"人际关系智能和自我认知智能的融合",达到认识自我,了解他人,敬畏自然,理解社会。只有这样,才可以使学生的人格智能提升到一个新水平。

以此要求,我们从以下五个方面给予他们更多的理解、尊重和鼓励。

1. 欣赏学生的朝气

我们的学生,正如早晨八九点钟的太阳,充满朝气。我们在评语中这样写道:"你活泼可爱,你用你阳光般的微笑和敞开胸怀的快乐去感染身边每一个人。老师为你骄傲,同学感谢你付出的真情。""你细心、耐心、有恒心,它给你带来更加美好的明天。""你待人真诚热情,乐于助人,工作积极主动,默默无闻地为班级服务。你不显山露水,却在课堂上专心听讲,积极发言,刻苦认真,努力进取,成绩优良。""你在知识的海洋里驾驶着满载知识的巨轮,扬起理想的风帆,握着奋斗的指南针,向着成功的彼岸行驶着。你是阳光少年,愿你像初升的

太阳,充满朝气,冉冉向上。"

2. 欣赏学生的灵气

对富有灵气的学生,我们这样写道:"在我的眼前浮动着你甜甜的笑脸和活泼可爱的身影。你不但团结同学,乐于助人,而且心灵手巧。那设计新颖的手抄班报,透露出你满身的灵气,显示着你闪光的才华。老师为你高兴!"

有的学生文静、秀气,我们这样写道:"你是一个文静、乖巧的女孩,你那工整的书写和娟秀的字迹给老师留下了深刻的印象。""你尊敬师长,对待学习自觉认真,成绩优秀。如同浩瀚的海洋来自涓涓的细流,广博的学识全凭日积月累。你是知识的清泉,使人赏心悦目。""你学习优秀,老师十分喜欢你在知识的海洋里畅游的学习劲头。你是好学之星,品学兼优之星,永远给人秀美之光。"

3. 欣赏学生的才气

我们看到有同学初露才气时这样写道:"你才华出众,文笔动人,感情真挚,在你的笔下,文字永远是那样的动人、感人和暖人。""你不断创造佳绩,成为'服务精英''博学之星'。你是我们班上的才女,成绩优异,工作出色,令人赞叹!""你字迹优美,赢得大家的青睐,愿你的才华能进一步升华。愿你在学海里能遨游更远,看到更美的风景,收获更多的硕果,去创造属于自己的一片蓝色的天空。"

4. 欣赏学生的志气

我们对学生身上饱含刚毅的志气十分重视,写道:"你胸有大志,行有目标,思想上进,处事稳重,是一位有志有为、诚实守信、懂事进取、敢于拼搏的好学生。""在学习上,你像蜜蜂那样勤奋,课堂上发言响亮,表达清晰,博得同学们的赞叹。你兴趣广泛,想象丰富,反应敏捷,刻苦钻研,孜孜以求。""你在书山学海中寻觅着开启智慧之门的金钥匙,如果我们班级的每位同学都是夜空中的繁星,那么你就是其中耀眼的励志明星,愿你永远明亮,永远耀眼。"

5. 欣赏学生的大气

我们对同学身上蕴含的大气特别珍视、珍惜、珍爱和欣赏,写道:"你的可贵之处在于平和而又大气。平和使你宠辱不惊,平和使你淡泊名利。平和让你宽厚待人,平和也使你与身边的每一个人相处得很好。平和使你豁达大度,从不斤斤计较。""但你又绝不随声附和,绝不人云亦云。在同龄人中难得的大度、大气、大方和富于质疑的精神,在你身上得以展现。为此,老师和同学都钦佩你,愿你永远保持这一精神状态和人格特征,继续努力。"

由于我们对学生成长中的优点和人格特质特别重视,充分地运用多种赞美之词加以肯定,给予鼓励,所以学生喜欢看我们的评语,并对照评语发展自己,使之作为自己努力的目标和动力。当然,对其不足之处我们也给予了积极引导,帮助学生认识自己需要改进的地方。

二、写好评语要以审美性评价为基础

要写好评语,我们认为给予审美性评价特别重要。审美性评价是指主体对客体审美价值的评估。它是指教师在和学生相处的过程中,给予他们自主发展的一种审美性认同、肯定、赞美和积极性的引导。要写好审美性评语,需要从以下四方面着手。

1. 要仔细观察

我们从接班第一天开始,就注意观察学生的一言一行,一举一动,力求从他们的言谈举止和与同学的交往中去发现他们的品行表现及个性特点。我们从学生上课的表情中看到他们的求知若渴,从同学之间友好相处的甜甜笑容中看到他们的可爱和可亲之处,从高高举起的手臂中,看到他们学习的积极性、勇于提问与敢于质疑的劲头,这一切都让我们感到欣慰。

我们不仅在教室里,还在教室外、操场上观察学生,如在校运动会上,看到他们努力拼搏,互相鼓励,为班级争光,就一一记载下来,作为撰写评语时的依据。

2. 要善于欣赏

热爱学生,就要求我们每个教师用发展的眼光去审视学生成长中的点滴进步;能用艺术家的眼光去发现学生成长中的智慧之真、道德之善、心灵之美;去欣赏他们成长中的童心、童真和童趣;去鼓励他们不断认识自我、发展自我和超越自我;相信他们在成长中有自我要求,有能力去克服自身的不足和存在的问题。

教师的眼睛是学生精神生命成长的太阳。教师眼睛的功能在于欣赏学生,发现潜能,鼓励发展。我们在评语中写道:"见到你的第一眼,就被你那双小而有神的眼睛吸引。你的眼中盛满着热情,那探求的目光使我印象深刻。"

我们在评语中还写道:"你的眼睛很清澈,也很漂亮,看到你闪亮的眼睛中充满求知的欲望时,老师的眼睛也在发光,老师分外高兴。你很可爱,老师很喜欢你,同学也欣赏你。你各门功课均不差,但离优秀还有一段距离。努力吧!让我们共同加油,成功只有一步之遥,老师相信成功、成效和成才正在等待着你。"

3. 赞美要真诚

老师给学生写评语,要勇于欣赏,敢于赞美。罗森塔尔的实验表明,教师的期望、期盼、期待,对学生来说,是动力和愿景。它具有使梦想成真的成效,所以有人说:情人眼中出西施,教师眼中出人才。我们深信,学生在他们未来发展的征途上,都有着异常灿烂和辉煌的明天。自古英雄出少年。少年时代正是英雄辈出,才子才女初显才华的时期,这是我们深信不移的信念!

4. 要有文采

学生评语不同于学术评语和企业项目评语,它要求具有一定的文采。尤其是初中学生,他们喜欢名人名言中的激励词句,如庄子的"大鹏一日同风起,扶摇直上九万里"的名言;又如"骐骥一跃,不能十步,驽马十驾,功在不舍"。"少年不识愁滋味"等对顽皮机灵而又充满热情的阳光少年有鼓励和提示的作用。

给学生写评语,当然不可只是一味赞美。教师要用严肃、认真和科学的态度来对待学生成长中的进退和成败。一切都要实事求是,要恰如其分,恰到好处,都从有利于学生成长出发。因此,有美则赞,有过则示,有进则夸,有退则帮。总之,一切以学生终身发展为本!

三、评语是教师自身人格和爱生敬业的展现

给学生写评语,实际也是教师给自己的心灵写评语。它是教师自身爱生敬业的一种展示。要以欣赏的眼光去观察学生,那就要求教师不仅要有发现学生美的眼睛,还要有善于欣赏学生美的心灵和智慧。在评价学生时,教师要用先进的教育理念和审美眼光去观察与评价学生的成长,只有这样才能给予学生真诚的挚爱和人格美的影响。

我们在与学生相处中,深切地感受到在学生身上美到处都有。因此,我们要学会发现美,欣赏美。教师的工作都是为了学生的成长,让美成为滋润学生心灵的阳光、空气和甘露,让美成为净化、美化、诗化人格的营养剂,让我们的品德评语成为点燃学生生命活力的火种,让我们的评语在审美性评价的影响下,成为学生心中的一幅美丽的画,一曲动人的歌,一首奋进的诗,伴随着他们走向未来,去创造美好的人生。

第五节 内向型少年的情感特点与优势潜能的发挥

在情感发展与教育研究中,人们对外向型学生比较关注,因为他们比较热情,情绪比较外露,情感特点比较明显,在人际交往中,其优势比较容易得到发现和发挥。对内向型学生的研究,由于难度较大而容易忽视和忽略。

在中国古代,孔子就注意到学生性格中狂狷之差异。狂者富有进取精神,敢作敢为,但易偏激;而狷者学习认真,处事细心,但较拘谨,又不爱交际。狂者为外倾型(外向者),狷者为内倾型(内向者)。当然,也有中行者,相当于中间型。孔子认为,子路刚强但又鲁莽,而冉有温和而做事易退缩。因此,在教育实践中,子路和冉有向孔子请教同样的问题:"听到就马上去做是吗?"孔子的回答却完全不一样,他劝子路遇事不要莽撞,要三思而行;对冉有,则加油打气,鼓励他马上行动。这正是因人而异、因材施教的典范。[1]

关于气质类型等学说,古希腊名医希波克拉底在《论人的本性》一书中提出,人体内有四种不同的体液,按其体液之不同,人的气质有四种:多血质者,好动;胆汁质者,易怒;黏液质者,行动迟缓;抑郁质者,悲伤易怒。这一假说给后人启迪。到20世纪初,精神分析学派荣格著有《心理类型学》。他将人的类型分为外倾型(外向者)与内倾型(内向者)。外向者常常与外在的客观世界比较和谐一致,而内向者常常与内在的主观世界比较和谐一致。后来,西方心理学家艾森克从生物类型学角度,将多血质者与胆汁质者专列为外向者,将黏液质者与抑郁质者专列为内向者。他以环状图形来显示。他认为:多血质者特点是外向又较稳定,表现为开朗、随和、活泼、无忧无虑、善于交际;胆汁质者,外向而不稳定,活泼、敏感与兴奋,又多变、好冲动;黏液质者内向而较稳定,表现平和、深思、谨慎、可信赖、有节制,但较被动;抑郁质者为内向而又不稳定,表现为文静、不善交际、悲观、刻板、焦虑。他认为:外向者与内向者各有优势与特点,外向者精力充沛,健谈、热情,但易冲动;而内向者认

---

[1] 燕国材.中国心理学史[M].杭州:浙江教育出版社,1998:70.

真、细致、安静,但不善于交际。按艾森克的说法,外向与内向的主要差异,不专于行为,还有生物学和遗传素质等方面的原因。此外,他还认为人格发展是社会化的结果,心理倾向还会受到社会环境与家庭教育、学校教育的影响。外向者如果长期受到严格的行为养成教育,他们长大之后也会很好地去遵守行为规范;而内向者如果教育不当,也会由于过度焦虑而影响其身心健康与行为。

艾森克认为,内向者喜欢在安静的环境中,使用独立的阅览桌椅沉静学习;而外向者喜欢社会化区域,能在听觉和视觉刺激较高的环境中学习,两者对周围环境的安静度的要求和适应方式有所不同。① 著名心理学家荣格认为,内向者性情羞怯,喜欢独处,情绪不外露,常处沉思中。内向者的优势在于注意力能高度集中,在沉默寡言中深思着,他们不喜欢抛头露面,有自我保护精力的功能。有人将内向者比作需要充电的电池,它需要自我储存电源。而外向者犹如太阳能的电池板,需要到外部世界去四处活动,来获得充沛的精力。这是人格形成与发展中的差异。古人云:"尺有所短,寸有所长。"外向者与内向者各有优点和缺点。两者的主要区别有三点:一是"充电方式不同",外向者需要从外部世界获得活力,而内向者需要从自己的内部世界获得精神能源。二是对刺激的反应不同,外向者喜欢感受和体验大量的外部刺激,而内向者更多的是喜欢体验自己内心的感受。三是交往的广度和深度不同。外向者喜欢广交朋友,内向者交友喜欢少而精、深而久,重情深义切。著名科学家爱因斯坦小时候是一位"很安静且孤僻的旁观者",一度不被老师看好。后来,学校创造了适合个性发展的教育环境,使他的内向者的优势潜能得到了很好的发挥,为他后来取得学术成就提供了条件。②

如何认识内向型少年的情感特点和优势潜能的发挥?

我十分幸运,在个案研究中接触到一个内向性格较为明显的少年,而且得到所在学校多名优秀老师的支持,我们合作展开研究,他们给我提供了多份研究报告。现摘选两份报告供老师和家长参考。

---

① 里克曼.人格理论(第八版)[M].高峰强,等译.西安:陕西师范大学出版社,2005:193.
② 莱尼.内向者优势:如何在外向的世界中获得成功[M].杨秀君,译.上海:华东师范大学出版社,2008:19.

案例一：一位内向型学生的若干纪实

上海市实验学校　钟　俊

（这是S同学所在班级的数学老师兼班主任钟俊所写的部分札记。他跟踪研究S同学三年，写下了对S同学成长的点滴印象。）

1. 规矩沉稳

S同学给我的第一印象是规矩沉稳。那是在初一新生报到后，前来参加夏令营的第一天，通知早晨8:30集合，我8:10到达集合地点，有一个孩子已经到了，他一言不发地等在集合地点，没有其他孩子的嬉笑与吵闹，给人以特别有规矩、很沉稳的印象。于是我交给了他第一个任务：高举我们3班的班牌，以方便后来的同学找到自己的班级。果然，我的眼光很准，他以一种近似军姿的姿势站立，高举着牌子，等着大家的到来。

2. 特别认真

在考试或平时作业的批改中，老师总有改错的概率。很多孩子遇到这种情况，如果是对的改成错的，必然会找老师要求改回正确，但遇到错的题目老师没发现，可能就会装作不知道。但S同学却特别认真，他是一位诚实较真的孩子。只要他的作业、默写或者试卷有批改的错误，即使是错的题目老师没发现，即使这样会拉低他的分数，他仍然会诚实地找到老师，说明情况，主动要求扣分。这样一种可贵的认真而又诚信的精神，在他身上不时闪耀着。

3. 藏而不露

初中第一学年结束，我们班级准备召开一次学年总结及表彰班会，我把用多媒体制作的策划任务交给班长S同学。为了不影响他的期末考试，这任务是在期末考试后才交给他的。由于时间仓促，所以我对他的要求和期望不高，只要他能按时完成即可。可是，出乎意料，这次总结班会的精彩程度，远远超出大家的预料，从环节设计、多媒体制作到串联稿优美文字的组织，都让我对他刮目相看。这次班会成了我班之后几次学期总结活动的范本。我想不到，这位平时沉默寡言、从不显露自己才能的S同学，在他沉默寡言的背后却蕴藏着较为深厚的文学功底和多媒体制作能力。

4. 勤于思考

在初二、初三两年中，他勤于思考的个性特长愈发明显，特别是在学习方面。他对每道题的解题方法、解题思路、原理探究,甚至每一步骤的依据,凡是他能想到的,都要刨根问底。思维方法也逐渐成熟,遇到不会的地方他总是自己先思考,实在想不出再请教老师或者上网查询。同时在学习上他发展较全面,涉猎广泛,英语口译、计算机编程、数学拓展等都取得了不错的成绩,所以他也顺理成章地在初中只学习五个半学期的情况下,被预录取进入高中创新实验班。"布衣暖,菜根香,诗书滋味长",这是他最新的 QQ 签名,我也相信,这是他在学习上不断攀登,走向成熟的真实写照。

案例二:与众不同的大队委员 S 同学[①]

上海市实验学校 陈丽萍

(陈老师是该校初中部主任,兼教上述 S 同学所在班级的思想品德课,还关心和指导初中部的少先队组织活动。她与我一起对 S 同学进行了个案成长的合作研究。)

1. 个案描述

从小到大,大队委员在我的心目中总是活泼开朗的。我没有想到,如此沉默寡言、不苟言笑的 S 同学竟然被选上大队委员,并且连任了两届。

说起 S 同学,这是一个典型的理科男,学习上特别是理科成绩特别优异,思路清晰,含蓄内敛,办事效率高,不善言辞,说话和作文都言简意赅,不拖泥带水。但是在我看来,他的沉默寡言已经到了极致,印象中,初中三年来和我讲话不会超过 30 句,在历届大队委员中绝对是创纪录。每次他来找我,基本上只有几个字。他不仅惜字如金,而且在会上、在课堂里,或是在平时生活中,我也从来没有见他笑过,总是一副冷冰冰的表情,不知道他在想什么,即便初二时他被评为区优秀少先队员,我把这个喜讯告诉他,他的脸上也未起一丝波澜。

他的个性比较深沉,担任的工作也相对枯燥——大队宣传委员,基本上就是每月布置黑板报内容,然后通知检查,最后把检查分数整理好发给大队辅导员予以公布,如此而已,周而复始。在大队委员的团队中,他也鲜少发言或露面,尽管我们已经尽可能地提供一些机会让他展示自己,对他的工作进行指导,但是事后总不见带来多少惊喜,当然,也不用担心他工作完不成。所以,在大队

[①] 陈丽萍.与众不同的大队委员 S 同学[J].上海少先队研究,2016(3):36-38.

部中，他不属于特别令人瞩目的队干部，似乎是可有可无的存在。

在他即将升初三那年，学校召开了一次少代会，大队部重新进行改选，为了保证以老带新，原大队委员中只留下两个名额连任，其余都将光荣卸任。出乎我的意料，S同学这次又成功当选了。原来，他这次的竞选方式别出心裁，别人都是上台演讲，他却没有演讲，而是做了一段视频，用几个词语、几串数据和一些照片汇报了自己一年的努力，视频逻辑清晰、简洁明了、资料丰富、重点突出，将自己的优势和踏实稳重的品质都凸显了出来，从而获得了队员们的高度信任。

2. 原因分析

人的个性是一个人独有的特质，本身并无好坏之分，在性格和思维方式等方面，存在类型上的多样性、独特性和差异性。瑞士心理学家荣格认为，性格类型中有外向型与内向型的区别。外向型的人，重视外在世界，表现为爱社会交往，对周围一切事物都比较有兴趣，容易适应环境的变化，在社会活动中比较活跃。而内向型的人，重视主观世界，常会沉思默想，善于思考、反省和钻研，处事比较认真、踏实、谨慎、稳重，平时表现为沉默寡言，表面上不说，而内心在说话与思考。

在世人的眼里，可能活泼开朗型的人比较容易相处，更受欢迎，但其实内向型的人也有自己的优势，甚至还有"沉默是金"的说法。我国诺贝尔文学奖获得者莫言就说过："母亲希望我成为一个沉默寡言的人。"内向型的人内心更细腻，他们不善言辞，但往往会化为行动；他们不会花里胡哨，但是稳重可信；他们不刻意争取，但是渴望认可。可惜，我们过去对这种性格类型的学生，特别是队干部缺乏了解和研究，对他们的潜能与性格优势，也容易忽视。

3. 教育过程

如何帮助这样一位特别内向型的队干部更好地挖掘潜能，做更好的自己呢？这次竞选可以说是一个很好的契机。我们及时地对他进行鼓励和表扬，肯定了他的创新性，在队干部例会上把他的竞选视频作为范本，要求其他队干部向他学习，这大大地增加了他的自信心。我们把他提升到大队部元老的位置，对他提出更高要求。

后来在一次行政会上，校长偶然说起各中队的黑板报没有新意，缺少创新文化，我会后又偶然碰到了大队辅导员张老师，就跟他建议能不能在这方面有所改善,张老师说他们试试看。

大约过了一个多星期,S 同学拿着 U 盘来找我了:"陈老师,这是张老师让我做的方案。"

"什么方案?"我一愣,但瞬间想起来了,"哦,好的,我看一下。"我把他 U 盘里的文件复制粘贴到我的电脑桌面上,打开一看,文案一如既往地简单,似乎没有特别的新意,再加上当时我手头上正有事情在做,就没有细看,说:"好的,我知道了。"

这次他似乎不像往常一般急着离开,他有些惊讶,欲言又止地多说了一句:"就,就这样照着做可以了?"

我:"你先试试看,可以了。"

S:"哦……"他看了我两眼,有些欲走还留地离开了我的办公室。我当时捕捉到了他脸上的一丝迟疑,但因手头上的事又瞬间忽略掉了。

一直到了一个偶然的机会,我和他的家长有了一番交流,家长说他从小沉默寡言,刚去幼儿园时竟然有几个月没说过一句话。但是,他从小心思细腻,做事认真踏实可靠,从来没有让父母担心过。说着说着,家长就提到了这件事情,说那是在初三二模考前夕学习最紧张的时候,每晚作业完成后,家长催着他睡觉,他却不多说话,蹦出"知道了"几个字之后还在那翻资料,查网站,苦思冥想,写了删,删了又写,一连几个晚上忙活,家长虽然一直对他很放心,但还是忍不住悄悄地看了看电脑屏幕,看到了"黑板报改革方案"几个字……

听到这里,很多细节突然都浮现在眼前,我不禁后悔自己那天如此草率地结束了和他的对话,这样一个老实巴交的孩子对一项常规工作如此重视,而我却对他的辛勤劳动如此不重视。他当日的迟疑一定是希望我可以多肯定他,多鼓励他,也可以多指点他,但他没有说出口,而我也忽视了。于是,我立即找了一个午间,特地把他约过来喝茶,仔细跟他分析这份改革方案的优缺点,肯定了他在策划方面的进步,提出了我的一些建议。整个过程他虽然只有嗯嗯啊啊,但眼睛亮堂了很多。

初三第二学期,他通过自己的努力,作为年级中的佼佼者,首批免试直升进入了我校高中创新班。进入该班的每个队员都要参加一个策划组,通过报名,他进入新生入学典礼的策划组,但不是主要负责人。一天放学后,我正在办公室跟总负责人商量事情,感觉没关紧的门口有窸窸窣窣的声音,当时我并没在意,过了一会儿,终于有人假装不小心地撞了下门,然后探了个头进来,低低地问:"陈老师,我要参加吗?"我一看,正是 S 同学。

我感到一丝窃喜,这孩子比以前主动了,我热情地招呼他,说:"你肯定要来的啊。我本来就要召集策划组一起开会的,放学了以为你们都走了,就先把总负责人叫过来了。"

"哦。"依然是一个字。他放下书包后安静地坐好,开始听总负责人神采飞扬地汇报自己的想法。与以往不同的是,这次我边听边暗暗地观察这个沉默寡言的小男孩。他还是一言不发,脸上没有任何表情,默默地听着,但偶尔会突然皱皱眉头,或者眼睛忽闪忽闪。看到这个微表情,我立刻明白了,就停下来请他谈谈想法。他果真有话要讲,提出了自己的看法,虽不是滔滔不绝,但是很有主意,并有较强的参与意识,说明主动性在提高。

4. 教育反思

人们潜意识中的大队委员形象的理想模式可能还是活泼开朗型,这样的"理想化"可能就形成了一种无形的偏见,而这种偏见可能会抹杀一个"非主流"大队干部的热情和希望。其实,大队部本身是一个团队,这种与众不同也是一种美好的存在,团队中既需要活泼开朗的孙悟空型的人物,也需要老实肯干、默默奉献的沙僧型的伙伴,两者都值得队员们信赖和喜欢。

随着岁月的流逝和个人阅历的增加,一个人的个性也可能会改变,这种改变不是刻意为之的,而是顺其自然、水到渠成、不知不觉的。我想,我们在孩子的学生时代,就应该给他们提供更多"做真实的自己"的空间,同时指引他们"做更好的自己"。

翻开 S 同学的第一次大队委员竞选演讲稿,他写道:"学习中进步,服务中成长,我希望通过策划与组织,吸引更多的同学共同参与活动。让我们一起来细细品味小细节,勇敢实施大创意。一片树叶、一个微笑、一段新闻都有可能成为我们灵感的源泉。让我们一起在参与中发现自己的潜质,开发自己的潜能,在合作与分享过程中不断体会价值。"

我衷心祝愿 S 同学在未来成长的道路上能拥有美好的每一天。

第五章

花季年华与高中生情感教育探讨

青年是生命之春,人生之华,
是一切纯洁动机之源,
又是探索真理和正义之泉。

我国革命先驱李大钊在《晨钟之使命》中写道："在青年之字典，无'困难'之字，青年之口头，无'障碍'之语，惟知跃进，惟知雄飞，惟知本其自由之精神，奇僻之思想，锐敏之直觉，活泼之生命，以创造环境，征服历史。"[①]德国著名哲学家黑格尔也认为："青春是人的生命中最美好的一段时间。""他们可以去憧憬自己的未来和创造多彩的人生辉煌。"

我在20世纪50年代末期开始了长达60年的教师生涯，其中有20多年的时间，有幸与青年初期的学生朝夕相处，共同学习和生活在一起，对他们的身心发展和成长过程进行过跟踪记录和研究。

第一节 高中生情感发展的特点

从发展心理学角度看，高中阶段是由青春期向成人初显期的转变。"青春期"这个词源于拉丁语，为有"体毛出现"的意思。它是指个体第二性征出现至性器官发育成熟的一段时期。11—14岁为青少年早期，相当于初中阶段；15—18岁为青少年中期，相当于高中阶段；18—21岁为青少年晚期，相当于大学阶段。

高中阶段是人一生中一个过渡性的转折期。在生理上，由少年向成人过渡；在心理上，处于认知与情感的转折期；他们是个体思维从具体运算过渡到形式运算，由形象思维为主向抽象思维为主发展的时期。他们对自然世界、自我、人际关系和社会本质的思维方式趋向成熟；在情感方面，由自我考虑转向对他人的理解和关注；在社会生活方面，它是个体社会角色和社会地位的转折期。在我国，18岁的青少年具有选举权和被选举权，随着社会地位的提高，他们的社会责任感和义务感也得到增强。高中阶段记录着一个人从青涩向成熟，由梦

---

① 李大钊.李大钊选集[M].北京：人民出版社，1959：60.

幻到现实的成长轨迹，人生进入激情燃烧的岁月，这是一段令人终生回味无穷的多彩的岁月，这是人生最富于跳动飞扬的时期。高中阶段，人的身心剧变的明显标志有以下三点。

一、生长发育处于高峰期

受内分泌激素的影响，男孩胡须生长、青春痘出现等特征明显；女孩体型也有明显的变化，刚进高一，有的女孩还是小姑娘似的，到高三毕业时，已经是亭亭玉立的大姑娘了。这一阶段生理变化的原因之一，源于体内内分泌系统的变化。人到青春期时，体内的内分泌激素急剧增加，其中生长激素对身高快速增长的作用特别明显。有调查表明，15—18岁的男生，平均年增长1.72厘米，到18岁时，一般为1.70米，有的能长到1.80米以上。高中生在其他方面也有明显变化，如体重、胸围、肌肉、心脏、神经系统等均已发育，为此身心健康的保护尤为重要。

二、心理上开始成熟

有研究发现，高中生在生理成熟的同时，心理也在成熟。有专家把高中阶段视为成人的初显期，这一时期人的健康和心理发展达到最佳状态，他们面对疾病不像少年时期那么脆弱，这时期的免疫系统发挥着最为有效的功能。不过，高中阶段如果缺乏必要的营养和足够的睡眠，加上作业负担过重，学习压力过大等因素，也会影响他们健康成长。有研究认为，高中生的抑郁和胃出血等病症的出现，与焦虑、失眠及学习压力过重有关。

在高中阶段，家庭培养、学校教育和社会文化对其心理影响很大。在与父母关系上，由于他们生理上的变化，要求父母接受他们的孩子将成为一个全新的个体，否则他们与父母关系的隔阂会不断加深，冲突会不断增多，而亲近也会不断减少，与父母相处中的不和谐现象会常出现。这就需要父母对高中阶段子女的内心世界有更多的了解，学会协调更深层次的关系，对孩子有更多的尊重、理解、信任和积极引导，减少与避免老一套的唠叨与叮咛，要加强更高层次的文化生活如精神层面的交流和沟通，如共同参观博物馆和艺术展览会，观看文艺演出，参加科技、文体活动，一起去国内外旅游，在共同感受大自然的美景，欣赏艺术、科学与人文精神中，达到审美水平的提高和彼此心灵上的沟通。

在学校教育中,要把握高中生的抽象思维、批判思维、创造性思维和反思性思维的发展水平。他们在写作中不再满足于一般性现象描述,而喜欢对种种社会现象加以品评和议论。对于高中生作文的一些议论,即便他们的观点不一定正确或有偏激情绪,老师也应给予理解与引导,不可急于否定或作出过多的负面评价,以避免不必要的抵触情绪和逆反现象的发生。

有研究认为,少年期容易步入极端性思维,看问题常常非错即对,没有折中余地,对事态发展也是非正即误,不注意其细微之处的变化。而高中生的批判性思维和复杂性思维开始发展,他们逐步学会用辩证思维看待发展中的各种社会现象,对自然界、社会的变化也有了更多的了解,这显然是他们心理成长、社会认知水平提高的体现。高中生多元智能的发展,要求学校教育更多地关注每一个学生的独特性潜能的开发和因材施教。

三、自尊心得到进一步的增强

自尊心是人们的价值观和幸福感的全面体现,是自我意识、自我概念、自我知觉和自我积极认知与评价的整合。

20世纪七八十年代,对青少年自尊心的提升研究成为一种潮流,希望在让青少年"对自我的感知成为良好"这一理念的引导下,提高其自尊感的水平。研究发现,自尊感在青春期前后有一次波动,呈现先降后升的趋势,由不稳定向稳定转变。青春初期,他们很在乎他人对自己所作所为的评价,他们很容易受到同伴的导向性评价的影响,有研究认为:"女生比男生更重外貌对自尊感的影响,青春期女生比男生对自己的体形有更多消极的评价,对自己的体形外貌有更为严格的要求。为此,不少女生在减肥节食等方面更加注意。"有人写道:"节食和对体貌的不良感知在整个青春期都很常见,在学校走廊里经常能听到其他女孩对胖女孩的议论。"这对体型不理想者有不少负面的影响,需要教师和家长加以规劝和引导,不要使体型不理想者产生自卑感和消极心理。

高中生的自尊感与学习成绩有着密切的相关性。此外,研究者认为,学生的自尊感与学习成绩之间存在互为因果的关系。有人认为,自尊感是造成学习成绩好的原因,而不是结果。因此,强调通过对学生的表扬与鼓励来提升他们的自尊感,以此来提高他们的学习成绩。但又有研究认为,只是通过一味地表扬鼓励来提升其自尊感,结果会造成自尊感的自我膨胀,导致更多的问题出现,这需要引起注意。有关研究认为,破解学习成绩的提高、优秀生成长的密码有三:一是满足好奇心,提升自信心,支持自主性;二是课内打基础,课外搞科研,鼓励去创造;三是教师引导,父母支持,营造学校教师、家长与孩子相亲相爱的文化氛围与心理环境。有学生在反思自己的成长和学习之路时写道:"如何真正有效地学习?老师和家长的命令与要求,不是我学习的真正的动力之源。有兴趣,有追求,做学习的主人,才是我学习的真正动力。我深知重视老师的讲课内容的重要性。课外参加学校数学建模社团的创新活动,打开了我探索科学的大门,培养了我的逻辑思维能力和探究科学的精神,让我看到了丰富多彩的科学世界,令我好奇和兴奋,在解题创造中感受到科学之美,体验到人生学习之乐!"

近几年来,研究性学习成为上海高中生学习的新风尚,全市有74%的高二学生"人人有课题",[1]这一鼓励创新的学习策略,既能激发学生的学习兴趣,促进成绩的提高,又能使他们的智慧潜能得以进一步开发,也可以有效地提高他们的自信心和自尊感。

有关青春期情感问题产生的研究表明,青春期是青少年容易与家长、教师产生冲突,容易经历极端情感体验且容易尝试危险行为的时期。有调查发现:"对一些人而言,青少年意味着人生开始一步一步地下滑。"但是,对大多数青少年来说,青春期并不意味着焦虑和失望。虽然许多家长认为自己的孩子一进入青春期,与家长之间的关系就会碰到困难,但事实上,这一阶段比想象的平静得多。据我了解,所谓"违拗期""反抗叛逆期",主要原因不在孩子身上,而在于家长与老师的教育态度与方式方法没有与时俱进,没有根据他们身心发展的新特点、新要求来调整自己的教育态度、内容与方式方法。家长和老师需要学会理解和尊重学生,使他们在青春期能更平稳、更常态、更健康地得到发展,彼此相处更和谐更圆满。有研究认为,大多数青少年与家长、老师能够保持亲密友好相处的关系,关键在于要相互理解、沟通和尊重。[2]

我国著名学者潘光旦认为,每个人在青春发育时期,自我意识和主观能动性的发育都会突然旺盛起来,他们渴望了解周围环境,渴望认识自己;他们面对

---

[1] 青年报.2016-09-17.
[2] (美)菲利普·津巴多,(美)罗伯特·约翰逊,(美)薇薇安·麦卡恩.津巴多普通心理学[M].寇彧,改编.北京:中国人民大学出版社,2013:143.

未来,渴望能够有所发明和创造,能得到良好的教育。因此,养成健全的人格,不仅是一种自然的需要,更是人格教育的需要——这一时期完美人格和人品的养成显得特别重要。他又认为,青年心理有四个特点:一是易于接受外界的刺激与印象;二是富有想象力与理想;三是易于唤起情绪激发热诚;四是敢作敢为而无所顾忌。这是人生最为宝贵的四个特点。生命的尊严,文化的灿烂,都从此推演而出。但这四个特点如果发挥不好,调节不当,也有产生诸多不良影响的危险。反思我们过去的教育,无论是在方针上还是在具体实施上,都有偏颇,往往偏重于物而忽略人的存在。有时候甚至把青年学生当作一种驯服工具来培养,不但不重视健全人格的培养,反而把人的通性与个性发展以至性别差异置诸脑后,这不利于创造性人才的发展和培养,也不利于中华民族整体素质的优化和提高。这一教训需要记取。①

以上所述,高中阶段为青年初期,这是个体各方面发展处于成熟的时期,他们的生理与心理、情感与思想、交往与理想,都随着青春年华的每一根血管的膨胀,每一块肌肉的强健,每一节骨骼的增长而发生着深刻的变化。他们每分每秒都会呈现出崭新的进步。这独特的青春时期,正如心理学家霍尔所说的,是"激情与进取"的、充满内外冲突的浪漫主义时代。每个青年男女都在用自己的心声演奏着多姿多彩的爱的交响曲。在这优美的乐章中,有人生的追求、情感的融合、理想的攀登、科学的向往、事业的奋进。总之,他们的生理在成熟,心理在成熟,思想在成熟,情感也在成熟。高中阶段是人们愿意建立个人友谊的鼎盛时期。16岁的花季,是友谊的花季,奋进的花季,也是为未来大有作为做准备的花季。

周恩来的 16 岁,就是团结同学好友,组成"敬业乐群会",以发扬爱国精神为宗旨的 16 岁。就在 16 岁那一年,他写下了《射阳忆旧》,不仅以深厚的情感回忆和赞美家乡人民的勤劳和正直的优良品质,而且表达了愿做"天下公仆"的崇高理想。②

马克思 17 岁时,写下了《青年在选择职业时的考虑》一文,表达了一个青年特有的使命感和尊严感。他写道:"我们的使命不是求得一个最适于炫耀的职业,而应选择一种使我们最有尊严的职业,因为尊严能使人高尚起来。"为此,他

---

① 潘光旦.潘光旦选集(第一卷)[M].潘乃谷,潘乃和,选编.北京:光明日报出版社,1999:15.
② 怀恩,选编.周总理青少年时代诗文书信集(上册)[M].成都:四川人民出版社,1979:10.

选择的职业,是"人类的幸福和我们自身的完美"。① 马克思这一高尚情操的表露,正是个体社会性情感发展到一个新高峰的标志,是爱人与爱己两种美好情感完美结合的体现。这种对人类爱的情感,不仅为他未来从事的伟大事业奠定了思想情感的基础,而且为献身于人类幸福事业的广大青年树立了光辉的榜样。

不只伟人在青年时代能表达这种情感,我们所接触的广大高中生中,也有不少青年学生能表达这种情感。他们热爱人民,忠于祖国,追求真理,朝气蓬勃,其热情之高,令人赞美。有学生在题为《选择自我方向》的作文中写道:"人生幸福莫过于求仁得仁,不以物喜,不以己悲,心无旁骛,不骄不躁,不为名利所诱,胸怀公能之心,永存爱国之情,在宁静致远中笃学砥砺、自强不息、执着求索、奋勇前进,立有为国奉献之志,树有为民服务之念,为中华之崛起而读书,为实现中国梦而奋斗!"有学生感慨道:"身为华夏儿女,我们的生命要为社会负责,要有历史担当,要肩负起兴邦重任,谱写奉献华章,做社会的中坚、民族的栋梁。"

作为中华民族传人的广大中学生,不仅有强烈的民族意识,而且有强烈的爱国行动。在日常生活中,他们能把继承和发扬中华民族的优良传统和美好品德落实到行动上,通过寻找自己的学习榜样,探索、追求人生价值,立志成才,为国争光。

第二节 科学情趣的培养

爱迪生成为"发明大王",得益于学生时代对科学的兴趣。生理学家巴甫洛夫认为:"科学需要热情,需要人用毕生的精力去进行不懈的探索。"这一科学热情来源于青少年时代的好奇、好问、好探索。可惜,在传统教育中,我们常常忽视学习情趣的培养,把原本神奇美妙的科学变成枯燥无味的教条,让学生死记硬背。爱因斯坦认为:"在过分强调竞争的制度下,会扼杀人们对科学知识的探

---

① 中共中央马克思恩格斯列宁斯大林著作编译局,译.马克思恩格斯全集(第40卷)[M].北京:人民出版社,1972:7.

索精神。考试等负担过重会大大地危害学生的独立思考能力的发展,学生负担过重必然会导致肤浅。"①我们前阶段的高中教育,由于受功利主义与应试教育等问题的影响,将学生成长窄化于片面追求高考与获取高分之中,使不少高中生备受高考压力和学业负担过重的影响,使他们在学校生活中忙于应试,忙于应付过多的作业,使其身心疲惫,睡眠不足,原本富有精神营养的各类科学知识,成为死记硬背、枯燥无味的应试内容,学生由此产生厌学的情绪。教育行政部门和教育界不少有识之士对此极为关切,积极采取各种措施,加大高考招生制度改革的力度,使情况逐渐好转。学校内部教育改革也在不断深化。应试教育正在向创新教育转变。升学唯分数论正在向综合素质评价论转变。由过分强调学科知识大量的背诵记忆向重视科学兴趣培养的方向转变。这使当代高中生的学习兴趣、科学情趣、人文情怀和艺术情致成为他们成长、成熟、成才的精神支柱和学习动力。正如人本主义心理学家马斯洛在需要层次论中论述的那样,在生理需要、安全需要、归属需要和尊重需要基本满足的基础上,人们的求知需要、审美需要和自我实现需要等高层次需要得到增强和提升。在当代高中生中,求真、求善、求美的精神追求也正在逐渐增强。西方谚语说过:"对饥饿的人来说,食物就是上帝。"在这里,食物不仅是指物质,而且包括精神食粮。在当今,整个社会正在奔向全面小康社会的同时,广大青年学子渴望拥有健康、健全的完美人生,这成为他们强烈的精神需求。追求知识的丰富性,思维的独特性,科学的创新性,人生的自主性,人品人格的完美性,审美的和谐性等内在品质,成为他们潜在的学习动力。高中生的科学情趣、人文情怀和艺术情致的培养,成为广大教师和家长关注与关心的重要课题。

一、科学情趣培养的意义

德国哲学家康德在《实用人类学》一书中提出:"美是一朵花,而科学是这棵树上生长的果实。"英国科学家贝尔在《科学的社会功能》一书中写道:"科学是人类社会的独一无二的产品。"它是人类智慧最高贵的成果之一,又是最有希望的物质福利的源泉,还是给人类带来福祉的矿藏。它具有育情、育趣和育乐的功能。科学本身又有可能变成一种引人入胜的娱乐游戏,使人迷恋与陶醉。法

---

① 周洪林,主编.现代教师读本——科学卷[M].南宁:广西教育出版社,2007:142.

国科学家彭加勒认为,学习和研究科学会使人从中感受到一种超乎寻常的好奇心和愉悦感。这种愉悦和快乐来源于它的自然美,来源于科学美中的一种简单美和浩瀚美。他说:"我们特别喜好探索简单的事实和浩瀚的事实,因为简单和浩瀚都是美的。"[①]这种科学美,反映宇宙内部的和谐,诉诸人的理智美。自然数中的1、2、3……作为数字之起点,它可以衍生出正数、负数、小数、分数、虚数、复数、无理数和无穷数,等等。这些数的变化,使勤奋、好奇、好学、性格内向的陈景润在中学时代就开始爱好数学,迷恋上数的计算。计算数学习题成为一种智力游戏,占去了他大部分的时间。在他看来,代数方程式的计数使他充满幸福,成为一种乐趣。他的高中数学老师在数学课堂上给同学们讲了许多有趣的数学知识,其中讲到数论之中一道著名的难题——哥德巴赫猜想。老师说,自然科学的皇后是数学,数学的皇冠是数论,哥德巴赫猜想则是皇冠上的明珠。这位数学老师还笑着说:"真的,昨天晚上我还做了一个梦呢,我梦见你们中间有一个同学,他不得了,他证明了哥德巴赫猜想。"这一句话引得同学们哄堂大笑,此时的陈景润却没有笑。他被老师的这段话震动,他沉默着,他铭记老师的期望。在此之后,他全身心沉浸在数学的海洋里。后来,在精深地钻研了华罗庚的《数论导引》和《堆垒素数论》后,他的数学才华闪耀出奇光异彩。20年后,陈景润以惊人的顽强毅力,潜心思考,探测精蕴,向着哥德巴赫猜想挺进,他的数学才智的蓓蕾得到了绽放,取得了辉煌的成果。他的"陈氏定理"得到了国内外数学界的肯定,被称为"杰出的成就"和"光辉的顶点"。[②]

二、科学情趣从何而来

爱因斯坦认为,科学之情之趣在于科学之美,简洁之美,和谐之美,探索之美,人格之美,为人类创造福祉之美。他说:"科学美之光照亮我的道路,并且不断给我新的勇气。"哥白尼《天体运行论》一书的第一句话是:"在哺育人的天赋才智的多种多样的科学和艺术中,我认为首先应该用全部精力来研究那些与最美的事物有关的东西。"在科学中蕴含着奇思妙想的情和趣,欣赏和品尝科学美会使人精神上感受到一种超常的愉悦感,获得一种人生特有的兴奋和主体体验,体验到科学中的和谐、优雅、一致、简洁、整齐等美的因素,认识到科学美是

[①] 叶朗.美在意境[M].北京:北京大学出版社,2010:304.
[②] 徐迟.哥德巴赫猜想[M].北京:人民文学出版社,1978:83.

一切知识之本,是一切快乐之源,应当珍视、珍爱和珍惜。

华罗庚把数学之发展与大千世界相连系。他认为,宇宙之大、粒子之微、火箭之速、化工之巧、地球之变、生物之谜、日月之繁无处不用数学。数学之味,其味无穷。杨振宁认为,物理之美有现象之美、理论描述之美和理论结构之美。我们童年时看到的雨后彩虹之美,正是光照折射后的现象之美。有人说,化学中的有机合成,具有巧夺天工、梅雪争春、奇美异常、淡妆和浓抹均相宜之美。近100年来,发现有百万种有机分子。"在老自然界旁边,创造了一个新的自然界。"科学之美美不胜收引起了无数学子对科学的好奇与探索的强烈愿望和其味无穷的情趣。

达尔文在中学时代就对自然科学产生了极其浓厚的兴味与情趣。他在回忆录中写道,自己青少年时代有着极其浓厚的多种多样的情趣,很急切地想要理解自己感兴趣的事物,而且在弄清楚任何复杂的问题或事物时都非常高兴。他认为自己对自然科学有着强烈兴趣,对未来的美好愿景极其向往。这一科学情趣成为自己性格中的独特品质,他感到很欣慰。他认为,这种品质源于中学时代的良好教育。当年,他仔细地阅读了好几本化学书,开展了化学实验研究和昆虫收集研究。这时的兴趣后来成为他一生的乐趣和唯一的工作,终生的事业。

科学情趣的培养要从改变教育理念着手,要把发展学生的好奇心,培养他们对科学探索与追求的情趣,作为教育教学的宗旨之一,它是学生时代成长成才之本,又是人生快乐之源。由此,转变旧有的教育制度、课程体系和高考招生办法等,要给学生以更多的自主发展的空间与自由,让学生成为真正意义上的主人。从"面向书本,面向考试"的旧理念中解放出来,树立"面向科学、面向未来、面向人生"的新理念,让学生快乐地投入到知识建构、科学探索与智慧生长之中。如果说知识是科学之基,那么智慧与情趣就是科学之本、动力之源。

三、科学情趣培养和教学美的案例分析

要让学生在学习科学知识时由苦变乐、由压力变为动力、由害怕变成美的享受,真正达到孔子在《论语》开篇中所讲的那样"学而时习之,不亦说乎",就要把科学美与教学美整合起来,使教学真正成为使人愉快的艺术,使科学知识成为学生赏心悦目的精神享受。

20世纪80年代,我有机会聆听过上海市南洋模范中学上海数学超级教师①赵宪初老师的数学课。他那高超的教学技巧使学生初学时佩服不已,认为枯燥无味的数学变成津津有味、回味无穷的美味佳肴。他的教学语言简洁明了不啰唆,讲课严谨而又生动,常常用生动的语言来表达非常复杂的内容,用具体形象的语言表达深刻的情趣和志向。他讲到二进制时,与当今计算机科学及应用联系起来。他说计算机的发展,其基本原理就是二进制在科学计算中的应用与推广。这给人无限的遐想,使人印象极为深刻。他在黑板上进行解题演示时,有时会故意停顿下来,让先理解的学生情不自禁地插话,与他一唱一和,使课堂充满趣味,收效极佳。他钻研教学艺术,练就一手教学"绝活",形成独特的教学风格。他上课思路清晰,教态生动,语言幽默,吐字清楚,丝丝入扣,富有韵味,把讲课节奏和学生的情思同步活跃起来。当下课铃响起,他的语言戛然而止,余音还在教室里回荡着,让你细细品味。赵老师的教学魅力不但让学生对数学发生兴趣,而且形成了学数学的磁场,深深地吸引了全班学生,使他们全身心地投入到对数学的热爱中,并且一生受用。

赵老师的教学美,不仅体现在讲课上富有艺术魅力,而且体现在课外关心学生上饱含深情。他的学生观是,学生是未来建设事业的主人和主力军。要注意发展学生的个性,对学习上有困难的学生,更要尊重他们的自尊心与自信心,要特别给予关心。有一位航天部研究院总工程师回忆赵老师时写道,他当年转学插入赵老师班级,初次测验不及格,他在走廊里正难过时,听到有人叫他,他心中纳闷是谁在叫,回头一看,竟是赵老师。"他觉察我的心情,亲切地说,这次没考好,不用怕。你只要专心听课,做题就不觉厌烦,下次一定会考好。简简单单的一番话语,消除了我的惶恐和惭愧。他那教学艺术,引起我强烈的学习兴趣,我的学习成绩迅速赶上。赵老师体察学生细微,他能叫出每个学生的名字,知道每个学生的基本情况和座位,在讲台上眼睛一扫,便知谁缺课,而且总是设法主动给学生补课。我想,这些看似细枝末节,却透射出赵老师对教育事业之钟爱,对教学对象饱含深情。"赵老师教过不少学生,后来多成为栋梁之材,包括多名科学院院士,他们赞扬赵老师:其行端端,其言溢溢,其心拳拳,其教谆谆。名师育优才,辉映传芬芳。先生之风,山高水长,学生成才,师恩难忘。②

---

① 那时还没有特级教师的称号,上海设立过超级教师的称号。
② 高屹,李雄豪,等编著.赵宪初与南洋模范[M].上海:上海教育出版社,2013:19,75.

四、探索培养学生科学情趣的多种途径

1. 探索精彩的课堂,有趣味的教学

科学求真,将神秘的科学和深情的人文精神融入精彩的课堂教学之中,给教学以有滋有味的情绪体验,使课堂不仅是授业解惑之所,而且是师生心灵交流的情感之场,让情趣成为课堂教学的润滑剂、催化剂。有位地理老师在上课时,将自然地理与人文地理融合为一,既从气候、地形、物产等角度去理解自然环境,又从地域文化景观的角度去加以欣赏与赞美。既有自然风光的录像,又有民风民俗音乐与故事相伴,使同学如临其境,美不胜收。即使下课铃响了,大家还沉浸在其中不愿下课。

在课堂教学中,要重视学习科学知识的意义性和前沿性的说明。这对于直接兴趣和间接兴趣的形成均有好处,避免学习上的消极与被动。有不少科学家在回忆自己中学生活时常提及:"我的数理化基础是在中学时代奠定的,献身于科学的志趣,也是来自中学里教数学、物理、化学的老师。中学老师,尤其是高中老师,常常对学生的一生有决定性的影响,我也是受影响的学生之一。"老师讲课时,经常讲解学习科学知识的意义、作用和科学发展前景。如介绍 21 世纪物质科学的发展,它将为材料科学技术、信息科学技术、能源科学技术、生命科学技术的发展提供物质技术基础。还讲到与环境相关的物质科学研究,如绿色反应、绿色工艺、绿色材料,这些与可再生技术一样,越来越受到人们的重视等。这些内容会引起青少年学子的遐想、好奇与兴趣。

有些教师常把生活中的内容融入数、理、化的教学之中。有的学生认为数学枯燥无味,抽象难懂,甚至有数学恐惧症。可是,有老师结合数学建模教学,把学生带进一个又一个的问题之中,让学生在实际生活中去探索数学问题。有老师上课时提出:航空公司出现超载问题,如何预测、计算和处理?学校选修课增多之后,课表如何排列为好?这样的老师能让初次接触数学建模的学生尽快进入角色。有同学在课后写道:"我觉得这堂课很有意思,让我发现生活中居然藏有那么多有趣的数学问题。我在解题中很有成就感。"这样的教学能激发学生的学习兴趣,有学生还主动去购买《在数学建模中的应用》《工程数学——线性代数》《数学简史》等课外书,进行自学与钻研。他在参加数学竞赛中,屡屡获奖,这使他对数学情趣更浓,学习的自觉性、积极性也更高了。

2. 开设拓展性、研究性课程,给学生一个多彩的世界

近几年,不少学校开设了几十种以至上百种选修课,有数学美学、数学发展简史、数学魅力、云计算、传播数学文化、几何光学、设计性物理实验、实验化学、分析化学、天文学导论、关注水和生态环境、生物自主实验、中国地区经济、程序设计、现代电子控制技术、数码图像处理,等等,让学生看到人们生活在一个多姿多彩的世界之中,不仅有知识性,还有技术性的制作过程。而且,每个人都有自由选择、自主发展才智的种种机会。只要我们有兴趣去学习与钻研,便可以使前程更为灿烂。

3. 组织科技协会,激发创造情趣

20世纪80年代,我开始关注上海市向明中学创造教育中的科学情趣的培养。他们经过三十年的探索实践,在"在兴趣中求创造,在活动中求发展"的理念引领下,在激发学生创造激情等方面积累了不少宝贵经验。他们从培植科技兴趣小组到进一步组织学生科技协会,鼓励学生异想天开,寻找奇思妙法。这一经验值得推广。

向明中学将组织科技协会看作学生创造性实践活动之一,又将之作为培养科学情趣的重要渠道之一。学生的科技类协会是在课外兴趣小组的基础上重建的,学校设有创建协会楼,为学校铸造未来科学家、文学家和艺术家提供条件。协会有五类四十多个,有科技、社会、文化、艺术、体育类等。科技有环保社、发展协会、物理协会、电子协会、应用化学协会等。艺术类有书画社、影评社、话剧协会等。他们对科学的情趣沉浸在"放飞创造的翅膀,拥抱理想的明天""参与科学探索,传递科技力量""2049在行动——做明天的科学家"等。[1] 有学生在环境社的环境微生物实验中发现了可以用微生物处理泔脚的菌株。这一研究成果,不仅对解决泔脚问题有帮助,更能让人直接体验到生物技术如何为人民服务,让学生增强了环保意识,对他们形成生态意识情操起到很好的教育作用。

4. 营造科学氛围,让科学兴趣伴学生成长

我参观过上海市七宝中学的科学探索馆、光学实验室、电磁实验室、生命科学实验室、化学创新实验室、地质馆、古生物馆、航天馆、天文台等。进入该学

---

[1] 芮仁杰,丁珊.让每个学生在创造实践中成长[M].上海:上海教育出版社,2010:137.

校,如同走进实验宫。它让学生在光影奇幻之中,在探索科学奥秘的过程中,走进奇妙的科学世界。携手科学,走进自己的科学院,成为少年院士。立志成才,探索未来,创造光辉灿烂的明天。该校的校园文化,正如有校友所讲的那样,"它看不见却无处不在,摸不着却置身其中"。它具有潜移默化、滋润情绪的功能。学校有栋大楼被命名为"政道科技楼",既是为了纪念著名的物理学家、诺贝尔物理奖获得者李政道教授,又是为了激发青少年学子对科学事业的兴趣和爱好,鼓励他们努力攀登科学的高峰,成为一名具有创新素养的科学精英。在校园的校友厅中,展示了学校杰出校友的事迹,如著名科学家王选院士。校园中有院士路、科技路、奥林匹克路,让学生每天行走在科学大道上,抱着强烈而浓厚的科学情怀,在科学氛围中成长。[①]

培养科学情绪的途径还有许多,有不少学校组织学生参观科技馆、科技产品博览会、世界机器人展品会、航展会,还在学科教学中结合教学内容,讲科学史话、科学家的成长故事,推荐阅读科学家传记;组织学生访问科学家,与科学家亲密接触,以他们为榜样,奋发学习;还用科学美来提高学生的审美能力,让学生从中看到科学不仅有外在美,还有内在美、形象美、神态美、结构美、线条美、和谐美、对称美等,如从元素周期表中看到科学的和谐之美,从能量守恒思维方式中看到它的新奇别致,从中促使学生在感受学科美的同时,不知不觉地体验到科学之美并沉浸之中。

第三节 人文情怀和艺术情致的培育

人的成长,不仅要有物质营养,还要有精神营养。生物学界、医学界和营养学界对人的生理生命中的物质营养颇有研究,提出儿童与青少年在成长发育阶段,特别需要水、蛋白质、糖类、脂肪、无机盐、维生素等,它们在生命发育阶段,缺一不可,否则会影响发育成长,以致有生命危险。可惜,心理学界和教育学界对人类精神生命中的精神营养研究较少。从实际现状来看,儿童与青少年精神生命成长与发育过程中,精神营养缺失很多,"偏食"状况严重,在精神生命中,

---

① 仇忠海."人之为人"的教育追求——我的育人思想与办学理念[M].上海:上海教育出版社,2013:146.

情感营养元素尤为匮乏,存在众多问题。北京大学郑也夫教授在《吾国教育病理》一书中对此有专门分析。①

呵护学生生命健康成长,倡导生命教育已成为21世纪的一股教育思潮。2015年6月,上海市教育委员会制定并颁布了《上海市中小学生命教育指导纲要(试行)》,在实施生命教育的目标要求中,提出要通过多种教育形式对学生进行生命价值与生命关怀的教育。与此同时,还制定和颁布了《上海市中小学生民族精神教育指导纲要(试行)》,提出要加强人文传统教育,培育爱国情怀,陶冶学生道德情操等要求。在高中阶段,教育重点之一是要求学生能在继承中国传统文化和吸引世界文化遗产的过程中,提高精神境界。

从1990年到2015年,我承担了关于爱国情感培养等国家级课题研究,并与上海几所中小学开展了关于人文情怀和艺术情致培养的合作研究。现在,就高中生人文情怀和艺术情致培养谈几点心得,提几点建议。

一、情怀来自关怀

学生人文情怀的培育要以教师人文情怀的发展和提升为前提。情怀是一种心境、心情和心态。中国成语中有"心旷神怡"这一成语,讲的是心境开阔、心情愉悦、心态豁达。宋代文人范仲淹在《岳阳楼记》中写下了这样的名句:"登斯楼也,则有心旷神怡,宠辱皆忘。""先天下之忧而忧,后天下之乐而乐。"表达了一种忧国忧民的人文情怀。这一爱国情怀,现在成为中华民族人文精神的宝贵元素,需要我们去吸收、继承和发扬光大。

我在接触当今高中生的过程中,既看到他们心态阳光的一面,也看到他们焦虑、苦闷的一面,还有个别学生心胸较为狭窄,患得患失,甚至有些抑郁。对于这些问题,需要多加重视,加强教育和引导。在这一方面,七宝中学积累了不少经验,仇忠海校长提出的"人之为人"的教育追求和处理教育实际问题时要有教育艺术,要体现人文情怀、情理融合、合情合理的思想,给人以温暖和温馨,体现了重视人、尊重人、关心人和爱护人的教育理念。他在处理问题时发扬民主,真诚倾听,尊重学生的自主发展,为他们的终身发展和前途考虑。如下几个案例使我印象特别深刻。

---

① 郑也夫.吾国教育病理[M].北京:中信出版社,2013.

案例一：尊重学生，真诚倾听

仇校长在《"人之为人"的教育追求——我的育人思想与办学理念》一书中写道：2001年冬天，一位学生给我写了一封信，他说，学校现在的作息制度有问题，这么冷的天，6点20分开始跑步，违反科学常识。这位同学还说："我在科学杂志上看到，太阳没升起来，人体剧烈运动是有害的。"我刚看到这封信时，心想他是在挑战学校制度啊。因为七宝中学从1947年成立的时候就是寄宿学校，一直以"半军事化管理"为骄傲。现在学生提意见了，我不能视而不见。我问一位副校长是不是看到过这种报道，他说，有的。我就找学生座谈，一开始学生不肯说。我把学生的信读给他们听，告诉他们，如果大家都感到有问题，我们可以讨论怎样改变。学生就说了，有人说："仇校长，我就盼望着下雨，下雨就可以不出来早锻炼，我这一天感觉都很好。如果跑了，一天的精神都不好。"一个女孩说："我一跑就头晕，妈妈说这是低血糖，要带两块巧克力。"学生七嘴八舌说完后，我们又在全校发调查问卷，结果73.5%的同学赞成改变。于是我们决定，每年冬至到第二年的3月1日最冷的时候，不搞集体的户外剧烈运动。后来在学校升旗仪式上宣布，几千名学生经久不息地鼓掌。①

案例二：了解学生爱好，给予保驾护航

我校有个学生叫孙沛阳，从小就对乡下田地里的碎片很感兴趣，经常捡一些回家收藏，之后还买了很多关于陶瓷鉴定的书籍进行研究，逐渐开始"无师自通"。进入高中后，他对青铜器和古文字的研究更是到了痴迷的程度，他的特长很快被拓展课教师发现。学校积极创造条件，让他独立为低年级同学开青铜文化讲座，校长特批免修有关课程，提供《四库全书》供其研究，联系上海博物馆专家做其导师，这些都极大地激发了他的研究兴趣和热情。用当时老师的话来说，孙沛阳是将30%的精力花在学生会的工作上，将30%的精力花在考古研究上，将40%的精力花在学习上。他在考古方面的热情和专长博得了北京有关方面的垂青，最后被北京大学考古系录取，在大二阶段就有论文发表在学术核心刊物上，并入选2010年21位北大拔尖人才培养计划。所以学校一定要了解

---

① 仇忠海."人之为人"的教育追求——我的育人思想与办学理念[M].上海：上海教育出版社，2013：17.

学生的兴趣爱好,为他们的发展保驾护航。①

案例三:美丽的惩罚

小木是我校 2005 届毕业生,他聪明又调皮,热情又多事。入学后,他小错误不断。2005 年 3 月的一天下午,他因班里的小事与另外三位同学发生了口角,原本笨拙的嘴对付一个都成问题,何况眼前要应对三个。盛怒之下他失去了理智,拿出水果刀朝眼前的三位同学捅去。幸亏那三位男生躲闪及时,受伤之处并未构成生命危险,但这一切足以震惊整个校园,也惊动了派出所。派出所的同志念及他是高三学生,又是少数民族孩子,当即把这棘手的问题交给了校长。我没有开除小木,但给了他一个"美丽的惩罚",罚他最后的三个月与那三位同学和好如初,同时要奋力拼搏迎接高考,以优异的成绩回报学校。

小木被感动了,从那以后他像换了一个人似的,一心扑在学习上。三个月中他如饥似渴,最终顺利地考进了中国人民大学。临别时他特意走进我的办公室,紧紧地抱住我,激动地说:"谢谢校长,是您给了我第二次生命。"来年暑假,我有幸再次听到他的消息,进入大学后他一如既往表现出色,一年中两次大幅照片刊登在中国人民大学的校报上,他已成该校的新闻人物。

我当时不开除小木,有三点理由:首先,若开除他,他也许会把怨恨转嫁到那三位同学身上,仇视他们;其次,他从今以后会破罐子破摔,永远站在了社会的对立面上;最后,他人生一次高考机会的失去,无论对他本人还是家庭,都意味着一种无法弥补的遗憾。

这一突发事件,立足于宽容的处理,改变了小木的人生态度,也让他懂得用铸就辉煌来回报社会。②

我对仇校长处理这件事有以下三点思考。

第一,宽严结合,有理有节。作为校长,要对学校的规章制度负责。为了对全校师生负责,对违纪违规的学生需要进行惩罚,这是为了惩前毖后,治病救人,使之吸取教训,痛改前非。因此,态度要严肃,要求要严格,但在处理方式

---

① 仇忠海."人之为人"的教育追求——我的育人思想与办学理念[M].上海:上海教育出版社,2013:19.

② 同上:88.

上,要把握好尺度,要学会宽容和宽厚,要保持冷静、理智、谨慎,要讲究策略。仇校长将这审美化的教育方式,称为"美丽的惩罚"。他用积极引导和激励性的惩罚来教育学生,达到了效果与动机的统一,"和好如初",让学生去奋力拼搏迎战高考。

第二,深度反思,好事做好。面对学生的违纪行为,我们需要从三个层面去进行反思,即处理前反思、处理中反思和处理后反思。在常规处理中,人们常常比较重视处理后的反思,即吸取经验教训。而仇校长却重视处理前的反思,即行动前的反思,又称为"行动前反思"。我感到仇校长当时不开除小木的三点理由是十分正确的,体现了校长对学生爱的情怀、情智和情谊。他想到学生的今天和明天,想到学生的家庭和社会影响,想到处分的动机与效果。实践证明,仇校长对小木的处理上反映了他对事宽容、对人宽厚,与人为善,为人着想,好事办好,达到了成人之美的教育效果,这一态度与经验值得推广。

第三,人文关怀要求教师与学生进行心灵沟通,在操作时要把握三点要求:(1)要对话。在对话中,能唤起学生的自我认知,可以获得观念上的转变。教师在平等对话中,要有一定的预见性和引导性,用学生能接受的方式与语言,求得他心灵上的震动和情感上的内化,促进其自省。(2)要理解。在对话中,要相互尊重与彼此理解,力求达到共识。(3)要共享。真正的对话,人格上是平等的,要允许学生解释、辩护与说明,和学生共享对话与彼此理解带来的心悦诚服和道德认知、道德情感及行为规范等方面的提高。

在对话中,教育者要关注对话者的心态:首先要尊重对方。美国科学家爱迪生的格言是:"教育的秘密是尊重学生。"苏联著名教育家苏霍姆林斯基也认为,教育成功的保证在于尊重学生人格、情感和保护其自尊心。他把学生的自尊心比作荷叶上的露珠,需要精心呵护,还要学会激励与宽容。激励是学生精神生命飞扬的翅膀,如果在对话中,对学生要求过于苛刻,过多批评,过分冷漠,会使学生精神生命飞扬的翅膀被折断。教师对学生成长中的问题,要抱有一种宽容之心,宽厚之爱,要在倾听中了解学生出现过失过错的过程和原因,分析其性质,因势引导。在宽容中,传递教师的温情和爱的期待、真诚的信任,引起学生心灵上的震撼,这比惩罚更有教育成效。仇校长在处理以上事件中,体现了一位优秀教育工作者的人格魅力、人文精神、思想境界和博大情怀,达到晓之以理、动之以情、导之以行的教育效果。由此,我们还可以看到,培养学生的人文情怀,需要教师以情育情、以善待人、以爱感人,这样才能使学生达到情感上的震撼和人格上的提升。

二、情怀培育需要内化于心

人文情怀培育,需要在文化知识的转化和内化上下功夫。我在接触当今高中人文学科教育中,发现有教师把人文教育窄化为单纯的知识教育、应试教育,甚至是"捞分教育",有的教师在高中三年教学中,以考试为中心,与高考有关的知识点要求死记硬背,实行灌输或强制性的高强度训练,作文用假话、空话、大话、套话来进行练习,结果使学生思想僵化,学会投机取巧,厌恶学习的情绪增加,导致人文学科的性质功能异化、窄化、恶化和劣质化。

针对这一情况,复旦附中语文特级教师黄玉峰老师进行了大胆改革。他的语文教学改革思想是以人为本,体现人文关怀,为学生打好人生的底色,为学生一生幸福打基础。在语文教学中发挥人文学科的育人功能,使心灵得到美化,人性得到优化,人格得到升华。他对语文教学理念、教学内容与教学方式方法进行探索,努力在文化知识转化和内化上下功夫。在教学实践中,他教学有方,以学生活动为主,启发思维,培育情感,师生交流,广开思路,让学生的独立精神和自由思想,通过写随笔、读后感、小论文、编文学刊物、出书等方式加以培养,让学生热爱语文,学做一个大写的人,让学生在各抒己见中,在辩证中提高学习语文的兴趣,获得人文精神的熏陶。他还举办复旦附中"中学生的论文答辩会"等。事后,黄老师收到前来参加答辩会的北京大学钱理群教授的亲笔信,信中写道:"我不知道参加过多少次大学生、硕士生、博士生的论文答辩会,而参加中学生论文答辩会,还是第一次,而且这次答辩会竟然引发了我长久的思考,更是不多见。""引起我思考的问题有两个严重估计不足,一是对中学生(或许还应该包括小学生)学习语文的潜力(尤其是学习作为母语的汉语言文学的潜力)严重估计不足,二是对中学生的创造力、想象力等智力潜能严重估计不足。"令钱教授吃惊的是,学生在答辩会上表现出来的对美的敏感性与感悟力以及他们想大事、立大志的激情,有一种大气度、一股浩然之气,使人敬仰。他看到黄老师班级学生身上的"少年意气",探讨"奥秘"的自信和"初生牛犊不怕虎"的勇气,感到"更是弥足珍贵",他还认为从中可以看到"青少年是学习语言的天才"和蕴含的巨大潜能。①

从黄老师的语文教改和钱教授的点评中,我想到,教学改革要在发挥人文学科以文育人、以情动人上下功夫。人文知识常常是静态的,它要在传道、授业、解惑中被学生理解、接纳并内化为他们自己的精神元素,这就需要将人文知识转化为一首动人的诗,一支美妙的歌,一幅令人惊叹的画,要创造一种感人的情境,把课文教活,使课文在培育人性、人品、人格上发挥其优化功能,使学生心灵得到美化,使行为举止得到优化,使思想境界得到升华。

黄老师在语文教学的"内化""优化"功能的发挥上,有好几套操作行为,可赞,可敬,可发扬和推广。

第一,语文学习强调"读万卷书,行万里路"。他要求学生多读书,多接触社会。他上课时,教学内容特别丰富、有趣味,常把趣闻逸事插入其中,加强了学生对课文人物背景的了解。他抱有积小胜获大胜的理念,要学生背诵《离骚》《长恨歌》《琵琶行》等诗篇时,他带头背诵,还精心地抄录了《离骚》,制作条幅,让学生欣赏,引起学生的惊讶和羡慕。

第二,他把课堂搬出去,走进历史的现场,让学生获得历史感、情景感和心灵的震撼感。他带学生到甘肃的敦煌、河南的开封、浙江的绍兴等地参观了很多名胜古迹,给学生留下深刻的印象,开阔了视野,拓展了胸怀。他认为生活有多大,语文就有多大。他要学生看林语堂的《苏东坡传》,使学生喜欢苏东坡。他自己还写了《谈苏轼》一书,赠予班上的每一位学生,他的多名学生还得到北大、清华教授们的赏识。在清华大学招生面试中,有的学生由于发挥超常,不经书面考试,直升清华,专门学习人文科学。

第三,为使语文的教学内容打动学生,他首先在内化于心、动之以情上下功夫。他在教杨绛的《老王》一课时,将老王的善良、无私和作者对老王的关怀、同情和怜悯,将自己特有的感受,以独特的方式带进课堂,特别感人。课后,学生与听课老师都认为:黄老师是用心用情在教书!用自己的感受和语言把我们带进课文之中,犹如春风在我们的心湖上吹起涟漪,课文中的文字力量给我们心灵带来震撼和感染。

---

① 黄玉峰.教学生活得像个"人"——我的大语文教学[M].上海:上海教育出版社,2011:122.

三、让学生在诗化的情境中成长

高中阶段是花的季节、诗的年龄,他们喜欢诗歌,喜欢富有诗情画意的浪漫情调。当代美学大师宗白华在《美学散步》一书中写到"我和诗",他说:"我小时候好玩耍,不念书,但对于山水风景的酷爱是发乎自然的。天空的白云和覆成桥畔的垂柳,是我孩心最亲密的伴侣。我常一个人坐在水边石上看天上白云的变幻,心里浮动着幼稚的幻想"。他17岁时生大病之后,去青岛求学。"病后的神经是特别的灵敏,青岛海风唤醒我的心灵的成年。世界是美丽的,生命是壮阔的,海是世界和生命的象征。""青岛的半年没读过一首诗,没有写过一首诗,然而那生活却是诗,是我生命里最富于诗境的一段。青年的心襟时时像春天的天空,晴朗愉快,没有一点尘滓,俯瞰着波涛万状的大海,而自寻着明爽的天真。"那年,他从青岛回到上海,转学进上海市同济中学,那时,"庄子、康德、叔本华、歌德相继地在我的心灵的天空出现,每一个都在我的精神人格上留下不可磨灭的印痕。拿叔本华的眼睛看世界,拿歌德的精神做人。是我那时的口号"。"唐人的绝句,像王、孟、韦、柳等人的,境界闲和静穆,态度天真自然,寓秾丽于冲淡之中,我顶喜欢。后来,我爱写小诗、短诗,可以说是承受唐人绝句的影响。"

那时,"纯真的刻骨的爱和自然的深静的美与我生命情绪中结成一个长期的微渺的音奏,伴着目下的凝思、黄昏的远想"。"这时,我欢喜读诗,我欢喜有人听我读诗,夜里山城清寂,抱膝微吟,灵犀一点,脉脉相通。"他写道:"我爱光,我爱海,我爱人间的温爱,我爱群众里千万心灵一致紧张而有力的热情。"他主张"诗人是人类的光和爱和热的鼓吹者"。[①]

这是20世纪20年代的一位中学生诗情、诗怀和诗境的写照。直至今日,在我们当代中学生中,抱有如此诗情、诗怀、诗境者和向往者也有之。2017年2月7日,在《中国诗词大会》上,上海复旦附中16岁高一学生武亦姝以她在诗词领域超常的储备量而获得冠军。她古诗词方面的才情令人折服,更令人惊讶的是她对中国古典文学有如此深厚的情结。据估计,她的诗词储存量超过2 000首。复旦附中老师谈到武亦姝时说:学习特别认真,对

---

① 宗白华.美学散步[M].上海:上海人民出版社,1981:480.

古典文学情有独钟,她不仅古诗文学得很好,而且作文写得很好,字写得很漂亮,并且为人低调温和,是一个很有思想和才气的人,这与上海重视古诗词教育和复旦附中数年来重视语文教学的人文教育有关。他们坚持十多年来推广传统文化读本,走一条古诗文教育之路,让优秀民族文化在每个学生身上留下终生的烙印。他们认为,中国是富有诗情画意的民族,古代文人墨客基于对美好事物的向往之情写下了大量经典诗篇,这些情怀尽管时空相隔千万年,但古诗文中蕴含的情感元素,对当下也有传承价值。武亦姝在谈学习古诗文的感受时讲到,陆游作品中有一种特别温柔和深沉的情感,苏轼诗文中豁达开阔的人生态度非常动人,让"人有一种好的心情",在不知不觉中,让她有勇气笑对各种人生挑战。由此可见,中华诗词是我们的先人留下的一份宝贵的人生财富和优质的精神健康保健品,对优秀古诗词的感悟将滋养着我们一代又一代的青少年茁壮成长。①

阅读世界名著,能使学生心灵宁静致远。让学生在阅读中成长,让他们不仅在人文学科教学中能接受中外文史地等文化精神因素的熏陶,而且在课外阅读中也能得到真善美心灵的滋润。

我跟踪研究的个案案主思诚,就读于上海市实验学校。这所学校十分重视学生课外阅读指导,利用寒暑假给学生介绍世界名著。我在他的高一寒假课外读书笔记中,发现他所写的"读梭罗《瓦尔登湖》"笔记,写得特别认真,让我惊喜。他将此书的要点和难点进行了整理,有些词语还加上注释,如"絮聒",他在笔记本上写着:这是形容说话啰唆,连续不断,不谈够不休等。这篇读书笔记,足足写了半本笔记本。我问他:"你阅读此书后有何感想?"他说:"我看到了人生还有另一种与众不同的别样的生活方式。"他对这位19世纪美国作家梭罗在《瓦尔登湖》这部著作中所写的一切感到新鲜。梭罗从哈佛大学毕业后,形单影只,拿着斧头等工具,跑到自己家乡马萨诸塞州康科德,过了两年自耕自食的生活,他在《瓦尔登湖》一书中,描绘了纯洁透明的湖水和茂密翠绿的山林。在这澄净的环境中,梭罗以一颗纯净的心灵思索人生的价值和意义。他在乡下的生活完全算不上富裕,然而他感到自己非常富有,因为他富有阳光照耀的时辰以及夏令日月。

① 文汇报.2017-02-17.

梭罗不仅热爱自然,而且他以在"真正自然的家"中生活开创了超前的生态研究。他的简朴生活中有着更高的精神追求。他在1895年就提出:每个城市应该保留一部分森林和荒原,以便城里的人能从中得到"精神的营养"。从这个意义上说,梭罗是一位生态研究的先行者。

一年之后,思诚在高二随笔本上,又写下了"再读《瓦尔登湖》"和"神圣的艺术"等多篇阅读笔记。他写道:"这是我第二次翻开这本《瓦尔登湖》了,它装订十分朴素,文笔却那样精彩、深刻,以至于我再一次为之震撼。《瓦尔登湖》的主题之一,是对习俗生活方式的批判。它批判的每一个观点,都有理有据,不说毫无根据的话,因此使我信服。书中提出,在当今生活中,人们看重物质的富有,却轻视精神的健康,这一针见血地指出了人们生活的弊病,我为之折服。这是我第二次翻开《瓦尔登湖》之后的又一个感怀。""我面对那宁静而又耐人寻味的瓦尔登湖,它将给我的人生带来何种启示呢?"(老师的评语是"这是一部值得一读再读的作品,期待再次读到你更多的感悟"。)

思诚在"神圣的艺术"读书笔记中写道:"农事是一种神圣的艺术。梭罗把种豆经历作为一种快乐的事,他享受着从事农事的每时每刻。因此,他对豆子特别亲昵!"

我们从思诚上述的读书笔记中,不仅看到他对梭罗热爱自然的崇敬、欣赏和赞美,也看到当今中学生的自我反思和联想。在思诚的读书笔记里,可以看到他记载着"梭罗种植的收获,不只是谷物、蔬菜等自然物品,还有一种最原始的操作与神圣的快乐,能从与大自然的亲昵中获得心灵上的交际"。更为可贵的地方是,思诚还联想到自己的学习态度与方式。他写道:"我曾经一度对物理十分厌恶,原因是我总是在解物理方程时受到挫折。面对着满页的数据,却无从下手,使我恨不得将习题丢开。"可是,梭罗的生态美学心态,使他转换了思考角度,调整了心态,他写道:"是否可以把眼前的一个个字母、一张张图像,不看作一个个练习题,而想象为人类的物理学思想中的一个个记录。如同滑轮、木块、杆、绳,这些正是宇宙世界中最为基础的零件和原理的支配物。运行速度、位移、力度正向我们展现着那万古不变的定律所支配着的物理世界。我再作进一步想象和推理,那一条条公式,正是千万次思考与实验所得到的认知精华,是人类用哲学范式去剖析自然的尝试。想到这一切,眼前的习题似乎变得神奇有趣。"

"面对这神圣的科学原理和知识,怎么可以厌恶呢?正是我太过于粗浅。我过去曾将学习的收获,单纯地看作破解一道道难题,其实不然,学习的收获,比这一切还要神圣许多。学习本质是一种对自己'思想田地'的耕耘,操作着智慧种子的播种。它也是与圣贤者、睿智者以至自然规律、天地运作的精神交流与对话,即使最终无法解题,这种神圣的交流仍然存在,促使我再思考、再交流。这是一种神圣的艺术、学习的艺术,我切莫只停留在功利成败与匆忙之间,迷失这神圣的艺术品位。"

从上述的读书笔记中,我们看到当今的高中生正在从世界文学名著中吸收着自然美、人文美、学习美与生命美的意蕴。有人认为,当今世界存在的众多的问题中,有一个十分突出的问题是人性分裂、道德沦丧、自然生态严重破坏,它表现为:一是人的物质生活和精神生活的失衡,二是人的内心生活的失衡,三是人与自然关系的失衡。这些失衡,会使人的生活变得异常贫乏、单调和枯燥,人们疏远、隔膜、孤独,内心焦虑、抑郁、烦躁。要改变这一切,要求人们以审美的眼光去欣赏世界与人生,用诗人的心态去美化人生,品味生命的意蕴,把学校生活看作"人诗意的栖居",感受无穷的意味和无限的亲切,在平凡、平常、平和中找到人生的情趣、情怀、情致和情蕴,以宁静致远的心境去面对人生的一切,努力使我们的学生成为身心全面发展的健康者,大度、大方、大气的豁达者,有情、有义、有智慧的人生幸福的品尝者!思诚所写的"神圣的艺术",正在朝着这一方向践行着,提升着!

四、学生艺术情致的培养,需要审美文化的熏陶

艺术情致是对艺术情有独钟,对艺术抱着特有的情趣和追求,使之精益求精,以至完美。学生的艺术情致来自爱美的需求,马斯洛的需要层次理论对它有专门的研究。艺术情致对个人而言,有利于陶冶情操,健全人格,提升审美能力;对社会而言,有利于从事创造性劳动,有利于自然生态环境的保护,社会环境的美化,为建设团结友爱的共同家园作贡献。

我对艺术情有独钟,在小学时学过篆刻和木刻,后来因种种原因而中断了向艺术方面的发展,但童年时代的艺术情结成为一种情愫绵延至今。我在改革开放后参与了"在审美中成人"的课题合作研究,也阅读了大量的美学、美育等方面的专著。它给我留下的深刻印象有以下几点。

1. 学生艺术情致的形成来自老师艺术情致的感染

20世纪之初,我国近代教育家王国维和蔡元培都提出要重视美育。王国维强调在美育中要发挥情感教育的功能。蔡元培大力倡导美育,重视美术课程的设置与教学等。当年,浙江省立第一师范学校还邀请了从日本留学回来的李叔同前来任教。李叔同多才多艺,人品高尚,德才兼备,他先后开设素描、油画、水彩、图案、西洋美术史等科目,还开设写生课,为中国近代艺术教育进行了一系列的开创性改革实践。在李叔同艺术教育的影响下,浙江省立第一师范学校宛如一所艺术学校,艺术氛围非常浓厚,培养了一大批颇有艺术情致、艺术才能的优秀人才和美术教育家,丰子恺就是其中之一。丰子恺在回忆录中写道:李先生的人格、学问、情趣影响了我们的情感,折服了我们的心。李老师从来不骂人、不责备人,态度谦恭。学生个个真心地崇敬他。李老师的人格魅力,在于不为名利,将全部精力投入艺术教育中。他博学多能,其国文水平比国文先生更高,其英文水平比英文先生更强,其历史知识比历史先生更多,其常识比博物先生更丰富。他还是一位书法金石的专家。因此,广大学生都十分崇敬他。李叔同是一位抱有艺术志向、人格高尚的大教育家,李先生的认真态度、艺术心灵以及慈爱思想给丰子恺打下了深刻的烙印,时时感召着丰子恺,影响了丰子恺的艺术人生。[①]

2. 艺术情致还来自审美文化的综合影响

我在研究艺术情致形成过程中,阅读了《青年陈逸飞》一书。我看到当代美术大师陈逸飞的艺术情致。还在中小学阶段,他就受到了上海市少年宫和上海美术专科学校审美文化生态的综合影响。陈逸飞读小学时,是一位品学兼优的好学生,担任过少先队大队长。在参加"全国优秀少年夏令营"的日记中,记载着他参加绘画活动的种种感受和体验。他在日记中还写道,少年宫老师的认真指导"仿如昨日",使他永远铭记。在初中时,他又遇到了优秀的美术老师——施南池,这位在书画和诗词等方面造诣深厚的艺术教育家,以特有的审美眼力,发现陈逸飞的艺术资质,让他参加学校美术兴趣小组,进一步开启他的艺术情致和美术潜能,为陈逸飞后来的艺术人生奠定了基础。

中学时期是人生"第一阶梯"。他初中毕业时,以优异的成绩进入了上海市

[①] 余连祥,选编.中国现代美学名家文丛·丰子恺[M].杭州:浙江大学出版社,2009:23.

美术专科学校。刚进美专时,他刚满16岁,是美专预科中年龄最小者,备受老师的关爱。老师因材施教,像对待自己的孩子一样关心爱护着班级每一个学生的成长、成人和成才,为他们艺术才华的发挥创造了各种条件。当时,陈逸飞的一幅大约16寸大小的油画写生习作,就在上海中山公园前门展出,吸引了众多的观众,夺人眼球,给陈逸飞以极大的鼓舞。

陈逸飞的艺术情致还来自中外美术大师的影响和众多恩师的哺育。他中学时代常去图书馆看《美术》月刊,他对著名画家列宾、达·芬奇的生平和画作极感兴趣,大师的名言名句如"绘画——这是一切艺术的源泉和灵魂,以及各种科学的根基"当时就深深地印刻在青年陈逸飞的脑海中,日后成为引领他在艺坛上腾飞的精神支柱。他当年在上海美专学习时,受到一批著名的艺术家和艺术教育家的关注,其中有我国著名雕塑家张充仁、油画家俞云阶、国画大师程十发等老师的直接指导和影响。上海美专是青年陈逸飞艺术梦想放飞的地方,也是他艺术情致、情怀、情愫与情结扎根的土地,为他日后拓展视觉艺术,涉及影视、服饰、环境艺术,成为世界级的艺术大师奠定了良好的基础。培养学生的艺术情致,一定要把握好青少年时期这一最佳时期。陈逸飞在回忆录中常常提及上海美专老师对他的精心培养,他对这些老师充满着敬畏、敬仰、敬佩和感激、感恩之情,并铭记一生。

五、培养艺术情致,让艺术使人成为人

十多年来,我与枫泾中学陆旭东校长一起,开展了让艺术使人成为人,让学生在美术特色高中课程审美化改革中,提高艺术情致的合作研究。

学校的教育理念是关注学生艺术生活、道德修养、情感品质和理智的和谐发展,让学校生活成为一支动听的歌、一段出色的舞蹈、一幅令人惊叹的画卷、一部美好的戏剧。在具体操作上,在校园中创造条件,让学生们每天听到一支动听的歌,读到一首好的诗,看到一幅美的画,在与同学交谈中,说出几句睿智的话,将美携带在身边,随时用美的眼光去发现校园中的美景、美事与美的行为。根据学校是美术特色高中的性质特点,将学生艺术情致的培育,作为学校师生共同追求的一种生活情趣和学习志趣,将学校文化耕耘为培植艺术情致的土壤,让审美成为人生的一种态度和境界。从学校走廊到教室,都张贴有名言警句,让学生在这些名言警句中真实地感受到自己以及周围的人处在一种美的

氛围中。在美育课上,每周三下午开设了艺术情致的选修课,有西方美术鉴赏、农民画、动漫、国画、剪纸等。在人文修养和实践课程中,有"一画一故事"和野外采风写生,开办个人画展等活动,提升了学生对大自然和社会生活的了解。在学校举办的个人画展中,学生获得艺术情致的成就感,开发了他们的艺术潜能,提升了他们的境界和审美、创美的能力及水平。

使学校的艺术教育,不仅教人以知识,而且让学生将所学知识与诗意警句联系起来,将艺术内化于心,外化于行,使人生艺术化、情趣化和人格完美化。学校探索了高中三年人生艺术化、情趣化与人格化的有关目标序列:高一,花季的16岁,让学生站在人生新的起跑线上,关注其责任感的培养;高二,憧憬的17岁,让学生在梦幻中追求理想,勇于攀登人生的新高地,立志做一个有为者;高三,成熟的18岁,让学生在身心成熟中,学会反思、立足今天、放眼未来,做一个对社会有贡献的人。这一系列化的艺术育人教育,使新一代的审美者茁壮成长。①

六、艺术情致在自主发展中提升

高中生艺术情致的培育,不仅艺术专科学校要重视,艺术特色学校要关注,就是普通高中也要关心。艺术情致是每个未来公民的内在素质之一。有人说,21世纪是美育的世纪。美育的追求是人类高层次的精神需要,美的欣赏能力是人对美的发现、感受、体验、评估和创造的一种核心能力,又是成人之本、立业之基,因此,美化人心与人生人人有责。学生艺术情致的发展,因人而异,各不相同,像陈逸飞那样的大画家,也许与他具有较高的艺术禀赋有一定的关联性,而艺术潜能的储存,对每位学生来说,都带有一定的普遍性。我们在接触几所普通高中学生的过程中,发现很多学生大有艺术潜能,这需要我们去发现和培育。有学生在与我们的交谈中提及:学校新来了一位在中央美院深造和受过专业训练的老师,在美术绘画上很有才能,在浦东新区开过多次画展,反映很好。从这位学生的谈吐中,我感受到他对这位美术老师有一定的敬佩感和崇拜心态,他主动报名参加了这位老师指导的美术兴趣小组。此事过了不久,我在一次美术展览会上,遇到这位美术老师,询问到这位学生的情况时,这位老师脱

---

① 陆旭东.美术特色高中课程审美化建设研究[M].天津:天津教育出版社.

口而出,给了这位学生三点评价:他有绘画的天赋;他在美术兴趣小组中,是出类拔萃者;他还有潜能,可以开发。我将这位老师的三点评语转告了这位学生。从表情上看,由于他性格比较内向,因此没有表现出特别喜形于色,但可以感受到他内心是很高兴的。后来,我在跟踪观察中,在与这位老师作深度交谈中,了解到:(1)这位学生在领悟老师所讲的绘画知识与技能技巧上,比其他同学较准;(2)他在完成绘画作业的速度与领会老师意图上也较快;(3)他完成自己的画作之后,还能在画作背面写上几句自我评价与反思性意见,因此,得到了老师的好评和喜欢。老师给了这位学生更多的鼓励,提高了该生的学习兴趣。这使该生不仅自觉主动地参加了寒暑假由这位老师组织的绘画班,而且主动利用节假日的早晚,积极进行自选绘画练习。在高三毕业时,他选考了艺术类高校。在面试时,当老师问及为什么选考美术时,他还表达了这一想法:现在社会环境存在不少问题,他希望将来能为美化人们的生态环境多作贡献。这一美好的心愿与憧憬成为他的学习动机之一。后来,他考进了大学的艺术设计专业,还参加了由老师组建的艺术设计工作室。在一次关于未来发展的交谈中,他表达了大学毕业之后,争取到国外进行深造的愿望。他想走应用艺术之路,向工艺设计与操作方向发展。根据他的自我分析,他认为自己在动手能力上似乎有更多的潜能,更强的实力,更大的优势和兴趣。据了解,他的家人在对他的成长进行跟踪观察时,曾发现他在3岁时,有一次独自玩耍一部玩具,其中有几十个零件组装比较复杂,可是,他饶有兴趣地在半个多小时里,将这部机器玩具拼制完成,大家为此十分高兴,孩子也感到很有成就感。

上述个案给我印象较深的有以下三点:(1)普通高中生中不乏拥有艺术才能的学生。(2)这些艺术才能常常隐性地存在着。如果老师不加注意,它有可能自生自灭,在这方面,老师慧眼的洞察和发现、欣赏与鼓励,就会变潜能为显能。根据20世纪80年代脑科学的研究,人们发现脑内存在内吗啡肽,能促进心情愉快。因此,老师对学生潜能作出的情感评价,有助于脑内吗啡肽的正效应的发挥。这可为学生的艺术情致培育提供有利条件。(3)按加德纳的多元智能分析,正常人至少有七种至八种智能存在,在"一元化的教育"影响下人们对"智商式思维"较为重视,对语言智能、数学逻辑智能等潜能的开发较多,而对学生的动手能力和操作性潜能常常不予重视、缺乏研究,这使学生的动手能力和高水平工艺技能发挥受到影响。从上述个案研究中,我们认为对学生艺术情致的培育,要充分把握艺术情致的特殊性,给予更多的关注。

在个案研究中,有位教师向我反映,她女儿读高中时原想从文科方面加以培养,可是,她对动漫艺术设计特别有兴趣,最后一年转向艺术类的迎考准备。后来在国外进修中,她的艺术创造才能得到进一步的提高。因此,我们认为艺术情致的培育一定要尊重学生的自主性、独特性和创造性,让他们在自主自由的空间中,开放生命之花,在艺术天地中自由翱翔。

总之,学生的成长、生理生命的健康需要多种物质营养的滋补。他们精神生命的健康和发育也需要多种精神营养的支持和滋补。我把学科教育中重视科学情趣、人文情怀和艺术情致的培养和社会生活中加强对亲人的情愫、对家乡的情思、对祖国的情结培养,看作精神生命中的六大营养要素,缺一不可。只有精神营养充实和丰富,才能使未来一代精神饱满,茁壮成长,爱心永驻,诗意永存,情系终生。

第四节 高中生责任感培养的实践研究

"天下兴亡,匹夫有责。""先天下之忧而忧,后天下之乐而乐。"这既是中华民族优秀的文化基因,又是实现社会进步、民族兴盛的关键因素,也是实现个人全面发展、追求幸福生活和成就人生事业的核心品质。因此,《责任心理学》认为:"负责是人类存在最重要的本质之一。"世界文豪托尔斯泰说过:"一个人若是没有热情,他将一事无成,而热情的基点正是责任心。有无责任心,将决定生活、家庭、工作、学习的成功与失败。这在人与人的所有关系中也无所不及。"[①]

在市场经济、信息社会和创新时代里,培养有责任心的高素质的优秀人才尤为迫切。早在 20 世纪末,联合国教科文组织在中国北京召开了主题为"21 世纪挑战及教育改革"的会议,来自 24 个国家的与会专家形成一个共同的理念:21 世纪摆在我们面前的挑战是道德、伦理、价值观的挑战。一个情感贫乏、不会真正关心他人的人,不能与他人真诚合作的人,是无法适应社会需要的。由此,可以说,"学会负责"已成为 21 世纪的通行证。

---

① 祝志华,叶浩生.责任心理学[M].上海:上海教育出版社,2008:132.

面对这一时代要求,上海市多所学校在 21 世纪初开展了高中生责任感培养研究。其中,由上海市杨浦高级中学校长康士凯特级教师主持的市级重点课题"高中生责任感培养的实践研究",坚持的时间较长,研究较为深入,成果也较为丰硕。我作为这一课题研究的主要成员,在康校长的领导下,和陈爱萍、张海森、曹家骜、徐成芳等老师一起,开展了调查研究、课题设计、实践探索和经验总结及反思,我们均有颇多的收获和心得。

我们在调查中与众多的学者教授、企业界人士及模范人物进行探访交流,他们一致认为:支撑他们成功的情感要素、精神支柱和成才动力是责任感,责任感是他们成长与成才的主要保证,是他们一生发展的立身、立志、立业之本。

在面向家长的调查中,不少家长反映,在当今孩子的成长中,我们的爱心给得愈多,他们的孝心似乎愈少,其原因与我们只重视自己孩子学习成绩的高低、考试分数的多少,却忽视对孩子责任感的培养有关。

由于家庭物质生活普遍较为富裕与优越,学生们对自身生活中的吃、穿、用无忧无虑和习以为常,认为这一切理所当然。于是,他们没有要回报家庭与社会的心愿,在与他人的交流中,也没有感到要关心和帮助他人。上述调查进一步加强了我们应对高中生进行责任感教育的必要性与迫切性的认识。

我们对责任感内涵的理解为:责任感是指个人对自己和他人、对家庭和集体、对社会和国家履行职责时体现的意识、情感、信念和态度的总和。从心理学角度看,责任是主体对自身精神需求和人生价值的一种自我感受和内心体验。一个有责任感的人对履行责任的重要性应有充分的认识,并且在履行责任时能获得美好的感受和愉悦的情感体验。人们常说:"奉献他人,快乐自己。"如果没有履行责任,有责任感的人就会感到羞愧、内疚和自责,会促使自己不断反思和改进,并以更坚定的信念去完成新的职责。在这一过程中,责任感的培养要以认知为前提,以培养责任行为为重点,以培养意志动力为保证。

在高中生阶段培养责任感,还具有其特殊的意义。高中阶段正处在成人的成熟初期,社会性情感发生的关键期,教育需要与内在需求整合的最佳期,也是爱己、爱人、爱自然、爱社会、爱祖国的最有效的培养期。机不可失,时不再来。为此,我们把握时机,将高中生的责任感培养作为学校教育和科研的中心项目来开展研究,在具体操作上从以下几个方面进行了实践性探索。

一、营造责任环境,培养责任情感

责任环境,涉及宏观环境和微观环境。从宏观上看,一个人的成长总是受特定的时代背景、社会历史、文化传统等方面的潜移默化的影响;从微观上看,学生总是生活在日常人际交往之中,一言一行,一举一动,都受环境直接或间接的影响。就教育环境而言,有社会环境、家庭环境和学校环境,这三者既有一致性,又有差异性。从作用力来看,有显性环境和隐性环境。我们在教育实践中发现,人们对学校建筑、活动场所等具有显性力的物质环境较为注意,而对影响学生心灵深处的具有隐性力的心理环境较为忽略。古人云:"入芝兰之室,久而不闻其香。"这说明隐性环境在耳濡目染中,给人心理上带来潜在性的影响。为此,我们在营造责任环境时,既要重视物质环境的创设,又要重视心理环境的优化,充分发挥责任情感培养的显隐整合功能和内化作用。

康士凯校长在《营造责任环境》一文中,提及该校是全国 500 强"花园单位",以赭红色为基调的校舍建筑群,在白色线条的勾勒下,显得端庄肃穆,又明朗活泼。千年古木环绕着如茵的绿草,仿佛诉说着学校可感可触的昨天与今天;洁净的校园道路和一尘不染的橱窗,向人们展示着它们主人良好的生活习惯。这一校园景观不仅由物质因素构成,其中还蕴含着教育者和受教育者深沉、丰富而又敏感的人文感受。

"前人栽树,后人乘凉。"校园的自然环境融合着一种"绿色文化"、生态文明和前人栽树的奉献文化。学校将这一生态文明与责任文化结合起来,建立了"晨扫"制度,让"晨扫"成为校园的一道亮丽的风景线。每天 7:30 到 9:00,总有一个班级的学生分散在校园的每个角落,打扫道路,除去杂草,捡走垃圾……许多学生在回顾晨扫劳动后的感受时说:"在自己打扫过的校园里行走,才知道保持它的洁净多么重要,我们有责任珍视别人和自己的劳动成果。"这正是物质文化、生态文化与责任文化的融合。

学校在营造心理环境中,重视人文环境的隐性功能的发挥。认知心理学认为:"学生的责任感和责任行为不可能在真空中培养,它必须在人与人的交往中逐渐形成。"师生关系是学校人文环境和人际关系中最重要的内容之一。课堂教学是师生沟通最频繁的渠道,教师的学识、教学方式以及思路观念、行为举止潜在地影响着学生学习的责任和社会责任。老校长于漪回顾自己中学老师时说道:"一次,我们的国文老师在课堂上大声朗诵辛弃疾的词《永遇乐·京口北固亭怀古》,老师朗诵时头与肩膀左右摇动着,真是悲歌慷慨,我们的爱国热情不禁油然而生,简直是充盈胸怀。以后,我每次登上满眼风光的北固桥,望着滚滚长江,回顾千年多少往事,总是感慨万分。""国家兴亡,匹夫有责"常在心中激励!老校长的爱国情怀,给学生以深刻的教育影响。随着责任环境研究的深入,我们愈来愈感到课堂教学是用教师责任培养学生责任的主阵地,学科教育是教师潜移默化影响学生的主渠道。

二、内化责任主体,形成责任品质

责任包含双重含义:其一是指社会对个体的要求,即个体的外在责任;其二是个体对自我的要求,即内在责任。外在要求只有内化于心,才能外化为行,形成一种责任品质和人格力量。

杨浦高级中学的责任感教育,着眼于责任主体的心理内化和学生发展目标的细化、深化及层次性。其实践探索分为五阶梯和六层次。

1. 学生发展目标:责任感培养的"五阶梯"

高中生责任感培养的目标主要以形成理想自我和现实自我的同一感或一体感为基础,通过引导个体积极关注他人、社会及环境,建立自我、环境和他人在情感上的融洽形态。学校初步形成了由五个阶梯构成的责任感教育的学生发展目标。

目标阶梯之一:对自己负责,培养自尊、自信、自律、自主、自强的意识。

目标阶梯之二:对他人负责,尊重和接纳他人,富有爱心和合作精神。

目标阶梯之三:对集体负责,主动关心爱护集体,珍视集体的荣誉,积极参加集体事务和各项活动,履行应尽的义务,学会共享,主动为集体发展尽责。

目标阶梯之四:对家庭负责,尊老爱幼,为父母分忧,营造温馨家庭。

目标阶梯之五:对社会和国家负责,勤奋学习和努力工作,讲爱心与奉献,积极参与公益活动,爱护环境,树立远大理想,立志报效祖国。

2. 重点内容序列及对应的常规活动和操作载体:责任感培养的"六层次"

第一层次(高一年级第一学期):感受现实,增强学习责任感

以新生入学为契机,让学生感受时代与社会对人才的关爱,了解即将就读生活三年的学校的发展史,激发对现实优良学习条件的珍惜情感,共同营造良

好的班级氛围,并进而迁移为强烈的学习责任感。

• 主题词——了解社会关爱,努力学习

• 常规活动和操作载体:

(1) 新生入学教育(参观校史陈列馆、军训、行为规范教育)。

(2) 访谈有关人士,感受社会需求与时代召唤。校园内,走访班主任、任课老师、年级组长、学校中层干部、学校领导;校园外,寻访政府官员、社会贤达、家长代表等,从不同层面、不同角度了解社会对教育的要求,时代对人才的召唤,思考对自己、对他人、对社会负责的人生设计。

第二层次(高一年级第二学期):从小事做起,在岗位上体验对他人的责任

通过班级、年级、学校等多层面学生自主管理的实践和组织机构的建立,让每位学生都能在不同岗位上体验责任,承担责任,增强责任意识,强化责任行为。

• 主题词——播种习惯,收获性格;播种性格,收获命运

• 常规活动和操作载体:

(1) 竞争岗位。设立多层面工作岗位,鼓励学生竞争上岗,让每一位学生都能找到最适合自己的责任岗位,培养主人翁的负责精神。

(2) 岗位评价。结合进校第一年"五四"表彰活动,从社会服务、勤工助学、行为规范学习等各方面,进行"最有责任感同学"的推选和宣传活动。

第三层次(高二年级第一学期):与长辈对话,理解家庭责任

架设学生与家长进一步沟通的桥梁,在对话中让学生理解父母和家庭责任,将追求家庭责任上升到追求社会责任的教育境界。

• 主题词——呼唤真诚的理解,渴望亲情的牵手

• 常规活动和操作载体:

(1) 完善家长委员会和家长学校的工作机制,营造学校教育、家庭教育和谐互动的责任教育形态。

(2) 学生与家长书面交流。充分利用书面语言表达从容而感情饱满的特点,让学生了解家史、知晓父辈走过的路,明白作为家庭继承者应有的责任和义务。

(3) 学生与家长直接对话,节假日、双休日做家务。进一步沟通两代人的情感,使学生体验为家庭尽责的愉悦,并将目前的学习与承担家庭责任联系

起来。

第四层次(高二年级第二学期):在对"担当"的思索中,坚定对生活的责任意识

高中的学习生活充实而艰苦,面临诸多压力,部分高二学生容易产生松懈、倦怠等情绪,此时需引导学生在思索中坚定对生活的责任意识。

● 主题词——直面负有责任的重担,拒绝脱离现实的轻松

● 常规活动和操作载体:

(1) 读书征文活动。学校推荐《生命中不能承担之轻》(米兰·昆德拉)等作品,在学生广泛阅读的基础上,举办"阅读风"征文活动。

(2) 读书报告会。请有关专家对学生阅读做辅导,拓展阅读视野,提高鉴赏品味,反思人生感受。

第五层次(高三年级第一学期):探究生命的意义,明确社会责任

高三是学校最高年级,高三学生接近成人,应该为高一、高二学生作表率。他们即将走向社会,应该引导他们对生命的本质意义作理性思考。在进一步体验生命意义中,认识个体生命的价值,明确社会责任。

● 主题词——关注祖国和人类命运,让自我融入社会

● 常规活动和操作载体:

(1) 根据毕业班特点,让学生以做高一、高二学生的榜样为目标,开展老区志愿者服务队活动及师生代表报告会。

(2) 提倡助人为乐的风尚。鼓励学生个体关注社会生活,关心学习有困难的同学,带着对生活的不同理解,独自走向社会,了解弱势群体。

第六层次(高三年级第二学期):走向明天,将自我责任和社会责任融为一体

在学生步入成年人行列之际,通过成人仪式,让学生感受生命的神圣与庄严,让"成人誓词"作为永恒的承诺嵌入每一位18岁学生的心里。

● 主题词——履行公民权利,承担公民义务

● 常规活动和操作载体:

(1) 18岁成人仪式。共青团的致辞、前辈的祝福、父母的期望、成人的心声、党的祝愿以及宣读成人誓词等,以最高年级的姿态,为校风建设承担更重的责任。

(2) 18岁成人仪式教育特色活动。结合学校对研究性学习的探索,以课题型课程为载体,进行社区居民与高三学生责任感现状的调查与分析,进一步了解自我、了解社会。

学校三年来责任感的系列教育成果,正如他们在成人仪式上的宣誓中所说的那样:

"从今天起

18岁

做一个大人

肩负起成人的责任

用信心对自己负责

用诚心对他人负责

用爱心对家庭负责

用热心对社会负责

用赤心对国家负责

……

珍惜生命,善待人生,强健体质,做一个追求人格完美的践行者!

18岁

从今天起"

三、整合责任网络,创造责任氛围

责任感教育是一项由学校、家庭和社会多方面共同参与、合作协调进行的系统工程。在整合学校、家庭和社会的育人网络中,家庭处于一个非常特殊的地位。家庭责任领域的教育具有深沉而最为有效的教育功能,为此,我们通过家长学校、家长委员会、家庭访问等途径来帮助家长营造家庭责任氛围。

学校领导与教师和广大家长一起,共同研究、共同实践、共同学习,逐渐形成了促进家庭责任教育的一系列行之有效的操作方法,提出了"培养责任感的十二个新理念"。(1)"学会负责"是进入21世纪的通行证。责任感就是关心他人的程度,关心父母就是对家庭有责任感,关心老百姓就是对国家有责任感。(2)社会是由群体组成。孤独一人不仅不能生存,而且无法培养出善良人性。

缺乏责任心的人就不是一个健全人格的人。(3)责任心是有价值取向的,价值观又受人生观的支配。家长对人生和对生活的态度,对孩子的价值观具有潜移默化的影响。(4)价值取向不能说教,而要通过情感培育。要孩子对学习有责任感,就要使孩子对学习产生感情;要孩子对祖国有责任感,就要使孩子对祖国产生感情。(5)父母是孩子的第一任榜样,也是最有情感力量的榜样,给孩子最好的榜样,不仅要以理服人,而且要以情感人。(6)引导孩子在日常生活中体验生命和生活的意义,在与他人共处中学会关心,尽好义务。(7)责任感的核心在于自我约束、自我要求和自我实现。(8)在责任中培养自信,在自信中培养责任。(9)父母的溺爱和包办代替是对孩子责任感的剥夺。(10)责任感的培养应从家庭,从日常生活中的小事抓起。(11)责任感是能力发展的催化剂。(12)建立在主人翁基础上的家务劳动,才是责任感的体现。

上述新观念提出之后,学校在新生报到前,在"入学须知"中,寄上了家庭培养责任心的十二个新理念。信的开头写道:"亲爱的家长:培养孩子的责任心,是学校和家庭共同关心的主题,为了完成好这一教育任务,让学校和家庭共同努力,向社会交出一份满意的答卷。如果孩子高中毕业还缺乏应有的责任心,那么,即使他以高分考进大学,也很难说是合格的。正因为如此,我们竭诚希望家长关注和配合学校,共同培养孩子的责任心。"

有家长收到此信后说:"学校这样重视学生责任感的培养,我们觉得切中时弊,非常赞成。在社会中,可以说没有哪一代父母像今天的父母那样为子女付出如此多的心血。可惜过多地关心学习成绩与分数,忽视了对孩子责任感的教育和培养。"不少家长在给学校的反馈信中写道:"我们反思过去的家庭教育,家长在生活中的包办代替是对孩子责任感的一种剥夺。结果是爱心给得愈多,孝心却愈少。孩子养成了懒于做家务的坏习惯。起床不叠被,吃饭不洗碗,换衣不用洗,从来不扫地。"针对这些情况,许多家长表示,以学校对责任新观念的倡导为契机,与孩子共同制定了参与家务准则,让孩子学会自己的事自己做,让他们学会烧饭、煮面、洗碗和洗衣。有些家长还写道:"我们给孩子买了辆自行车,用于上学。这辆自行车的保养和维修,也成了孩子每个星期日必尽的义务。这一习惯的养成,让我们看到孩子的进步和成长,十分高兴。"

四、利用社会力量培养学生的责任感

学校通过校外教育导师团、社区教育服务队、学校与社会专门教育机构组成联合工作组等方法和途径来培养学生的责任感。其重点是：(1) 请进来。即针对社会热点，邀请社会上的学者、专家、著名人士等来校给学生作报告，提高学生的责任认知。(2) 谈一谈。即针对学生感兴趣的问题，组织学生与社会有关人士一起座谈，从中培养学生的责任情感。(3) 走出去。即针对学生的思想实际，指导、组织学生走出校门开展一些社会调查和社会实践活动，锻炼学生的责任意志，巩固责任行为。(4) 写一写。即指导学生对"请进来，谈一谈，走出去"中获得的认识、感受等进行总结，写出心得体会或论文，从而促进学生对责任感的理解由感性上升到理性。

在与社区整合教育资源中，形成了40个社区服务基地，学生们作为志愿者一直坚持，风雨无阻地把爱心撒遍学校、周边社区。社区中的感人事迹，也教育着每一位志愿者。

"尊老敬老"是我们中华民族的优良传统，也是高中生应该具备的良好素质之一。在附近居委会的帮助下，学校找到了固定的服务对象，一年逾80的老人，她独自一人生活，十分需要有人关心、照料。我们的志愿者定期去慰问老人，为老人擦擦窗，扫扫地，擦拭干净家具上的灰尘，再陪老人家聊聊天，侃侃家常，嘘寒问暖，气氛十分温馨，还拍照留念。在服务他人中，他们也感受到自身精神上的愉悦和奉献后的快乐。

五、优化责任风范，树立责任表率

责任感教育活动要获得理想的教育效果，不能光靠反复的说教和一味的要求，而要靠教师的忠诚和热情，靠为学生的成长尽心尽责的那颗心。学生只有常常看到极端负责精神在自己老师身上的体现，他们才会信服和效仿。"身教最为贵，行知不可分。"为了培养学生的责任感，教师还要"从我做起""从小事做起"。教师每一个看似平凡的责任行为，常会对学生的心灵产生不平凡的影响。

有学生在周记中写道："我们的班主任老师家离学校较远，家中还有年幼的女儿需要照顾，却不曾见她迟到，甚至有时比我们住宿的同学还早到教室。老师这一身先士卒、以身则的行为，正是我们学习的榜样。"

为了建设一支有高度责任感的教师队伍,学校围绕教师责任,开展了有针对性的"铸造师魂"的系列活动。开展"我心中的师德形象"的讨论,并形成了以下六个方面的共识,"敬业爱岗、关爱学生、严谨治学、团队精神、锐意进取、尊重家长"。在之后的行动中,所有班主任都能主动利用寒暑假对学生进行了100%的家访,学科教师也对任教班级学生有重点地家访,及时了解学生在学习生活上的困难以及对教师教学的反馈。

有媒体在"千里家访"中还对上述教师活动作了专题报道。有的家长深有感触地对记者说:"孩子在该校读书,不仅学习有显著的提高和进步,更重要的是责任感比过去增强了许多。"家长感到安心、放心和十分称心。

学高为师,身正为范。教师既是传道解惑之师,更是人格人品之师。学校在责任感教育中,深受全国师德模范、学校名誉校长于漪老师"一生正气,为人师表"的师德风范的影响。"对己讲自尊、对人讲真诚、对事讲责任、对社会讲奉献"的校训已深入人心,教师与学生中的许多优秀、感人的事迹,在上海教育电视台、《文化报》《新民晚报》《新闻晨报》等新闻媒体上得到了多次报道,产生了良好的社会影响。师爱和责任行为蔚然成风,内化于心,外化于行,深化于人格之中。

《文汇报》对此作过评论认为,在责任面前,我们没有任何理由游戏人生。一个连对自己都没有责任心的人,很难想象会对集体、对国家尽责。杨浦高级中学名誉校长、特级教师于漪说得好,责任感教育是把"自然人"通过读书明理转变为"社会人"的过程。现在多元文化和思想对学校的冲击很大,培养责任感显得更加重要。我们应当使责任成为孩子们的一种行为习惯,成为生命的有机部分,与成长和使命同行。培养责任感,重在明白事理后的自觉践行,难在价值取向多元下的思想升华,深在情感融合中的观念内化。当然,要有所为,有所不为。对此,杨浦高级中学的做法值得借鉴,那就是:感受现实,增强学习责任感;从小事做起,在岗位上体验对他人的责任;与长辈对话,理解家庭责任;在对"负担"的思辨中,坚定对生活的责任意识;探究生命的意义,明确社会责任;走向明天,将自我责任和社会责任融为一体。这也许是责任感培养由低到高、由浅入深、由表及里的阶梯。

中华民族的伟大复兴需要有高度责任感的人。而在孩子刚刚踏入人生的起跑线之际,让责任感培养与他们的成长同行,会使这些未来的国家有用人才终身受益。在这方面,教师和家长有不可推卸的责任和教育的使命。教化孩子成为"责任人",这是今天我们培养文明人、创业者、担当者的起始点,更是一件功德无量的大事,它是育人工程大厦的奠基石。

第五节　高中生爱情教育初探

有媒体报道,上海有家医院在本市 10 所中学对 5 000 名高中生进行问卷调查,内容涉及高中生恋爱史中的有关边缘性行为,包括接吻、拥抱等方面的接触,其结果是超过三成。上海市社会科学院社会学研究所最新调查发现,高中生有过恋爱经历的比例为 42.3%。可见,高中生恋爱已成为较为普遍的现象。① 这一问题引起了老师和家长的关注与重视。

把高中生谈恋爱看成洪水猛兽的年代似乎已经过去,不少高中生视恋爱为正常行为,这表明高中阶段学生对异性的关注度与接触度在上升,有些学生也会对异性产生较为稳定性的爱恋情感。在一次学生论坛上,有学生说道:"我上高二了,现在所有室友都坠入爱河之中,就是我没有,好孤独呀!"他期望有人给他传授恋爱的秘诀。

20 世纪 80 年代,我遇到过东北地区一所著名高中的校长,他曾经与我谈到过高中生的恋爱问题。他处理过高中生中 12 对学生的恋爱问题,其中有 8 对被他给拆散了,还有 4 对怎么拆都拆不散,后来,他们进入大学后继续发展,大学毕业后也均成家立业。他向我咨询时,我当时的态度是:"我们要为全人类的幸福而奋斗,那为什么不能为学生的幸福去考虑。"这不是说学校领导与老师面对学生的恋爱一定要促成或拆散,而是要面对现实,要加以研究分析,给予理解和引导,让他们用理智的办法去正确处理自己的情感问题,使它得到健康、和谐的发展。当时他希望我提供这方面的理论根据和实例。为此,我对马克思 17 岁时写给燕妮的 72 首情诗进行了较为深入仔细的分析研究,写成了《爱情理想与理想爱情》一文,并被多家报刊转载。《青年研究》以《提高青年的爱情水准》为题进行了转载,民进主席、著名社会活动家雷洁琼教授看到后,还给我来

---

① 范彦萍.中学生初次约会平均年龄延后[N].青年报,2018 - 07 - 03,第 A10 版.

信,说我提出了一个很好的课题,即要开展高层次的爱情理想教育的实验研究。我在研究马克思青年期爱情理想的特点和形成以及他父亲的爱情教育时,受到许多深刻的启示。

在当代青年男女建立友情和爱情过程中,如何提高其心理水平,建立高层次的爱情理想,以高尚的爱情道德为准则,使彼此的爱情朝着健康美满的方向发展,这不仅是摆在每个青年面前的重大问题,而且是进行社会主义精神文明建设的重要任务之一,同时也给我们学校教育提出了一个新的课题,即如何在进行理想教育、道德教育、审美教育的同时,针对学生的年龄特点,卓有成效地进行爱情教育,让他们道德的成熟性走在身体的成熟性前面,让高层次的爱情理想的形成先于爱情的行为实践。使爱情真正成为一本书,一本展示心灵美的科教书;成为一团火,点燃起求知的欲望和劳动的热情;是一面镜子,看到自己追求的理想和学习的榜样;成为一种希望,共同去创造未来幸福的明天。

我在思考和设计开展高层次的爱情教育实验研究,并建议在高中阶段中开设"友情与爱情指导课",让爱情的心理成熟成为一种审美化的心理品质的时候,我看到《爱,你准备好了吗?》一书,这是珠海一中的语文老师兼班主任曾宏燕老师写的有关爱情教育的一本书。她在书的首页引用莎士比亚的诗句写道:"告诉我,爱情生长在何方? 是在脑海,还是在心房? 它是怎样发生的? 它又是怎样成长的? 回答我,回答我。"这诗句,既是青少年的期盼和在寻找的答案,又是老师与家长要给予研究与引导的课题。青少年在心底呼唤和渴望爱情,需要老师和家长与他们一起去寻找爱的真谛,一起去度过这人生特殊而又必经的阶段。

我细读了曾宏燕老师这本献给学生的书《爱,你准备好了吗?》之后,颇有感触。我认为这是一本研究与指导高中生爱情教育的好书,它抓住了高中生爱情萌芽期和不成熟期的特点的种种心理状态,并进行了具体生动而又深刻细致的分析研究。她通过一个个教育实例,开展了有针对性的行动研究,并对高中生爱情萌芽的培育,作出了科学性与艺术性的整合处理,取得了十分可喜的成果。

我认为曾老师多年来执着地开展高中生爱情教育的实践研究,以下三点特别可贵。

第一,勇于面对现实,敢于开展实践研究。她在该书的"后记"中写道:在我们的现实社会中误读爱情的悲剧屡屡发生,在我们的校园里摧残学生情感萌芽的现象亦屡见不鲜,还有不懂爱情的男女学生面对青春期心理变化的不知所措,以及充斥各种媒体的对爱情的五花八门的诠释,更有当前社会上有伤风化的畸形的男女之情……现代的孩子们,那尚未成熟的心灵在毫无防范的情况下,招架着扑面而来的各种方式的影响。面对这样的现实,我们的教育还能继续观望吗?

爱情,这人世间美好的情感,本应由我们的教育传承给一代又一代人,让人类文明的精神火炬,在社会的进步与发展中燃得更旺,不仅照亮人们的心灵,而且给人们生存的世界带来光明。因为爱情并不是简单的男女私情,而是一种"把机体的生理规律和精神准则交织在一起"的复杂情感,没有这种复杂性,就不能称其为爱情,更不能和人类文明联系在一起。所以,我们的教育本该担负起自己的职责,在孩子们世界观形成的重要阶段,给予他们应有的指导。但事实是,我们的教育忽略了爱情教育,其后果不仅仅使孩子们不知道如何正确对待爱情,而且导致了道德教育的残缺。而这种残缺的道德教育无论对个人还是对社会,都是一种无法弥补的损失。

面对青春期孩子的心理变化,我们的教育常常处于被动状态,或用"不准早恋""制止男女亲近接触"以至消极强制等办法来应对和限制。我在参与《中学生日常行为规范》起草时,有学校领导和老师要求写上"不准早恋"的有关条例。我当时的解释是:早恋是一种复杂而又朦胧的情感状态,它具有不自觉、不稳定、不成熟、未定型和说不清等特点,它需要的是谨慎、理解、关怀和引导,要淡化和转移,切忌简单和粗暴,要强化班级集体活动中的友谊感的正面教育。曾老师的爱情教育实践给我们提供了引导的经验。

第二,深于思考,精准把握。爱情教育需要多视角的深度思考和全方位的精准把握。曾老师把高中生的爱恋情感看作人类特定时期的一种专享性的情感,由生理性、心理性、社会性等复杂因素构成,因此,她认为,爱不是随着人的生理成熟而自然可以具备的,作为一种高尚的情感形式,必须在后天的教育中形成。爱情教育的意义,不仅仅是要让孩子们懂得爱,而且还要让他们在懂得爱的过程中成长为一个道德高尚的人,一个情感真挚的人,一个人格完美的人。爱情教育应纳入"做人"教育、"成人"教育的范畴。

因此,她从美学角度来看爱情教育。将爱情看作一种近似神奇的力量,它唤起人对美的敏锐的感悟能力,它具有特殊的审美感,给人生美好,给世界带来和谐、美丽的色彩。从社会学角度来看,爱情使人生品味情感美好的同时,也使人意识到自己对他人的责任和对社会的承诺。为此,爱情教育的意义,绝不是让孩子们谈情说爱,而是培养孩子们高尚的道德情操,给他们追求未来人生的幸福点燃理想的火炬。她对爱情教育的定位是道德情操教育,是道德情感升华教育,是追求美好人生的理想教育。

第三,巧于设计,善于引导。曾老师有一个强烈的愿望:让爱情教育名正言顺地进入我们中学的课堂,让孩子们在这样的课堂上,去了解这一人类文明的精神瑰宝,进而让爱情的神圣和美好进入孩子们的心灵。让他们在生理变化和情感困惑之时,有正向、积极的爱情教育为先导,可以比较清醒和理性地面对自己,有助于建立他们自身的自我教育,有助于自制力的培养,于是,她带着这一教育理念开展了系列化的爱情教育实践研究。她从现实中存在的问题出发,与学生一起,在历史与文明的书页中,解开爱情之谜,探寻爱情的特性,理解它的功能,让青春更有意义。曾老师利用语文欣赏课,给同学播放贝多芬的《月光奏鸣曲》,还一起欣赏苏霍姆林斯基给女儿的信,共同讨论"什么叫爱情",还以特殊方式布置了给老师写信"谈谈自己在爱情问题上的困惑和想法"。事后,她以十分认真与真诚的态度给每个同学写了回信,进行了师生心灵上的交谈与沟通,这让老师听到了学生心扉开启的声音,把爱情教育融入青春思考的乐章之中,让学生在渴望中得到了回音,在困惑中得到了指引。这需要将爱情教育艺术化和科学化的功能结合起来,让学生朦胧的爱情能在阳光下接受更多的沐浴,从而得到健康的发育与成长。

她在引导中强调要给孩子的人生点亮一盏指引方向的灯,而且要懂得爱是美与力量的整合,爱是给人心灵上的美的感受,是给予人幸福的能力与力量。所以,不仅要懂得爱,而且要学会爱,有爱己与爱人的水平与能力,这才可以成为真正意义的人。

有一个实例是,她班上有一位男生在黑板上写下"看破红尘""要抛开一切走向天堂",曾老师意识到这位学生是在发泄自己心中的苦恼,她没有简单地追查和批评,而是主动地找他谈心,了解到他对班上另一个女同学有爱恋想法。而这位女同学却常"深居简出",总是回避与拒绝,使他陷入其中不能自拔。后来,曾老师去找那位女同学谈心,知道这位女同学对这位男同学也有某些好感,但家长的反对使她也很苦恼。她为了处理好这一问题,做了大量深入细致的沟通工作,最后,双方表示:要以负责的态度,将彼此有过的某些情感,理智地封存起来,保持友谊的关系,要等将来有能力处理时,再打开这封存的情感,到那时可以处理得更完美。过了一段时间之后,曾老师收到了这位男同学自制的贺卡,贺卡上写着这样一段感激的心声:"您没有用谴责来惩罚我年轻的幼稚,使我的自尊在思考中更加挺立;您没有用世俗的观念来处理我草率的追求,使我在向往美好中更加理性。我在您的尊重和理解中,懂得了做人的道理;我在您教育的艺术中,学会了爱护自己的心灵。"①

有关开设爱情教育课的问题,上海多所高级中学也有所涉及,有的学校开展了"经典爱情作品进课堂——高中生的爱情观与生命教育论坛",有学校在高中语文课上开设以爱情教育为目的单元讲座等。他们在开课前,对高中生进行了有关爱情话题的调查研究,有41.1%的学生表示,在心理伦理课上有过一两次专题讨论,72.6%的学生表示语文老师在课堂上谈及过一两次,7.5%的学生表示班主任在班会课上有过一两次专门讨论。调查还显示,新媒体成为青少年了解爱情的主要渠道之一,67.1%的受访者表示是通过新媒体学习爱情这门课。有几所学校的语文老师还联合倡议,要在高中语文课上开设单元讲授爱情篇目,促进处在人生重要阶段的高中生正视爱情、认识爱情,从爱情这一复杂的感情体验和由此引发的社会关系中反思自我、审视人生,寻找生命的价值和意义。

学生心目中的爱情篇目有《罗密欧与朱丽叶》《简·爱》《泰坦尼克号》《梁山伯与祝英台》《红楼梦》以及现代爱情诗篇等。关于教学形式,语文特级教师黄玉峰建议,给学生更多讨论和思考的空间,让他们在讨论中求证、解惑与明理。于漪老师还指出:"不要将爱情教育知识化和量化,而要如春风化雨、润物细无声般滋润孩子的心灵。"有的高中生还希望通过这些经典作品的学习,认识到,爱情除了美好之外,更包含责任、包容、理解和担当。②

高中爱情教育的途径和方式方法是多种多样的。有老师上课时发现,班级有位女同学在课本上画她想念的那位男同学的画像和红蜻蜓,还不时偷偷地回头看那位男同学,教师感到有点奇异。课后,老师找这位女同学谈话,提及她上课时心不在焉,这会影响她的学习与进步。这位女同学也承认:这一阶段学习

---

① 曾宏燕.爱,你准备好了吗?[M].上海:上海教育出版社,2000:228.
② 爱情观教育要不要进课堂引热议[N].文汇报,2016-03-25,第4版.

不专心，不认真，并表示今后一定要努力学习！老师因势利导地问她："那你努力的目标是什么？"这位女同学当时没有回答。后来了解到，她内心深处的真实想法是要使自己的学习与品行等方面，都能达到与那位男同学同样的水平和高度，这样可以与这位男同学并驾前驱、并肩而行，这样可以拥有更多的共同语言与志趣。当老师了解了她这一心态之后，肯定了她将分心转化成专心，将思念转化为努力学习的动力的想法和态度，并给予大力鼓励。后来的事实也证明：他们常一起去图书馆看书和讨论难题，达到了互相促进的效果。在这一过程中，这位女同学感受到：喜欢一个人，不应该只是一味追求与那个人在一起的结局，而应该让那个人成为自己学习的榜样，进步的动力，使自己变得更完美。上述故事，有位同学把它写成微电影的剧本，剧本以双双上台领取毕业证书和多项奖状时，彼此相视一笑为剧终。此剧由于主题与剧情好，当事人为主角，演得真实，获得了市、区两级的优秀奖。我事后问过剧中的主角："你演出时感受如何？"他认为很好，这使他在学习与同学交往中，感受到一种别样的情趣和激动，使他增长了见识，成熟度也得到了提升。他感谢学校老师和同学给他演出的机会，得到了人生交往中的一次锻炼。而且，该微电影在学校放映之后，他并没感受到有异样的目光和心理上的压力，人际交往更大方，内心世界更阳光。

　　上述案例使我想到：爱，犹如花园中的小草与花卉，它们的生长需要阳光与雨露。高中生的友情和爱情的萌芽，如同小草与含苞待放的花蕾，也需要阳光和雨露的滋润，需要老师如园丁般的爱护，需要我们对教育事业抱有忠诚与执着，给孩子以深情的挚爱与审美化的引导。

第六章

学校中的教师情、教育爱与人格美探幽

教师情是阳光、春风和雨露；
教育爱是教育之本，成功之基；
教师人格之美是人性人品纯化、优化、美化的体现。

第一节 学校中的教育教学活动与情感发展

学校中的情感教育,要让教室充满阳光、春风和甘露,使每个学生感受到课堂内的祥和、温馨,师生关系的融洽,学习的情趣,在"春风化雨"中得到滋润、孕育和成长!

对于学校中的教育教学活动,我们不能单纯地将它理解为传授知识、发展智力、培养能力、形成技能技巧的活动。它是教师引导学生向未知世界探寻神奇的精神瑰宝的活动。在这活动中,既有科学的追求,又有丰富而温馨的情感交流。学校中的教育教学活动不仅具有传递人类优秀文化遗产的功能,而且有对人类精神财富的认同、分享功能和对未来精神世界的定向、开拓功能。学校中的教育教学活动是培养完美个性,开发潜能,充实精神活力,体现生命价值的有情有趣的创造性活动。因此,从本质上说,学校中的教育教学活动是师生共同创造精神生命的活动。联合国教科文组织在《学会生存》的报告书中提出,教育的基本作用在于保障人人享有充分发挥自己的才能和获得思想、情感、学习等方面的自由。这就需要把科学、人文和审美教育整合起来,需要在教育教学活动中开展师生情感发展的研究,让智慧和情感等元素在整个教育教学活动中得到体现。

可惜,现实的教育教学活动在激烈的社会竞争和家长的过高期望影响下,给教师和学生带来过重的精神压力。有教师说:"我现在上课,精神负担很重,害怕升学率下降。"有学生说:"书包虽沉重,我内心的痛苦比书包还沉。""三天一小考,五天一中考,考得昏昏沉沉,成了考试的机器。"这些问题的存在难道不值得我们深思吗?

2 000多年前,《论语·学而》写道:"学而时习之,不亦说乎!"这是说学习活动本身具有特殊的精神魅力,其境甚趣,其乐无穷,美不胜收。爱因斯坦说过,探索世界的奥秘是一种最美好最深刻的情感活动。好奇和强烈的求知欲是学生的天性,可是,为什么现在学习成了学生怨声载道的精神枷锁呢?从教育思想上来分析,在很大程度上,是因为将认知从情与趣中剥离开来,从善与美中抽取出来,撇开情与趣去片面追求知识、分数和升学率,最终走上唯理智主义的绝路,走入唯分数主义和唯功利主义的死胡同,使充满生命价值和富有情趣的教育教学活动,失去了生命的意义和有情有趣的精神追求。

当代情绪心理学认为,知识与智力有冷热之分,如果重视情感性教育教学和情感化学习,有情绪注意与情绪记忆的参与,知识与智力就能由冷变热。"学生的学业情绪受教师和教学等因素的极大影响。学生的课堂情绪感受和学生对教师感受的性质变化,取决于授课水平中的生动活泼性。"①

面对上述情况,就我多年来参与启发式教学、情趣性教学、探求型学习、成就性学习、鼓励性作业,以及审美性学习与审美化教育等研究的经验,现将有关研究概述如下。

一、探求性学习和启发式教学

1. 探求性学习的内在机制及其功能

引起学生课堂学习和课堂行为的特殊动机:一类是由求知需要引起的好奇探求、探索和理解,另一类是由自尊需要和成就需要引起的,肯定自我追求、渴望表扬、维护自尊、追求成功……②我们认为,从本质来分析,学习活动具有个体生存的内在需要,其基础在于生存性的探求反射和求知需要,这是有机体长期发展形成的生存机制,这一机制为个体发展奠定了基础。探求反射又被称为"是什么的反射",是由新异刺激引起的一种朝向、注视、接近、好奇探索心理与行为活动。幼儿和小学时期是渴望了解并试图探索环境的年龄段,在这一年龄段,他们有十分强烈的好奇心和求知欲,对自然、社会和自身都充满着探索的欲望。由于思维、想象、语言的发展,儿童的求知欲发展迅速,对世界充满好奇,希望了解一切所不理解的事物。他们起初主要询问事物的名称,如"这是什么?"年龄稍大的儿童,就开始追问"为什么""怎么做"等,表现了儿童的好奇心开始转化为求知欲。儿童的好奇好问是一种个体需要要求满足的反应,也是渴望得到成人支持和关注的表现。这一要求得到满足、受到鼓励,就会产生愉悦和快乐,使儿童健康的情绪、积极的情感得到很好的发展。如果得不到成人的关注、支持和必要的满足,这一良好的探索就会受到抑制,进而消退、萎缩,以至厌恶消沉。因此,在教学活动中,教师要对学生的好奇好问的探求性学习机制

---

① 傅小兰,主编.情绪心理学[M].上海:华东师范大学出版社,2016:321.
② 简明国际教育百科全书(上册)[M].北京:教育科学出版社,1990:312.

给予深刻的认识和充分的重视。而这需要重视情感化学习和情绪注意、情绪记忆等热智力的研究与培养。①

2. 探求性学习、启发式教学的实践

有关情感性学习的教学思想,早在春秋时代,孔子就提倡以乐育情,以启开智,重视发挥诗乐教学在陶冶情感上的独特功能,使学生学会比喻联想,托事于物,因物寄兴,激发情感,表达志向,引起共鸣,增进情谊,砥砺品行。孔子在教学过程中,爱生如子,虚怀若谷,循循善诱,不愤不启,不悱不发,举一反三,学而不厌,诲人不倦,善教乐教,其情至浓,其趣至深,其乐无穷。他的学生深切地感到:"夫子循循然善诱人,博我以文,约我以礼,欲罢不能。"可见,当时乐学乐教之风盛行。

南宋教育家朱熹重视启发诱导,认为教学应当如春风时雨生化万物那样促使学生自然成长壮大。启发之功,在于引导指点。他特别强调学生应当成为学习的主体。"读书是自己读书,为学是自己为学,不干别人一线事,别人助自家不得。"他把学习比作饮食,"不能只待别人理会,安放自家口里"。他坦率地告诉学生:"某此间讲说时少,践履时多,事事都用你自去理会,自去体察,自去涵养。书用你自去读,道理用你自去究索。某只是做得个引路底人,做得个证明底人,有疑难处同商量而已。"②他要求教师尽量少讲,多让学生自己去践履、体察、思索和消化。这不仅是启发之精髓,也是情感教育之真谛。只有这样,才能激发学生的兴趣,调动其积极性和主动性。他诲人不倦的精神深深感动了学生,使学生自觉地发奋读书,乐以忘忧。

教学中的情感教育思想和乐学启发教学观,在我国近现代教学发展历程中,有了新的发展。陈鹤琴从事儿童心理和儿童教育的研究,成立教育实验中心,在批判旧教育的基础上,对情感教育和乐学乐教进行了深入细致的研究,并提出不少创造性的见解。他亲自培养了大批富有创造精神的优秀教育工作者,给予今天教育教学改革以巨大影响。陈鹤琴提出17条"活教育"的教学原则:(1)凡是儿童自己能够做的,应该让他自己做;(2)凡是儿童自己能够想的,应当让他自己想;(3)你要儿童怎么做就应当激发儿童怎样学;(4)鼓励儿童去发现他自己的世界;(5)积极的鼓励胜于消极的制裁;(6)大自然大社会是我

---

① 傅小兰,主编.情绪心理学[M].上海:华东师范大学出版社,2016:306.
② 朱子语类·卷十三·学七[M].

们的活教材;(7)比较教学法;(8)用比赛的方法来增进学习的效率;(9)积极的暗示胜于消极的命令;(10)替代教学法;(11)注意环境,利用环境;(12)分组学习,共同研究;(13)教学游戏化;(14)教学故事化;(15)教师教教师;(16)儿童教儿童;(17)精密观察。① 以这样的教学原则开展教育,学生的学习积极性被极大地调动起来,这是学习,是乐事,不是苦涩,从而产生乐学、好学、爱学的主动追求。今天的愉快教学与启发式教学,继承了中国传统的乐学思想,认识到从学习中求趣、求乐是学生的需要,学生只有感到学习是有趣的事,是快乐的事,才会乐于去学,积极主动去学,进而能够创造性地学。我们把传统的学习格言"书山有路勤为径,学海无涯苦作舟",改为"书山有路趣为径,学海无涯乐作舟"。情感教育对儿童来说,就是一种求趣求乐的活动,以求趣求乐求美为出发点,激发学生对学习的积极追求,引导学生学得更多些、更好些。

上海第一师范学校附属小学,由陈鹤琴先生创办。今天他们开展愉快教育研究,正是对陈鹤琴的乐学乐教思想的继承与发展。该校前校长倪谷音在《我和愉快教育》一书中写道:"我要求教师从情感教育入手,给孩子爱和美,激发学生的学习兴趣,使学生能够愉快主动地接受教育,成为学习的主人,由苦学变为乐学。"② 有位老师在教白居易的诗《原上草》时,让同学们用歌曲、舞蹈、乐器来表现诗中的意境。还有一位老师在教巴金《繁星》一文时,将幻灯片投放在天花板上,让学生仰卧在课桌上,就像作者巴金躺在船面上仰望天空一样。这时,教师又调节焦距,让悬在天空上的"星星"时明时暗,时清时糊,渐渐地让学生眼前出现了半明半暗的星星。忽明忽灭的星星,飞舞的萤火虫,会眨眼睛的小淘气……在教学过程中稍稍移动画面,利用相对运动的原理,让学生产生船在移动星也在移动的感觉。这样的教法,让学生不知不觉进入诗情画意、文情融合的情景。

陈鹤琴先生在南京师范学院任院长时,十分关心南京师范学院附属小学的教育教学改革。斯霞老师在陈鹤琴先生教育思想的影响下进行爱的教育,启发和鼓励学生好奇、好问、好探索。斯霞老师所教的学生特别喜欢提问,如"地球是圆的,人站在地球上为什么不会掉下去?""'顽皮'的'顽'字为什么不用'玩游戏'的'玩'字呢?""在月球上看天也是蓝色的吗?"当他们学了一些标点符号的

---

① 陈秀云,陈一飞,编.陈鹤琴全集(第六卷)[M].南京:江苏教育出版社,2008:244.
② 倪谷音.我和愉快教育[M].上海:上海教育出版社,1997:28.

知识时还会对课本提出疑问:"这里为什么不用省略号,那里为什么不用问号?"等。对于学生的提问,斯霞老师总是首先肯定他们会动脑筋,然后作出他们能够理解和接受的回答。有一次,某个学生问:"'穷'是什么意思?"有的学生说:"穷就是很辛苦。"斯老师说:"我给你们上课,还要进行家访,有时还要外出开会……工作很忙,也很辛苦,但是我并不穷呀?"这时,学生们虽然觉得回答得不够准确,但又不知该如何恰当地解释。学生愤悱之时,即想说又恨自己说不明时,急需教师来解释与说明。斯老师拿出雷锋小时候受苦的图片,学生看后懂得了"穷"就是吃不饱、穿不暖,生活很难熬。斯老师的启发诱导,不仅使学生的求知欲得到增强,而且营造了勤学好问的风气。她不因学生幼稚而不屑回答,也不因学生问题离奇而搪塞,更不因自己工作忙而责怪学生多嘴,她总是积极鼓励学生探索求知,受到学生敬爱。①

在探求性与情感性学习研究中,近几年来,南京师范大学附属小学在陈鹤琴、斯霞的"乐学爱教"思想的影响下,开展了"爱的课堂"教学探索活动,他们在"源于童心,行于爱心,臻于生长"的理念指导下,创造了小研究学习、小伙伴合作学习和小游戏学习等学习方式,提升学生学习主体性和协同性,发扬学生自主参与的积极性。在学习自然课程《降落伞》时,教师让学生自由分组,提出一个小研究课题:如何利用棉绳、塑料袋等材料,制作一个降落时间最长的降落伞?这就要求学生借助小伙伴的力量,分工合作,共同测量降落伞的具体尺寸,并在教师的帮助下进行速度的测试这一活动激发了学生的生成性思考和研究性学习,提高了学生的学习兴趣,培养了学生的探求精神,使学生获得了计算能力,促进了学生智慧与情感的和谐发展,取得了很好的教育效果。②

二、成就性学习、成功机会的创设和鼓励性作业的研究

1. 成就性学习的心理学依据

学习成败与学习动机有关,动机是推动和维持学生学习活动的心理动因。一个人的动机总是与他的需要紧密相关。从这个意义上说,动机是需要的具体表现。但是,并不是所有需要都能成为动机,只有当需要被引发出来,并长期指向某一目标时,才能形成动机,最终成为活动的动因。因此,动机具有活动性、

---

① 斯霞.我的教学生涯[M].上海:上海教育出版社,1982:272.
② 曹海永,宋尚琴."爱的课堂"理念下学习方式的探索[J].上海教育科研,2017(9):70-731.

选择性和坚持性等特点。动机作为内驱力具有激活的功能,可以推动学生的学习。它还具有目标指向的功能和不断强化的功能。动机可以通过增强有效行为的方式来促进学习,而学到的知识又能反过来增强学习动机。

学生在课堂学习中存在着认知性需要和成就性需要。学生的认知性学习是从好奇和好胜的倾向中派生出来的。他们最初的好奇倾向,并不具有真实的动机性质,因为它缺乏特定的内容和方向。只有当学生在实践中不断取得成功,成功的体验反过来强化好奇心之后,才能使好奇、好胜的倾向逐渐具有特定的内容和方向,形成认知性学习动机,并在其中得到强化和提高。由此可见,认知性学习动机中隐含着成就性学习动机。

成就性学习动机是由自尊需要和自我提高、自我实现需要引起的,它是取得学业成功、学业成就的内驱力。它表现为力图用自己的勤奋、毅力、智慧和才能取得优良的学习成绩和高水平的学业成效,为未来学术生涯和职业选择取得更高成就打好基础,为自身价值和社会贡献创造条件的一种强烈欲望。在儿童时期,这种愿望常常表现为力图用自己的学业成绩来取得名次等第,争取家长、教师的表扬和赞赏。

按照上述原理,上海市闸北第八中学在校长刘京海领导下,开展了成功教育的实验研究。他们发现,学生学习困难的根本原因是存在习得性自卑和失败者的心态。为此,他们在课内运用"低起点、小步子、多活动、快反馈"的方法,增加学生动手动口的机会,为学生创造成功的可能性;开展多种形式的课外活动,为学生发展兴趣爱好和特长、取得成功提供现实的机会。以说话训练为例,他们发现,学校试验班的学生多数在小学为"差生",课内发言机会极少,表达能力很差,而社会又需要当代的初中生具有良好的表达能力,于是他们在每节阅读课开始前三四分钟安排说话训练。第一步,"低起点"只要求学生能到讲台前面对全班同学开口说话,声音响亮,使整个教室的师生都能听得清楚,其他如说话姿势、语句内容等暂不作要求。第二步,增加"姿势自如"一项要求,纠正身子歪斜,眼光上望或下视等缺点。第三步,再增加"语言较完整"等要求。第四步才提出"内容明确"的目标。学生一步一个台阶,每次都有机会成功,这有利于消除学生开始时的恐惧心理和自卑感。他们在不断以小成功积累大成功,以小胜积大胜,激发自己内在的学习主动性。"多活动"是指课内外多提供让学生多说话的实践机会,如通过朗读朗诵和演讲比赛增强师生交流、生生多向交流和学生个别训练等活动。"快反馈"是设计安排时间适当的检验环节,如录音录像等,让学生能及时看到自己的进步与不足,从而及时地改正。有的学生由不开口到班级演讲比赛中获奖,不仅表达能力得到提升,而且写作能力、社交能力均有了进步,性格也比过去更加开朗、大方和豁达。①

2. 成功机会的创设,让学生在作业中发现自己,激励自己

21世纪初,我在虹口区参与有关作业中的自主性、激励性、兴趣性研究。调查发现,大部分学生不喜欢作业的原因是分量过多、种类过少、要求过于苛刻、形式过于单调、内容过于机械、应试色彩过浓,等等。为此,需要进行"作业革命",让作业由单一走向多样,由批改走向对话,由评判走向欣赏。教师在审阅学生作业时,要尊重学生的认知特点,带着微笑去欣赏学生的智慧潜能,让作业成为展示学生智能风采的平台,架起师生心灵沟通的桥梁。我在与虹口区教师进行合作研究时发现,有的老师非常重视学生作业中的成就点和自尊自律感的培养,将学生评点作业的过程,看作学生自我发现、自我激励的过程,以及个体学习生活的自我体验过程,并把这个过程转化为学生对生命的享受、生活智慧的提升和自我激励以获得精神力量的过程。例如,有位教师在批改作业中发现,学生B的作业特别脏、乱、差,每次批改他的作业都令人煞费苦心,不仅要从他的各种符号中寻找出正确的步骤和答案,还要分析它的步骤是否正确、合理、简便。起初,这位老师并不能十分耐心地去批阅,常在模糊的情况下,根据答案,简单地判断其对错。在老师的判断时常出错的情况下,B学生的作业成绩不高,他的学习一直处于被老师"否定"的状态,这严重地挫伤了B学生做作业的积极性和成就感。然而,这位老师与B同学进行一次作业面谈和沟通之后,他发现B同学的回答可以给人许多启示和反思。这老师在反思笔记中写道:"我开始赏识他了,因为他的作业虽然脏、乱、差,但他在解答时的思路很有特点,他做作业总是想方设法走捷径,通过新捷径发现新思维。读懂了他的学习方法,我便产生研究他的兴趣,发现他的思路既有成熟可取的地方,也有不成熟和需要改进之处,我就利用这求异思维的特点,让B同学在课堂上与同学们一起分享他的学习方法,并与同学们共同完善他的方法。"因为他的学习与作业

---

① 上海成功教育研究所.成功教育研究报告选(1987—2008)[M].上海:上海教育出版社,2008:272.

得到老师的赏识和同学们的欣赏,B同学的学习成绩有了提升,他在班级的地位也日益提升。B同学在赞誉中日趋认真,并始终在考试中保持领先水平,其他同学也在分享的过程中学会思维的多样性。求异性思维和探索性学习带来的成功感和愉悦感,不仅提升了B同学做作业的学习兴趣,而且令他从同伴身上获得了精神上的激励,B同学的学习自信心和自尊心也均有提高。苏霍姆林斯基说:"让学生成为学习世界中的旅行者、发现者和挑选者,把全部学习过程融化到学生丰富多彩的精神生活中。"此时,教师也从中获得教学上的成就感和学习智慧潜能发现者的感受与体验。

三、审美性学习和教学中审美化的研究

1. 审美体验与审美性学习

许多杰出的艺术家、文学家和科学家的艺术成就和科学发明都得益于其童年的审美体验。有人在分析童年时代的审美感受和体验及其对人的一生的发展作用时写道:"每个人的一生就像一只放出的风筝,风筝晃晃悠悠地升起,越来越高,它受到风向的影响,更受到放风筝者手中那根线的牵制和操纵。而人们往往只是翘首注目漂浮于空中的风筝,而很少注意那放风筝者的动作。只有那些内行的人才饶有兴趣地把目光投向这里。"事实上,童年的审美体验引导、制约和影响着每个人一生对艺术和科学的持续发展。每一位艺术家、作家和科学家成名之后,也总要向自己的童年投以感激的目光。著名作家冰心写道:"提到童年,总使人有些向往。不论童年生活是快乐、是悲哀,人们总觉得都是生活中最深刻的一段,有许多印象,许多习惯,稳固地刻画在他的人格及气质上,而影响他的一生。"①童年体验蕴含着最深厚、最丰富的审美感受,是人类个体的一种本原性的生命体验,具有真实性、直观性和天然纯真性,是构建人生美学和艺术生涯的基石。

儿童时期是人一生中对美的形式最为敏感的时期。因此,对于儿童置身于其中的所有的教育因素,只要符合美的形式,按固有的规律组织在主体的目的性活动中,学生就易于接受,就容易产生兴趣,如校园环境中美的形式、校纪校规中美的形式等。又如数学课上的变换式子,变化图形过程中的动态结构美,

---

① 范伯群,编.冰心研究资料[M].北京:北京出版社,1984:42.

在变换式的操作时有音节整齐的口诀,每句口诀按音乐化的铿锵节奏来朗诵等,都可以增强美的形式的吸引力。又如在识字教学中,学了某个基本字形(如"每")以后,要求学生运用这个字形来组成许多新字(如"梅、霉、海、晦、敏、繁、侮"等)。儿童对这种教法有兴趣、记得牢的原因仍在于其中的形式美与人的生命形式有同形同构的关系。

由于各学科内容中的形式美十分丰富,儿童对美的兴趣常以本能的方式流露,这种兴趣容易停留在短暂、肤浅、狭窄、零散的水平上,教师如果满足于此,则可能造成对儿童智能发育的干扰(功能性障碍)。因此,教师有责任把这种爱美的兴趣引导到对自然、社会中规律性形式的热爱,使其成长为对规律的强烈求知欲;提高为对规律性形式的热爱,使其成长为对规律的强烈求知欲望;提高为对规律在人类实践中重要意义的深刻领悟。因此,要从小满足儿童的审美冲动,培育儿童审美性学习的强烈欲望。审美性学习是学习过程中的高境界、高享受的体现,他不是被动地对人构成外部强制性负担的学习,而是在充满审美的氛围中伴有强烈审美情趣的学习。整个学习过程体现为完美的审美需求,学习成为一种美的欣赏,美的创造和美的享用。

2. 课程审美化研究

我于21世纪初,受枫泾中学之聘,担任该校的教育科学研究顾问。在华东师范大学冯大鸣教授的指导下,陆旭东校长和我一起开展了学校课程审美化研究,使美的追求成为学校师生共同的理想目标和价值取向。课程审美化是指学校遵循审美化原则,以课程建设为载体,通过统整、优化课程诸要素,挖掘课程内容及实施过程中的审美化元素,在课程中提升学生的课程审美能力,将学生的课程审美需求转化为课程审美理想,从而提升学生审美素养,促进学生核心素养全面发展的教育过程,包括课程目标、课堂形态、教学过程、师生关系、课程环境、教师队伍建设的审美化等多个方面。课程审美化有其自身的心理动力机制,只有当学生充分认识到课程的价值,并内化为自身的精神、认知、文化实践活动时,课程审美需求才能转化为课程审美理想,课程才变得更有意义。

课程审美化的过程是教育目的美学转化的过程。教育目的的美学转化具有应然性和必然性。应然性体现在如下方面:传统的教育目的侧重于培养人的道德品行,或过多地关注传授知识训练技艺或强健体魄。课程审美化使教育目的更符合人的发展。人的美学目的应当是促使核心素养的全面、和谐发展，即培养蕴含美学精神、完整健全的人格，塑造和谐理想的人性，使得每一个人都有一个趋向理想、完美的生命，都能自由、全面、和谐地发展。必然性体现在如下方面：课程审美化最终使教育目的的美学转化走向必然。美学目的的教育必然强调人与自然的和谐、人与社会的和谐、人与他人的和谐、人与操作对象的和谐、人与自我的和谐。

课程审美化有内化和外化之分，有深度审美化和表层审美化之别。课程外部环境的审美化称为表层审美化，如师生关系、家庭和社会背景情况、校园环境等；课程内部结构的审美化称为深层审美化，包括课程目标、课程内容、教学过程、教师专业发展等（见表6-1、表6-2）。①

表6-1　课程审美化按审美层次分类

一级	二级	三级
课程审美化	表层审美化	校园环境
		教室氛围
		人际交往
		家庭和社会背景
	深度审美化	课程目标
		课程领导
		课程实施
		课程评价
		教师发展

表6-2　课堂审美化评价指标表

一级指标	二级指标	三级指标
规范美	备课细致充分 上课从容流畅 语言板书优美 操作注重规范	1. 备课充分，教学设计精细规范，符合学生认知和身心发展规律。 2. 教学用语规范，语速适当，声音清楚洪亮。 3. 实验操作规范，动作示范正确，场地布置安全。 4. 板书规范，条理分明，设计美观。 5. 候课、问候等细节规范到位。 6. 准时上下课，不拖堂。

---

① 陆旭东.美术特色课程审美化建设研究[M].天津：天津教育出版社，2017.

(续表)

一级指标	二级指标	三级指标
科学美	课堂结构清晰 情境创设科学 容量难度合理 节奏坡度恰当	1. 环节紧凑清晰,时间分配合理,导入、新授和练习巩固清晰,小结有效。 2. 情境创设科学合理。 3. 容量难度合理,节奏坡度恰当,课堂张弛有度。 4. 每堂课理科自主活动不少于20分钟,文科不少于10分钟。
策略美	启发激活思维 方法手段灵活 讲解辅导高效 目标达成度高	1. 教学目标设置具体,表述恰当,切合学生实际。 2. 注重知识、技能的形成过程,重点突出,难点突破,疑点善诱,热点渗透,目标达成度高。 3. 教学方法灵活多样,课程吸引学生。 4. 精讲精练精批。作业练习分层实施,每科作业控制在30分钟左右。毕业班每天每科作业不超过45分钟。
艺术美	课堂富有美感 学术气息浓厚 科学艺术相融 创新实践结合	1. 教师教态自然亲切,富有感染力。 2. 教师具有个人教学风格,调控和应变能力强。 3. 学科教学注重结合科学、技术、社会教育,注重培养学生的创新实践能力。 4. 课堂注重美感,学术气息浓厚。
和谐美	师生和谐融洽 生生合作竞争 美育两纲渗透 绿色幸福课堂	1. 课堂气氛活跃,师生关系和谐融洽,学生情绪高涨,参与度高。 2. 教师尊重学生,公平公正地对待学生,多进行赏识教育。 3. 美育两纲渗透,富有人文关怀。 4. 学习过程愉悦,情感积极向上,有效体现自主探究、实践体验、合作交流。

3. 学科教学审美化的探索

教育审美化涉及方方面面,如课堂教学审美化、教学过程审美化、教学方法审美化等。前几年,我与浦东建平实验中学王治卓老师合作,进行了语文教学中创设审美情境的研究。我们认为,语文教学担负着审美教育的任务,在教学中要为学生打开世界美的大门、展现艺术美的宫殿、打造文学美的天地。正如我国古代文学家刘勰在《文心雕龙·神思》中所说的那样:"登山则情满于山,观海则意溢于海。"这就要求教师在教学中能拨动学生审美之弦,引领他们进入一个有真有善有美有情的世界,达到心灵上的同感共振效应。这需要我们去创设"形美""情切""意深"的情境,使学生从中获得语文学习美和科学美、文学美的体验。

我们理解的审美情境,主要包括三方面内容:(1)我们所教的课文,本身包含着丰富的、内在的审美内容,只要我们潜心挖掘,不难发现"到处佳景""粒粒是珍珠""处处在发光"。我们可以使隐性为显性,变文字为情境,化枯燥为神奇。(2) 我们的学生,尤其是初中年龄段的学生,处在花季来临的前期,正是梦幻的年龄,是爱美、情美、思美的强烈期。当代语文教育家、北京大学教授钱理群认为:"中学语文教育要为学生提供一种理想主义、浪漫主义的亮点,要为他们一生追求真善美打下基础。"(3) 我们理解的审美情境,既有广义的又有狭义的。它包含学生在学习过程中所处的内外环境和心境、心态与心情的和谐发展,这里有心理场、情感场和审美场。教学探索的重点是以课堂教学中创设相应的情境为主,为学生营造一个审美的心理场,使其作用于学生的审美情趣的培养和审美能力的提高。

根据自身的教学经验和学习研究,王治卓老师认为创设以下四个方面的审美情境特别重要。

第一,创设师生互爱互赏的人际情境。教师在课堂上,不仅是传道授业解惑者,而且是课堂心理气氛的创造者,学生美好情操的培育者,教师亲情、真情、挚情的传递者。师生的互动,不应是一种高控制、高约束、高服从的人际互动,而应是一种彼此信任、互为欣赏、互敬互爱、平等友好的人际关系。教师对学生的爱,是一种无私而又崇高的事业爱、理想爱、奉献爱。审美爱凝聚着教师对理想的憧憬、对真善美的追求、对学科的爱恋、对自身价值的尊重。这正如瑞士教育家裴斯泰洛齐所说的:"我给他们教育和鼓励,给他们温暖和爱,培养他们的温暖、智慧和活力,教他们懂得人的尊严,尊重自己,尊重别人。""我的热情如春天的太阳,给学生以幸福和欢乐。""我时刻注视着每一个学生心灵的细微变化,我的心向每一个学生敞开着。"我受到教育家的教导和许多优秀教师的影响,在教学中探索用审美性观察和欣赏性赞美来创设师生互爱的人际情境。

王老师把发现学生亮点、放大学生优点、理解学生缺点作为拉近自己与学生之间的心理距离的方法,给他们以信任感和亲切感,形成融洽的师生关系和良好的学习氛围。在新接的班级中,有学生在书写中过去比较马虎、潦草,而现在作业有所进步,不仅比过去认真,而且写字本上有几个字写得特别漂亮,简直与规范体不相上下。为此,以欣赏的眼光把这几个特别漂亮的字用红笔圈了出来,而且以赞美的语气在他的字旁边写上"你的字,有书法的雏形了,希望继续加油",评分为"优"。此外,还在全班同学的面前把他书写练习的字样,给予展示、肯定和赞赏。问他:"这些字都是你写的吗?我还以为是字帖的书法家写的呢!"此时,这位学生得到班级同学的鼓掌和欣赏,王老师看到他的脸微微泛红。这位学生由于受到同学和老师的鼓励,在写字上有了更大的进步,为此他的父母也感到惊讶和欣慰。

还有一位同学以前不交作业、考试不写答案,成绩是个位数,写出的字被称为"外国字",只能看出偏旁部首,其他基本无法辨认。而通过一段时间的观察,王老师发现他极其自卑,上课不敢抬头。于是,王老师就在同学面前表扬他:"X同学课堂纪律特别好,从来不乱说话。"考试前还专门嘱咐他:"只要把作文写完整,就肯定没问题。"结果他这次史无前例地考到51分,连他自己都不敢相信。借此机会,王老师更加大力表扬他进步的速度和幅度。从此以后,他每天按时交作业,字也写得工整了许多,完全可以清楚地辨认出来,于是王老师每次在他的作业上都批"优良",他学习更加努力了。这段经历使王老师感受到:教师的教育功能不仅在于要看到学生身上的缺点和不足,而且更要发现他们身上蕴藏着的巨大潜能和良好的发展空间。教师应该拥有一双发现美的眼睛,让学生的进步、优点和成长潜能在教师和同学们的放大镜中得到展示、显示和发扬光大。

第二,创设身临其境、饶有趣味的学习情境。教师在语文教学中要重视审美趣味的培养,寓教于美。语文阅读中,抑扬顿挫的节奏和优美的旋律、生动直观的教具、教师动人的仪表、风度和情态,以及课堂特有的气氛,都给学生以身临其境的感受。文学作品自身优美生动的语言、精巧的构思、引人入胜的情节、人物鲜明的个性,以及作品所表达的深刻意蕴,都具有强烈感人的魅力。娱乐与语文美育相伴而生,相随而行。

语文教学中创设有趣的学习情境,需要用新颖多样的教学内容和灵活多变的教学方法来使学生在阅读中得到精神上的满足。于漪老师多次强调:"深挖语文的特点,教出课文的个性。"新异刺激才能使大脑皮层产生兴奋,引起探究反射。中学生有强烈的好奇心,他们希望多样化,讨厌模式化;喜欢变化、发展和时尚,反对死板、静止、枯燥和单一。这要求我们根据教学需要与学生认知特点,在不同体裁、不同内容、不同作者、不同风格的文章中精选教学内容,采用最佳教法,做到篇篇具有诱惑力,课课都有新鲜感,使学生"共同体验着"一种精神振奋、对知识的渴望,以及由于认识了以前未知的东西而体验到的满足感。

王老师在教《背影》一课的过程中,为了加深学生的认识、印象和体验,将一篇情感深沉的文章教得有声有色,使学生能够产生身临其境之感。文中有一段描写父亲去买橘子的内容:我看见他戴着黑布小帽,穿着黑布大马褂、深青色棉袍,蹒跚地走到铁道边,慢慢探身下去,尚不大难,可是他穿过铁道,再爬上那边月台就不容易了,他用两手攀着上面,两脚再向上缩,他肥胖的身子向左微倾,显出努力的样子,这时我看见他的背影,我的泪很快地流下来了。

在分析这段描写时,王老师请班级一位体胖的同学到讲台前按照作品描述,把讲台当月台,模仿攀爬。开始,这位同学笨拙的体态和动作,一次次努力未果的举止,逗得全班同学哈哈大笑。可随着一次次的失败,一次次的努力,他额头上的汗一点点渗出……笑声也随之渐渐消失,学生的表情也渐渐凝重起来。此时,王老师能够感受到学生已经进入情境,融入体验,把握到了作者此时的情感。加上王老师的进一步引导,学生更深入地体会那种沉甸甸的父爱。寓教于乐,寓教于感,寓教于思、寓教于美。

第三,创设感受、体验和表达美的生活情境。康德说过:"美的欣赏的愉快是唯一无利害关系和自由的愉快。"要是学生爱学、乐学,就要从自由愉悦的学习生活中去感受和体验语文学习的精神享受、文化旅游和审美欣赏。有名家曾在谈到自己的学习感受时说:"我中学时,就觉得语文课非常吸引人,每次上课前,我都带着一种进入精神圣地探险的期待。语文课应是一种精神漫游,应该是好玩的、有趣的。"

就作文而言,教师也要创设一种自由表达真情实感的教学情境,让学生感受和体验作文是一种美的享受和心灵的抒发。王老师做过一次作文训练——《我的_____梦》。一位女同学写了《我的爱情梦》,抒发自己对一位男同学的爱慕和想念之情。这在考试作文中常被视为"另类""思想不健康""主题不积极"而需加以鞭挞的"C类文",但她的描述极其细腻、生动,充满了真情。从她的文字中王老师真切地感受到发自内心的真情和胆怯、羞涩与迷茫,从中看到她的真挚,所以王老师还是按照"情真意切"这一标准给了她高分,以此鼓励学生要写出自己的真情实感。对此,她感到极其震惊,其他学生也感到诧异。于是,王老师在讲评课上再一次展示我们的作文教学原则——"情真""意切""文美"三要求,文中对异性的倾慕本是这个年龄段正常的一种青春的萌动,一个美丽的梦,只要正确对待,冷静思考,正视现实,保留这种美好的感情,将留给我们一段美好的回忆。王老师还要求他们把梦幻般的理想注意力转向对知识、才能、科学、艺术的追求，使美的追求、爱的向往成为一种强烈的精神动力。在少年的心灵深处萌发一朵朵情感之花，去追求科学之梦、艺术之梦、成才之梦。学生在老师的引导下，精神生活得到充实，精神境界得到提升。

第四，创设好学深思的问题情境。语文教学中的审美情境创设要求唤起学生求知、探索和解疑的欲望。王老师在教学中鼓励质疑、独立思考、各抒己见、热烈讨论、求同存异。对学生在阅读中提出的问题，采取宽容、宽厚、宽松的态度。语文教育的目的是使人的精神世界变得更加美好，这应为学生一生打好精神底色，让他们按情况的不同作出不同的处理。在学思之中，学生学会了独立思考，多向思维，大胆质疑，不迷信权威，更学会了如何审视文章，并在这种审视思考中发现了语言之美、情感之美、问题之美、语文之美。

如同都德《最后一课》中韩麦尔老师所说的那样，"祖国语言就好像孕育一把打开监狱大门的钥匙"，我们的语文教学，也是培养审美情操、培育民族精神、塑造民族灵魂、提升民族素质的钥匙。让我们握紧这一把金钥匙，去为学生开启科学大门、进入艺术宫殿、享受人生幸福提供基础。

上述研究只是学科教学审美化探索之一例，仅供进一步探索之参考，让学科情感教育之花在教学的创新中开得更加鲜艳多彩。

第二节　教师情感的特质与教学中的发挥

一、教师的职业是一种特殊的职业

作为人类思想文化的传播者，精神文明的哺育者，教师用自己的劳动将人类几千年积累的文明传递给未来一代，他们是连接人类文化过去和未来的纽带，是通向文明的桥梁，在整个人类事业中担负着民族兴衰的重任，发挥着育人成长的功能。教师被赞誉为顶天立地的人、继往开来的人和大写的人。教师是太阳底下最光辉的职业之一。古往今来，不少伟大的思想家，如孔子、孟子、苏格拉底、亚里士多德等，以卓越的智慧认识到教师对人类社会的特殊贡献，并亲自实践于教师工作。

孔子作为中国古代教育家,执教40多年,一生"诲人不倦",弟子多达3 000余人,培养了一批颇有成就的杰出人才。他提出"有教无类",把教育推广到广大群众之中。他提出"因材施教",其启发式教育思想一直延用至今。他在传播中华文化文明上作出了巨大贡献。

孟子是战国时的教育家,他致力于教育事业,把"得天下英才而教育之"作为人生之大乐,这一思想对后世影响极为深远,鼓励了不少教师终身热爱事业,坚守教育工作岗位。

17世纪捷克教育家夸美纽斯,当过教师、中学校长,写过《大教学论》,他提出教育是把一切事物教给一切人类的全部艺术,被誉为"近代西方教育学之父"。他对教育的贡献,如同哥白尼之于天文学、达尔文之于生物学、爱因斯坦之于物理学一样伟大。他为伟大的教育事业奋斗一生。"我们对国家的贡献哪里还有比教育青年更好更伟大的呢?"他在教育生涯中感受到教师职业的崇高与伟大,写下了为全世界传颂的教育名言:"太阳底下再也没有比教师这职业更高尚的了。"①

19世纪德国教育家第斯多惠在高度评价教师工作时指出,教师是"引导别人走正确道路的人,是激发别人对真善美渴求的人,是使他人的素质和才能得到最高发展的人,是推动人类前进的伟大行列中的重要成员"。②马克思称普鲁士教育制度培养了不少优秀的士兵。1871年普法战争结束时人们向统一德意志帝国并战胜法国的普鲁士"铁血首相"俾斯麦祝贺,而俾斯麦却说,这场战争的胜利首先应该归功于德国的小学教师,因为他们为德国培养了有文化、有纪律的优秀士兵。③

杰出的教育家乌申斯基认为,教师是克服人类无知和恶习的大机构中的一个活跃而积极的成员,是过去历史上所有高尚而伟大的人物与新生一代之间的中介人,是那些争取真理和幸福的人的神圣遗训的保存者。它是人类历史上一切优美和崇高事业与新生一代之间的桥梁。教师在整个学校生活中"是学生最主动最直接的榜样,他无时无刻不在影响着学生。""人民把子弟的道德和心智,把子女的灵魂,同时也把祖国的未来委托给教师。"因此,教师应当树立为人民

---

① 王正平,主编.中外教育名言新编[M].上海:复旦大学出版社,2013:30.
② 戴本博.外国教育史(中册)[M].北京:人民教育出版社,1990:342.
③ 斯霞.我的教学生涯[M].覃事敏,等编.上海:上海教育出版社,1982:7.

利益和幸福而生活的信念,要经常了解人民的愿望和要求,遵循人民的利益并以人民最优秀的品质来教育自己的学生。①

教师是负有特殊使命的职业。在今天,人们对教师的劳动给予了更大的尊重。邓小平在全国教育工作会议上强调指出:"为人民服务的教育工作者是崇高的革命的劳动者。""不但学生应该尊重教师,整个社会都应该尊重教师。"②

习近平于2014年9月9日,第30个教师节来临之际,同北京师范大学师生代表座谈时说:"教师是人类历史上最古老的职业之一,也是最伟大、最神圣的职业之一。人们常说:'教师是太阳底下最崇高的职业。'自古以来,中华民族就有尊师重教、崇智尚学的优良传统,正所谓'国将兴,必贵师而重傅;贵师而重傅,则法度存'。在古代,孔子被推崇为'大成至圣先师',被誉为'万世师表'。在中华民族5 000多年的发展中,英雄辈出,大师荟萃,都与一代又一代教师的辛勤耕耘分不开。""各级党委和政府要从战略高度认识教师工作的极端重要性,把加强教师队伍建设作为基础工作来抓,满腔热情关心教师,改善教师待遇,关心教师健康,维护教师权益,充分信任、依靠广大教师,支持优秀人才长期从教、终身从教,使教师成为最受社会尊重的职业。"③

与此同时,习近平也对教师提出了要求:要做一个人民满意的好老师,要有理想信念,要有道德情操,要有扎实学识,要有仁爱之心。"教育是一门'仁而爱人'的事业,爱是教育的灵魂,没有爱就没有教育。""爱是学生打开知识之门、启迪心智的开始,爱心能够滋润浇灌学生美丽的心灵之花,老师的爱,既包括爱岗位、爱学生,也包括爱一切美好的事物。"④

百年大计,教育为本;教育大计,教师为本。为培养造就人民满意的高素质、专业化、创新型教师队伍,中共中央国务院于2018年1月印发《关于全面深化新时代教师队伍建设改革的意见》,对新时代教师队伍建设作出顶层设计。到2035年,教师综合素质、专业化水平和创新能力大幅提升,培养造就数以百万计的骨干教师、数以千万计的卓越老师、数以万计的教育家型教师。尊师重教蔚然成风。让广大教师在岗位上有幸福感,事业上有成就感,社会上有荣誉

---

① 戴本博.外国教育史(中册)[M].北京:人民教育出版社,1990:386.
② 邓小平文选[M].北京:人民出版社,1983:106.
③ 人民日报.2014-09-10.
④ 同上.

感,使教师成为让人羡慕的职业。①

  为了无愧于教师这一光荣称号,肩负起育人的历史重任,每一个教育工作者都应该对自己的心理素质和情感资质有一个深刻的了解和较高的自我修养要求。从一定意义上说,教师的心理素质和情感资质,对儿童情感发展和整个美好心态的形成,具有决定性的意义。儿童正处于情绪感受性最敏感的时期和健康情感形成的最佳期,以及社会型依恋情结的奠基期。他们对教师的态度、表情、行为举止、动作手势、语言语调,均有特殊的敏感性和强烈的深刻性。教师对学生的影响不仅在于他的知识和技能,而且在于他的情绪、情愫和情操……正如乌申斯基所说的那样,教师的情感和人格魅力对学生心灵上的影响是"任何教科书、任何道德箴言、任何惩罚和奖励制度都不能代替的一种教育力量,教师的信念和个性品质在教育中具有决定性意义"②。由此可见,教师职业特殊,教师的情感资质有它自身的特质。

二、教师情感的本质特征

  教师对学生、对本职工作、对所教的学科、对教育事业和一切美好事物的爱,是教师情感资质的本质要素的内涵所在。它具有理智型的特征,不同于一般意义上的母爱和友爱。教师的情和爱的特质,根据我的研究有以下五点。

  1. 教师情感的内质是一种纯情结构,对学生和事业具有一种纯真的爱,是纯粹、纯朴、纯洁心灵的集合

  美国心理学家弗洛姆从社会心理学角度提出,人的情感受到社会的制约,因此人与人之间出现了两种不同性质的融合,并由此产生了两种不同性质的爱:一是共生性的融合,它产生的爱是一种不成熟的爱,以至于是一种病态性的爱;另一种是独立性的融合,它产生的爱是一种成熟的爱、纯真的爱。

  教师与学生的融合是独立性的融合,是以尊重学生个性为前提,在保证个体发展的完整性条件下的融合。这种融合是以被爱者的需要为出发点,不带有占有性、制约性和功利性,由此产生的爱,是一种存在的爱,是一种主动积极的爱。在这种成熟的爱中,人的情感是自然的流露,而不是被人驱使的被动情感。

---

① 人民日报.2018-02-01.
② 戴本博.外国教育史(中册)[M].北京:人民教育出版社,1990:385.

"这种爱的主动性的基本特征在于,爱主要是给予,而不是接受。"①这种爱是一种开放的自我,它的情感资质和行为态度与封闭的自我不同,不是从自我中心出发,而是从被爱者出发,事事处处为被爱者考虑。这种爱在教师情感资质中表现得特别明显,它与学生既无血缘性联系,又无个人功利性联系,师生之间纯粹是一种民族希望、祖国前途、人民幸福、个体成长的意义性联系,使原来不相识的个体联合为一个群体,这是一个特别亲密、亲切、亲热的"人类希望共同体"。在这"希望共同体"之中,有的是纯真的爱和温馨的情,以及对真善美的执着追求。教师的爱是一种无怨无悔的给予和任劳任怨的付出,它唯一的心愿是用自己的生命之火去点燃人类的光明,愿用自己的银发去为祖国编织灿烂如锦的明天。

2. 教师的情感体验,具有与众不同的深刻性

教师对自身职业价值的情感体验,除了一般意义上的感受到教育工作的光荣和责任重大,还有对于自身个体成长和教育对象成长的一种特殊体验。

幼儿教育界全国劳动模范,从教 42 年之久的赵赫老师,把自己的全部心血奉献给了幼儿教育事业,成绩卓越,成就辉煌。她的教育风格独特,堪称世界一流,得到了家长和海内外参观者的一致好评,许多外籍孩子都送到她创办的幼儿园来接受教育。回顾自己 40 多年的从教生涯,她最大的感想是:"要做孩子可亲可敬的老师,首先要做孩子们的朋友。"这一感想来自她小时候的亲身体验。在她上幼儿园时,有一次尿湿了裤子,小伙伴们都笑话她,她非常难为情。这时,走来了一位好老师,什么话也没说,用大毛巾紧紧地裹着她,帮她去换裤子。此时此刻,小赵赫强烈地感受到老师的关怀、体贴和温暖。从那时起,她就打定主意,长大后一定要像这位老师那样去关心别人……50 多年后的今天,赵赫老师谈到此事时,还是会深情地说:"这件事给我留下了很深的印象。当我自己长大当老师以后,我深深地感到,孩子虽然小,可是也有自尊心,他们需要关怀,我作为老师一定要体贴爱护他们……因此在多年的实际工作中,我努力按照这样的目标去做,并且引导青年教师也向这方面多努力。"②

在全国以情感性教学著称的语文特级教师于漪,回顾自己中学老师之爱国

---

① 弗洛姆.爱的艺术[M].孙依依,译.北京:工人出版社,1986:23.
② 了解孩子是我的乐趣——赵赫访谈录[N].文汇报,1997-10-06.

情感的激励时表示,这位老师在自己几十年教学生涯中总是投入情感地去体验教材中蕴含的爱国情怀,以自己的真情实感去感染学生。教到爱国诗词时,这位老师的整个课堂里洋溢着高尚美德情操,让学生深切感受到祖国的寸寸土地都洒满了烈士的鲜血,达到了师生情感与烈士情怀同振共鸣的教育效应。

教师职业的价值体验不仅来自自身,而且来自学生的成长和成才。有位教师写道:"当我走上讲台的时候,一种崇高、神圣的感觉,一种光荣、自豪的感受就会油然而生。我爱讲台,因为讲台给我一个机会,让我去影响一个又一个稚嫩的、年轻的灵魂,使他们变得充实,变得成熟,变得伟大;而我,在影响这些灵魂的同时也变得充实、成熟、崇高、伟大。""我用自己的忠诚在校园中谱写着一曲曲园丁之歌,由于我的爱是不求回报的执着,因此,它具有特别强的感染力。"有学生在毕业时给老师的赠言中写道:"当我走进熟悉的课堂,就像登上巨轮去远航。老师就像船长,带领着我们去遨游知识的海洋,去发现未知的世界,去探索无尽的宝藏。是您给了我知识,是您给了我理想。我愿像您一样,把我的爱也洒在祖国的土地上。"看到这样的赠言,老师想起了印度诗人泰戈尔的名言:"不是我选择最好的,而是最好的选择了我。"

教师情感资质的深刻性,不仅有亲身感受体验的深刻性,而且有对教师工作意义理解上的深邃性。"愉快教育"的倡导者,上海第一师范学校附属小学校长倪谷音在谈到自身理想的追求时说:"愉快的教育实验的鲜明主题是要'使每个学生都有幸福的童年',使他们感到'学习是愉快的,活动是愉快的,生活也是愉快的'。一句话,要使学生们的整个童年都是愉快的,并使愉快的童年生活长留在他们的记忆中。我的座右铭是'教孩子5年,为他们想50年,为国家为民族想500年'。"[1]这是对自己工作意义和价值的多么深切、深邃和深刻的感受!她想得多广多深多远!

"成功教育"的倡导者,上海市闸北八中校长刘京海追求的目标就是要用"成功托起明天的太阳"。他感到学生的学习困难现象,不只困扰一个班级、一所学校、一个地区。他写道:"为了孩子的明天,为了祖国的明天,对学习困难学生的研究,是中国教育也是世界教育都在关注的一个重大课题。"因此,他从国际视野追求教育民主化的趋势、追求终身教育的趋势、追求重新改造教育结构

---

[1] 倪谷音.我和愉快教育[M].上海:上海教育出版社,1997:2.

的趋势等宏观视角来审视成功教育的意义和发展。他对成功教育的钟爱,不是一得之见或一时冲动,而是时代使命感和历史责任感的体现。这种感受和体验,具有教师情感资质中特有的深刻性。由此可见,教师情感资质是一种对生命价值、职业价值、教育功能价值的深刻性的感受,是情感性认知的高层次、高水平的表现。

3. 教师情感的特质是同情同理的结合,具有情理交融性特点

教师情感在与学生的交流中具有同理性和互动性。在一般性社会交往中,人们的情感包含更多的同情心。在教师情感中,则不仅有同情心,而且有更多的同理心,它指教师情感中的理智特质,有更强烈的事业心,以及情感表达的深刻性的参与,是一种情理交融性的爱。它能深刻地了解学生的内心世界,有能力帮助学生解决困难,实现其理想的追求。

日本教育家铃木镇一在说到教师同理心时,谈了自己的感受。他教过一个双目失明的儿童,为了使盲童能从音乐中感受光明,他经常在漆黑中,独自一人练习演奏小提琴,从中去体验盲童的学习困难,最后他用同理心设身处地地为盲童解决学习上的种种困难,完成了一个个优美的演奏动作。他不但开发了盲童的音乐才能,而且给予了盲童生命之光和欢乐之源。

教师的同理心,不仅包含情感的共鸣,而且包含深刻的理解。教师不仅理解自己生命的价值,理解家长对子女教育的期望,理解学生成长的规律、学习的困难、个体的需要,而且理解教育教学效能的发挥。因此,教师的情绪状态具有极大的协调性、自控性和情感追求品位的高层次性,这种情理交融的同理心给予学生更多的启发性和创造性,不但能体谅学生,而且能帮助学生解决困难,求得更好的发展。

4. 教师情感的内在基础在于有强烈的自爱心

教师情感的实质是一种教育爱的能力,是一种寻求与世界和谐发展的能力,是一种将人类文明中的真善美传递给学生的能力,是一种在学生成长中"点石成金""化废为宝"的能力,这种能力表现为教师在吸收人类文明成果时具有强烈的感受性和深刻的体验感。教师善于把人类文明内化为自己的精神财富和内在的能源。备课时,教师感受到科学家创造发明时的灵感,体验到作家创作时的激情,以及人类知识形成过程中的艰辛,而且他也能体会到学生理解时的困难。此时此刻,教师要架起一座传递文明的桥梁,将抽象化为形象,将枯燥

变为神奇。在教师的情感能力中,既有受纳爱的能力,又有创造爱的能力,如给予学生成长以积极反应的能力,富于表情达意的能力,亲切交往的能力,等等。

5. 教师情感资质的独特性和创造性

教师情感资质中既有群体生命追求的共同性,又有各自个性差异的独特性。教师情感受各自气质类型、性别、性格、文化背景、生活经历、学历层次等多种因素的制约。就气质而言,有希波克拉底的体液分类,如多血质、胆汁质、黏液质和抑郁质等;有巴甫洛夫的神经类型分类,如灵活型、兴奋型、安静型和弱型等。瑞士心理学家荣格按态度分类,提出外向型者重视外在世界,爱社交,活跃、开朗、自信、勇于进取,对周围一切事物都很感兴趣,容易适应环境的变化;内向型者重视主观世界,好沉思、内省,感受性高,喜欢记日记等。在实际生活中,绝大多数人都是兼有外向型和内向型的中间型。荣格本人也认为,纯粹的内向型的人或外向型的人是没有的,只是在特定的场合下,受情境的影响,由某一种态度占优势而已。例如,"情境教学"的开拓者李吉林性格开朗、乐观、豁达,能言善辩,能歌善舞;在操场上能和男孩子一起奔跑、踢球、做游戏,在课堂内能和学生一起张开想象的翅膀,去联想月光下大海的种种画面。她的艺术天赋是她吹、拉、弹、唱样样精通,琴、棋、书、画独有一功,她具有明显的外向型的类型特质。"愉快教育"的倡导者倪谷音则个性稳重,好沉思默想,处事细心谨慎;对学生种种表情,勤于观察,细于分析;对学生需求,善于体验,给予同情;平时沉着文静,给人以内向型的感觉。"成功教育"的倡导者刘京海的类型特征,具有更多的中间型的特点,他有时激动,有时沉静,有时作为一名弄潮儿投身于成功教育的改革之中,为成功教育推波助澜,有时因深感自身的某些不足而谦逊好学……在我们接触众多探索情感教育的专家学者、名校长和名教师时,可以发现他们的气质类型特点的不同,不仅丝毫不影响他们对情感教育的探索、研究和实践,而且正是由于他们气质类型上的差异,情感教育的研究各具特色,更凸显其丰富性、多样性和独特性,使情感教育的花圃中百花齐放、群芳争艳。

教师情感资质上的独特性与他们内在的人格魅力上的一致性、共同性,共同组成一幅和谐多彩的人生画面,特别灿烂。

弗洛姆在他的人格类型学说中提出,个人性格除受气质影响之外,还受社会和文化形态的深刻影响。他把人的性格分为两大类型:一类是生产性倾向;一类是非生产性倾向。他认为,生产性倾向是一种健康人格类型,与马斯洛的自我实现概念有相似之处。生产性倾向的人，充分发挥自身的潜在才能，成为创造者，成为对社会有创造性贡献的人。这种类型者最重要的特征是具有创造性的爱、创造性思维，具有强烈的幸福感和道德感。这些正是教师情感资质中的核心成分。

教师的爱是纯真的爱，以创造性为基础，因此称为"创造性的爱"。弗洛姆认为："人——属于不同时代、不同文化的人——都面临着同一个需要解决的问题：如何克服孤独感，如何达到结合在一起，如何超越个人的独自生活而找到共同和谐的愉快生活。"[①]生存问题的全部或完善的答案则在于用爱达到人与人之间的结合，以及用爱达到同另一个人的结合。他还指出："成熟的爱是在保持一个人的完满性和一个人的个性的条件下的结合。爱是人类的一种积极力量。在创造性的爱中，自我得到充分的发展。它除了给予，还包含关心、责任、尊重和理解。"这正是教师的爱所需要的。

李吉林在她的《情境教学理论与实践》一书中表达的，正是这一种创造性的爱。她写道："我爱小池，也爱溪流，那是因为我爱它们的'清'和'远'。然而，生活里也少不了涌浪，倘若没有涌浪，便辜负了人生。小学老师的生活像小池的明净、溪流的清远，但似乎少了一点跳跃的涌浪。于是，我便向往大海的奔腾……"这就是弗洛姆所说的生产型倾向者的性格。因此，李吉林的情怀中充满了纯真的爱。"我爱我的事业，我爱我的学生。现在我虽然也是50多岁的人了，但我总觉得，胸膛里还是那颗赤子之心，对学生、对教学，依然是那样赤诚，那样执着。我把青春献给了孩子，献给了学校，我感到很值得。30多年来，我没有左顾右盼，我坚信自己的选择。我用智慧和辛劳为千百个孩子的健康成长，做了我应做的工作，这本身便是一首诗。这是我的骄傲。我相信千百万忠诚于人民教育事业的小学教师都有这种感受。"

三、课堂教学中教师情感作用的发挥和调控

课堂教学中教师的职能不只是"传道、授业和解惑"，还有传情、育爱和激励等功能。"课堂教学中蕴含着巨大的生命活力，它向教师的智慧才能提出了一系列的挑战，当学生精神不振时，你能否使他们振作？当学生过度兴奋

---

① 弗洛姆.爱的艺术[M].康革尔,译.北京：华夏出版社,1987：8.

时,你能否使他们归于平静?当学生茫无头绪时,你能否给他们以启迪?当学生没有信心时,你能否唤起他的自信,你能否从学生的眼睛里读出愿望?你能否听出学生回答中的创造?你能否觉察出学生细微的进步和变化?你能否让学生自己明白错误?你能否用不同的语言方式让学生感受关注?你能否使学生觉得你的精神脉搏与他们一起欢跳?你能否让学生的争论擦出思维的火花?你能否使学生在课堂上学会合作,感受和谐的欢愉、发现的惊喜……"①这要求教师去研究影响课堂教学师生状态的众多因素和开发课堂教学生命潜力的艺术手段,只有这样,才能使教师的劳动闪现出创造的光辉和人性的魅力。在这方面,教师要重视自身情感因素在课堂教学中的独特功能。

1. 教师是课堂心理气氛的创造者

教师的热情、乐观、振奋等情感因素对课堂心理气氛具有直接影响。有调查发现:"同一班级,在不同的课堂气氛下,教学效果悬殊。在良好的心理气氛下,课堂提问 15 个,其中 8 个质量较高;发言 24 人次,7 人次有创见。而在不佳的心理气氛下,提问仅 4 个,发言 10 人次,质量差而无创见。两周后的测验表明,前者巩固率为 90%,后者为 72%。"②这就要求教师一旦走进课堂,就要把一切影响课堂良好气氛的消极情绪置之脑后,以充沛的精力和饱满情绪,投身教学之中,从而降低学生的焦虑感,减少心理障碍,振奋学生的学习情绪。即使出现偶然事件,教师也要以冷静、理智的姿态去调节心理。例如,有一位秃顶的教师新任某班语文课,他一进门,学生就小声评论道:"嚄!光滑得像涂了润滑油。""像熟透了的红高粱。""塔里木盆地。""溜冰场。"……教师刚准备上课,有学生一声低哼:"照到哪里哪里亮哎!"引得全班哄堂大笑。此时,教师若以严肃的目光制止,则气氛就会紧张起来。但出乎大家的意料,这位教师微笑着走近这位同学,亲切地拍着他的肩膀询问他的名字,并笑着说:"上课唱歌可不好。"紧接着,他拍着自己的光头顶说:"不过,这也太显眼逗人了。"大家会心地笑了……这样的处理方式拉近了师生间的感情,缩短了心理距离,使教学活动呈现出轻松愉快的良好状态。

---

① 叶澜.让课堂焕发出生命活力——论中小学教学改革的深化[J].教育研究,1997(9):3-8.
② 李铮.高等师范心理学教程[M].合肥:中国科学技术大学出版社,1995:319.

2. 教师富有真情和表情的教学,有助于情绪感染和心理共鸣,有助于学生形成内在的视觉形象,感受教学内容

李吉林在讨论"以情动情"时写道:"教《桂林山水》时,漓江风光又再现眼前,那奇特秀美的山光水色给了我久远的美的感受,我深深地为祖国有这样的山河而自豪。教学开始,我便让学生说出祖国大地上的名山大川。因为是在谈'美',孩子们显得很有兴致。随即,我便热情洋溢地告诉他们,我亲眼看到许许多多外国朋友,成群结队,不远万里来到我们祖国的桂林,连我自己也感受到那情绪是那样激动。孩子们一下子被吸引住了,带着对'美'的向往,进入课文情境,积极主动学习课文。"[①]此时此刻,以教师的情感去感染激发学生的情感,起到了良好的教育教学效应。

课堂教学中,教师要重视自己的表情。教师的表情常常流露于目光之中,有期待的目光、疑问的目光、深邃的目光、严肃的目光,这一切都代表着对学生学习活动的评价和要求,都会影响学生的学习行为。教师的笑,有甜蜜的笑、温和的笑、满意的笑、苦涩的笑……也都会影响学生的学习。自然的手势,有助于陈述教学内容,舒缓的手势有助于抒情,有力的手势有助于情感的升华和高昂。教师要有一双敏锐的眼睛,更多地给学生以情感上的理解。

3. 教师的期望能给学生以希望和力量

美国心理学家罗森塔尔和雅可布森的研究指出:"教师的期望乃学生智商增高的决定因素。"年级越低期望效应越大。小学一、二年级的期望效应最为显著。低年级学生比较容易受教师期望所施加的无意的机会的影响。低年级学生入学时间不长,在年龄特征方面不同于高年级学生,容易被教师的期望影响。

4. 教师的人格魅力能给学生以巨大的感染力量

调查表明,学生喜欢的教师具有以下人格特征:友善、热情、体贴学生、真诚坦率,开朗乐观、待人宽容、言行一致、富于幽默感、富有同情心;而冷淡、孤傲、过于严厉的教师往往不受学生的欢迎。因此,教师要以自身良好的人格魅力去赢得学生的尊敬和爱戴,以达到心通、情融、理顺的教学效果。有位学生在评论自己的老师时写道:"他给予我的不仅是知识,还有一种人格力量和人生感悟。""这老师有一段感人肺腑的赠言:'我不是天才,我愿意以勤奋去弥补天赋

---

① 李吉林.李吉林情境教学理论与实践[M].北京:人民日报出版社,1996:9.

的不足;我无法回避昨天的遭遇,但我有权去珍惜今天的每分每秒。我要实现自己的价值,我愿将自己的价值落实到你们每个人身上。'老师这段赠言我已读过无数遍,而每一次总能有新的感悟。""老师课堂教学的艺术在于使学生对枯燥抽象的知识产生浓厚的兴趣,并发自内心喜爱它。""上课时精神饱满,高度兴奋,不仅音量大,而且十分自信。讲课非常连贯,眼睛脱离书本和备课笔记,总是滔滔不绝,而且还融入幽默和风趣,时时发出爽朗的笑声。面对这样的老师,我们也变得兴奋、集中,课程气氛活跃,想象力和创造力特别丰富。因此,全班数学成绩特别好,国际数学竞赛连连获奖,学生数学教育论文还在国际论坛上宣读。"他为什么会得到以上成绩和好评呢? 用老师的话来说:"我以自己的思想和特有的人格魅力、素质魅力、情操魅力去指导、影响和感染我的学生;以我最大的勇气和毅力,向自己智力、精力和能力的极限挑战,向科学高峰攀登。"[①]

第三节 教育爱与师爱传递中的审美化研究

一、教育爱的理解

教育爱是一种道德爱,它是一种给予之爱,以善为基础,为对方着想、为对方好而带有道德性。它指向的对象是学生和教育职业,既有"忘我性",又有为达到自我完善的同一性。因此,教育爱是一种奇妙的爱。我认为,上述对教育爱的理解是一个方面。我过去的大学老师萧承慎教授对教育爱内涵的理解更深、内容更广。他在1940年所著的《教学法三讲》一书中指出,教育爱是德国文化教育学派的代表人物斯普兰格提出的。斯普兰格认为,教育是社会的精神活动之"爱"的作用,教师的人格粹质之核心便是崇高纯洁之教育的爱。它源于对人类之爱,一面爱儿童,一面又爱文化价值。教师是儿童生长与文化价值双方相结合的媒介者,教育是一种审美的活动。指导儿童领略美的价值,要求教师既要有渊博的学问,又要有艺术的修养。教育爱包括对学生的爱、对教师职业

---

① 上海南洋模范中学《中学优秀生素质教育探索研讨会》资料。

的爱、对教育过程和整个教育事业的爱,包括教师的文化爱、科学爱、艺术爱的整合。在《教学法三讲》中,萧承慎教授例举了孔子的教育爱,既有对学生的爱,对职业的爱,有教无类、诲人不倦,又有对学科内容、教学方式方法的爱,因材施教,启发式等探索,这都是教育爱的体现。瑞士教育家裴斯泰洛齐把自己的爱心全部倾注于儿童的教育上,"我喜欢在我的孩子们身上用心,他们的幸福就是我的幸福,他们的快乐就是我的快乐,从极早的早晨到极晚的晚上,他们时时都能看见我,随时都可以接受我的吻,他们的安全都是我亲手去办……"[①]这就是一个教育家的教育爱。

这里所讲的教育爱涉及教育的方方面面,它既包括爱教育岗位,爱教育的对象,还包括爱周围的一切美好事物。这是教师身上特有的职业情结和深切情怀。据我了解,它在我们教师队伍中具有普遍性,而且在部分教师身上还表现得非常突出,情深意切,事迹感人。就以我的学生何金娣为例,她1973年进入上海市第六师范学校,我们和她共同相处三年,毕业后她分配到辅读学校任教。她以爱为源,事事处处为学生着想,为他们成长着想,"只要是我们辖区里的残障儿童,哪怕你躺在床上,我们也要送教上门",以"零拒绝"的态度,让重残儿童也有明天。出于对这些学生的爱,她几乎每天早晨都要到校门口迎接学生,她一见他们就蹲下身子,拉着他们的小手与他们拥抱。这种对每个特殊儿童发自内心的真诚真挚的爱,令家长和见证者都非常感动。对初进学校,不会说话,不会走路,甚至不会咀嚼的孩子,她亲手把食物剪碎喂给他们;发现学生身体不舒服而痛哭时,她怀抱学生送医院治疗。她为学生健康成长付出很多很多,因此她身边的学生都是很幸福的。她不仅在生活上关爱这些特殊儿童,而且为他们的未来幸福生活着想。她由衷地希望国家对特殊教育事业给予特殊政策,并更好地落实在他们的身上。为此,她开展了"弱智儿童生存教育课程研究"。目标是要使这些孩子的大脑机能在现有基础上获得最大的发展、补偿和转变,使他们具有自立于社会的生存意识和生存能力。她以爱的教育,带领学生走向社会。她在商店里,在咖啡馆,见到她以前的学生工作很好时,特别高兴。在上海举办特奥会时,她提出"阳光之家"的倡议,让这批特殊儿童走出校园,参与志愿者服务,赢得了国内教育家的赞赏。在教学改革方面,她成为特殊教育事业的

---

① 萧承慎.教学法三讲[M].福州:福建教育出版社,2009:168.

开拓者;在学生心中,她成为他们的"妈妈";在家长心中,她成为他们的恩人;在特殊教育行业中,她成为点亮"星星的孩子"的"提灯女神"。我每次到她学校见到她时,她总是怀着一颗平常的心,认为教师对学生的爱是天职,是师范学校开展向徐特立学习的教育活动给予她影响的成效,是过去学校教师对她培养的结果。①

二、教育爱的本质

教育爱的实质,既是一种对教育、对人生的积极情感和态度,又是一种对教育事业爱的能力。它是教师在教育生涯中寻求与世界和谐发展的能力,是一种将人类文明中的真善美传递给学生的能力,是一种在学生成长中化平常为神奇、开启智慧之窗、扬起理想风帆的能力。这种能力表现为教师在吸收人类文明成果时,具有强烈的感受性和深刻的体验感。教师善于把人类文明内化为自己的精神财富和内在的能源,他备课时能感受到科学家创造发明时的灵感,体验到作家创作时的激情,人类知识形成过程中的艰辛,以及学生理解时的困难与困惑。教师的情感能力既有受纳爱的能力,又有创造爱的能力,如给予学生成长以积极反应的能力、富于表情达意的能力、亲切交往的能力等。

这种情感能力的基础在于教师有强烈的自爱能力。他爱自己的职业选择,爱自己的人生追求,爱自己的智慧才能,爱自己的情感品位,爱自己的文明举止,爱自己的高雅生活,爱自己的生命历程和对社会的贡献。

这种爱转化为对事业的执着,对学科的钻研,对学生的理解和尊重。在引导学生时,教师把自己的信念转化为教育能力和行为榜样,作为一种人格魅力,给学生以信念、追求和典范。陶行知作为一位人民教育家,他那爱满天下的信念,为学生树立了典范,培育了大批优秀的人才。

教师的教育爱的特质在于它把情与理结合,真、善、美结合,自爱与他爱结合,受爱与创爱结合,先天性的气质特点和后天性的人格风范结合。教师将自己的爱播洒在每一个学生的心田上,让他们从心灵深处去感受、去体验人间的温馨、人生的幸福和追求理想的快乐。

---

① 文汇报.2016-11-30.

三、教师教育爱的性质、特征功能和结构

1. 教育爱的特质

教师的教育爱不是一种占有性、制约性和功利性的爱,而是一种具有独立性、开放性和存在性的无私的爱。这种爱是以尊重学生个性为前提,在保证学生个体发展的完整性条件下的师生心灵的融合。这种融合以被爱者的需要为出发点,是教师真情实感的自然表露。这种爱是教师对祖国之爱、对教育事业之爱、对学科之爱、对学生未来发展之爱的集合。

教育爱具有纯粹、纯朴、纯真的特质。教师与学生既无血缘关系,又无个人功利性联系,他们之间纯粹是一种民族希望、祖国前途、人民幸福、个体成长的意义性联系,原来不相识的个体联合为一个群体,组成一种特别亲密、亲切、亲热的"人类希望共同体"。在这"希望共同体"中,有纯真的爱、温馨的情和对真、善、美的执着追求。教师的教育爱是一种无怨无悔的给予和任劳任怨的付出,它唯一的目的是用自己的生命之火点燃人类的文明,用自己的智慧与劳动为祖国编织灿烂如锦的明天。

教师的教育爱,既有纯爱、大爱、博爱的本质,又有挚爱、诚爱、热爱、慧爱的特质。有教师写道:"教师要以心灵呵护给学生以生命的热爱,以宽容给予学生成长的温度,用审美来提升学生思想境界的高度,用智慧化爱无声、变爱无痕,使之无微不至,像工匠那样精雕细刻,精心培育,让祖国花朵开放得更加鲜艳。"

2. 教育爱的功能

教师爱的教育功能在于,不仅可以使学生增强归属感、安全感、愉悦感、温暖感和幸福感,而且可以激励学生刻苦学习、积极进取、奋发有为,促进学生形成自尊自爱、自信自强的自我人格。因此,在教师的无私之爱关怀下成长的学生,最大的感受是不仅学到了知识与本领,更重要的是懂得了做人的道理,获得了人格的尊严。

有人将教育爱的功能看作激励学生学习进步的催化剂,认为它具有罗森塔尔的期望效应,给学生以自信、自尊和自强的推动力,对学生成长发挥滋润的作用,是幼苗成长的自驱力,是促进教师专业发展的原动力。①

---

① 刘丹.教师积极情感对学生发展和教师发展的价值及培育[J].教师教育研究,2017(6):23-28.

情绪心理学认为情绪情感具有适应、动机、组织和信息四大功能。教育爱中教师的微笑是一种传递积极态度的信息，表示教师愿意与每一个学生建立亲切的关系，教师微笑的频率，有其亲密度和吸引力的特异效能。①

3. 教育爱的结构

教育爱作为高层次的社会性情感，其心理成分比较复杂，它的情感内涵是教师对学生和教师职业的一种特殊感受和态度体验，是教师对教育对象、教育事业的倾注和人格力量的体现。

教育爱作为积极的社会性情感，能使教师以赤子之心去面对世界，面对人生，保持自身善良、真诚的爱心，不虚伪、不做作、不埋怨、不气馁，始终不忘初心，永葆教育激情。有位语文老师在她的教育论著中写道："我为了上好每一堂课，总把课堂40分钟分成2400秒来准备，从认真备课到课堂运作都进行了精心设计、多变练习。上课时全身心地投入情感，讲到激动处，激情飞扬；讲到愤慨时，扼腕长叹。力求每一节课都能与学生进行心灵上的交流，引起学生情感上的共鸣。"这位老师还提出三情共振教学法——课始激情情始生，课中悟情情更浓，课终谙情情未了——使语文教学体现出特有的教育爱的人文魅力。②

教育爱有三要素：对教育事业的爱，对教育对象的爱，对教师自身把握的教学内容、教学方法的自爱。教育爱的真谛和全部艺术就是一个字——爱。它体现在教师的眼神、言谈举止和行为习惯中，以及备课、上课、批改作业和师生交往中。

在教育实践中，有不少教师在这方面表现得特别凸出。例如，这位小学数学老师——吴正宪，对教育爱的感受和体验很深，在对教育、对学生、对自爱的价值等方面，有独特的理解和深刻的体验。

她热爱儿童，表现为理解儿童的需要，为儿童的幸福和快乐而探索。她立志要做学生喜欢的教师，创造学生喜欢的课堂，用自己的智慧和热情去为学生圆一个走进数学王国的梦。她成为教师之初，尽管每天十分勤奋，讲课也乐此不疲，但教师讲得辛辛苦苦，学生听得迷迷糊糊。在课堂上，她发现学生的目光有些呆滞，语言有些贫乏，思维有些滞后，情感有些苍白，稚气的脸上带着忧虑、困惑与沉重，暮气沉沉，缺乏朝气。她从学生的一首名为"无题"的小诗中得到

---

① 傅小兰，主编.情绪心理学[M].上海：华东师范大学出版社，2016：13.
② 雷玲，编著.故事里有你的梦想——18位名师的精神档案[M].上海：华东师范大学出版社，2007：199.

心灵上的震动。

这首诗写道:"在我幼小的心灵深处/有一个五彩的天地/那里有蓝蓝的天/白白的云/那里有飞翔的鸟/游耍的鱼/可是,到了六年级/如山的作业摧残了这柔弱的小花/父母的加码践踏了这无声的草地/从此,在我幼小的心灵里/再也找不到那五彩的天地/我问蓝天白云/我问飞翔的鸟/游耍的鱼/我为什么不能和你们在一起/奔向那五彩的天地。"

面对孩子的发问和诉求,吴老师沉思着、反省着:为什么教师教得很辛苦,学生却不爱学习?教师教学非常投入,学生学习效果却不佳,其原因何在?教师只求分数的提高,不顾学生的身心健康和道德素养,这样的教学能培养出适应未来社会需要的合格人才吗?她在反思中决心要通过自己的努力去探索出一条可以减轻过重负担,提高教学质量,促进学生生动活泼、积极主动全面发展的教学之路。她在实践中提出了小学数学改革五部曲——面对学生、重组教材、改进教法、训练思维、全面育人。这一改革之路,把学生一步一步地引领到神奇而美妙的数学天堂,使枯燥乏味的数字成为有魅力的图画。加上她高超的教学艺术,教学数学不再只是教给学生"$1+1=2$"的知识,而是会给孩子们一个充满好奇的心态,让他们在兴趣王国中遨游。

吴老师不仅用智慧上课,而且投入情感来上课,她原本就对教学抱有浓厚的兴趣和强烈的喜爱,加上她幽默的语言,极易让学生受到感染,产生情感上的共鸣。师生在双边活动中,以情促知,以知增情,情知交融,达到了认知与情感的和谐统一。这种情感交流和共鸣使教学活动化平淡为神奇,使干巴巴的数学课变得生动活泼、妙趣横生,由平平淡淡的"白开水"变成香甜美味的"可口可乐"。她向学生展示的,不仅是知识的传授,还有师生心灵的对话,以及一位教师对学生爱、对学科爱、对教育事业爱的情怀、情趣和情致的传递。

吴老师不仅是学生的老师,而且是他们亲密的朋友和知心人。当学生内心感到孤独寂寞和惆怅时,她走近他们、理解他们、善待他们、激励他们。在学生的眼中,吴老师不是一个只管"传道、授业、解惑"的单向老师,而是一位人格完美的立体型教师。有个学生在给吴老师的信中写道:"吴老师,您给予我们的不仅仅是数学头脑和智慧的力量,从您的身上,我学会了怎样真诚地去欣赏他人,学习他人的长处,懂得了该怎样做人。"有记者在采访中发现,吴老师的教育爱,已经超越了一般意义上的对学科之爱、对学生之爱,而进入到了拥抱整个教育事业的无疆大爱的境界。我大学时的同学,张梅玲教授在指导吴老师开展教学研究时,给予吴老师的评价是:"她用心去拥抱生活,她用爱去托起事业,她用情去绘画风采。"她的教育爱是用心至纯的爱,用情至深的爱,用纯情至真的爱,不带半点功利,不带浮躁,不求虚荣,是真善美与教育融为一体的真爱和挚爱。她有着朴素无华的心态与教学风范,只求"上好每一节课,教好每个学生"。她的人生格言是:"脚踏实地,一步一个脚印地朝着理想目标走自己的路。"她最想对教师说的一句话是:"做一名好老师,从上好每一节课开始吧!"①千里之行始于足下,让我们用教育爱去实现美好的教育理想吧!

从对象维度来看,教育爱包括对自身的教育职业选择的自爱和对人生理想的执着追求,以及对教育对象和教育事业的深度认知和深刻体验。从内容维度来看,教育爱包括教师对学生成长所涉及的教育内容、教育过程、教育方法的深度钻研和浓厚兴趣。从发展维度来看,教育爱包括职前职后的职业认知、职业适应、职业胜任和精神境界的自我超越。教育爱是多成分、多维度、多水平、多层次的精神力量和人格品质,既是教师的道德爱,又是教师的理智爱、科学爱、艺术审美爱的整合,是教师追求真、善、美的人格力量。教育爱的三维结构如图6-1。

A. 教育爱的对象维度
包括:教师的事业爱(职业爱)
　　　教师的生爱(对学生的爱)
　　　教师的自爱

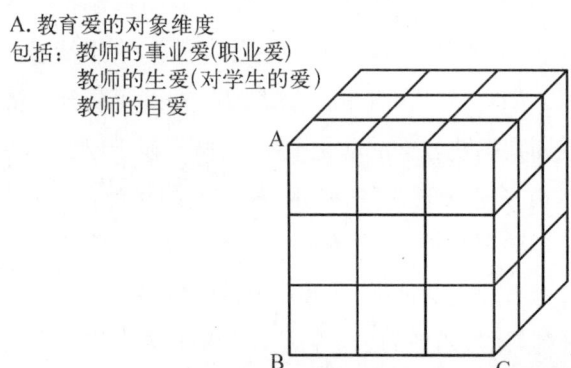

B. 教育爱的内容维度
包括:教育内容中的学科爱
　　　教育过程爱
　　　教育教学的艺术爱

C. 教育爱的发展过程维度
包括:教育爱的职业适应
　　　教育爱的职业胜任
　　　教育爱的精神境界提升和超越

图6-1　教育爱的三维结构

---

① 雷玲,编著.故事里有你的梦想——18位名师的精神档案[M].上海:华东师范大学出版社,2007:154.

四、教育爱传递的审美化研究

有人说,眼睛是心灵的窗户。好教师的眼神应该是慈爱、友善、温情的,透着智慧,透着真情。好教师对学生的教育和引导应是充满爱心和信任的,在严爱相济的前提下晓之以理、动之以情,让学生"亲其师""信其道"。好教师要用爱培育爱、激发爱、传播爱,通过真情、真心、真诚拉近师生间的距离,滋润学生的心田,使自己成为学生的好朋友和贴心人。好教师应该把自己的温暖和情感倾注到每一个学生身上,用欣赏增强学生的信心,用信任树立学生的自尊,让每一个学生都健康成长,让每一个学生都享受成功的喜悦。

关于教师的眼神和教师爱心传递的内在机制,以及传情的审美化要求和操作性策略,我写过一本专著——《抚育者的眼睛——一位爷爷对小孙子的心理解秘》。我在该书中写道:"抚育者的眼睛是儿童精神生命成长的太阳。"[①]每位教师应成为学生成长中的学习者、观察者、发现者、鼓励者、审美者和反思者。教师要善于向孩子学习,用审美者的眼光去欣赏每一个学生身上的潜能和闪光点,以此来鼓励他们不断前进。师爱之情如何透过双眼的注视去传递真情和关怀呢?如何把教师的关注,转化为学生成长的精神营养和进步的动力之源呢?对此,我在十年前就进行了教育爱传递中的审美化研究。学生的理智感、道德感和美感的形成,需要从小培养。他们美好情感的孕育和生成需要纯爱、厚爱和挚爱,需要亲近、亲热和亲切。教师向学生传递的情感,是带有特殊意义的教育感情,因此传递时使用的方式也要特别讲究,即既要发自内心,是真情实感;又要讲究艺术,具有职业性、教育性和策略性。它要有智慧、含蓄、幽默、风趣和感人,因为"教师的情感反应直接影响学生的情感发展"。教师真挚的情和教育真诚的爱如何才能含蓄而又外显为一种教育行为,从而具有强烈的教育性和浓郁的感染性呢?我从师爱传情的审美化角度归纳了以下几点策略性建议。

1. 欣赏性的观察

它是指用发展的观点去审视学生成长中的点滴进步,用艺术家的眼光去发现学生成长中的智慧之真、道德之善、心灵之美;去欣赏他们成长中的童心,童

---

① 梅仲孙.抚育者的眼睛——一位爷爷对小孙子的心理解秘[M].上海:中国福利会出版社,2006:自序.

真和童趣;去鼓励他们不断地认识自我、发展自我和超越自我,相信他们在成长中有自我要求,有能力去克服自身的不足和存在的问题。

教师的眼睛是学生精神生命成长的太阳。教师眼睛的功能在于欣赏学生、发现潜能、鼓励发展。教师要成为学生的良师益友,首先应成为学习者、观察者、发现者、鼓励者和反思者。教师不仅要向书本学习,向有经验者学习,也要善于向学生学习。我接触过众多优秀教师,发现他们有一个共同的品质:有一双善于发现和欣赏学生心灵美和行为美的眼睛。他们能从学生的幼稚中发现天真,从学生的玩耍中发现才能,从学生的好奇、好问中发现睿智,从学生的人际交往中发现大气、朝气和灵气。我从一位班主任给予学生的评语中,发现这位教师拥有一双超乎寻常、特别敏锐的眼睛,特别善于发现学生美的心灵。她在与学生交往时,每当学生的美智、美德和善举出现,总能敏锐地在第一时间觉察到,还能及时地加以捕捉,作出正确的判断,使之成为一种情感教育的资源和人格培养的素材。这位教师在给一位初二学生的评语中写道:"你的可贵之处在于平和,平和使你宠辱不惊,平和使你淡泊名利,平和让你宽厚待人,平和使你与身边的每一个同学相处融洽。"这是多么好的评语。我们从中看到:在当今浮躁的社会氛围中,平和的情智、平常的心态、平易交往的情能,正在新生一代中孕育、滋生和萌发。与此同时,我们也看到,在教育第一线中拥有这样优秀的教师,冲破世俗观念,用先进的教育理念、多元智能的评价标准和艺术家的审美眼光去观察和评价学生的成长,给学生真诚的挚爱和人格美的影响。

2. 理解性的关怀

它要求教师对受教育者有深刻的理解和深切的关爱。学生的精神世界具有天真、神秘、多彩的丰富性。他们的心灵蕴含极为细腻、敏感而又善良、美丽的琴弦,让我们像钢琴家熟悉每一个琴键那样去了解每一个学生,去帮助学生谱写人生的第一乐章。

面对学生成长中所出现的种种问题,教师不应厌恶、训斥和谩骂,而应理解、体贴和关怀。在审美化的教育中,教师对学生的态度,永远要"尊重第一""理解万岁""学会宽容"。尊重、理解、宽容和宽厚,既是教师的美德,又是教师的生存智慧和教育艺术。它能沟通心灵,化解矛盾,缓解冲突,融洽关系,舒展生命,提升情智情能。教师的情智在于时时处处能解读学生成长中释放出的各种信息,破译其内在的密码,即使是牢骚与不满,也能以换位思考的方式去探寻它的真相。教师的情能还表现为以设身处地的心态去理解学生,去体贴和化解学生的苦闷和烦恼。我接触过一位从教 50 多年的语文特级教师。他对学生出现的种种问题,总是给予理解和宽容。他向学生宣告:在小学生的行为举止中,没有错误,只有发展中的缺点和成长中的问题。老师的这一番话语,激起了学生的共鸣和喜欢。他们说:"老师的话,使我们听在耳里,印在脑里,暖在心里。"教师的理解成为鼓励他们自信和自强的动力之源。

3. 支持性的帮助

它是指在教育态度和策略上要防止习得性无助,要掌握定向归因,要给予积极性支持。儿童发展心理学研究认为,学生学习成绩的好坏有两种归因,一种是归于天资,认为学习不好,是天资"不聪明",并加以指责;另一种是归于自身刻苦勤奋的努力程度和来自老师与父母的支持与鼓励。前者表现为过高的期望、焦虑性的指责、无效的批评、有害的打骂和惩罚,只能使学生产生自卑、抵触和自暴自弃的消极心态;后者为掌握定向归因,即不管成绩好坏,总要以自信、勤奋的积极心态去争取学习的进步与提高。

不少教师在帮助学生养成良好的学习习惯时,提出"不动笔墨不读书""不打草稿不作文""不用尺子不演算"等要求,对学生学习和成长提供了操作性的支持和行动上的指导与帮助,使之终身受用。

支持性帮助的含义是多方面的,有环境创设上的支持、习惯上的支持、学习解题上的支持、实现理想上的支持、行为榜样上的支持和满足好奇心上的支持等。例如,学生在写作文时,遇到困难,教师提供范文作为参考和指导,使学生感到有章可依、有词可用、有句可仿、有文可写。学生的学习兴趣,常常源于成功感与成就感的获得。教师为学生创造条件,让学生在成功中提高学习的信心,正是成功教育的奥秘所在。当学生在实践中不断取得成功,这种成功的体验会反过来强化其好奇心,使好奇心转化为认知性学习动机,并使成功体验得到进一步的提高。成功教育的基本目的是为了克服学生的习惯性自卑和失败者心态。教师在课内运用"低起点、小步子、多活动、快反馈"的教学方法,给不同水平的学生以不同要求上的支持。这种教育爱的支持方式使学生在帮助中获得成功,在成功中增强自信,在自信中造就成功者所必需的勇于攀登、敢于胜利的意志和性格。

4. 精细性的培育

教育的艺术在于适性、适度和适切,需要精心、精细和精准。学生的发展如同小树苗的成长,需要的是精耕细作,需要教师精雕细刻、精细入微、精心设计、精致化地研究教育方案和操作步骤,使学生在教育教学的精益求精中得到成长。只有这样,才能使学生在成才的道路上,根深叶茂,茁壮成长。教育家叶圣陶在他的文集中写道:"最近听吕叔湘先生说了个比喻,他说教育的性质类似农业,而绝对不像工业。工业是把原料按照规定的工序,制造成为符合设计的产品,农业可不是这样。农业是把种子种到地里,给它充分的合适的条件,如水、阳光、空气、肥料、等等,让它自己发芽生长,自己开花结果,来满足人们的需要。"教育的事业,既是花的事业,又是根的事业。十年树木、百年树人。培育小树苗成长,需要我们像园艺师那样给予细心、耐心、精心的培育;需要我们把握季节和生长规律,既不可消极等待,也不能操之过急,拔苗助长。我们应细腻而又敏感地去研究学生成长中的烦恼和成功时的喜悦,去反思我们培育中的失时、失量、失态、失误和失败,去寻找适时、适量、适度、适当、适性和适切的教育要求与教育策略。

"性格决定命运。细节决定成败。"叶圣陶在总结自己的教育经验时,特别强调养成学生好习惯的重要。在方法上要从最细微处和最切近的事物入手,绝不马虎,如门窗开关,一定要求他们轻轻地。对于调皮的小朋友绝不可粗暴打骂,要分析原因,对症下药。如果求之过高、罚之过严、斥之过头,结果往往事倍功半、事与愿违、适得其反。斯霞老师在教学中也特别强调要少而精、细而实。她一再提出,给学生的书写练习,"每次写字量少一些,每次两三遍,但务必端正为好"。可惜,当前学生负担过重的原因之一,就在于作业过多、过高、过于繁杂,缺少精益求精、慎之又慎的人性化要求。而减少作业分量,提倡精讲、精练,不仅很有必要,而且也有可能。

5. 积极性的引导

积极心理学认为,教育在于激发学生心灵深处的潜能和寻找优秀品质的潜源,在于鼓励和促进学生充分发展与不断提升,使美好的人生更美好。积极心理学倡导者塞利格曼认为,心理学应是一门"关于人的潜能与美德的科学"。他主张从以下三个层面进行研究:一是在主观水平上,研究积极的主观体验,如幸福和安宁、满足和满意、希望和乐观、流畅和快乐;二是在个体成长水平上,研究积极的心理特征,如爱的能力、创造的勇气、积极的人际关系、审美体验、坚持、前瞻、天才、宽容和智慧灵性等;三是在整体水平上,研究积极的公众品质,如责任、利他、关爱、文明、自强力、容忍力和职业道德等。按此要求对照当今教育实际,不难发现,我们常说要以学生为本,可对学生生活中的实际感受、主观体验却常常熟视无睹,视而不见,听而不闻,一味按某些程式化、公式化的规则去要求学生,把学生的真切感受、生动体验、美好愿望一笔抹去。有个学生在以"美好的时光"为题的随笔中写道:"我一天中最美好的时光,是睡眠时间。""因为,它可以使我得到充分的休息,可以使精力得到恢复,可以使我明天起床后感到精神百倍、神清气爽,使我上课精神焕发、精力集中。我感悟到精神百倍的秘密就在于早睡早起。因此,我珍爱着这一美好时光。"面对这些充满学生的真情实感,写出童真、童心、童趣的随笔作文,我们理应给予理解和肯定。可是,它得到的评语是,"境界不高,文章意义不大"。这用传统的教育思维模式来看,可以理解。但如果从积极心理学的角度来分析,对学生美好的主体感受与体验应当给予肯定、爱护、珍惜和积极引导。另一篇作文,有学生写的是"春困",教师认为,学生在长期睡眠不足的情况下,写出"春困"的心态和困境,颇有真情实感。教师不仅不加以批评,反而给予了表扬和鼓励。当这位学生得到了教师真诚的理解和肯定,她为之振奋,她的内心情感得到保护、潜能得到开发,她的学习积极性也有所提高。因此,我们把教师的教育看作学生心灵成长的营养剂。让我们用教育审美化的要求去创造美丽的教育,去造就学生美丽的人生!

第四节 教师人格美的内涵和体现

一、教育美与教师人格美

教育作为推进人类文明的伟大事业,是关乎人类未来一代的成长,维系家家户户切身利益的民生大事。它既是强国富民之本,又是各项事业发展之基。每个人的成长、成人、成才都离不开教育,今天的教育就是明天的国民素质。国家各项事业的发展均与教育相联,教育与国家的繁荣强大和人民的幸福休戚相关。所以,有教育家说,无教育则无各项事业之发展。① 因此,教育不仅是人类伟大的进步事业,而且是崇高而神圣的事业,它具有其他事业不可比拟的崇高美和神圣美。崇高是伟大理想的追求,神圣是内心虔诚的愿望。这要求教育从业者有一种无私的献身精神和纯洁无瑕的心灵之美。北京大学美学资深教授叶朗在《美在意象》一书中讲到崇高美时,列举了汶川地震时,救援人员在废墟中发现一位老师双臂张开,趴在教室的课桌上,就像一个"大"字,他用自己的躯体保护着课桌下的四个学生。对于这一行为,叶朗认为:"这是崇高美、灵魂美,闪耀着高尚的圣洁的光辉。""这是一种师爱,是人类的大爱。它包含着一种无私的奉献精神。人类在面对这样一种精神美、灵魂美时,都会在感到震撼的同时,在内心中充满一种神圣感,这种神圣感是一种心灵的净化和升华,也就是超越平庸和渺小,使自己的精神境界提升到一个新的高度。"②黑龙江佳木斯市的张丽莉老师,在2012年5月8日傍晚,见到一辆客车突然失控向学生冲来时,奋不顾身地去抢救学生,宁可自己负伤。这一事迹感动了全国,她被人们称赞为心目中最美的教师。

教育美就是要求用美的规律来办教育,使教育得到美化、诗化、艺术化和科学化。教育是人生的美术,"教育是教人化人",创造"真善美的活人"。陶行知在《育才学校教育纲要草案》中作了这样的阐述。"育才学校办学是知情意合一的教育。"③他要求学生养成追求真理的感情,并能努力去奉行。他追求"爱满天下"的教育理想,把爱撒向每一个学生,使每个学生都能在爱的沐浴下成长,从而使每个学生的创造力都能充分释放出来。

教育之美,美在顺乎自然,使人的健康、潜能得到发挥,在进取的欢乐中,获得人生的价值、人性的完美和生活的幸福。因此,教育的宗旨是使人性、人品和人格得到真善美的化育。人的存在以人格为核心,而人的全面发展要以健康完整的人格为基础。"人格获得的力量和深度越大,理性获得的自由就越多,人就可以更多地理解世界,他在自身之外就可以创造更多的形式。"④

人格心理学认为,人格是个人所有特质的总和,是人的认知、情感和行为的

---

① 王正平,主编.中外教育名言汇编[M].上海:复旦大学出版社,2013:437.
② 叶朗.美在意象[M].北京:北京大学出版社,2010:363.
③ 陶行知全集(第一卷)[M].长沙:湖南教育出版社,1984:367-368.
④ (德)席勒.美育书简[M].徐恒醇,译.北京:中国文联出版公司,1984:79.

统一。完整的人格使人的心态、心胸、心境超越海洋与天空。法国作家雨果说过:"世界上最浩瀚的是海洋,比海洋更浩瀚的是天空,比天空还要浩瀚的是人的心灵。"心灵美体现为人格的刚毅、坚强、豁达、平和、宁静、致远。恩格斯将人的心灵誉为"地球上最美的花朵"。教育就是要使这最美的花朵开放得更加鲜艳多彩。

二、教师人格美的一大丰碑与榜样

人民教育家陶行知先生的人格风范,令我印象很深。早在 20 世纪 60 年代,我的同学在陶行知先生创办的晓庄师范学校教书,她带我参观了晓庄师范学校校史展览馆和陶行知纪念馆,还拜谒了他的墓地。我看到了陶行知先生亲手书写的"爱满天下"四个大字,还有 1930 年为广大教师所写的那副对联——"捧着一颗心来,不带半根草去"。陶行知先生在给李友梅、蓝九葳等老师的信中,称赞他们为中国教育事业的奔波,为乡村教育史写下了悲壮而又光荣的一页。在这封信中,他还写道:"我们是决不会忘记你们的,你们捧着一颗心来,不带半根草去,你们还抱着这种精神去教育小朋友。"后来,他又在得知谢、韩两位老师为了农村教育事业而奋斗一生的事迹之后,写了这样的赞美诗,"风来了,雨来了! 谢老师捧着一颗心来了! 风来了,雨来了! 韩老师捧着一颗心来了!"陶行知先生在寥寥数笔中把一个捧着爱心献给教育事业的人民教师在风雨中走向学校、走进课堂的形象,栩栩如生地展现了出来,其形象生动,充分表达了他对人民教师的崇敬之情和人格美的赞扬。

我从他书写的诗文中,感受到教师的人格形象,这也是陶行知自己形象的写照。他 1891 年生于安徽皖南乡下,从小勤奋好学,于 1910 年考入南京江文学院(后改为金陵大学),1914 年到美国留学,在哥伦比亚大学研究教育。1917 年回国,任南京高等师范学校教务主任,对教育抱有理想抱负。他为了改变中国落后贫穷的面貌,从改造中国乡村教育着手,深入农村,与农民打成一片,将自己的一切都献给了人民。"为了苦孩,甘为骆驼;于民有益,牛马也做。"他以"爱满天下"的情怀,全身心地投入为中国农村的孩子和人民的正义事业。他写下了"爱满天下"四个大字,并作为一生的座右铭。他爱孩子、爱青年、爱人民、爱祖国、爱真理、爱人才……在飞雪中,在寒风里,陶行知先生多少次脱下自己的衣服,披到学生身上,温暖着难童的心。当年,多少难童在他的关爱下得到了成长和成才的机会。中国著名的音乐家,中央音乐学院指挥系主任陈贻鑫教授,童年时代就是流浪街头的难童,后来在陶行知先生的培养下成为中国音乐界著名的专家。这样的难童,何止陈贻鑫一人。在陶行知先生积劳成疾,过度劳累而突然辞世后,全民同悲。毛泽东为他写下:"痛悼伟大的人民教育家陶行知先生千古。"①

我几十年来专注研究教育中的情和爱,其思想源头和精神动力正源于陶行知先生的"爱满天下"情怀的教育。早在 20 世纪 80 年代,上海市教育局的一位领导在退休之际,特地将《陶行知全集》(10 卷本)赠送给我,希望我继承和发扬陶行知先生的"爱满天下"的教育思想。1926 年 11 月 21 日,陶行知先生在中华教育改进社特约乡村教师研究会的演讲中提到"我们的信条",他说:"我们深信教育是国家万年根本大计;""师生共生活,共甘苦,为最好的教育;""我们深信最高尚的精神是人生无价之宝。""我们深信如果全国教师对儿童教育都有'鞠躬尽瘁,死而后已'的决心,必能为我们民族创造一个伟大的新生命。"他在《育才学校创办旨趣》一文中写道:"我们培养学生成长成人,他们是人才之幼苗,必须给予适当的阳光、空气、水分和养料。我们爱护和培养他们正如园丁一样,日夜辛勤地工作着,希望他们一天天地生长繁荣。"他还要求我们研究儿童与青少年的发展规律,"让他们健全而有致地向前发展"。我遵循陶行知先生的教诲,沿着陶行知先生所走的道路前进。我在《抚育者的眼睛:一位爷爷对孙子的心理解秘》《有情的教育与教育的有情》等书中写下了我的教育信条:"教育的真谛是爱,是情,是亲。教育要以爱为本,以情为源,以亲为先。人生智慧之真、道德之善、心灵之美,需要从小培养。""让每一个孩子,在抚育者的精心培养下,身心得到最佳的发展。"②

于漪老师为我们树立了人格魅力的榜样。我与于漪老师从相识到相知,已有数十年,她于 1951 年复旦大学教育系毕业,长期在第二师范学校从教,后任校长和名誉校长。我从华东师范大学教育系毕业后也在师范学校从教。我大学同班同学在第二师范学校工作,与于老师朝夕相处,我对她的优秀事迹与"文革"中所经历的遭遇,时有所知。第二师范学校改名为杨浦高级中学之后,开展"高中生责任感教育"的课题研究。她向接班的康士凯校长推荐我参与他们的

---

① 人民教育家陶行知[M].上海:上海教育出版社,1984:20.
② 梅仲孙.抚育者的眼睛:一位爷爷对孙子的心理解秘[M].上海:中国福利会出版社,2006:6.

课题研究。在这期间,她经常前来参加课题讨论和指导。这一课题从选择设计到确立,可以说是于老师对教育事业抱有高度责任感的具体表现。正如陶行知先生所说的"捧着一颗心来"。于老师怀抱强烈的爱国、爱民、爱教育事业和热爱广大学生的真挚情怀、浓浓情愫和纯美情致。她说:"我们作为人民教师,要有教师的良知,要有事业的责任心,要对祖国未来负责,要为当今的教育贡献一颗赤诚之心。""表达师爱,不是写在纸上,说在嘴上,而是要用自己的言行来践行,老师要对学生有满腔热情与爱,做到师爱荡漾。"于老师说她曾碰到过一个存在行为偏差的学生,逃学两年,经常打群架、偷窃,学校把这学生交给了于老师。于老师面对这学生抱着"有教无类"的道德情怀和坚定的教育信念,用她的大爱之心来教育这孩子,使这孩子受到感动,"精诚所至,金石为开",后来变好了。有一次,于老师把他带到自己家里,在谈心中,这孩子说:"于老师我也晓得你为了我快累死了,我这个人是个枪毙鬼。"于老师说:"我还没有失去信心,你倒失去信心了。你知道自己不好,就是可以改好的起步。"教育他真是不容易,反反复复,这学生也看到于老师的真诚。在晓之以理、动之以情、导之以行的教育下,于老师终于把这个学生从错误的道路上拉了回来,她感到很欣慰。

我与康校长在整理高中责任感教育的论文中,写道:"学校责任感教育课题的确立深受全国师德模范、学校名誉校长于漪老师'一身正气,为人师表'的师德风范的影响,她把责任内化于心,外化于行,深化于人格之中。"

三、教师人格美的本色特征

我在教师生涯中接触过的教师研究课题有十多个,深度交往的教师有数百位,教的师范生有数千名,阅读过的教育专著与文献资料无数,对教师人格美的本色特征具有一定认识。

在一般情况下,教师工作不像科学发明那样创造奇迹,不像工程建筑那样宏伟壮观,总体而言,比较平凡而又烦琐,如备课、上课、批作业等。就看到的作业而言,精彩的有,脏、乱、差的也不少。教师除了有两个长假期,平时比较辛苦。有位教师诉苦说,他们起得比鸡早,睡得比一般人要少。因此,一部分教师容易产生疲劳感和职业倦怠感。可是,我也在深度调研中看到不少教师能从平凡的工作中体味它的不平常,从平常的人生中感受它的不平凡,从平和的性格中体验不平和的特质,在平静的心态中涌动波澜,在平淡中展现灿烂而多彩的人生。具体而言,教师工作包含着人性、人品、人格美的职业本色。

1. 平凡工作不平凡

教师工作的对象是儿童与青少年,今天虽是幼苗小花,明天可是参天大树、强国之栋梁。我从部分教师的精神档案中发现,有的教师能在平凡的工作中品味它的不平凡,在异常坎坷的经历中创造优异的业绩。我看到一位大苦大乐的农村小学教师丁有宽的资料,他被大家誉为"中国传统教育的现代奇葩"。他被邓小平赞誉为"打不死的小学教师",他的一生历经坎坷,道路曲折,受尽苦难,他却意志坚强,成果丰硕。他创造了中国教坛上数个第一:在全国中小学教师中,第一位被评为"国家级有突出贡献的专家";在新教育史上,第一位荣获孺子牛全球奖的小学教师;以个人名义编语文教材获国家审核通过,成为与世界各国交流教材的第一位小学教师……他说自己是一名普通的农村小学教师,生于农村,长于农村。半个多世纪以来,他在农村小学辛勤耕耘,不断探索教育的规律,走"科研兴教"之路。他从平凡工作中体验着不平凡。[①]

丁老师的人格特征之一是,有坚定的信念。他自 20 岁起任教于广东省潮安县一所乡镇小学,那时的农村孩子常被人认作又蛮又笨的顽童,丁老师面对这些"难教"的学生,并没有气馁。他抱着强烈的教师责任感,下决心让每一个农村孩子都能健康成长。他每天清晨到校,呕心沥血地把自己的全部时间与精力倾注在孩子们身上。他研究所谓差生的现状问题和对策,提出了"面向全体,偏爱差生"的教育观念,以"爱心为根,教科为本",概括出差生"六好八类型"个性特点,即好动、好新、好奇、好仿、好问、好胜"六好"和激动型、外向型、内向型、随波型、变异型、顽童型、弱智型、综合型"八类型"。采取"挖掘闪光点,扶持起步点,抓住反复点,促进飞跃点"的转化差生四要点,使 300 名昔日的"捣蛋鬼"都成长为国家有用之才。

然而这样优秀的教师,却在"反右"与"文革"的特殊年代,遭遇到了不幸。可他信念坚定,在停职的情况下,仍坚持"练好记叙文 17 个基本功"的研究,复职后又进行后进生转化为优秀生的教育实践。1979 年,他被评为"全国劳动模范"。在出席全国劳动模范大会时,邓小平同志在一次座谈会上,听他"我的教改风风雨雨……"的发言。原定每人发言不超过 10 分钟,邓小平要他继续讲,

---

[①] 雷玲,编著.故事里有你的梦想——18 位名师的精神档案[M].上海:华东师范大学出版社,2007:121.

结果他讲了40多分钟。听完这位农村小学教师坎坷曲折的经历后邓小平说："这是一位打不死的小学教师。"邓小平给予的肯定和赞赏，使丁老师备受鼓舞，更加坚定了信念。他"立足本职不改行，艰苦奋斗不动摇，继续攀登不畏难，新的征途不停步"。

丁老师的人格特征之二是，有质朴坚韧的本性。在语文教改中，他重视小学生语文的基本功训练。单就读写练习一项，他从精选精练着手，小学一年级着重训练识字三法（笔画笔顺识字法，偏旁部首识字法和音、形、义比较识字法）；二年级着重训练查字法；三年级着重学习精读法……；以读为基础，由仿到效，逐步提高，成绩显著。

丁老师人格特征之三是，有强烈的自主意识。他在培养学生自主能力上很有创意。他提出的十给十法具有可操作性：（1）给学生一个问题，让他自己找答案。（2）给学生一个困难，让他自己去解决。（3）给学生一个冲突，让他们自己去讨论。（4）给学生一个机会，让他自己去抓住。（5）给学生一个对手，让他自己去竞争。（6）给学生一个权利，让他自己去选择。（7）给学生一个条件，让他自己去锻炼。（8）给学生一个时间，让他自己去安排。（9）给学生一个空间，让他自己去开拓。（10）给学生一个课题，让他自己去创造。

像丁有宽那样的老师，上海也有。我的挚友贾志敏老师就是一例。贾老师的一生也很坎坷，曾以代课谋生，但他有信念、有毅力、有人格美的本色，以自己真实、朴实、扎实的教学风格和"台上一分钟，台下十年功"的意志力在平凡中找到了真谛。爱事业、爱学生是教师一切工作的出发点和原动力，只要播下爱的种子，定能得到真的收获。课堂教学既是一门艺术，也是一门科学。艺术需要多彩，熠熠生辉；科学需要严肃认真，一丝不苟。上课既要生动——引领学生走进文本，热爱文本；又要严谨——教给学生准确无误的知识。凡是要求学生做到的，教师必须做得更好，率先垂范。贾老师在几十年的教师生涯中体会到："有辛酸的泪水，更有甜美的甘露。我付出不少，得到的则更多。我爱孩子，爱给孩子上课，我爱这一份平凡而又普通的小学教师工作，我更爱这项神圣而又伟大的事业。我用自己的绵薄之力，为基础教育事业，添一根柴，将这盆火燃烧得更旺；在祖国教育事业的宏伟蓝图上增添一笔绚丽的亮色，用我的双手托起明天的太阳。"

贾老师常说他是一个平凡而又普通的小学语文教师，可他又是上海市特级教师,贾老师教作文影响全国。上海甚至全国听过他课的老师,都称赞他是"在教育上有大智慧、事业上有大作为的真正意义的大教师"。全国著名特级教师、"跨世纪园丁工程"的首位名师于永正老师说:"贾老师是一本书,在学生面前是一本教科书,在老师面前是一本关于语文教育学和语文教学艺术的书。"①

2. 平常人生不平常

我细读了四川成都的中学老师李镇西所写的《爱心与教育》《班主任日记(一、二)》《教有所思》等多部著作,并颇受启发。他用教师的爱心、童心、真心和信心,写下了一个又一个感人故事和教育实例。给我印象特别深刻的是,他对教师的平常人生进行了审美化的感受和提炼,展示了教师人生超常的精彩画面,令人眼前一亮。

李老师在《心灵写诗》的日记中,用教师人格美的精神力量,对教师职业作了审美化的提升,使之趣化、美化和诗化。他对教师工作的超常喜欢和热爱达到了趣味化的程度。他在班主任日记之一的自序中写道:"我不止一次地庆幸我是一个教师,能与青春同行,使我的心永远年轻;因为我是语文教师,这使我能用一双文学的耳朵随时倾听'花开的声音',并把这种世界上最美的声音,用文字表达出来。现在,我每天都在记录'花开的声音',这不仅是学生青春绽放的乐章,也是我生命流淌的旋律。"②

他对新教育和班主任工作的理想化追求达到了执着的程度。为了提高自身的教育水平,人到中年仍攻读教育学博士学位。重回学校后,除了继续教语文,他还担任班主任。他边教学边研究,和学生一起早读,除了备课和上课,他找学生谈心、接待家长、批改学生作文、看学生随笔……从每日生活的平凡琐碎和忙碌中感受其充实、体验其意义。他每天都在实践着,思考着,感动着,幸福着。他每天与教育实践相随,与阅读同行,与思考为伴。每到夜深人静之时,他都在写反思日记,记下每天原生态的教育现场和真实感受,写下自己和学生的心灵诗篇。这是他与学生的生命之水、生活之花。他在教育精神的追求中感受教育之美,无数朵晶莹剔透的教育生活之花使他青春永驻、童心永存。

3. 平和性格不平和

性格作为个性特征,因人而异,各不相同。我接触的优秀教师都有一个共

---

① 贾志敏教学艺术专辑[M].小学语文教师,2010(增刊):14.
② 李镇西.心灵写诗——李镇西班主任日记(一)[M].北京:科学出版社,2005:1.

同的特点：心态比较平和。我访问过上海特级教师钱梦龙，他说自己的性格特点是平和、坦率、宽容、乐观、豁达、胸无城府，有时似乎有点天真。在人际关系上，对于是非恩怨，从不萦怀，对于过去的喜怒哀乐，也近乎随意。但在平和的性格中，也有不平和的一面。他在事业上，在教育教学工作中，有目标追求，有积极向上的心态，不甘平庸。对自己挚爱的教师工作，有恋人般的痴情，有百折不挠的意志性格，一以贯之，无怨无悔地执着追求，力求精益求精，如痴如醉地全身心投入。

钱老师回忆自己的童年时称自己"生性顽皮"，学习成绩不太好，后来得到老师的评语"该生天资聪颖"，从中受到鼓舞，由原本"聪明孩子笨肚肠"的学生，变得优秀起来。老师给予他的爱心成为他立志当一名好老师的原动力。他在教学中，发现语文考试特别烦琐，刁钻古怪的题目特别多，给老师和同学带来了防不胜防的"恐惧症"。为了改变这一状况，他进行了语文教学特殊性规律的探索。他提出了"三主四式的语文导读法"——以"三主"即"学生为主体，教师为主导，训练为主线"为理论基础，以"四式"即"自读式、教读式、练习式、复读式"为课堂教学模式——的教学体系。这一打破常规的教学研究，奠定了他在中学语文教育界的一个重要流派的领军地位。

钱老师的人生格言是"自尊，不自大；自主，不自是；自信，不自负；自谦，不自卑"。[①] 他人生坎坷，受过磨难。但在逆境中，他没有消沉，反而更加坚定了对教育事业"虽九死其犹未悔"的执着。他在逆境中格外坚韧不拔，最终取得了人生的硕果。我想，教师人格之美，美在以平和的心态去对人对己，同时，以执着的精神状态去对事业对工作，做一个平和而又不平庸的人，而这正是我们共同的追求。

4. 平静内心不平静

大部分教师的内心世界较为平静，知足而潇洒，认为自己的工作虽然比较劳累，但也问心无愧，对得起自己的良心。我在与教师的深度接触中，看到有一部分教师在平静中也有不平静的一面。他们的内心世界中涌动着追求、求索、攀登和创新的强烈欲望。在江苏丹阳师范附属小学开展合作研究时，我遇到一位情智教育的追梦者——孙双金。他当时是该校的副校长，教语文，分管德育，

[①] 雷玲，编著.故事里有你的梦想——18位名师的精神档案[M].上海：华东师范大学出版社，2007：32.

后调至南京市北京东路小学任校长,继续进行情智教育的探索研究。他的教育理念是,教师要用自己的爱生情怀和教育智慧,让学生在情感和智慧上得到和谐共生,成为勤学善问者、酷爱读书者、知书达理者。他自己的追求和梦想是,要成为一位学富五车的智者、爱满天下的仁者;有演员的素质、导演的才干;有诗人的激情、哲学家的思想;有深厚的文化底蕴、高超的教育艺术和卓越才智的优秀教师。他个性内向,内心沉静,"得意时淡然,失意时坦然",目标坚定、追求卓越、追求一流、挑战自我、崇尚完美。他将课堂比作师生精神交融的天堂。他梦中的课堂是,上课时看到"小脸通红、小眼发光、小手直举、小嘴常开,兴趣盎然,如沐春风",做到"书声琅琅,议论纷纷,高潮迭起,写写练练",充满童心童真之活力。为此梦想,他努力在课堂上以情促智、以智生情,开启学生情感之闸门,让智慧之火不断燃烧。他上的语文课,有滋有味,有情有趣,入情入境,如同师生共奏的情智交融的合奏曲。

他总会在寂静的校园中成为第一个晨读者,或是在教室黑板前的柳体欧体书法艺术的展示者。他既有诗人的激情,又有哲学家的深思,为教师们所敬仰和效仿。我为我们教师队伍中有这样优秀教师和亮丽的人格美而深感喜悦与敬佩。

四、教师人格美的实践研究

人格是一个人的内在状态和外在表现的统一。教师人格美在于将真善美内化于心,外化于行。中国古代的《礼记》提及人格时说:"言有物而行有格,是以生则不可夺志。"其中以仁爱为本。用现代教育理念来看,教育的审美化是使广大师生成为身心健康的完美者。教师人格美是教师心灵美和行为美的结合。枫泾中学陆旭东校长在他的博士论文中将教师人格美概括为师格之三美,即师表美、师道美和风格美。师表美是指教师外在形象的言谈举止,体现美的教师形象,如衣着得体、举止优雅、言语有礼。师道美是指教师的胸怀博大、品格高尚、意志坚强,具有崇高的进取精神,可谓"道之所存,师之所存也"。教师风格美是指师表美与师道美在职业风格上的统一,即教育工作者的心灵美和外表美的统一。

有位老师将陆校长的上述教育理念与目标追求概括为,外在使人"悦目",内在使人"赏心"。她在教育日记上写道:"初见校长就被他的博大胸怀、慷慨气度和管理智慧所折服。"还有老师告诉我:"他是另类校长,非常优秀。"他们在举例说明时讲到,有一年,教师发年终奖,皆大欢喜。事后,上级财务部门来进行审检时发现人人有奖,唯校长无奖。进一步了解后才知道,陆校长主动放弃了年终奖,其理由是,教师辛苦应当奖励,他自身工作为应尽职责,不必奖励。他这淡泊而远致的人格魅力为教师所传颂。

从学校的办学理念中,我们看到陆校长自身的师道美和风格美。有新教师在日记中写道:"我走进华东师范大学附属枫泾中学的大门时,'美丽的教育造就美丽的人生'十二字横幅赫然出现,我的眼前为之一亮。从陆校长那里,我知道,'美丽的教育'的内涵是'美善相偕,美真互融'的教育理念的概括,在教育教学中要实现'八美'并进,力求使每个学生得到全面发展。'八美'是指:欣赏他人的美,创建自己的美;感受自然的美,营造人文的美;体验艺术的美,塑造人格的美;塑造人格的美,成就人生的美。"这老师还写道:"学校这一办学宗旨激发了我渴望已久的追求和沉淀多年的向往,在我的心中,逐步展开了一幅美丽的画面:德育不再是道德标准的生硬灌输,而是美的人格的培育;教育不再是知识的枯燥传授,而是情理统一的诗性思维的培育;体育不再是身体的单调训练,而是健美体格的塑造……这一切都是一种对人的终极关怀和真善美境界在学校教育中的具体体现。校长的教育理念和理想追求,结合学校自身特点:以艺术教育为突破口,使艺术让人成为懂得审美的人,有完整人格的人,充满智慧的人,富有爱心的人。在具体操作上,学校通过'博物使人厚实''审美使人独立''科技使人明智'等课程实施,使审美教育得到深化、细化和精准化,使全校教师的精神风貌得到提升。走进枫泾中学,人们看到教师以满腔的热情、充沛的精力、高昂的情绪进行课堂教学的审美设计,反映在课堂教学中即有'目标设计美、教学流程美、师生合作美、教法运用美、教学辅导美'。"该校德育特级教师申淑敏在学校审美化研究和校长人格美的感染与影响下,努力用心去创造班级文化美。她作为全国优秀班主任,在撰写《班主任的情与爱——班级审美化主体实践的探索》一书时写出了当代教师人格美的精神境界与人文情怀。她将这几年来的教育实践,提炼为人生的六度:在师生交往中,用审美的体验给自己生命以高度;在待人宽容中,给自己生命以温度;在组织教育活动中,给自己生命以亮度;在师生相互尊重中,给生命以厚度;在与家长合作中,给生命以宽度;在与学生交往中,给生命以热度。她那20多万字的专著中,记载着教师用美的心灵去呵护每个学生成长的动人故事。其中,有她带班过程中,用多元智能理论去发现农村孩子小杰身上动手能力的潜能和特质的方法,她以教师特有的审美眼光和尊重、宽容、信任的体贴,为小杰的成长创造各种条件,使他在科学实验、机器智能运算和多功能护理床的创造发明上颇有成就。通过层层评选,小杰终于成为上海市第十届"明日科技之星"荣誉称号的获得者。更为难能可贵的是,他主动提出将一万元的奖金,全部献给学校科技小组,作为活动经费,让更多的同学与他一起成长。① 小杰初中毕业后,被上海市七宝中学录取;高中毕业后,又被清华大学破格录取,进入清华大学电子信息系学习,并担任班级委员,他不仅学习成绩名列前茅,还参加了校系多种社团活动,表现十分活跃。

当今世界教育的趋势是,谁赢得教师,谁就赢得未来。教育创造未来,人格培育人才。

五、教师中人才资源和人格的自我提升

在教师人格美的研究中,我看到教师队伍不仅拥有较强的人才优势,而且是优质人才资源的富矿地带。它不只储藏在高等学校中,而且储藏在中、小、幼、职、特等各类学校里。这里的各类人才,由于受过去种种常规性的制度制约,其中不少优秀人才没有得到应有的重用和充分的发展。最近,中央对新时代教师队伍的建设进行了顶层设计,以"教育大计、教师为本"的理念为指导,重视教师中优秀人才的培养和使用,令人鼓舞。然而问题是:教师中的骨干教师、卓越教师、教育家型教师如何培养?更有文章提出:"未来的优秀教师从哪里来?"有关文件强调要重视师德和专业能力的提升,以及教师待遇和地位的提高,这无疑是具有精准性的有效措施。从政府行为来看,有关设计可取可赞!

为了使优化教师队伍的顶层设计更为完善,还需要多视角的研究。有人认为,由外向内的规范性措施偏于传统型的管理和理性型的思考,进而从社会学角度提出,在一般性人才类型之外还存在"卡理斯玛型"的人才类型。这类人才具有超常的能力和充沛的精力,善于求异性思维和批判性反思,给人以特殊的人格魅力。② 他们的成长往往不是建立在由外向内的规范要求和专业知识的基础上,而是受特殊环境的考验和特殊的个人品质与特殊人格特征的影响。他

---

① 申淑敏.班主任的情与爱——班级审美化主体实践的探索[M].北京:中国文联出版社,2012:91.
② 周义.教育美学引论[M].天津:天津教育出版社,2010:58.

们"不安现状、不甘平庸",由内向外先开展精神上的变革,再波及外在世界。

在我们的教师队伍中,理想型、传统型和卡理斯玛型的人才都有。对于前两种,人们比较欣赏,容易理解和接受,而对第三种类型常有争议。这类教师在教改中常会标新立异,又以叛逆者自居,往往以另类形象出现,因此对其评议不一,争议不断。但深入了解后便会发现,卡理斯玛型教师确实是"卓尔不群的真名师",是普普通通的教师中极不普通的人。他们的思想上有大视野,道德上有大境界,教育上有大智慧,事业上有大作为,是真正的大教师![①] 在当今的市场经济的影响下,他们诚以待人,严于律己,做到"无诱于势力",作为一个纯粹的教师,心无旁骛,忠于职守,不为名利而丧失教师的尊严,不失初心,坚执道义,"君子务本,本立而逢生"。在他们的自述中记载着:"做人,自己的个人修养最重要,个人人格最重要。其他都可以输,但我不输人格。"在教学上,他们精雕细刻,千锤百炼,用一生之功去备一堂课。他们上课时,初看似乎毫无章法,朴素平淡,却如行云流水,气韵生动,让人着迷,在平实中显露睿智之光、动人之处。[②]

对教师中的特殊人才应给予特殊的政策,以及特殊的理解、信任、尊重、鼓励和支持。从听课中发现人才,从谈心中知其理、问其需、扬其长,而对人格独特者更要在知人、爱人上下功夫。中国古代人才、人格之研究者刘邵提出"八观"法以了解人心、人品、人格:观其夺救以明间杂,观其感变以审常度,观其志质以知其名,观其所由以辨依似,观其爱敬以知通塞,观其情机以辨恕惑,观其所短以知所长,观其聪明以知所达。只有深入了解,细致观察,多方审视,知其心,用其才,发其能,使教师队伍中的优秀人才脱颖而出,培养大批骨干教师、卓越教师和教育家型教师的目标才能落实。

从教师自身修养来说,教师也要有自知之明,修身律己,重于反省,自尊自强。《道德经》:"自知者明,知人者智。"这要求教师学会自我观察,用心眼、神眼、慧眼来审视自己,不可忘乎所为,目空一切;要学会自尊、自爱、自信、自强。我从名师精神档案中看到,他们成长成才之路的核心要素在于他们对自我人格提升有严格要求。上海市教育科学研究院前副院长、上海市数学特级教师顾泠沅,被称为"教育改革的楷模",在上海青浦主持了长达 20 年的数学教育改革实

---

① 贾志敏教学艺术专辑[M].小学语文教师,2010(增刊):14.
② 黄玉峰.上课的学问[M].南京:江苏凤凰科学技术出版社,2015:8.

验,并进行了 10 多年的后续研究,引起了中外教育界的关注。他的座右铭是:"虚心强骨,道冲不盈;和而不同,为而不争;勤而习之,宠辱不惊。"工作了一天,他晚上还在挑灯夜战。有人问他:"为何要把弦绷得这么紧?"他的回答是:"一定要抓住今夜,因为明天从今夜开始。"他说自己的主要经验是:"路在脚下,贵在坚持,抓住今天,把握未来。"单就反思教育笔记他便写了 100 多本。

我认为,教师人格美的完满,人性、人品、人格的提升,要重视反思,因为它是自我修炼的通道,是打开心灵、超越自我的金钥匙。教师的反思可以提高人格美的高度、深度和优质度。

第五节　教师在反思中成长

一、反思的意义

反思是反省自己的言行和教育中的成败,从中获得经验教训,以求促进自身更好的成长,工作更有成效。孔子在《论语》中提出"吾日三省吾身"[①],要求每日对自己的言行进行多方面的审视和检查。

孟子主张君子要反躬自问。他认为,君子作为仁人,要爱别人,而爱别人的人,也会受到别人的尊重和敬爱。如果别人对你蛮横无理,你就应当反思自己在态度和行为方式上是否还有不妥之处。"君子以仁存心,以礼存心。仁者爱人,有礼者敬人。爱人者,人恒爱之;敬人者,人恒敬之。"[②]

美国教育家杜威在《我们怎样思维》一书中专门论述了反省思维。他认为,反省思维是最好的思维方式之一,"这种思维乃是对某个问题进行反复的、严肃的、持续不断的深思"。[③] 他认为,反省思维可以形成信念,可以激励人们不断进行人生的探索;可以形成坚强的性格,完善自己的人格;可以在研究的道路上,不断深入,不断前进。中国现代哲学家冯友兰认为:"哲学是人类精神的反

---

① 论语·学而[M].
② 孟子译注(上册)[M].杨伯峻,译注.北京:中华书局,1988:197.
③ 杜威.我们怎样思维:经验与教育[M].姜文闵,译.北京:人民教育出版社,1991:1.

思。"①人类在反思中提升精神境界,由自然境界、功利境界、道德境界向天地境界提升。

反思是教师人格完善、专业发展、自我成长的核心因素。反思的本质是理想自我与现实自我在心灵上沟通的桥梁,是由现实水平向理想水平的彼岸靠拢的有效途径,由人格不完善、不完美向完善完美的高度提升的必由之路。它又是理论与实践之间的对话,在反思中进行自我教育,得到人生的提升,教师应是实践的反思者。

教师反思的过程可使教师在整个教育教学活动中充分地体现其双重角色——既是教育者又是自我评论者,既是教育者又是受教育者。反思是高情商的体现,是一种超越自身的情感智慧,是高创造能力和审美能力的体现,它是教师终身教育的内在动力和艺术人生的心理基础。反思具有以下四个特征:(1) 它具有自我觉察和对自我言行举止的监督性;(2) 它可以达到对自我行为决策的及时反馈和对道德影响的及时调控;(3) 它时刻关注道德影响的时效,保证教育教学成果有效和高效;(4) 努力发挥教师道德形象和道德行为的自我发现与自我调节教育教学能力。教师的教育活动和师德修养的反思,不是在外界压力和要求下被动进行的反馈和调节过程,而是教师的教育理想和完美人格的自然体现与自觉追求。

二、教师反思的类型

从时间维度上,教师反思可分为实践前的反思、实践中的反思和实践后的反思。

1. 实践前的反思

实践前的反思是指教师在采取教育措施之前,要思考和了解学生的心理状况、年龄特点,以及教育策略是否符合教育规律,在运作中是否适宜、适中、适切等问题。

我在虹口区第三中心小学和毛蓓蕾老师合作研究时,她给我叙述过一个真实的故事。有一个星期一的早晨,她走进办公室,有老师告诉她,她们昨天在虹口公园门口见到毛老师班级一个女学生,涂着口红,打扮得十分妖艳,似乎在点

---

① 冯友兰.中国现代哲学史[M].南京:江苏文艺出版社,2013:231.

数:进出公园有多少男人在看她。她们告诉毛老师要对这同学多加关注和加强教育,似乎有点儿心理变态。毛老师听到此事时,起初感到惊讶和紧张,很想马上找这位女同学进行个别谈话了解情况。但是她又冷静地进行了思考。她想,小学高年级学生在两性关系问题上,特别敏感,自尊心特强,处理不当,会引起这个女生的反感和反抗。为此,毛老师放学后特地到我家来咨询。我与她一起查阅了有关儿童青少年的发展心理学和两性心理学、生理心理学等资料。看到有研究认为,少年期的某些女生,由于性生理、性心理上的早熟,在视觉网络细胞的功能上对异性的注视容易产生兴奋与愉悦。因此,毛老师明白了她班上那位女生的行为可以理解,不能轻易地认为是"变态""花痴"和"神经病"。她从我提供的资料中还了解到,成年人使用的化妆品,不一定完全适合小学生使用,由于小学生皮肤特别白嫩,过早使用这种化妆品,会对皮肤产生副作用,导致皮肤发炎等问题的产生。于是,毛老师在慎重考虑之后,以介绍化妆科学知识的方式,与这女生进行谈话。她出于爱护和善意的提醒,使这位女生很感激。由于此事处置妥当,最终既没有伤害这位女生的自尊心,又给予她积极引导,并发挥她在文艺方面的特长,学会用审美的眼光来看待自己和展示自己。

2. 实践中的反思

还有一件事给我的印象很深,那是几十年前,我陪同北京市特级教师,被周恩来总理称为"国宝"的小学教育家霍懋征来沪听课。她坐在后排,听一位小学高年级语文老师上课,那时,她听到有几个小朋友在说闲话。当霍老师提醒他们专心听讲时,那几个小朋友对她说:"早啦!早啦……"霍老师听不懂上海话,她问我:"这是什么意思?"我给她解释,小朋友说:"这位语文老师,从小学一年级带到五年级,凡是教学中遇到重点、要点,她仍然按照小学低年级学生的特点,总是要反复三四遍,因此这几个小朋友掌握了老师讲课的特点,认为老师讲的重点、要点,第一、二遍可以不必认真听,到她讲第三、四遍时再专心听也不迟!"此时,霍老师对这几个小朋友的行为表示理解。霍老师在《霍懋征爱的教育艺术——没有教不好的学生》一书中提出:"我们当老师不要怕学生淘气、不听话、不守纪律、上课爱说闲话,这要求我们善于研究。随着年龄的增长,小朋友的学习能力与判断力也在与时俱进,要求我们老师教学的方式方法和语言次数,也要有变化。"

霍老师作为"无爱则无教"的积极倡导者、实践者和不断反思者,认为教师不应一味责备学生。有不少出在学生身上的问题,反思之后发现其根源常常是由教师的不当不妥引起的。霍老师的学生常回忆说:"做霍老师的学生是幸福的,听老师讲课是享受。如果时光可以倒流,我们还愿意坐在小学的教室里听霍老师讲课。"

霍老师曾说:"人生只有三天:昨天、今天和明天。昨天需要总结,今天需要应对,明天需要憧憬。三天中,最重要的是今天,把握住了今天,明天就更有希望。"霍老师还说,我们的老师虽然"教在今天,但一定要想到明天"[①]。作为中国现代百位教育家之一的霍老师,她执教半个多世纪,从未离开过学生和课堂,也从未停止对自己教学实践的反思。

3. 实践后的反思

经验是智慧之源,科学之母,成功之基。一个人最好的学习,是"从亲身经历和痛苦的挫折中获得知识、真理与教训"。中国有格言:"前事不忘,后事之师。""吃一堑,长一智。"西方有谚语:"经验是千载难逢的老师。"因此,要重视实践后的反思。

顾泠沅是全国有名的数学特级教师,他认为 21 世纪最受欢迎的教师应是时代型与知识型的完美结合,情感型与理智型的和谐统一,创造型与传统型的相互渗透。教师人格魅力的形成,需要不断培养自己的健康情感,在教育方法上不仅要和风细雨式地滋润学生的心田,而且要有长者的风范,要为学生创造有利的条件,使他们具有创造意识和创造能力。"我一直以做一位既风趣又踏实的受学生欢迎的教师为自己的理想,因为我认为这样的教师最美。"[②]

我在和顾泠沅老师相处中感到,他取得成就的重要因素在于勤于反思、善于反思。令我印象特别深刻的是,有一次,他与我共同在江苏南通参加中国教育学会组织的李吉林情境教育思想研讨会。在会议期间,我们经常同桌相伴,我看到他有一本活页的"反思记事本"。我问他这样的"反思本"一共记了几本?他回答从担任教师至今记了 88 本,每本 200 页,一页两面,共 400 面,每面以 400 字计算,一本要纪录 16 万字的心得。时隔多年,有记者采访他,他又说,在

---

① 梁星乔,编著.霍懋征的教育艺术——没有教不好的学生[M].北京:中国大百科全书出版社,2003:24.

② 雷玲,编著.故事里有你的梦想——18 位名师的精神档案[M].上海:华东师范大学出版社,2007:39.

30多年中,共记101本,记下了500多万字的反思心得。正如顾老师在自述中所说,智慧成就来源于刻苦勤奋和深度反思。他认为,教师与医生、律师、工程管理者相比,后者技术含量高,前者工艺性特别讲究;后者的学习与培训可以采用书面个案讨论的方式,而前者还需要反复切磋作行为的反省与调整。因此,教师成长要特别重视行动研究和实践反思。对此,顾老师形象地比喻说,教师要前进,还必须回到粗糙的地面上来!教师人格的完善和教育教学的精致化研究,必须从粗糙磨砺开始,进行精心反思和精细研究。教育是一块充满希望而又艰难四伏的田野,只有不畏坚险、不断反思才能攀登上这一育人的高峰。

顾老师曾在1999年参加教育部组织的教育考察团,到美国进行教育考察。他每天观察之后,都要整理当天的考察感受和心得,常常反思到深夜。在12天的考察中,他每天只睡四五个小时,夜以继日地整理反思笔记。回国之后,他用了近两个月的时间,加工完成了七万余字的美国基础访问考察报告,提出了"增加课程的可选择性"和"拓宽创造性学习的课程渠道"等具体方案,以及重视培养中国学生动手操作的实践能力和创造力。这一报告受到教育部领导的重视和好评,对我国教育改革的发展也发挥了积极的作用。[①]

三、教师反思的水平层次

教师反思从水平层次可分为实践性反思、学习性反思和批判性反思。

1. 实践性反思

它分为实践前反思、实践中反思、实践后反思三种。实践前的反思,属于成熟性的反思,具有前瞻性,"以史为鉴,可以明未来"。它是总结经验基础上指导未来的反思。实践中的反思,属于过程性的反思,具有即时性和灵活性。实践后的反思是回忆性的反思,带有"事后诸葛亮"的因素,既是实践前反思的前提和基础,又是实践中反思的升华和提炼。上述三种反思,均为实践性反思,具有连续性、交叉性、融合性等特点。

2. 学习性反思

学习性反思,又被称为理论应用性反思。孔子说:"学然后知不足,教然后知困。"学习对每个教师来说,应成为生活中的第一需求,只有学而不厌,才能海

---

① 雷玲,编著.故事里有你的梦想——18位名师的精神档案[M].上海:华东师范大学出版社,2007:41.

人不倦。学习对每个人来说都是进步的阶梯。欧阳修说:"立身以立学为先,立学以读书为本。"学习是一个富有智慧而善于思考的教师必备品质之一,它是通向儿童心灵的桥梁。教师要像海绵一样,不断地在学习中反思自己,从阅读中吸取人类一切优秀的精神资源,把它贡献给每位学生。

我接触过许多优秀的教师,他们都是勤学者和乐学者。我的学生,枫泾中学校长陆旭东,原是英语教师,在工作中感到教育中存在的问题很多。他在反思中感受到当今教育在功利化的驱动下,盲目追求高目标、高要求、高速度,甚至还出现"反审美化"的现象,如"高深多快负担重""严难竞考压力大""疲于应对效率低""身心摧残后果惨"等问题。他在阅读审美教育的大量书籍时感悟到:美的追求是人类高层次的精神需要;美的鉴赏是人对美的发现、感受、体验、评价、创造的核心能力和成人之本,美的教育是学校教育的重要组成部分。美术作为创造美的艺术,具有陶冶情操、健全人格和培养审美能力的特殊功能。他摒弃功利化课程的影响,用十年的时间,边工作、边学习、边反思、边研究,单就阅读过的有关美学和美育方面的著作就有119本。其中,有席勒的《审美教育书简》、杜威的《艺术即经验》、中国现代美学名家文丛(蔡元培卷、丰子恺卷)、李泽厚的美学论著、叶朗的《美在意象》,以及周义的《教育美学引论》等。他50岁时,还在华东师范大学攻读教育管理学的博士。他把美学理论应用于教育教学管理,提出了"在审美中成人"的教育理念,构建"审美立学"的课程体系,"审美立教"的教育模式和"审美立校"的管理体系,并且提出了"规范美""科学美""艺术美""和谐美""策略美"的"五美课堂评价设计"。他的在学习中进行反思性研究的精神和成果,受到了上海市美学学会会长祁志强教授的肯定和欣赏。他在对陆校长的书评中写道:"陆旭东既是一位实践在中学教学一线的管理者,又是华东师范大学攻读教育管理学的博士。长期以来,他在从事以美术为特色的中学艺术教育领导工作之余,挤出时间,如饥似渴,广采博览,读了许多美学论著,为中学的教育实践寻找理论支撑,夯实理论基础。枫泾中学以绘画为特色的成功审美教育实践,与作为一校之长的他的厚实美学理论武装密不可分。而他的这部书,就是理论与实践结合的结果,值得上海乃至全国的同仁参考借鉴。"[①]类似这样的校长和教师,我接触过不少,他们在学习中反思的事迹和案

---

① 陆旭东.美术特色高中课程审美化建设研究[M].天津:天津教育出版社,2017:9.

例还有很多。

3. 批判性反思

我在与复旦附中语文特级教师黄玉峰的长期接触和深谈中感到,他颇有批判性的反思才能和独立的人格魅力。他主张"不要跪着教书,而要堂堂正正站在三尺讲台上,活得像个人"。他不赞成教师是"人类灵魂的工程师"的说法,也不愿做"红烛",更不当"一桶水"。他只想做学生的朋友、向导,与学生一起成长。他在《教学生活得像个"人"——我的大语文教学》一书中,对当今的教育现状进行了批判性反思,提出捆绑着孩子成长的五条"绳索":功利主义驱动;专制主义坐镇;训练主义猖獗;科学主义横行;技术主义助阵。在这五条"绳索"的捆绑下,朝气蓬勃的少年成了畏畏缩缩、谨小慎微、唯唯诺诺的学习的奴隶,浮躁浅薄,忧虑不安,思维僵化,人格变形,养成双重人格。

黄老师的批判性反思不是一般性的表层批判,而是在哲学层面反思主观世界和客观世界。除提出以上五条"绳索"外,他看了古今中外的哲学与教育学经典著作,对教育本质有较深的研究,又结合当今的教育教学实践与学生心理,批判得有根有据,合情合理,很有现实针对性,为教育改革发挥了很大作用,颇受各方的好评。

关于批判性反思,我也有一段特殊的经历和亲身体验。早在1963年5月,我在《江苏教育(小学版)》上看到习文、古平合写的《育苗人》一文,介绍南京师范学院附属小学斯霞老师的教育经验,随后又节写为《斯霞和孩子》在人民日报上发表。文章通过三个小故事,描述斯霞在学生的心目中"既是孩子们爱戴的老师,又是最能了解和信任他们的朋友,也是最能体贴和爱护他们的母亲"。她对孩子们的一言一行,都仔细地看在眼里,而孩子们的一颦一笑,也都放在心上。她可以准确地从孩子们的脸上看出谁在用心听课,谁在想别的事情;谁听懂了,谁还没有完全听懂。她将全部的精力和感情放在了孩子们身上。我将斯霞老师为了孩子成长的事例编成故事来教育师范生,要他们毕业后像斯霞老师那样热爱和教育孩子。我的学生确实很好,他们在小学实习中,以斯霞老师为榜样,去观察、理解和教育他们的学生,颇受小朋友们的欢迎。

后来,我结合对马克思教育思想的学习,用马克思关于"爱是生活深处的一朵炽热的火花,它给人以生命的活力,给世界带来温暖的光明"的观点,撰写了《论爱在构建德育新格局中的地位》一文,从多方面开展爱在教育中的作用和地位的论述,从主体论的角度研究爱在学生成长和社会进步中的作用,并且引用孔子"仁爱"思想来说明它在协调社会的人际关系与提高民族道德素质中所起的亲和作用,及其在东南亚产生的巨大影响。有美国学者也认为,孔子的"爱人"观点是促进"社会合作"和"人民幸福"的教育,它是取代强暴手段的互信互赖的道德意识,是人伦世界的天然节奏的反映。我还引证了法国启蒙思想家卢梭的"爱弥尔"的教育思想,提出:"他从反封建的社会观和自然生态教育观出发,说明爱的教育在教育发展史上具有里程碑的意义,它为现代教育奠定基础。"与此同时,我认为:"斯霞老师用自己全部精力和美好情感去理解孩子们的童心,使儿童在师爱的阳光下成长,事迹动人,应当肯定和发扬……"①

我的《论爱在构建德育新格局中的地位》一文在《上海教育科研》刊物上发表后,引起了社会界和教育界的关注,被收入《社会科学争鸣大系(教育学卷)》。这一研究成果在朱小蔓教授著的《情感教育论纲》一书中被作为国内情感教育一种创新模式给予肯定和推广。② 这一批判性反思使我把"爱的教育"争鸣和"爱的教育"实践研究结合起来,为之开展了长达40多年的"爱的教育"行动研究。

四、教师反思的心态

教师反思不是闭门思过,而是结合自己的教育实践,在师生交往中,在社会实践中,提出对自身人格品质和教育功效的自我要求。

有教育家提出,教师反思应抱有以下三种态度。

一是开放的态度,即愿意倾听不同意见,思考来自多方面的信息,抱有"虚怀若谷"的心态。因为,教师工作是开放的事业,每天要面对几十个学生以至几百名学生,还有家长与社会,只有倾听他们的不同意见,才能开其导、解其惑,与此同时,才能使自己在信息海洋中不断进步和提高。

二是负责的态度,教师的责任使命感是其反思的内在动力。有位教师在反思日记中写道:"当我走上讲台的时候,一种光荣、自豪的感觉油然而生。我爱上课,它给我一个机会,让我使学生稚嫩的心灵变得充实、坚强。""看到学生学习困难时,就想方设法帮他们化解难题,去获得学习上的成功。"

---

① 翟葆奎,主编.社会科学争鸣大系·教育学卷[M].上海:上海人民出版社,1992:141.
② 朱小蔓.情感教育论纲[M].北京:人民教育出版社,2007:176.

三是真诚的态度,只有真诚、真情、真爱每一个学生,才能勇于实践,永不停息,诲人不倦。

我接触过许多优秀的教师,他们除白天上课、批改作业和备课之外,坚持天天写反思日记,以至深夜。他们努力由一位普通的教师成长为研究型、专家型的教师,他们所教的学生,个个勤奋向上,健康成长。他们以自己的执着追求,为祖国培养了一批又一批的优秀人才,也使自己的精神境界和教育水平得到了修炼和升华。

五、教师反思的操作

要重视和坚持写教育日记,以此来对自己的言行举止进行自评和监控,力求使自己的品行更加完善,教育更有成效。教育家苏霍姆林斯基在《给教师的建议》一书中郑重其事地提出:"我建议每一位教师都来写教育日记。"他认为,教育日记对每个教师来说都是无价之宝,对提高学校教育质量而言是一笔巨大的财富。他本人在 18 岁时,从第一天开始教育生涯起,就整整记了 35 年的教育日记,直至生命终止。他记下了学生道德情操、智力发展、行为表现、阅读范围、身高体重、家庭教育等方方面面的资料,这不仅为他提高教育教学质量提供了巨大的启示,而且为其日后从事教育科研积累了大量资料。他的一生写下了 41 部教育专著,发表了 600 多篇论文,他从一位普通的农村小学教师成为世界著名的教育家便得益于他平时的教育日记。

我读过上海市特级教师吴慧娟的教育日记,写得十分生动感人,详细记录了学生文静的外表和内心丰富的情感世界,还记载了关怀她成长的教育过程。从中,我们可以看到学生成长的心理轨迹和学校教育、家庭教育的影响,而这对孩子成长的个案研究很有价值。据我了解,教育日记具有其他教育研究方法不可替代的作用,它是在教育的自然生态环境中记载的,不仅方便灵活,而且能真实地揭示教育实践和社会活动过程中学生心理活动的规律和教育教学的规律,是广大教师从事教育科研最好的常规武器之一。

要写好教育日记,我认为要有爱心和恒心。

爱心是写好教育日记的首要条件。只有热爱自己的教师工作,热爱自己的学生,才有千言万语需要记载。正如北京市优秀教师丁榕在她的《教育日记》中所写的:"我从事教育工作 20 多年了,20 多年的教育工作,感想实在太多,千言万语归结一句话,就是:我太爱教师工作了。在工作中,我曾有过许多忧思,也曾有过辛酸的泪水,但我始终不愿放弃我的职业。我多次对人说过:'假如允许我作第二次选择,我仍要做一个人民教师。这爱,记在我20多年的班主任工作日记中,篇篇日记,勾起我多少幸福的回忆,激起我多少感情的波澜。'"为之,她记下了十几本班主任工作日记,后来整理成《情感、科学、艺术——班主任工作手记》,由光明出版社出版,受到了广泛的好评。

恒心是写好教育日记的必要条件。教师工作十分辛苦,千头万绪,忙忙碌碌一天下来,常常使人晕头转向,筋疲力尽。但是,不少教师为了孩子们更好地成长,为了使自己的教育教学质量不断提高,在百忙之中,放弃了休息,在夜深人静之时,拿起笔坚持记下自己一天中的思想火花、感情波澜、教育心得、亲身感受、成功经验和挫折教训,从教育生涯的浪花中,品味人生的甘苦,反思生命的价值。

为了提高教育日记的水平,我建议将轶事性日记和专题性日记结合起来,既可以有感而记,以便日后整理之用,也可以围绕一个小专题进行重点记载,一事一议。前者带有教育随笔的性质,后者又可为教育小论文。为了使教育日记更加醒目,有人还用正副标题,将记事和有感结合起来,把述和评结合起来,正标题以叙事为主,副标题则可以作评。

教师的反思能使教师的人格更加完美,教育水平更加高深,道德情操更加高尚,教师使命更加明确,教师形象更加具有魅力!

第六节 教师完整人格的培养与情感师范教育

教师的人格魅力需要培养,要对学生进行情感教育,教师先要接受情感师范教育。

一、情感师范教育研究的提出

未来的教育要求培养有完整智慧、完美人格的教师。无论中国古代,还是古希腊,智慧的概念包括两种,一是科学智慧,二是生活智慧。作为科学智慧,对主体来说知识是客体,使用的思维方式是主客两分的;另一种是生活智慧,亦称人生智慧、实践智慧、伦理智慧,这类智慧不是严格主客两分的,而是主客的统一,不可能像科学认知学习中用主体对待客体的方式去学习,这一直到现在还在困惑着我们。孔子和亚里士多德就已提出,科学和道德本是两种不同的学问。道德的学问要在实践中、在具体的情境中去理解。个体拥有的关于道德的认知,不等于都能表现为道德行为,更不等于真正发自内心,有真诚的动机和强烈的情感去行动。这是古代就讲清楚了的问题——一个是关于道德的知识,一个是道德的行为。关于道德的知识是可以在书本上出现的,而道德的行为需要去履行,需要去实践,需要人对具体情境的处理,需要对主客体的整合。所以,无论教多少道德课,若不能解决知情行的统一问题,便始终不能解决道德教育问题。近代科学的发展和昌盛,促生了那么多的客体化知识,但结果是人们为这些客体化的知识所累,为这些高科技带来的问题所累,其原因之一便在于缺少完整的智慧观。完整的智慧依赖什么,人们后来发现,它依赖于一种不同于学习客观知识所需的逻辑理论和逻辑认识的能力,即情感品质和情感能力。20世纪五六十年代,哈佛大学教育学院的几位科学家承担了一个国际基金会的项目——零点课题。直到现在美国学者还在研究这一课题,非常有价值。当时,他们发现有个10岁的小女孩,她具有非凡的绘画能力,可是语言能力非常差,数学能力也非常差。人们着手训练她的语言能力和数学能力,结果,当她的语言能力、数学能力补上来的时候,她再也画不出那么好的图画了。零点课题据此提出,"在人的逻辑能力发展的同时,如果不对他的感受能力、非逻辑能力加以关照的话,他可能在逻辑能力发展的同时,感受能力下降"。他们研究的结果在20世纪70年代形成了报告,1983年被译成中文,介绍到中国来,即著名的哈佛大学教育学院的发展心理学家加德纳的《智能结构》。书中提出人类有七种智能,后来又增加为八种:逻辑-数学智能、语言智能、音乐智能、空间智能、动觉智能、人际智能、自我认知智能(内省智能)和自然观察智能。加德纳认为,可能还存在更多的智能。他认为上述八种智能是相互自律的。更让我们感兴趣的是,他提出了"人格智能",他认为人格也是智能,其中一种是体察别人的情绪、体察别人的心理状态;另一种是识别自己的情绪,识别自己的心理状态。换言之,也就是体察别人与体察自己,分别叫作"人际智能"和"内省智能"。这其实是一种不同于逻辑智能的情感智能。受此启发,20世纪80年代末90年代初，人们提出了"情感能力""热智力"等概念，把它看作个体准确、有效地加工情绪信息的能力集合。它作为精神生命科学参照元素，决定着人们学习、工作、交往、事业的成败和个人的幸福，主宰着社会的未来。

我们在教育实践研究中发现，要培养学生的高品位的情感品质和能力，需要具有高水平的情感能力的教师。美国的师资培训，正在用多元智能理论来提高教师的多元智能水平。我们在研究儿童情感发展和教育关系的过程中，正在构建情感师范教育的理论和实践体系，并首先开展师范生情感人格素质的研究。

情感师范教育(affective teacher education)是国外20世纪70年代对师范教育提出的教育改革思想与实际操作。当时，在新兴与发达国家、地区教育现实中缺少情感教育，对师资队伍的培养偏重认知素质，忽视情感素质。我国当时也有类似的情况。我在师范学校工作时，有一年有四所师范的40多名学生留级，组成一个班级，要我担任这班的班主任。起初了解到他们有三门重点学科不及格，按规定要留级。我进行详细了解和分析后发现，原来，所谓三门重点学科仅是指代数、几何、三角，实为一门。这方面的知识与技能，对幼儿教师来说，实际应用不多。而40多名留级生除了在逻辑-数学智能上较为薄弱，在语言智能、音乐智能、空间智能、身体-动觉智能和人际智能、内省智能等方面，不乏颇有特长和才能之人。据深入了解，他们中间有语文诗词朗诵比赛、演讲比赛的获奖者，有歌唱比赛、钢琴比赛、美术绘画与书法比赛的获奖者，还有芭蕾舞、新疆舞表演的优胜者。深入了解之后，我认为他们中不少同学，有可能成为幼儿教育事业上的优秀教师。有同学遭受留级打击之后想跳黄浦江。面对这一情况，我不仅表示同情、理解，而且尽力去挖掘他们的艺术特长，通过多种方式鼓励和发挥其多元智能，结果，他们在学校的文娱、体育等竞赛中屡屡获胜。不仅为班级争光，而且也从自身优势潜能的发挥中找到自信、自强、自豪感和做人的尊严。这些学生毕业走上工作岗位后，普遍受到孩子们的欢迎。可见，师范教育制度、课程设置、培养目标等问题需要反思和研究。上海作为联合国教科文组织命名的教师教育研究中心，要对师范生的情感智能、艺术潜能、性格类型等问题进行深入研究，以使情感师范教育得到落实，办出特色，创造新的教育体系！

情感师范教育指的是在各级师范教育中，加强对师范生情感素质方面的培养,使师范生不仅认知、技能水平达到师范教育目标,一般的思想政治素质达到国家要求的目标,而且在情感素质方面具备其他类别学校所没有的、特殊的职业要求,在未来的师范职业中,善于与学生进行情感交往,能够胜任有关学生情感导向的教育工作。

二、建立情感师范教育的必要性

师范教育的目标是培养合格的、胜任各级各类学校教学和教育工作的教师。现行师范教育体系中,主要是按中小学和学前教育的学科门类设置专业及配套课程,为未来教师奠定专业知识基础,同时安排最基本的教学方法论,以及适合教师职业的教育学和心理学方面的知识教育。总体上看,多为知识形态,培养目标与培养方法主要着眼于教师的专业知识水平及其教学技能的训练和提高。虽然,我们也强调对师范生政治思想素质和道德素质的培养,但并未真正挖掘其中的情感素养层面。对教育实际运行中的认知过程与情感过程相互区别又相互联系的特殊关系,把握这一关系的必要性,以及教师在这一过程中如何驾驭此关系,至今没有比较清晰而自觉的观点。

通过对情感教育的几年研究,我们初步得出以下一些认识。

第一,学生的认知学习并不是对客观知识的机械接受,要进行有意义的学习,使学生在理解知识的基础上不断形成新的认知结构,在情感上必须有师生的共同介入。从教师方面看,只有教师把全部感情投入教学与教育内容中,学生才有可能跟随教师给出的形式总体进入教材内在的隐性的接合意义整体。换句话说,把握这一联系背后的意义不仅是形式的、分析的接受过程,更是意义的、综合的体验过程。学生有效的学习只能是意义的发现,客观知识只是学习的开端,直到它的个人意义被挖掘出来,变为个人信念体系的一部分,它才有可能开始影响行动。根据情绪心理学和教育心理学专家的研究,儿童在接受教学内容的含义、指标,选择注意的目标,形成情感上的反应进而接受、理解知识等方面都必须以感情充裕为前提。从学生方面看,学生的情绪情感,作为主要的非认知因素制约着认知学习。它以兴趣、愿望、热情等形式构成学习的动机,在学习过程中起驱动、诱导、调节的作用。情绪既是一种客观表现,又是一种由主观体验、情感状态构成的恒常心理背景或一时的心理状态,对当前进行的信息加工起组织和协调作用,可以促进或阻碍学习记忆、推进操作和问题解决。因此,一方面,教师本人应该具有对世界的生动感受,为自己的教学内容而激奋,对它产生爱的感情;另一方面,教师以自己对学生的合理期望和评价调节着学生的兴趣与热情,使整个学习过程中师生双方在逻辑理智方面和情绪感受方面相互促进,整合性地同步前进。

第二,学生在学校求学的动力,不仅来自对知识本身的兴趣,出于认识上的需要,而且伴有心理上的欲望。心理学家分析,至少有三种欲望:(1)求知欲望,即希望理解自己周围的事物与观念世界;(2)社会归属或团队归属欲望,即期望归属于团队,得到团队的承认,取得应有的地位和他人的尊敬,并且期望得到他人的理解,要求自我表达;(3)情感欲望,即寻求情爱、依赖、确认等。教师正是充当着对学生各种心理欲求满足、调节和提升的重要角色。在家庭早期教养中,如果抚养人的情感应答方式正确,具有正常生理条件的儿童会有健康的依恋感、安全感、信任感,有积极的兴趣和享受快乐情绪的能力,以及初步的移情能力。但这些主要反映人的自然适应性的情绪品质,如果学生的心理欲求在学校环境中不能得到满足和延伸,就难以顺利地完成向社会适应的发展转化。只有由教师本人的信念和价值体系支撑的教育爱才能使学生在血缘爱的情感发展链条上得到更高形态的心理满足,或得到对早期情感发育不足的补偿,从自然依恋感发展到社会团体归属感、安全感、集体感,使责任感发展以至终极关怀。

第三,学校教育不仅为学生掌握知识技能,而且要为学生全面而完整的人格成长打下基础。人的思想品德、情感素质和行为,不是靠认知教学过程来完成的,它往往是学生对教师的自发模仿、认同,在不自觉的情况下接受教师的影响,建立行为习惯,即所谓的潜移默化。现在学校德育工作效果不明显的原因有很多,但至少有一个因素在把德育过程、人的情感品质培育、教养过程认知教学化。由于教师主观上的原因,以及客观上的教育大背景等原因,由教育者个人的价值体系,如信念、情感、态度、价值观构筑起来的教养环境不具有情感上的吸引力和导向力。

第四,无论是认知教学的质量,还是人格、情感引导上的成功,都不是仅仅由专业知识水平和认知教学能力决定的,它们与教师的情感特征和情感交往水平有很大关系。美国心理学家梅索特、伯利纳和蒂库诺夫发现,教师的情感特征(即非认知特征)最能区分效率较高和效率较低的教师。在观察者和评估人用来区分能力强弱的教师的52种特征或特性中,有38种(约占75%)实际上是属于情感的,只有14种属于教师知识或特别教学技能等方面。阿斯巴和罗巴克发现,具有较高(人际关系)技能的教师负责的学生极少出现捣乱活动,极少招致严重问题。他们提出:"教师的人际关系水平与学生的学业成绩、出勤率、自我认识、对学校的态度和在校行为有直接关系。"①

综上所述,既然实际的教育过程,客观上存在着对教师在情感素质和情感交往能力与情感导向能力上的要求,而且这一素质包括能力,并不是自然成熟、提高的过程,而是与师范教育的其他目标一样,是一个教育培养的过程,那么建立情感师范教育的设想就在情理之中。

三、关于情感师范教育的操作思路

我和朱小蔓教授在情感发展与教育合作研究中,还就情感师范教育的操作思路提出了几点设想:建立情感师范教育既有办学体制、制度、规划、招生改革、课程设置、教材更新、师资培训等方面的硬件建设,又有办学思想、价值观念、校园文化气氛等方面的软件建设,它们都必须围绕情感师范教育的具体目标来进行。情感师范教育的目标可以分解为以下两个主要方面。

其一,强调师范生本人的价值观、人生态度和个性气质应有以下特征:(1)着重精神文化价值,尊重知识,乐于做传播人类精神文化的工作。(2)有积极的自我观念,能以积极的态度正视自己。(3)有广博的、增进的和过程导向的理想、志向与个人兴趣。(4)能以善意、信任、友谊等态度对待他人。(5)具有自我袒露,即真诚、直率的人格特点。(6)善于了解别人的知觉、情绪、愿望,愿意分享其情感,并以此来进一步引导其行为。概括说来,情感师范教育培养的未来教师应当充满教育爱,具有温情、理解、接纳的态度和情感智慧,善于了解并导向学生的价值等思想人格素质。

其二,强调师范生有情感交往的能力与技巧,具体表现为:(1)善于观察识别学生的情绪反应,能恰当地对这些情绪作出相应的应答。(2)善于倾听学生的情绪袒露,灵活地处置其情绪宣泄。(3)能够自然地与学生平等相处,进行情感交流。(4)善于用语言、体态、手势等方式鼓励和激发学生的积极情感,

---

① 朱小蔓,梅仲荪.儿童情感发展与教育[M].南京:江苏教育出版社,2003:388.

引导学生的情感方向和情绪强度。(5)善用鼓励性语言,慎用惩罚性语言。(6)善于营造良好积极的情感氛围,并用幽默机智调节情感气氛。(7)初步诊断学生的情感病症,并给予初步的教育治疗。[①]

有关教师情感教育和师范教育的改革研究,在中央全面深化新时期教师队伍建设的顶层设计已有提及。其中,有实施教师教育振兴行动计划,建立以师范院校为主体,高水平师范院校参与的中国特色师范教育体系;推动一批有基础的高水平综合大学,成立教师教育学院,设立师范专业;完善教师资格考试政策,新入职教师必须取得教师资格;不断提高教师的地位待遇,只有让教师有更多的获得感、幸福感、安全感,教师才会有更多的荣誉感、责任感,才能真正成为让人羡慕的职业等。这一系列的政策措施,均为教师教学水平的提高、教育爱的能力增强和自身人格的完美提供了条件。我们深信,未来的教师队伍定会人才荟萃,定会为祖国强大、民族振兴、人民幸福和情感师范教育提供人力资源上的保证。

---

① 朱小蔓,梅仲荪.儿童情感发展与教育[M].南京:江苏教育出版社,2003:385.

第七章

家庭中亲情育爱资源探觅

家庭是孩子的第一课堂；
父母是孩子的第一任老师，
是播下真善美种子的第一人。

第一节 情感发展在家庭教育中的特殊地位

一、当代家庭教育中的一大误区

儿童成长应当包括身体、智力、情感、意志、性格和行为习惯的养成等诸多方面。而在当今我国的家庭教育中,许多家长在儿童入学前除了将主要精力花在对儿童身体的关心和健康的保护上,想方设法让孩子吃好、穿暖、不生病外,还非常重视儿童智力的早期开发,从两三岁起就让他们识字、认数,进行弹琴、绘画等技能技巧的训练,"望子成龙""望女成凤"心切。大部分家长对子女的智力发展甚为关注,期望过高,不惜成本,加大智力投资力度,并且施加超负荷的压力,结果拔苗助长,孩子厌学现象愈来愈严重。儿童身心受到摧残,情感、性格的健康发展受到影响,出现各种心理疾病,造成了极为严重的后果。

有调查发现,一位家长梦想孩子能成为像贝多芬、莫扎特那样出色的音乐家,为此他变卖家里的精制家具,高价为孩子购买了钢琴。此后,他剥夺了儿子外出玩耍、踢足球的一切机会,天天强迫孩子练琴。孩子心爱的小足球也被父亲用剪刀剪成碎片,这使孩子泣不成声。有一天,父亲下班回家,看到儿子的手指鲜血如注。原来,这孩子为了表示与这可恨的钢琴绝交的决心,竟用菜刀割断了自己的手指。这种以父母意志强迫孩子屈从的智力投资,不仅压抑了孩子正当的兴趣爱好和求知欲望,而且严重地损害了孩子的身心健康。家庭教育中类似的失误,屡屡发生,恨铁不成反为误,令人心痛。[①]

什么才是真正的爱?

心理学家弗洛姆认为,人的情感世界由于受到社会众多因素的制约,在人与人、父母与子女之间,出现了两种不同性质的维系和融合,由此产生了两种不同性质的爱:一是共生性融合,又称为寄生性融合,它产生的爱是不成熟的爱,甚至是一种病态的爱、残忍的爱,这是爱的异化;二是独立性融合,它产生的爱是成熟的爱、真正的爱,这是一种存在的爱,它的本质在于给予,而不是占有。

---

① 文汇报.1996-12-23.

前一种爱的本质是占有,而不是给予。

共生性融合是指两个不同的生物体生活在一起而相互依赖的融合。它最初表现为孕妇与胎儿之间的关系,这是一种生物学模式的共生性融合,他们是两个人,但又是一个人。他们生活在一起,共生共融,互为需要,这是生理上的共生性融合状态。后来,胎儿离开母腹,婴儿早期生活各方面要依赖于母亲的照顾,在生活上需要照顾,在心理上要求抚爱,这是心理上的共生性融合,即两个肉体是独立的,但在心理上还存在着依附关系。随着年龄的增长,这种依附关系对孩子成长的消极影响也与日俱增,在强权制度下,表现为受虐狂和施虐狂的存在。在不自由、不健全的社会中,施虐狂以命令人、利用人、伤害人、凌辱人的姿态出现,而受虐狂则处于被命令、被利用、被伤害、被凌辱的状态。弗洛姆认为,这是一种屈从性的爱,是在强权制约下的爱,是消极被动的爱,是偶像崇拜的爱,是占有和被占有的爱,是利己动机支配下的爱,是贪婪钱财驱使的爱。这不是真正的爱,而是一种异化的爱、变形的爱、扭曲的爱,甚至是一种病态的爱。人没有成为情感的主人,而变为情感的奴隶,被爱者成为受害者。南京曾有一个患有典型强迫症的家长,由于怕孩子在外面受人欺侮,便把女儿整天锁在家里达19年之久,结果严重摧残了孩子的身心。这是家庭中施虐狂的表现。[1]

独立性融合是在保持人的完整性、个性条件下的融合,由此产生的爱是一种真正的爱、主动积极的爱、成熟的爱。这种爱是人的一种主动能力,一种突破把人和其同伴分离之围墙的能力,一种使人和他人联合的能力,爱使他克服了孤独和分离的感觉,但也允许他成为他自己,允许他保持他的完整。在这种成熟的爱之中,人的情感是自然的表露,是一种主动的活动。人是自由的人,是情感的主人,不是被人驱使的被动的人。"这种爱的主动性的基本特征在于:爱主要是给予,而不是接受。"[2]这种爱不是被剥夺之后的牺牲,而是奉献后的快乐,满足后的享受。这种给予在父母对孩子的爱中表现得最为明显。母亲的伟大,在于她孕育正在体内长大的胎儿,她把乳汁给予婴儿,她把体贴温暖给予成长中的孩子。不给予,母亲倒感到不安、难受,以至痛苦。这种感情在父亲身上也有体现。朱自清的《背影》写出了父亲的深沉、含蓄、博大宽厚的爱。为了子

---

[1] 文汇报.1989-03-11.
[2] 弗洛姆.爱的艺术[M].孙依依,译.北京:工人出版社,1986:4.

女的前途,他可以变卖家中的一切,可以含辛茹苦、任劳任怨,以致积劳成疾。父爱常常没有母爱那样热烈的表露,但它深深地持久地蕴藏在心底,形成一种博大的力量,用宽厚的身板保护家庭,又以坚实的双肩去开拓生活。

二、家庭是人类情感最美好最丰富的资源所在地

马克思在1837年11月10—11日给他父亲的信中写道:"我们要为自己所经历的情感体验建立一个丰碑,使我们的感情重新获得在行动中的地位。这丰碑就是父母的爱,家庭的情。""哪里有比父母的心这个最仁慈的法官、这个最体贴的挚友、这个爱的太阳——它以自己的火焰来温暖我们愿望的最隐秘的中心——更为神圣的珍藏之所!"[①]这种父母的爱,给马克思展现了一个新的世界、爱的世界,激起了他对自然、生活、知识、真理、人类的爱。这种热爱孕育了他为人类的解放事业而奋斗的深厚情感。

马克思的上述表述,反映了人类情感的一个共同源泉,那就是父母和家庭。从个体情感发生学来看,儿童情感发展起源于父母的抚爱和温馨氛围的熏陶。胎儿是父母爱情的结晶,当胎儿在母腹中时,一种微妙而神圣的感情便注入了母亲的血液中,引起了母亲的兴奋、关切和特别的爱。有人在《孕育生命》一文中写道:"我觉得,一个女人在做母亲的过程中才真正成熟起来,坚强起来……那脆弱幼小的生命完全依赖我们对它的滋养和看护,它的未来几乎全摆在我们的手里,这是何等的信赖和责任!他是我的孩子,我是他的母亲,我们之间的关系是如此简单又如此千丝万缕……他在我的身体里,是我生命的延伸,有一生拆不开、剪不断的缘分……一旦做了母亲,再胆小的女人也会变得有勇气。这幼小的孩子完全仰仗母亲的保护。如果母亲在困难和危险面前不知所措,那孩子该怎么办?""养儿方知父母恩。"这就是情感源之所在。怀孕母亲的喜怒哀乐,常常与胎儿的成长有直接或间接的联系。在生活中孕妇的健康和营养,不仅是为了自己,更多是为了胎儿成长的需要;她的起居和行动,特别小心翼翼,这是为了保护胎儿的健康。

中国古代孟母就非常重视胎教。有关记载写道:"吾怀妊是子,席不正不坐,割不正不食,胎教之也。"古代医学家孙思邈在《千金要方·养胎论》中写道:

---

① 中共中央马克思恩格斯列宁斯大林著作编译局.马克思恩格斯全集(第40卷)[M].北京:人民出版社,1982:8.

"弹琴瑟,调心神,和情性,节嗜欲,庶事清净;生子皆良,长寿,忠孝仁义,聪慧无疾。"这不只是一种生理上的保护,也反映了古人对培育新生一代的智慧。

母亲作为婴儿的主要抚养者,是婴儿生存、发展的第一重要的人。有观察和研究数据表明,8—9.5个月的婴儿处于清醒状态时通常有母亲在身旁。此时此刻,母亲常常沉醉在一种柔情蜜意之中,在目光对流中欣赏着这一可爱的小生命。婴儿在早期的社会交往中,与母亲的交往占据了最主要的地位。母亲是婴儿日常生活的主要照料者,又是婴儿游戏的主要伙伴,她和婴儿一起搭积木、绘画、拼图、玩"藏猫猫"、唱歌谣、讲故事。在日常照料和游戏中,母亲还不断和婴儿谈话,给婴儿指认东西,告诉婴儿物体的功用、日常生活常识,教给婴儿物体、玩具的用法、玩法,教婴儿懂礼貌、关心帮助他人、分享谦让等社会行为常识和规范,因此母亲又是婴儿的主要教育者。

上述一切对婴儿早期的情感发展起着奠基的作用。大量研究表明,母亲把最多的抚摸、亲吻、拥抱给予婴儿,以最多的微笑、点头和话语逗引婴儿,用最多的关怀、爱抚、疼爱照顾婴儿。这不仅可以使婴儿获得最高频率的情感刺激,获得最甜美的精神营养,而且可以消除婴儿紧张、不安、恐惧与焦虑的情绪,使婴儿的积极情绪情感得到充分的发展,并为在未来的岁月中发展高级的社会性情感和形成良好的性格打下基础。母亲的早期抚爱保证了幼小生命的安全,这种抚爱常常随着孩子的长大,成为维持个体内部情感和心理安全的保证。我国著名作家冰心在《寄给母亲》的信中写道:"女儿在母亲身畔二十年。""我生命中只有'花、光、爱';我生命中只有祝福,没有诅咒。""纵使你在万里外,写到'母亲'两个字在纸上时,我无主的心已有了着落。"①这说明,母爱是人的情感幸福的源泉,是维护肉体和精神健康的保证。为此,我们要珍惜和珍爱这宝贵的情感资源以及人类特有的精神财富。

冰心在《寄给母亲》的信中,把母亲比作夜晚的月光,孩子总在爱光中进入梦乡;把父亲比作"早晨勇敢的灿烂的太阳",孩子在阳光照耀下走向世界。事实上,父亲也是婴幼儿积极情感满足的重要源泉之一,是孩子健康成长的精神保证。有研究表明,父亲和婴幼儿的交往模式,具有与母婴交往模式不同的特点。由于父亲的性格和角色地位的不同,父亲与婴幼儿的交往,对孩子的成长

---

① 孙宜君,选编.孩子,你是妈妈的世界[M].太原:山西教育出版社,1995:4.

发展具有母亲不可替代的独特功能。

父亲是婴幼儿重要的游戏伙伴。婴儿 15 个月时,母亲是他主要的游戏伙伴;20 个月时,父亲就成为婴幼儿的基本游戏伙伴;而到 30 个月时,父亲就成为婴幼儿主要的游戏伙伴。在与父亲游戏时,婴幼儿感到更有兴趣,更加投入,更能达到他们活动上的满足感。因此,父亲常常是婴幼儿积极情感满足的重要源泉,是婴幼儿重要的依恋对象。如果父亲以积极态度参与婴幼儿教养的行为越多,婴幼儿对父亲的依恋就会越深,依恋安全感也就越强。

父亲在参与婴幼儿的教养和交往活动中起着特殊的作用。母亲由于家务负担较重,加上性格等方面的原因,没有父亲那么多闲暇和机会去进行交往,而婴幼儿随着说话、走路、独立性、生活自理能力的增强,与外界交往的需要也日益增强,要求扩大交往范围和内容。那时,父亲对婴幼儿交往态度、情绪发展、行为反应有较大的积极影响。父亲参与婴幼儿的交往,更有助于儿童对男性和女性的作用与态度的灵活性的理解。孩子性别角色的发展,不仅来自母亲,而且来自父亲。儿童成年后的性别行为和婚姻关系更多地受早期与父亲关系的影响。[1]

三、充分认识和发挥家庭的情感教育功能

美国家庭社会学家罗斯·埃什尔曼(Ross Eshleman)在他所著的《家庭导论》一书中专门论述了家庭的情感功能和教育功能。家庭的情感功能表现为"产生亲子之情"。家庭保持父母与子女之间的密切关系,"家庭应当是教育的中心,孩子应当由他们的双亲抚育……这种亲密的情感也只能从家庭里特有的亲属关系中得到"。这是"保持内部的密切关系"的基础。[2] 未来的家庭制度中,家庭将继续是社会化的基本场所,是安全感和影响力的基本源泉。家庭的其他功能正在削弱,而情感生活的中心和生育子女的功能还会得到加强。

从家庭文化学和伦理学角度来看,家庭是社会的细胞,是一个独特的文化圈。家庭成员之间的联系纽带具有深厚的自然生理因素,带有不可更改的血缘性的遗传性联系。子女的诞生既是生物意义上的人的培育,又是社会意义上的人的诞生。家庭的功能不仅是生儿育女,而且是人生的摇篮,是民族文化延续

---

[1] 庞丽娟,李辉.婴儿心理学[M].杭州:浙江教育出版社,1993:346.
[2] 罗斯·埃什尔曼.家庭导论[M].潘允康,等译.北京:中国社会科学出版社,1991:13-14.

的媒介。

家庭作为人类文化孕育的摇篮,又是个体成长最早的学校。父母对子女,不仅要给他们自然生命和肌体的安逸,还要给他们社会的生命和谋生立业的本领。父母对子女的教育以及子女对父母教育的接受都是十分艰苦的,需要双方的配合与恒心。

家庭作为儿童时代的主要活动领域,父母与子女在这一个特殊的生活共同体之中,彼此关系非常亲密,不少父母把子女当作自己生命的一部分,对子女抱有殷切的期望,在对子女进行教育的过程中具有高度的责任心和深厚的情感。

父母与子女的关系,是一种由血缘承继联系起来的人际关系。它首先是一种自然关系,然后才是社会关系,这是人类无法选择、不可解除的关系。因为子女是从你身体里产生,是你生命的延伸,有一生拆不开、剪不断的缘分。这种牵连和维系,自然地迫使你要学会有耐心和自制,要求你保护和关怀。人类生态学认为,人是自然界生存能力最强的动物,但在完全自然的状态中,个体又是生存能力最弱的动物。视力比不上老鹰,腿力比不上马鹿,消化系统比不上牛畜……人从出生到能够独立生存,需要的时间比其他任何动物都要长,一般需要15—20年。在这段时期内,他的生存需要得到父母精心的照料和热情细心的关怀。父母对子女的这种给予和奉献,这种深厚的亲子之情,从精神生态学角度来看,不仅保证了子女的生存,而且哺育了子女的精神生命,展示了人类特有的情感世界。这是一种自然纯朴、深厚温馨、无私无畏的世界。

父母对子女的情感,植根于相同的遗传基因,渗透于血肉之中,培育于长期的共同生活中。亲子之爱,是人类最质朴自然的感情,具有族类保护的自然本能,更有其社会维系之特征。"然人于既长之后,分稍严而情稍疏,父母方求尽其慈,子方求尽其孝。飞走之属,稍长则母子不相认,此人之所以异于飞走也。"[①]人类亲子关系不同于动物的亲子之爱,在动物之中,虽然也普遍地存在着亲子之爱,但极其短暂,不存在人类意义上的父母与子女的关系。人类亲子关系是不变的,由于亲子之间存在不可分割的自然联系,故亲子之情与生死相始终,甚至比生命延续的时间更长。母亲在生育与抚养子女的过程中,体会到自己神圣的职责,获得内心的充实与完美;父亲则证实了自身的价值,使他更加

---

① 后汉书·王常传[M]//张怀承.中国的家庭与伦理.北京:中国人民大学出版社,1993:228.

坚定、成熟与完善。父母通过子女才成为永恒的生命联系中的一环,使自己有限的生命具有了无限的意义。亲子之间深沉的感情已经融入双方的生命之中,成为生命不可分离的一个部分。"父子一体,天性自然。"①身体发肤,受之父母。亲子之爱,根源于人类热爱生命的天性。

父母对子女的爱深厚、自然、纯朴,是一种无私的爱。亲子间的自然联系,使得父母与子女之间不但有人格的认同,而且有生命的认同。因此,亲子之间荣辱与共,痛痒关切。"慈母手中线,游子身上衣。临行密密缝,意恐迟迟归。谁言寸草心,报得三春晖。"这首诗曾经牵动了无数游子的思亲之情。父母对子女的爱是人最先体会到的人类之爱,是感受和印象极为深刻的人类感情。

亲子之爱虽根源于亲子间的自然联系,但它并不是纯粹的自然感情,而是文化的产物。在不同时代和不同人的身上,具有不同的形式和内容。现代的亲子之爱不能只建立在亲子人格与生命认同的基础之上,而要承认双方具有的独立性。父母与子女之爱,是一种独立性的融合。父母与子女,双方都是一个独立体,又是一个融合体,家庭对子女教育是一个统一体,整个社会对子女的成长是一个联合体。因此,既不应让子女代替自己去追求人生的幸福,也不应规定子女的生活方式和人生追求。父母之爱,只能是一种理解、尊重、关心和引导之爱,而不是溺爱、偏爱、宠爱,应是存在的爱,理智的爱,富有艺术的爱。

家庭中情感教育功能的发挥,需要在自然教养中以及父母与子女的互爱中得到体现。有一位小学五年级学生写的作文——《我们的家——父母给我的爱》,写的是在一次小实验中得到父母关爱时的感受和体验,写得真实、真切、感人。

父母是我们最亲的人,父母的爱像暖炉一般,能温暖我们的心。

有一次,我从电视上学到了做碳酸饮料的方法,准备试一试。我拿来小苏打、柠檬酸和蜂蜜,将它们混合在一起,果然做出了一杯碳酸饮料。

做出了一杯,当然要给爸爸妈妈尝尝喽。我先将这杯饮料给了妈妈。妈妈尝了一小口,笑着夸奖道:"真好喝!有汽水的味道,又有蜂蜜的甜味,真好喝!"

我听了妈妈的夸奖,信心增加了,又将另一杯给了爸爸。爸爸喝了一大口,也连连夸奖道:"太好喝了,太好喝了,我的儿子真棒!"

听了这么多夸奖,我心想:"这么多夸奖,说明这杯饮料一定很好喝,我也要

---

① 后汉书·王常传[M]//张怀承.中国的家庭与伦理.北京:中国人民大学出版社,1993:228.

来尝一尝。"于是,我也信心满满地尝了一口。哎呀,我差点要喷出来,又酸又涩,简直无法咽下。

这下我才明白,父母都是为了不让我失去信心才夸奖我做的饮料好喝。如果他们说饮料难喝,我就会失去信心,不再做饮料了。所以,他们才会咽下如此酸涩的饮料,还热情地夸奖我一番,称赞我饮料做得好。

父母对我的爱太深了。平时我吃饭,有不好吃的菜就说不好吃,而他们却在喝了这么难喝的饮料后还夸我!

我感激得眼泪也出来了。

第二节 卢梭的《爱弥儿》对儿童情感培养的启示

卢梭是18世纪法国杰出的启蒙思想家和伟大的教育家,他所写的《爱弥儿》,是一部优秀的教育名著。这部书的出版当时轰动了整个法国,波及西欧,而后影响到了全世界。在整个教育发展史上,它具有划时代的意义,开辟了现代教育的新纪元。

卢梭的《爱弥儿》最初是应德·舍农索夫人之请而写的。他在"序言"中写道:"它开始是为了使一位善于思考的贤良的母亲看了高兴而写的。"[①]书中表达的思想,他酝酿了20年,不少内容来自他多次担任家庭教师的感受和体验,同时也是他的政治观点、哲学观念和教育理想的体现。他认为:"在所有一切有益于人类的事业中,首要的一件,即教育人的事业,却被人忽视了。""我们对儿童是一点也不理解的,对他们的观念错了,所以愈走愈入歧途。最明智的人致力于研究成年人应该知道些什么,可是却不考虑孩子按其能力可以学到些什么,他们总是把小孩子当大人看待,而不想一想他还没成人。"这种家庭教育成人化的倾向,在我国不仅普遍存在,而且正在愈演愈烈,如不纠正,其后果不堪设想。

卢梭的《爱弥儿》一书中表达的教育思想极为丰富,我们结合目前家庭教育中存在的问题和家庭情感教育的有关内容作一阐述。

---

① 卢梭.爱弥儿[M].李平沤,译.北京:商务印书馆,1978:1.

一、家庭教育的本质不应是功利教育,而应是自然教育

当今的家庭教育潜存着一种可怕的功利主义倾向,家庭教育已被越来越多的父母当作实现物质力量的主要手段,其思想根源来自社会达尔文主义文化的思潮:注重力量,注重财富,注重比较和竞争。这种文化观及其衍生出来的价值观已经影响到了家家户户。现实生活似乎告诉人们,谁拥有强大的物质力量,谁就有可能拥有一切。于是,不少家长以此作为教育子女的动机和目的。他们寄莫大的希望于孩子的成才,希望他们将来拥有足够的物资实力,最终能够"出人头地""飘洋过海""一举成名""腰缠万贯",由此收回自己过去失去的一切,实现自己曾经有过的理想。在这种获得"实力""实惠""实利"的功利主义思想影响下,家庭教育的性质发生了变质和异化,原是天伦之乐的精神家园,现在成了主宰未来生存竞争的拼搏场所。分数不仅成了评价子女好坏的重要尺度,而且也成为父母忧乐心态的晴雨表。家庭原是子女自然成长发育的温馨之地,而现在成为其精神折磨、作业负担沉重的包袱之所。家庭变成了学校的分部,家庭教育成了学校教育的延伸之地。家长受教师的制约,从布置补充作业题到作业批改,订正复抄以及完成第二天的预习、复习等教学任务,均由家庭教育来代劳。这种现状的存在,不仅累坏了父母,而且也摧残了子女。

作为启蒙思想家的卢梭,在18世纪中叶就已发现人类历史进程中,社会与市场经济的发展本身具有潜在的建设和破坏的两面性。当人们力求生活完善化,争取科学技术和文化发展的同时,也包含着贪婪、专横等消极因素在败坏、毒化社会和家庭,腐蚀人们的心灵。他在《社会契约论》中的第一句名句就是大声疾呼地告诫人们:"人是生而自由的,但却无法不在枷锁之中。"[①]他的教育名著《爱弥儿》一开头也写道:"出自造物主之手的东西,都是好的,而一到了人的手里,就会变坏了。他要强使一种土地滋生出另一种土地上的东西,强使一种树木结出另一种树木的果实;他将气候、风雨、季节搞得混乱不清……他扰乱一切,毁伤一切东西的本来面目……他不愿意事物天然的样子,甚至对人也是如此,必须把人像练马场的马那样加以训练;必须把人像花园中的树木那样,照他喜爱的样子弄得歪歪扭扭。"[②]这不是爱护,而是摧残;不是教育,而是扼杀人

[①] 卢梭.卢梭文集——社会契约论[M].李常山,何兆武,译.北京:红旗出版社,1997:11.
[②] 卢梭.爱弥儿[M].李平沤,译.北京:商务印书馆,1978:5.

性。他恳求慈爱而有先见之明的父母们不要受社会上各种干扰性舆论的冲击，要按照孩子发展的自然规律让孩子在自由、自然、自主的环境中得到成长。这就是卢梭家庭教育的自然观，也是他倡导的自然教育论的真谛。

卢梭认为，家庭教育的本质是自然教育。这种教育的基本特征是要尊重儿童天性的自然发展，父母应给予他们以博爱情感的哺育，使他们在自然发展过程中，自由、自然、自主地得到健康和谐的发展。人生而自由、平等，人在自然状态下，有得到充分自由发展的权利。父母只有发展孩子天性的职责，而没有束缚子女自由发展的权利。在家庭教育中，不能用父母的偏见、权威、需要、先例去制约孩子。那种过于关心子女的所谓教育，虽然"为了防止孩子感觉到自己的娇弱，却把孩子养得愈来愈娇弱；她希望他不遭受自然法则的危害，于是使他远离种种痛苦，可是没有想到，由于她一时使他少受一些折磨，却在遥远的将来，把多得多的灾难和危险积累在他的身上，没有想到这种谨小慎微的做法是多么残酷，它将使幼小时期的娇弱继续延长，到成人时受不住种种劳苦……她们使孩子沉浸在温柔舒适的生活里，所以实际是在给他们准备苦难"。这是卢梭历史性的忠告，却成了当今家庭教育中子女娇生惯养的写照。据中日家庭教育方式的比较研究，中国家庭在给子女的穿着等方面，过多地在保温保暖上关怀备至，而日本家庭却更注重子女意志上的磨炼。

卢梭主张的自然教育，不能理解为可以放任不管的、放羊式的自流教育，它是遵循自然法则，是"跟着它给你画出的道路前进"的生命教育。这种教育，"它在继续不断地锻炼孩子；它用各种各样的考验来磨炼他们的性情；它教他们从小就知道什么是烦恼和痛苦"。在"通过了这些考验，孩子便获得了力量；一到他们能够运用自己的生命时，生命的本源就更为坚实了"。由此可见，卢梭的自然教育是要求人们遵循孩子身心发展的规律，让他们在自然环境和社会环境中去经受锻炼和考验，从而获得主体生存能力，增强感受能力，发展生命活力的科学教育。

卢梭这一教育思想的提出，是考察了从柏拉图开始以来的教育历史后得出的科学结论。他一再强调，这不是"一个空想家对教育的幻想"，也不是一般意义上可有可无的教育要求，而是对人类而言是福还是祸的原则，这一教育原则是具有教育上的普遍性、永恒性和不可动摇性的基本原则。他告诫每一位父母都要遵循。

卢梭坚信这一教育思想的正确性，因为它"符合事物性质"，符合儿童身心发展的客观规律，是在遵循自然法则这一前提下提出的科学原则。"我们生来是软弱的，所以我们需要力量；我们生来是一无所有的，所以需要帮助；我们生来是愚昧的，所以需要判断的能力。我们在出生的时候所没有的东西，我们在长大的时候所需要的东西，全都要由教育赐予我们。"但是，这种教育也必须以遵循自然法则为依据。新生的婴儿需要伸展和活动他的四肢。你就不能用人为的手段来束缚他的手足，妨碍孩子增强体力和成长，"凡是用襁褓包裹孩子的地方，到处都可看到驼背的、瘸腿的、膝盖内弯的、患佝偻病的、患脊骨炎的以及各种各样畸形的人"。

卢梭的遵循自然法则论为新教育提供了理论基础。现代生理学、心理学、生态学等有关研究表明，这是科学的教育理论。因此，要使孩子得到健康成长，家长和教师必须掌握科学育儿的知识，树立科学的家庭教育观，遵循自然法则去教育儿童。

卢梭的自然教育原则，在家庭的情感教育中如何体现？我们认为可以从下列五个方面加以注意。

第一，自然教育是一种精心栽培的教育。它要求每个家庭应当如同细心的园丁那样去精心培育那心爱的花卉和柔嫩的幼苗。卢梭恳求慈爱的母亲们，要善于"保护这些正在成长的幼苗，使它不受人类的各种舆论的冲击；你要培育这棵幼树，给它浇浇水，使它不至于死亡"。"教育"的真正含义在于养育，应当将哺育、启蒙、教学融为一体，把教育、教导和训育结合起来，使孩子们能受到全方位的关怀。

第二，自然教育是一种和谐协调的教育。它不是单一性教育，而是要求与环境教育、人文教育结合起来。人的成长既受个体内在器官和智能发展的制约，也受周围物质世界和精神世界的影响，因此儿童的健康成长必须把个体自然发展的教育、周围物质世界的教育与人文精神教育结合起来，只有"把这三种教育融合一致"，才能达到理想的教育要求。

第三，自然教育是一种自主发展性教育。它不是强制、强迫性教育。"大自然具有增强孩子的身体和使之成长的办法，我们绝不能违反它的办法。当一个孩子想走的时候，我们就不应该硬要他待着不动，但是，如果他想待在那里，我们就不应逼着他去走。假如不用我们的错误去损害孩子的意志，他是绝不会做没有用处的事情的。只要他愿意,就让他跑跑跳跳、吵吵闹闹好了。他的一切运动,都是日益增强的身体所必需的;不过,我们应当提防他去做他力所不能及和必须由别人代替他做的事情。因此,我们要仔细地分辨哪些需要是他真正的需要,是自然的需要,哪些需要是由于他开始出现的幻想造成的,或者是由于我曾经谈到过的生活过于优裕引起的。"卢梭主张在家庭教育中,要尊重孩子的需要和意愿,使他们真正成为有自由意志者。"在所有一切财富中最为可贵的不是权威而是自由。"只要孩子们的需要和意愿不带有破坏性的因素,我们都应当给予尊重。这一教育主张不仅被当代主体哲学肯定,而且为国内兴起的愉快教育、兴趣教育、成功教育的实践所证明。

第四,自然教育是一种循序渐进的教育。它不是随心所欲的教育。世界是有序的世界,个体发展是有序的发展。在家庭教育中,千万不能打乱自然给予我们的有序的生态系统。"大自然希望儿童在成人以前,就要像儿童的样子。如果我们打乱了这个次序,我们就会造成一些早熟的果实,它们长得既不丰满也不甜美,而且很快就会腐烂。"儿童是有他特有的看法、想法和感情的,如果想用我们的看法、想法和感情去代替他们的看法、想法和感情,那简直是最愚蠢的事情。这会造成少年老成、老态龙钟的儿童和未老先衰的青年。所以,对孩子们要多讲身体的保护,对成年人要多讲道理的灌输,这才是自然次序的安排。只有按他们年龄的特点来进行循序渐进的教育,才能使他们身强力壮,根深叶茂,基础扎实,知深才高,为人善良。

第五,自然教育是一种有理有节有度的教育。卢梭认为,自然教育既要尊重子女的合理需要,尽可能给予必要的满足,使他们的情感得到健康发展,同时又具有理性所制约的意志锻炼。我们对孩子健康合理的需要,应当尽可能给予满足。"尽可能照他们的心意去办;而他们一切胡闹的要求和显示权威的行为,就应当一概拒绝。""给孩子的东西超过了他的需要,这样做,不仅没有减轻他们的柔弱程度,反而使他更加柔弱。而且,由于他们硬要孩子做那些连大自然也不要求他做的事情,由于他们要使孩子按照他们的心意使用自己需要的一点气力,由于孩子的柔弱和父母的钟爱,使他们的互相依赖变成了一方对他方的奴役,所以就愈来愈使孩子变得更柔弱。"

鲁迅对海婴的教育,就是提倡顺其自然,不强求于他。周海婴在接受记者采访时说:"我小时候,就喜欢动手、拆东西、自然科学一类的。父亲生前对我的成长也没有什么约束，没有告诉我该喜欢什么，不该喜欢什么。我的母亲也是这样，她没有告诉我一定要继承父志，当文学家。"周海婴现在有 4 个孩子，他们的专业好像都跟自己伟大的前辈关系不大。①

二、父母只有了解孩子，才能教育孩子

卢梭在《爱弥儿》一书中严肃地提出，作为父母要教育儿童，首先要对儿童好好地研究一番。"我可以很有把握地说，你对他们是完全不了解的。"作为教育者的父母，一定要了解孩子、尊重孩子。我们从来没有设身处地地揣摩过孩子们的心理。我们不了解他们的思想，常常将我们的思想当作他们的思想，而且，由于我们始终是按自己的理解去教育他们，所以我们认为正确的东西，在灌输给孩子时却常常成为荒唐和谬误的。我们一定要"尊重儿童，不要急于对他作出或好或坏的评判"，"轻率地对孩子们下断语的人，是往往会判断错误的！这种人反而比孩子们更加幼稚"。

卢梭提出了一个重要观点："儿童时期就是理性的睡眠"时期。在卢梭的教育思想中，他一贯主张尊重儿童的自然发展过程。与其让无知的父母匆匆忙忙地去管教自己的子女，倒不如让大自然先教导一段时期之后，他们再去接替更好。

卢梭主张在教育子女上，一定要慎之又慎，切不可草率从事，心血来潮，拔苗助长。如果你盲目从事，就容易做错，欲速则不达，"结果反而不如慎重前进的快"。"你不要学那些悭吝的人，他们一个铜子也舍不得花，结果是造成更大的损失。在童年时期牺牲一些时间，到长大的时候会加倍地收回来。聪明的医生绝不是那种一瞧病人就糊里糊涂下药的，他首先要研究了病人的体质之后才开药方；他虽然是晚一些时候才开始治疗病人，但可以把病人治好；反之，操之过急的医生是会把病人医死的。"

卢梭主张给孩子充分的时间去进行休闲、游戏和自由自在的活动。"他爱怎样做，就让他怎样做。"童年时代的休闲是享受大自然赋予他的快乐和自由，这可为今后达到完满成熟的境地打好基础。卢梭引用了柏拉图《理想国》中的观点来说明，通过节日、体操、唱歌和娱乐活动来教育孩子，可以达到在玩耍中

---

① 周海婴谈鲁迅[J].每周文摘,1997-04-01.

增长见识的效果。他规劝家长们:"你对这种所谓的懒怠状态不要那样担心害怕了。要是一个人为了把一生的时间全都拿来利用,就不去睡觉,你对这个人怎么看?你会说:'这个人是疯子;他不但没有享受他的时间,反而损失了他的时间,因为抛弃睡眠的结果,是奔向死亡。'所以,你要了解到这里的情况恰好相同,要了解到儿童时期就是理性的睡眠。"

卢梭上述论述为现代发展心理学所证明:儿童在智慧发展的过程中,婴幼儿与儿童时期是感知觉和情绪、情感发展的最佳时期,这些心理素质的发展正为理性的发展提供基础。正如皮亚杰研究成果所表明的,作为道德观念的祖国概念的形成是在12岁。在儿童早期,不应让孩子去掌握过多的伦理概念,而应以积累更多的生活感受体验为主。当他们对家乡对祖国的山山水水和周围的亲人有亲切的感受和体验时,这一切才为他们后来形成深刻的国家观念提供了条件和基础。

我们从接触到的许多家长咨询中获悉,家长往往埋怨自己的孩子学习不自觉,贪玩、好动……事实上,对孩子来说,玩也是一种学习,而且是一种动手动脑相结合的学习。卢梭认为,游戏才是大自然给予他们舒展自如的生活天地,儿童的娱乐是一种有趣味的艺术。皮亚杰也认为,儿童的智慧在手指上,在活动中可以增长才智。因此,我们要更多地研究儿童、了解儿童,要充分地认识到童年时期是人生的特殊时期,既是理性的睡眠时期,又是理性清醒成熟的前期,这是童年的梦幻期。如果损失了这一特殊的天真的梦幻期,就会使少年老成和青年早衰,造成终生遗憾和一生不幸。

卢梭主张要把幸福还给儿童的观点,与我国古代老子的"复归于婴儿"以及当代生态学提出的"回归自然"有很大的一致性、吻合性和同理性。

我国古代思想家老子在《道德经》中赞美婴幼儿的纯真,倡导"复归于婴儿",他赞扬婴儿的纯朴无邪、天真未凿之美。在老子眼中,婴儿具有纯真自然的天性,没有利害得失的计较,显示了人生之初的勃勃生机。当我们看到婴幼儿肌肤润泽、体骨柔软、声音稚正、无忧无虑时,我们就可以想到,这是生命之原初的躁动,生命力在扩张。它如同旭日东升,灿烂无比。卢梭在《爱弥儿》中表达的对儿童的尊重,实质上也是对自然生命力的尊重,是对自然敬畏感的一种体现。"教育孩子,在表面上看来好像很容易,而这种表面的容易,正是贻误孩子的原因所在。""只有当我们真正尊重他们的时候,我们就找到了与他们心灵交融的共同语言。"因此,要细心、精心和耐心地来教育他们。

卢梭在提出儿童正处于理性沉睡期时,不是要我们在教育上处于沉睡、休克状态,而恰恰相反,他要求我们重视婴幼儿的感知觉的发展和情绪、情感的培养。卢梭是早期教育的倡导者。"教育是承受生命的开始而开始的。"孩子在生下来之后,他已经是一个学生,不过他不是老师的学生,而是大自然的学生。父母应当在大自然的安排之下进行研究、哺育和指导。

总之,卢梭早期教育思想的基本要点是:"人的教育,在他出生的时候就开始。"这里所讲的教育,是一种"泛教育"的思想,即"对有生命和有感觉的生物来说,所有一切都是教育"。与此同时,他的早期教育思想中还提出了"危险期"的理念。他写道:"人生当中最危险的一段时间是从出生到12岁。"这里所说的危险,主要是指父母和老师要特别精心地给予爱护和保护,不能操之过急地去谩骂他和恐吓他。在教育上,要特别细心,不能喋喋不休地去训斥他们,而要让他的身体四肢和各种感觉器官得到运动和发展。"先让他的性格的种子自由自在地表现出来,不要对它有任何束缚,以便全面地详详细细地观察它。"卢梭的忠告不仅恳切,而且符合儿童自然发展的规律。

三、培育善良之心,既是立身之根,也是家庭教育之本

对子女的期望,总是寄托着父母美好的心愿和理想。可是,在现实生活中,父母的教育理想和美好的期望常常与子女的成长相悖。这是为什么?父母对子女的期望目标和教育要求在定向上有偏差:主观的随意性期望目标过多,而客观的研究性期望目标过少;人为的强制性的要求过多,道德情感上的根本性的要求过少。总之,对子女要求的整体定位偏高,而父母对自身素质要求却偏低;对实现期望目标的复杂过程想得过于简单,采用的教育方法也过于单一。以上一系列的反差因素,很容易使父母的期望变为失望,理想成为泡影。

卢梭在《爱弥儿》一书中提出了一个发人深省、引人注目的教育定向目标体系:要在自然状态中让孩子率性发展,使之在至善至美的体系中成为聪明和善良的人。"我的目的不是教给他各种各样的知识,而是教他怎样在需要的时候获取知识,是教他准确地估计知识的价值,是教他爱真理胜于一切。"父母要从小在子女的心灵上撒播理智和善良的种子,让他们具有爱己爱人之心。只有童

年时代有善良的同情心,长大之后才有仁慈的品质,才能成为富有道德情感的正直的公民。这既是一个人立身之根,也是家庭教育之本。

卢梭特别重视道德情感的培养。他认为在家庭教育中,要从小培养子女具有爱善的品质,做一个有良心的人。这对孩子本人以及家庭和社会都是极其重要的。他给予良心以高度的评价:"良心呀!良心!你是圣洁的本能,永不消逝的天国的声音,是你在妥妥当当地引导一个虽然是蒙昧无知,然而是聪明和自由的人,是你在不差不错地判断善恶,使人形同上帝!是你使人的天性善良和行为合乎道德。没有你,我就感觉不到我身上有优于禽兽的地方;没有你,我就只能按我没有条理的见解和没有准绳的理智可悲地做了一桩又一桩错事。"

在卢梭看来,良心是植根于心灵深处的正义和道德原则,它是善的源泉,美的体现,是灵魂的声音。良心是对于善的热爱和对于恶的痛恨,是道德情感的集中体现。同情心、怜悯心都来自良心。一个有良心者,能理解和体贴父母抚育的辛劳,对自己期望的心切,他由此会产生感恩之情和报恩之行。良心能激励自己懂得自尊自爱,勤奋学习;也会懂得关怀他人,在家尽孝,为国尽忠,为社会尽心尽责。因此,在家庭教育中,父母除了关怀子女身体健康之外,应当把培养具有仁慈善良的心看作父母的天职。

良心可以激励人,使人知善、爱善、行善。因此,我们要从小对孩子的善举行为加以奖励,养成先人后己的道德品质。"道德就是对秩序的爱。""哪里有情感和智慧,哪里就有某种道德的秩序。""好人是先众人而后自己。"这样的道德感情和道德行为正是美的体现。"再也没有什么东西比道德更可爱了。但是,为了要发现它的可爱,就必须照它去实践。"这就需要从小让孩子在接受父母及别人关怀的同时,要学会孝敬父母和关怀他人。只有这样,才能使我们的孩子变得更加聪明,更加善良。为了使我们在克尽天职的时候感到快乐,卢梭还诚恳地希望我们自己受到教育。这种教育在我们看来,也许是很令人厌烦、懊恼和辛苦的,但是为了孩子的未来,必须努力磨炼。要使孩子真正成为幸福、坚强和自由的人,必须"磨炼自己"。

卢梭笔下的爱弥儿经过 20 年的培养,终于长得体态匀称,身心两健,肌肉结实,手脚灵巧;他富于感情,富于理智,心地十分仁慈和善良;他有很好的品德,有很好的审美能力,既爱美又乐于为善;他摆脱了种种酷烈的欲念的支配和偏见的束缚,他一切都服从理智的法则,他一切都倾听友谊的声音;他具有许多有用的本领,而且还通晓几种艺术;他谋生的手段就是他的智慧、才能和双手,不管他到什么地方,都受到他人的欢迎。

儿童的善良品质和同情心需要在早期开始培养。母亲要亲自喂乳哺育,这种自然的情感将给孩子以心灵上的哺育。从小培养善良之心,是整个道德教育的基础。卢梭认为:"当儿童只意识到他自身时,他的行为并无道德意义;只有在他的意识扩及自身以外时,他才第一步形成善恶的情操,第二步形成善恶的观念。这两者便真正使他成为人,成为人类中善与人处的一分子。"只有这样,"善良的人可以凭他的美德而感到骄傲"。儿童若不明了他人的感情,便是只知自己的苦痛,而不知别人的苦痛,这不能成为有道德的人。只有设身处地去感受和体验别人痛苦,那"同情心便由此而生,这便是按照自然程序可以感动人心的最初的情操"。我们应当引起他的仁慈、善良、同情和宽厚之心,引起一切善的和使人注意的热情,这种热情可以阻止嫉妒、贪婪、仇恨等心理的生长。俄罗斯的革命者捷尔仁斯基也讲过:"人只有同情一个人的具体的不幸,才会同情整个社会的不幸。"同情心、怜悯感,是防止和克服儿童自私、冷漠情感的"解毒剂"。黑格尔认为,道德应从小根植于儿童情感之中。

儿童情感的形成,产生于父母对他的关怀、爱护与同情。儿童的同情心最初是父母同情心的反映。当父母看到孩子哭的时候,以关切的心情去抚摸他、安慰他、照料他,从这一种情感体会中,他得到安慰,到五六岁时,他看到父母不舒服时,也会以关切的感情来亲近父母:"妈妈,你身体不好,你休息,我不打扰你……"这种真实的情感形成于婴幼儿时期。

同情心实质上是把自己对痛苦的感受扩展到别人的身上。当这种同情心不仅表现在与亲人的关系上,而且上升为仁爱之心、与人为善的态度时,同情心就成为真正意义上高尚的道德感情。

毫无疑问,一个心地善良、从小富有同情心的人,他一定是一位爱真、爱善、爱美的人,既是有利于他人的人,同时也是自尊、自爱、自信、自强的人。这样的人,正是父母期望的,也是社会需要的。

有关卢梭在《爱弥儿》一书中表达的教育理念和主张,既与中国古代"天人合一"相似,又与当今倡导生态心理学、生态教育学,要求尊重儿童、青少年的身心发展规律,尊重自然、顺其自然相一致。时至今日,有专家还撰文认为,这是一种始于自然人的教育,终于理想社会公民培养的教育,它有鲜明的现代性特质。①

第三节　良好家庭氛围与儿童情感健康发展

社会心理学家勒温研究心理空间,提出了个体行为公式为 $B=f(PE)$。B 指行为,f 指函数,P 指人,E 指环境。用数学的术语说,B 是 PE 的函数。用通俗的话说,人的行为随着人与环境两个因素的变化而变化。勒温认为,这个环境不仅指客观环境,而且指心理环境。"比如,一个小孩子知道他的母亲在家或不知道他的母亲在家,他在花园中的游戏行为,便可随之而不同……"心理环境是指他们头脑里的环境,可以分为三类事实,即准物理的事实、准社会的事实和准概念的事实。② 在这基础上他提出了动力场理论。在他看来,心理现象如同物理现象,都是在一定的空间中运动的。这种心理空间不仅受当前的情境影响,而且受到过去的历史的因果链的影响和未来的期望因素的制约,因此这一心理场具有动力的性质,是过去、现在与未来的多因素的交织而形成的复杂的心理空间,是自我与环境组成的一种动力场。在这一心理场中,除了准物理的事实、准社会的事实和准概念的事实存在之外,还有心理动力中的方向力量和作用点的存在。这与个体的需求、愿望、情绪、情感状态有关。其中有吸引性的驱力,也有排拒性的斥力,还有向量因素的存在。这一切构成了个体情绪、态度、行为活动的动力结构。比如,母亲要孩子好好在家温习功课,不准他出去玩,可以把他锁在屋子里,也可以用说理的方法规劝他,使他服从规劝,在家学习。把他锁在屋子里是一种物理的阻碍,规劝他服从则是一种社会的障碍。这一系列复杂的因素,构成交互错综变化的种种情境和不同心态,产生了三种基本类型:一是处于两种具有同等吸引力的事物之间,但两者不可兼得的情境。比如,儿童想去看电视又想去参加同伴的野餐,因而产生鱼和熊掌不可兼得的情境。二是出于一引一拒、一正一负的矛盾情境。比如儿童要吃糖果,妈妈不准他吃,吃要受到惩罚,于是儿童就产生看到糖果要吃而怕惩罚的矛盾状态。

---

① 人大复印报刊资料《教育学》,2017(4).
② 转引自:高觉敷,主编.西方近代心理学[M].北京:人民教育出版社,1982:348.

三是处于两种具有同等排拒力的事物之间,但两者不可兼避的情境。比如,儿童被迫去做他不愿意做的工作,妈妈一定要他去做,不做又怕受到惩罚,因此产生了矛盾。这三种基本类型揭示了心理动力场中的各种矛盾情境引起的矛盾状态,为我们家庭中情感教育复杂性的认识提供了一种导向,它要求我们整体性地来看待家庭教育的种种环境。按照勒温的分析,心理生活空间可以分为几个部分,每个部分都有一个区域,给予个体不同的心理影响。

勒温的场论给我们家庭情感教育提供一个重要启迪:父母在给予子女的教育过程中,必须考虑在特定时间内,整个心理生活空间给予个体的心理上的总体影响。子女随着年龄的增长,知识经验的丰富,生活空间的扩大,心理结构也日趋复杂,要求加强教育的合力度。只有这样,才能使家庭情感教育达到理想的要求。那么,如何在家庭中进行情感教育?

一、创造一个和睦的家庭环境

家庭的和睦是子女健康情感发展的保证。在家庭生活中,子女的成长需要父母在生活目标和教育要求上一致。中国古语认为"家和万事兴"。著名的科学家居里夫人也说过:"一家人能亲密合作,才是世界上唯一的真正幸福。"父母之间在情感上的和谐相处,能为子女在心理空间上创造一种温馨、愉悦的安全环境,否则会增加心理上的恐慌、不安和焦虑。如果父母之间缺乏起码的信任和睦,"打架三六九,吵闹天天有",父母把怨恨发泄到子女身上,使幼小的心灵受到打击,精神处于严重的超负荷状态。孩子情绪的不稳定程度与父母争吵次数呈正相关。父母争吵,子女消极情绪占优势,容易愤怒、忧伤、烦闷和怨恨。孩子生活在不可预测的灾难之中,他们常做噩梦,哀痛、沮丧和绝望。为了子女的健康成长,父母双方应增强责任感,彼此要更多理解和体谅,彼此尊重、相互学习、共同为创造和睦家庭作出努力。

二、创造一个民主平等的家庭环境

父母与子女之间,虽然在年龄上有长幼之别,但在人格上是平等的。在彼此相处中,要以民主的态度,去理解和尊重孩子,允许子女发表不同意见。有些父母,为了能激发孩子的独立性和创造性,他们强调自己也有不足,并告诉孩子:他们也不是样样知晓,不是所有事情都会做,鼓励孩子长大后能超过自己,

"青出于蓝,而胜于蓝"。因此,亲子关系亲密而又融洽。来自开明家庭的孩子,好奇心和求知欲强,喜欢从事创造性与建设性的活动,性格开朗,容易合群,表达能力强,言谈自然,情绪稳定,能接受别人的领导,也能领导别人,注意倾听别人的意见,与人友善,人缘较佳。这都是民主平等的家庭环境熏陶的结果。

丰子恺在《缘缘堂随笔》中,记载了他尊重孩子的生动实例。他在《给我的孩子》和《送阿宝出黄金时代》等文章中,表露他对子女的钦佩,他佩服孩子的"真率"、自然与热情,赞美他们有强盛的创作欲。

创造民主平等的家庭氛围,必须做到以下三点。

1. 学会倾听

在传统的家庭中,父母拥有绝对的权威。受传统观念的影响,不少家庭习惯于"对孩子讲话,孩子要绝对听从父母",而很少"让孩子说话,父母要倾听子女讲话"。正因为如此,有不少孩子表达了这样一种"心声":"爸、妈,感谢你们多年来的教育之恩,但你们似乎不了解我。""请你们能真正了解我,而不要猜我正在想什么。""请你们听听我的倾诉,我也有我的烦恼……"

事实上,今日的少年儿童,由于外界环境的刺激增多,见识增长,常常有他们自己的见解,渴望有机会说出来,让家人共享他们的新发现;他们的情绪常常遭受打击,希望能有发泄的机会。这时候,如果父母不重视孩子的需要而忽略扮演听众的角色,不仅错过了许多帮助子女自己解决问题的机会,而且会使子女同样地不肯听父母说的话。

父母应把子女当作有独立人格的个体,不要把他们看作什么也不懂的"小东西"。作为父母,要多听听他们的意见,可以知道他们的种种想法,便于彼此思想上的沟通,可以更多地采用"相互倾听"的方式来创设家庭和谐的情感氛围。

情感心理学强调积极性倾听,这是指父母主动、积极地去倾听子女的种种诉说,并真情实意地与子女交谈,这样可以使子女得到心理上的满足,增强温暖感、信任感和亲切感,使他们在日后的人际交往中,也学会对别人尊重和关切,增强善解人意以及与人友好相处的能力。

2. 学会接纳

父母与子女,在同一个生活共同体之中,由于年龄、经历和角色地位的不同,所思、所想、所感也必然有所不同,因此时常有种种矛盾的存在。它产生的原因之一,是时空的差距和角色地位的相异。父母在与子女相处中常犯的错误是,忘掉了时空的差距和角色的相异,容易从单方面的意愿去要求子女,而忽视尊重、理解和接纳子女。

接纳是指父母在与子女交往中,要承认子女是一个具有独特性格的人,有他自身不同于他人(父母)的个性特征,有自尊、自信的品质,有个体独特的欲望和要求,有自我选择行动的自由,等等。父母要尊重子女。父母对子女的接纳,是培育子女爱己和爱人的良田沃土,这是一粒种子,可以在子女心田中萌发出自尊、自爱、自信、自强的美好品质。

父母要特别谨慎地对待子女的评价,不要以完全否定的词语来评价他们,必须给自己确定一条原则:"不对孩子本身进行全面的消极评价,只能对其中某一个具体行为作出恰当的批评和忠告。"

我们接纳孩子,是建立在承认孩子发展的基础上,即使是很差的孩子身上也有长处与优点。真正的爱子女,既不是无休无止地指责,也不是无视孩子身上的弱点和缺点,而是帮助子女,巩固自己的优点,去战胜和克服自身的弱点和不足。

接纳,要求父母能进行创造性的、鼓舞性的工作去塑造孩子新的形象。在接纳中,要求不评价孩子的个性,而只评价孩子的行为与动作。如果你骂自己孩子是笨蛋或懒虫,既不能促使他们改变自己的行为,又不能令他们真心接受父母的这种消极性、否定性的评价,只能造成他们与父母情感上的对立,产生自我否定。

我们要看到对子女的接纳态度可以形成他们对父母教育的愉悦感。不勉强子女去做他们能力所不及的事,鼓励孩子发挥潜能去得到成功的喜悦。受到父母接纳的孩子往往比较友善,乐于与人合作,情绪较为稳定,有较长的注意力、持久力和自我控制力,待人态度自然、坦率可靠,孩子会把对父母的好感转移到学校,形成良好的学习态度,有利于学习成绩的提高和良好性格的养成。

3. 学会尊重

做父母不仅要接纳,而且要进一步尊重子女的意愿和人格。千万不要认为子女年龄小不懂事,可以任意训斥和打骂。事实上,打骂不仅不会取得好的教育效果,相反会伤害子女的自尊心,有时会逼使子女误入歧途,说谎、逃学,其后果不堪设想。有个孩子在作文中写道:"从小学五年级起,每当我成绩退步时,爸爸就打我,有时我很不服气,他越打我,我越不想考好。每次看书时,想到父亲打我,我就厌学,而且门外就是爸爸妈妈看电视和聊天的声音,我根本看不下去。"也有不少孩子"希望父母不要在公共场合教训自己""不要在别人面前说自己的缺点",要给自己"留一点尊严"。事实上,促使子女改正不良行为,只能用耐心的态度,尊重子女的自尊心和自信心,与孩子一起分析不良行为产生的原因和后果,疏解害怕和对立的情绪,共同寻找克服的途径和办法,使子女感受到父母的关怀。总之,教育子女不要束缚,要解放;不要压制,要引导;不要训斥,要呵护。

三、创造一个丰富的文化环境和安静的学习环境

我国著名教育家陈鹤琴在《儿童应有良好的环境》一文中指出,生活环境的优美,能使孩子听到很好的音乐,会不知不觉地唱起歌来;看到美丽的图画,也会开始学画;看到别人说话文雅、走路轻快,也会慢慢儿说话文雅、走路轻快起来。因此,他强调要给孩子游戏的环境、音乐的环境和阅读的环境。"我们做父母的,应该尽量布置阅读的环境,使小孩子从小就喜欢看书。"还要父母作出榜样来提高孩子的阅读兴趣,养成喜欢阅读的良好习惯。[①]

我接触过一位少年朋友,她从2岁开始认字,4岁时就能阅读低幼读物,念小学二年级时,作文写得很好。到初中一年级时,日记写了近10万字。她不仅喜欢文学,而且爱好绘画、音乐、体育、英语,每次考试成绩都是名列前茅。她还是一名优秀的少先队干部,她乐于助人,性格开朗活泼,学习刻苦,颇有毅力,是一位品学兼优、全面发展的好学生。她的成长有一个重要的原因是,父母为她从小创造了一个良好的学习环境。父母从她2岁起就教她认字,3岁以后学看书,5岁去少年宫学画,到小学三年级带到区图书馆去看书、学习阅读和写作。父母不仅不惜成本为女儿买了许多书,还经常和她一起读书。从4岁起,《白雪公主》《丑小鸭》这些优美的童话,把她带进了神奇的童话世界,帮助她发展了想象力。这一文化氛围,使她得到艺术享受、精神熏陶和情感的培养,使她跳出了自己的小屋,"把世界当作自己的心灵",用双眼洞察世界,品味生活,寻找真谛,为她今后的发展奠定了基础。

---

① 陈鹤琴.陈鹤琴教育文集(上卷)[M].北京:北京出版社,1983:743-748.

四、创造人际交往的环境

根据儿童心理学的研究成果,儿童到三四岁时都想交朋友,不论大人如何努力与孩子做伴,儿童仍需要小伙伴。这是社交性需要的萌芽。而且,随着年龄的增长,这一社交性需要愈来愈强烈,如果父母不及时给予满足,就会逐渐枯萎,出现社交性贫乏症的心理缺陷。这与生物的用进废退原则是同样的道理。因此,父母要在家庭中为他(她)们寻找小朋友,以增进社会性交往,要带子女去走亲访友,包括到邻居家或自己的朋友家,去寻求子女的儿童伙伴。

第四节 父母爱与爱父母

从古到今,没有父母不爱自己的子女。俄罗斯著名思想家别林斯基曾这样描写母爱:"母亲对孩子是用自己的心、血、神经和自己的整个生命来疼爱的,她的爱首先是生理上的、天生的,因而她的爱是超越一切的,爱就是爱。她把胎儿怀在心脏的下面,用自己的血液孕育九个月,使他成长,她感觉到腹内最初的胎动,孩子和她是血肉相连的。然后,她在痛苦和恐惧中把孩子分娩到人间。正因为痛恨这种痛苦和恐惧,她就更加热爱自己的孩子。这个小小的、柔弱的、大哭大闹、不洁不净又不讲道理的小生命从出生的第一天起,就成了母亲最精心抚养和最周到照料的对象。她连孩子的丑陋也当作美丽来欣赏;孩子那满是褶皱的红皮肤能引起她亲吻,在他那毫无意义的微笑里,她简直能看出有意义的话语,而准备和他咿呀对话;她为那个小生命清理污物毫不厌恶;她俯身小床,彻夜不眠,仍能打起精神。她——可怜的母亲——将永远爱他,不论他是英俊还是丑陋,聪明还是愚笨,心地善良还是令人厌恶,道德高尚还是行为不端,声名显赫还是默默无闻……在子女的婴幼期,她是小天使的护士,而在子女的青年、成年乃至老年期内,她又是他们的朋友。为了子女,没有她不能作出的牺牲,孩子们的幸福就是她的幸福,孩子们的不幸就是她的不幸。没有什么比母亲更崇高、更无私。一切眷恋之情,一切爱恋之意,一切炽烈的激情,和母爱相比,或者相形见绌,或者难免有自私之嫌。"正因为如此,《钢铁是怎样炼成的》一书的作者奥斯特洛夫斯基说,母亲是"人世间最好的人,我们永远无法报答其恩情的人就是母亲"。

母亲,对每一个人来说——无论是大人还是小孩,年轻还是年老——都是世间最亲近的人。我们当中每个人的一切美德都源于母亲。从我们生命的第一天起,母亲就辛勤劳动,坚忍负重,劳神操心,把我们置于她的爱抚、关怀和温暖的怀抱之中。朱德在《回忆我的母亲》中说:"我爱我母亲,特别是她勤劳一生,很多事情是值得我永远回忆的。"①

这里需要我们从心理学角度来探讨父母爱的由来和它的本质等问题,让父母接受心理学和教育学的指导,具有爱的理论和爱的艺术,以便在家庭生活和孩子成长中,使父母爱朝着更加完美的方向发展,成为高层次、高水平、高质量的爱,在促进家庭幸福和子女健康成长方面发挥其积极功能。

一、母爱的研究

母爱,按其本质来说,具有自然天性的一面,只要是她的孩子,她就会无条件地给予爱护、关怀和体贴。这不仅因为孩子是爱情的结晶,而且十月怀胎本身就是爱的孕育过程。作为母亲,她把自己的一切自然地给予了腹中的胎儿。这种给予,不只是物质上的给予,更重要的是精神上的给予,包括母亲的特殊喜悦和为了胎儿健康成长创造的种种特优的心理环境。这种环境的创造,既是母爱的产生,也是母爱的训练。这一切为成长的婴儿提供了一种无条件的以至无私的母爱。婴儿降生之后,母亲给予的照顾和关怀,更是无微不至,这种爱具有震撼神灵和大地之伟力。

母爱的积极功能,来自她为孩子的生存和需要给予的无私奉献。这种奉献不仅给了孩子以生命,而且给了孩子一种善良美好的品质。正如冰心在《我的母亲》一文中所写的那样:"关于我的母亲,我写的不少了……我想,天下没有一个人,不认为自己的母亲是最好的母亲……她是最'无我'的人!我一直努力想以她为榜样,学些处世做人的道理,但我没有做到……"

大量的研究表明,母爱不仅具有自然性,更多的还有它的社会性。母爱的天性,常常表现为对婴儿早期情感上的冲动。随着孩子的成长,对母爱的社会

---

① 童宗盛,陈尔静,选编.名人学者忆母亲[M].北京:中国人民大学出版社,1991:1—2.

性、道德性和教育性的要求也愈来愈高。所以,有人认为:"只生不育,不能算是母亲。"高尔基也说过:"生孩子,母鸡也会的,但要教育孩子,那是很难很难的事。"这就需要学习、学习、再学习。

我们每个人的一切美德都和母亲的哺育分不开。因此,人们不知动用了多少暖人心房的辞藻来赞美母亲,用了多少美妙动听的歌曲来歌唱母亲。

可是,我们又会发现,母亲教育的内容和方式,应当随着子女的成长而发展,否则会产生意想不到的负面效应。尤其是孩子到了少年阶段,随着自我意识的发展、独立性的增强、第二次诞生期的来临,他们在心理上出现了"断乳"现象,表现为由对母亲的依恋转向疏远,由顺从转向倔强。这本身是可以理解的正常现象,作为母亲看到子女的成长应感到高兴。但不少母亲在心理上缺乏准备,在知识上很少了解,他们误以为子女远离父母亲要求成为一个完全独立的自我,认为不仁、不义、不孝,因而感到伤心,继而责怪孩子。这样就会造成子女的逆反情绪,从而扩大了母亲和子女之间的矛盾。

发展心理学研究表明,母亲的爱早期表现为给儿童以食物和温暖需要的满足,这是儿童早期情绪和认知发展的基础,母子之间"强烈的依恋为儿童以后情绪和社会性的健康发展提供了基础"。这种"依恋过程遭到严重的破坏,会使儿童以后的社会性发展发生问题"。[①] 可是,到了青少年时期,"独立性发展是青少年的一个中心任务"。孩子要求独立的动机和父母要求孩子继续依赖家庭的动机产生了强烈的矛盾,如果母亲不了解上述特点,就会导致孩子"怨恨母亲""从父母的敌意中逃脱出来"等非常事件的发生。这个年龄段的孩子,"他们要求父母的,只是父母对子女能保持友好的、理解的态度,父母在他们心目中仍不失为成人行为的范例"。子女独立负责精神的发展,需要的不是母亲童年时期的照料,而是更高层次的指导。他们要求的母爱"是一种不想为自己谋求任何东西的爱"。"慈爱的母亲的责任是承担分享的愿望——并且在分享后继续慈爱。""它要求毫无私心,要求具有'给予'一切,而除了被爱者的幸福外一无所求的精神。"[②]这种给予的基础是对子女成长的理解以及更高水平的照料和指导。

---

① (美)墨森,等.儿童发展和个性[M].缪小春,等译.上海:上海教育出版社,1990:129.
② 弗洛姆.爱的艺术[M].刘福堂,译.合肥:安徽文艺出版社,1986:43.

二、父爱的特点

母爱是伟大的,而父爱也是崇高的。从其形成和表现的特点来看,它们既有共同性,也有差异性。如果能科学地了解各自的特点,对于子女成长发展无疑十分重要。母爱和父爱都有一定血缘因素,孩子是他们爱情的结晶,有着先天性的遗传因子,这对于父母和子女之间建立特有的情感具有天然的纽带作用。加上孩子出生之后他们共同生活,决定了母亲是孩子的第一位老师,而父亲也是子女的最初的老师。在生活照料上,母亲要超过父亲,而在人格影响上,父亲的一言一行常常会给子女以极为深刻的印象,有时能持续一生。父亲的生活道路和社会经历由于种种的历史原因,常常会超过母亲的活动范围,具有更为广阔的开拓性和丰富性。父亲的生活道路是一本打开的生活教科书,给予子女以生活的启迪和行为的榜样。孩子从小以特殊的好奇心,用眼去读它,用心去体会它,用行动去模仿它。有人在研究母爱和父爱的各自特点时指出,母爱具有无条件性,它有更多的自然的本能性,而父爱具有更多的条件性,即"我爱你,因为你实现了我的愿望,因为你尽了职责,因为你像我"。这就是说父爱的本质在于服从和制约,他们要求孩子像自己,不仅在体形和脸形等方面要像自己,而且在行为动作、气质性格和思想观点、志趣爱好、成才道路等方面像自己。孩子越像自己,他们就会产生愈加强烈的爱心。父爱和母爱在表现的方式方法上,也有人分析过,有四个方面的不同:母爱比较细腻,父爱比较粗犷;母爱比较注重对子女身体上的照料,父爱比较注重精神上的关心和成才道路上的指导;母爱比较着眼于眼前,父爱比较着眼于未来;母亲以更多的情感方式感染和引导孩子,父爱以更多的理智和行为来教育孩子。

我曾访问过一位全国优秀教师,他认为父爱更多的是关心子女成长。他在女儿进初中时,当年花了几千元的积蓄,利用暑假独自带了女儿从上海到大连,再去北京、西安,给她以指导性的参观浏览。他的目的在于通过上述活动使孩子在精神上成熟得更快些,为未来成才打基础。他说:"我要使女儿从小能接受祖国大好河山的熏陶,培养爱国主义的思想感情,同时加深父女之间的情感交流和情操的培养。在日常生活中,他还表现出父爱特有的细心和精心。以指导女儿看电视为例,我采取积极主动的态度,当好辅导员。和女儿一起看电视,偏重于四种类型的节目。第一类是知识型的,《中华之最》《话说长江》及各地风光片;第二类是名著改编的影视剧,在看影视剧的同时向孩子推荐中外文学史上的不朽作品,如《红楼梦》《水浒传》《西游记》《简·爱》等;第三类是课本剧,如《范进中举》《鲁迅》《白求恩大夫》等;还有一类是陶冶型的,如《茜茜公主》。作为家长,我为孩子介绍有关作品的主题和背景,为她讲解不易看懂的情节,也帮她净化、剔除和吸收。这是我们做家长的一种职责,但也是一种精神上的享受。"

父爱与母爱相比,母爱较为外露,父爱较为内隐。有人写道:"父亲难当,他像冰箱里的光,人们对此司空见惯,但没人了解关门之后他们是什么样子。"我们需要进一步了解父爱。鲁迅在《我们怎样做父亲》一文中写道:"爱为'天性',要'用无我的爱'去对待自己的子女,要成为子女的'指导者、协商者'而不是命令者。要爱子女,首先要自爱。'凡是不爱己的人,实在欠缺做父亲的资格。'"因此,鲁迅提出,要做解放子女的父亲,就要一种能力,要使自己"有广博的趣味,高尚的娱乐","自己背着因袭的重担,肩住了黑暗的闸门,放他们到宽阔光明的地方去;此后幸福地度日,合理地做人"。鲁迅自己就是用这种爱来关怀海婴成长的。海婴小时候非常喜欢集邮,鲁迅从国内外朋友的来信上小心翼翼地揭下邮票,交给孩子收藏。日子久了,海婴收藏的邮票越来越丰富,他指着一张张邮票画面向父亲提出各种各样的问题,鲁迅总是耐心地解答,绘声绘色地讲述。海婴听得入了迷,并从中得到知识,也了解到当时革命艰苦卓绝的历程,受到深刻的教益。

三、爱父母之情的培育

爱父母在我国教育发展史上有着光辉的篇章,孝敬父母是中华民族的传统美德。父母对自己的养育之恩,子女要有报答之情。革命老人谢觉哉曾指出:"要告诉青年们,侍奉老人不是封建,不是资产阶级思想,而是人类的美德,是社会主义社会崇高的美德。"侍奉老人、热爱父母的美德需要从小培养。

对父母的爱,最早始于婴儿时期。母亲和儿童之间关键性的"联系"过程发生在出生后第一个小时。美国医院实行把婴儿放在隔离育儿室里,只是在需要喂奶时才被带到母亲那里。这种做法遭到了严厉的批评,因为它妨碍了产后第一个小时里母婴感情的建立。批评的结果是使有些医院现在允许婴儿出生后立即与母亲在一起,"同房同住",婴儿在母亲房内,而不是放在新生儿育儿室。

上海国际和平妇幼保健院也实行婴儿出生后"母子同室"制度。有关研究还表明,婴儿对母亲的依恋感产生于"向母亲处获得饥饿的满足、舒适、温暖和支持的结果"。人类的发展取决于最初的家庭依恋。随着儿童年龄的增长,他们与父母之间的情感也得到了进一步的发展。但是,这种发展完全是自发的,它需要引导。我们在有关的实验学校作了"你了解父母吗?""你知道父母辛苦吗"的问卷测试,发现许多子女对父母的工作、学习不甚了解。有半数以上的孩子不关心父母,不尊敬老人,绝大多数孩子不肯做家务,他们从来没有想到过要爱父母,对为什么要爱父母他们更是茫然。有的孩子说:"爸爸经常外出,我不爱爸爸。"针对上述情况,有关实验班级的老师引导学生观察父母在家操持家务和参加业余学习的情景,通过询问了解父母在工作中的辛勤劳动、为祖国建设作出贡献的情况,在广泛了解的基础上,利用晨会、周会、班会等教育阵地组织了专题交流:"爸爸妈妈的星期天""爸爸妈妈辛苦我知道"等。对父母的了解激起了学生对自己父母的爱。正如一位中学生在日记中写的那样:"每一个活着的人,都是由他们的父母千辛万苦地抚养长大的。从一个刚出世的婴儿到抚养成人,父母不知要耗费多少心血和精力。因此,热爱父母、孝敬父母,应当成为每一个人最起码的道德规范。我过去年幼无知,对父母的艰辛不甚了解。现在,我作为一名中学生,当我见到父母一天一天在辛劳中衰老,但他们还在为我们的成长而日夜操劳时,爱父母之情油然而生。因此,我要把父母对我的爱转化为我对他们的孝,不仅在生活上要更多地照顾父母,在经济上要更多地体谅父母,而且在学习上、品德上不能辜负父母的期望。"

四、在家庭教育中,要注意父母对子女期望值的把握

期望作为人们对己对人的一种目标追求,人人有之。父母对子女抱有特殊的期望,这是人之常情。这种期望在中国几千年的历史发展中形成了一种特殊的民族传统心态。问题是:期望作为一种自我实现的预言和设想,对自己常常具有一种内在动机性的激励效应,而对他人的期望效应,常常不具有直接的激励效应,而是通过情境性的氛围影响,在认同和内化的过程中才能发挥鼓励性效应。

美国心理学家弗鲁姆在 1964 年出版的《工作与激励》一书中提出一种激励模式:激励力量=目标效价×期望概率。所谓目标效价是指达到目标对个人

有多大价值。价值越大,激励力量就越强,当然目标效价会因人而异。期望概率是指一个人对实现目标的可能性大小的判断。若估计目标实现的可能性越大,激励的力量就越强。因此,期望动机的激发力量取决于目标效价的期望概率的乘积。只有当目标效价高并估计实现的可能性大时,才能对人具有更大的激励力量。罗森塔尔和雅各布森实验表明,教师的期望会影响学生的学习,这种影响是通过间接性的激励机制来发生作用的。有关研究报告指出,在人际关系的进程中,一个人对另一个行为的期望常常会成为该行为的一种重要的决定因素。关键要有一个转化的过程,即把父母的期望转化为子女自身的期望。

以上研究结果被称为"罗森塔尔效应",又称为"皮格马利翁效应",在中国有人称为"西施效应"。情人眼里出西施,教师眼里出人才。在家庭教育中,父母通过期望激励,孩子可以成长得比设想的还要好,我们可以称为"成长期望效应"。它通过父母的一言一行,一个欣赏的眼神,一个赞许的眼光,一个肯定性的手势……多方面给予信任、期望和鼓励,可以发挥传情、育爱、激励的功能。我认为,父母期望按其本质而言具有双重性,不仅将期望指向子女,而且还应当将期望指向自己,首先要使自己成为好父母,同时也期望子女成为好孩子、好学生和好公民。只有这样,才能真正发挥父母期望给予子女行为的激励效应。

但是,期望要把握一个度,不可过高过急,不能脱离各自的实际和环境的条件,一定要从各自自身的实际出发,提出"跳一跳可以摘桃子"的适中而略高的目标要求,以适性、适度的原则,循序渐进,通过父母的引导和支持,加上孩子自主的发展和努力,让期望成为现实,让梦想成真,求得家庭幸福和子女成人成才。

总之,爱作为一种高尚的道德情操,具有审美的功能。父母爱子女,子女爱父母,正是社会主义社会的人际关系在家庭中的体现,它是社会主义精神文明建设的细胞和基础之一。我们要让每一个家庭成为爱的花园,使每一个人都在团结友爱中生活和劳动,共同去创造更为幸福的明天!

第五节 家庭情感教育的实践体验

对子女与孙辈的教育,我有颇多感受和体验,下面选取若干实例谈谈自己的体会。

一、一个被人忽略的神秘世界

在家庭教育中,家长普遍重视孩子的智力发展和学习成绩,而忽视孩子的情感发展和教育。孩子的情感发展和教育遭受冷遇的原因有很多,我认为主要原因有两点。一是它异常复杂,无限纷繁,它与人的行为之间的联系常常使人迷惑不解,对情感的研究如同"瞎子摸象"。二是长期以来有这样的偏见:人是理智的实体,情感和情绪是动物性的、低下的现象。丹麦心理学家朗格曾这样描述:"情感在心理学中居灰姑娘的地位,为了姐姐——'智慧'和'意志'的利益,她不被母亲喜爱。"因此,情感被冷漠、被遗忘,这样,人的情感及其发展依然是一个神秘的世界。

人的情感发展是从依恋开始的。心理学研究表明,孩子的依恋对象是发展变化的。0—3 岁依恋母亲,3—6 岁依恋父亲,6—12 岁依恋老师,12—16 岁依恋伙伴,16—25 岁依恋异性。通常来说,这是孩子感情发展的关键期,若在这些关键期没有相应的感性经验,会严重影响日后情感的正常发展。我有一儿一女。儿子 7 个月大就被送到外婆家,由老岳母抚养成人。他与外婆的感情就特别好。女儿由我们自己带大。记得她 4 岁时,为买一双漂亮的价位便宜又称心的小皮鞋,我带着她,从沪东第三百货商店抱抱走走讲讲,一直到了南京路第一百货商店。这样一件充满爱心的往事,女儿 28 岁时还记得。现在女儿对我特别亲、特别好,经常帮我做些翻译资料、誊清打印书稿的工作,我真切地感到比喝了蜜还甜。这里很重要的感悟是,在孩子情感发展的关键期,给孩子以相应的爱的感受,这样孩子的情感才会得到健康的发展。

根据我的研究,情感的主要元素是爱己、爱人、爱家乡、爱国家。情感的核心是个"爱"字,所以也可将情感教育说成爱的教育。

我们期望家庭中的爱是双向的,父母爱孩子,孩子爱父母。然而,现实情况是,父母爱孩子,但孩子常常不爱父母。

为什么会出现父母爱孩子,而孩子不爱父母的情况呢?我以为,这与父母没有注意对孩子进行情感教育有关。他们对孩子的爱往往有这样三个倾向:一是单爱;二是偏爱;三是溺爱。所谓单爱就是指只是考虑把父母的爱单向地倾注于子女身上,而没有注意教育子女学会爱父母、尊敬长辈。偏爱是指在爱孩子的过程中,常常偏于生理需要上的满足和物质需要方面的给予,而在心理和精神需要方面的满足却考虑很少。溺爱是指对孩子迁就过多,百依百顺,使孩子养成目空一切、"以我为中心"等不良心理品质。①

二、漫长的破译

现代家庭教育最大的烦恼是什么?有调查认为,家长太难当。有的家长说,在孩子身上,精力花得不少,钱也没少花,但孩子的问题却越来越多,我们变得不会做家长了。有的家长说,教育太难,不知是孩子的问题,还是家长的问题。

我认为,主要是家长的问题。孩子就像本书,你读不懂他,怎么能当好家长呢?问题不在孩子身上,主要是在父母身上。

我为了能读懂孩子成长中的心理世界,破译他们的情感与情绪,受到英国生物学家达尔文、德国心理学家普莱尔、中国心理学家和教育家陈鹤琴等多人的启发,向他们学习,为女儿记成长日记,整整记了29年,真实地记录了孩子的发展心路与历程,这为研究家庭教育提供了一份反思性的教材。

女儿读初中时的某个暑假的一天,女儿的一个小伙伴到家里来玩。这小伙伴平时比较喜欢打扮,学习不太专心,她常来我家玩耍。这次她来了后,我怕会影响我女儿的学习,以要养成女儿午睡和做功课的习惯为理由,想方设法让她早点离开。这位小朋友虽然离开了我家,但是我女儿对此却极为反感、不满,她认为我歧视这位小伙伴,又哭又闹,不但拒绝午睡,还想以不做功课来反抗,也不听我的解释,并提出抗议:"你赶走我的小朋友,就是看不起我,讨厌我,以后对你的任何要求,我也坚决不听!"

对此,我没有生气,好言规劝,耐心解释:"午睡是好习惯,做功课是为了你好。"但我女儿就是不听,我当时感到十分纳闷,百思不得其解。后来,我通过情感心理学研究知道,孩子成长到12—16岁,他们依恋的对象发生了变化,由依恋父母和老师,转向依恋伙伴,这是社会性情感发展的重要时期。我反思后才明白:家庭教育不应管住孩子,不能只按父母的想法去制约子女,而应当学会理解和尊重她在成长中的情感需求与友谊交往,应让他们在自然、自主、自由的状态中融入社会,在社会和谐的环境中得到成长。我对女儿与这个小伙伴的交

---

① 一个被人忽略的神秘世界——特级教师梅仲孙谈家庭中情感教育[N].家庭教育报,1996-10-22.

往不应简单地制止,而要学会尊重和接纳。正确的做法应该是喜欢、欢迎她的到来,把她看成我们整个家庭生活中的一个成员,要像关心自己子女那样去关心孩子的小伙伴的成长,让他们在友好的交往中共同进步。我反思后改变了态度,欢迎她的小伙伴的光临,支持她们友好相处。数十年之后,我的子女在工作岗位上普遍反映他们与同事关系比较好,与人相处随和,也许与我们在他们少年时代尊重孩子之间的友情、友谊和友爱有关。

爱的传递,不可急于求成,只能潜移默化,只要精心耕耘,不怕没有收获。若要急于收获,这果实定会是苦涩的。在我女儿小学四年级的那个元旦的下午5时,我问女儿:"明天要上课了,你的作业做了没有?"她回答:"没有做。"我问:"为什么?"她说:"跑鞋洗了,今天下雨就未干,明天有体育课,不穿跑鞋,就不能去上课,在家做作业也可以!"我当即告诉女儿:"鞋子的事爸爸负责,做作业你负责。"女儿马上说:"跑鞋不能烘烤。"我就用大小不同的瓶子灌上热水里外熨烫。女儿一边看我熨烫跑鞋,一边做作业。最后,跑鞋干了,女儿说了声:"爸爸,谢谢您!"我拉住女儿,要她就此写一篇周记,结果女儿说了声:"去去!"理也不理。可是到了中学,女儿在作文中还是写下了这件事。情感的体验、深化、内化是需要时间的,不能立竿见影、求之过急。要学会耐心等待。①

三、母爱与父爱各有特殊功能,不可替代

2006年,我参加"0—3岁婴幼儿早期关心和发展的研究",完成了课题成果之一,撰写了《抚育者的眼睛——一位爷爷对孙子的心理解秘》,其中发现母爱与父爱具有不可替代性。以依恋为例,它是人类的印刻,是个体生存能力的特殊反应。儿童早期依恋感的形成和发展,对于他们未来一生的幸福,具有关键性的奠基作用。婴儿从6—7个月起,就开始对母亲有一种特殊的情感联结,一直延续到2岁。而2岁以后,他进入到依恋目标调整的伙伴阶段,因此6个月到2岁是婴儿恋母的关键时期。此时此刻,母爱特别重要。

根据我的观察研究,依恋的对象与重心随年龄成长而有所转移。北京大学教授孟昭兰在其著作《婴儿心理学》第九章第二节探讨言语发展环境时指出,在成人与婴儿进行语言交流中,父亲的作用不可忽视。她说:"人们发现,运用儿

---

① 详见:上海家庭报.1997-12-05.

语较多的为母亲,父亲在护理婴儿中担当辅助的角色。那么,对婴儿的言语获得方面,父亲则不只是起辅助作用。父亲更敏感于婴儿语言的数量和质量上的状况。母亲经常以婴儿的发音能力去向他们作出反应,母亲发出的词语平均长度与婴儿的相接近。父亲则不然。父亲使用的词汇比母亲更多样化,并成短语词的长度,更少去矫正婴儿的话,对婴儿设置更多的语言要求,从而推动婴儿语言的更高的操作水平上去发展。"

据我了解,现在不少母亲在使用词汇方面的丰富性和多样性不比父亲差,有时还会超过父亲。但是,从总体来看,父母在与婴儿进行语言交流时确有不同,由此,我联想到婴儿与父母的依恋状态和特点也有明显的不同。从我的观察来看,有两点特别显著。

第一,从时间上看,这几个月我发现我家的宝宝早晚与母亲亲近,而白天与父亲亲近。具体表现为:一清早醒来之后,他就喊妈妈,并依偎在妈妈身边,看着妈妈,显得十分温馨。妈妈要上班了,他总希望在妈妈身边多待一会儿,有时与妈妈分离时还要哭一场。当妈妈下班之后,他似乎早就盼望着了。到晚上七八点钟时,不仅要妈妈陪他睡觉,还希望妈妈能轻轻地拍他的肩膀,哼哼儿歌,让他在妈妈身边进入梦乡。可是白天,尤其是周六、周日,他更需要与爸爸在一起。特别在外出活动时,他总要爸爸抱,也许爸爸力气大,抱的时候较为轻松,有较强的舒适感。

第二,从活动的内容和方式来看,宝宝与妈妈在一起,常常更多的是受到妈妈在生活上的细心照料,除此之外较多的是听故事、唱儿歌、学认字等。而宝宝与爸爸在一起活动的内容就较广,方式也呈多样性,或是带他去看下围棋,或是与他一起踢小足球,或是与他一起玩电动车,有时还与宝宝一起在床上跌打滚爬,使宝宝感受到前所未有的痛快。有几天我家宝宝由爸爸带到外滩去看彩灯和烟花,还与他一起乘游艇观光浦江两岸的种种美景。这对还不满2岁的孩子来说其乐无穷,富有新鲜感并带有刺激性。此后两个月来,我发现这孩子叫爸爸的次数与过去相比,频率大有提高,与爸爸接触的亲密度也有明显的进步。随着宝宝年龄的增长,宝宝要求的活动内容也会不断拓展,爸爸给予他的活动机会也会比妈妈更多一些。宝宝对爸爸的感情也一定会不断增进,甚至有可能取代母亲。

可惜有不少年轻爸爸对此缺乏了解和认识,没有及时把握住这一恋父的重要时期。在日常生活中,我常常见到有的父亲今天有空或兴致高时,会与孩子多玩耍几次,而一旦工作忙或疲劳时,便会以不耐烦的态度来对待孩子。他不知道这样的态度会造成孩子对父亲的疏远,会影响孩子的情绪、情感以及日后交往行为和人格的发展。

有不少年轻的母亲抱怨,自己的丈夫将育儿的任务完全交给妻子;还时常责怪妻子太宠孩子,弄得妻子左右为难,无所适从。事实上,子女的抚育应该是父母共同承担的责任,从某种意义上来讲,父亲应参与更多的教养任务,尤其对男孩子,父亲在这一阶段的教育影响作用更大。女孩子恋父情结也是不可忽视的。

当宝宝进入自主感与自信心形成的阶段后(2岁以后),母爱的水平在于给予孩子以尊重和信任,好奇心的满足和同情心的培养。要知道,自由是婴幼儿的天性,我们要将自由、尊重和关爱给每一个孩子,让他们从小在自由中孕育创造,在尊重中培养自信,在关爱中得到健康成长。

鲁迅儿子周海婴在回忆录中深情地描述了他幼年时得到的种种父爱。听母亲说:"父亲原先不大喜欢看电影,为了我,他见到凡是适合儿童观看的电影,总是让我跟他去观看,或者也可以说由他专门陪着我去观看。"海婴还写道:"我幼时的玩具可谓不少,却是个玩具破坏者,凡是能拆卸的都拆卸过。目的有两个:其一是看内部结构,满足好奇心;其二是认为自己有把握装配复原。那年代会动的铁壳玩具,都是边角相互固定的,薄薄的马口铁片经不住反复弯折,纷纷断开,再也复原不了。所以我在一楼的玩具柜里,除了实心木制拆卸不了的,没有几件能够完整活动的。但父母从不阻止我这样做。"许广平在《鲁迅先生与海婴》一书中也说道:"顺其自然,竭力不多给他打击,甚或不愿拂逆他的喜爱,除非在极不能容忍、极不合理的某一程度之内。"

培育婴幼儿需要的是从容、宽容和等待,需要父母用爱心、细心、耐心和关心来关怀子女的成长,只有这样,才能使他们根深叶茂,茁壮成长。

第六节 情系晚辈,教育为本

祖辈教育、隔代教养,从现状看,各地各不相同。上海有一调查发现,家庭中祖辈参与幼儿教育的比率为75%左右。参与的时间与程度随晚辈年龄不同而有所不同。在婴儿期，一般以母亲与保姆为主，祖母、外祖母参与较多；幼儿期，祖父母与外祖父以参与幼儿园接送较多；小学阶段，上述情况还有，但逐步减少；中学阶段，随着孩子年龄的增长，自主性与独立性增强，父母与祖辈教育的方式和要求也发生了变化。

一、祖辈教育、隔代教养的利弊分析

从照顾孩子的现状看，大体可分六类：(1) 白天由祖辈照顾，晚上由父母照顾；(2) 平时由祖辈照顾，周六、周日由父母照顾；(3) 平时祖辈照顾为主，父母不定时回家来看看；(4) 日夜均由祖辈照顾，父母很少回家；(5) 由其他亲友照顾；(6) 还有全职妈妈或全职爸爸，由父母一方，停职居家照顾抚育子女，祖辈很少插手等。据了解，上海地区第一、二种情况较多，比例较高，达70%—80%。

研究认为，隔代教育对孩子成长的影响有利有弊。

正面影响大体有四点：(1) 由祖辈协助抚育孙子女，因有较多的时间陪伴小孩，能给予孩子有更多的安全感与亲切感；(2) 祖辈参与照顾孙子女，可减轻父母负担，父母上班也比较安心与放心；(3) 三代相处，有利于增强家庭和谐与欢乐；(4) 祖辈对孙辈一般都比较有耐心，孙辈可以在没有压力下，向祖辈学到良好的家风家教和社会化的生活经验。

祖辈抚育孙子女的负面影响，也有四点：(1) 体力上的问题，祖辈年纪较大，体力较差，在精力上常常无法胜任教养孙子女的责任；(2) 思想观念上的问题，祖孙身处时代背景不同，思想观念也有所不同，一般年老者比较保守，年轻一代倾向开放；(3) 语言沟通上的问题，时代变化很快，祖辈所有信息与表达的语言，守旧的较多，对从网络等新渠道中获得的信息没有孙辈多，因此缺乏共同语言，不能在同一水平上沟通；(4) 教育态度上，祖辈偏于溺爱与迁就，父母偏于严格要求与重于及早训练，两代人常为教育子女上的观念与态度不同而产生分歧和矛盾，甚至十分激烈，如果处理不当，会影响家庭和睦和孙辈的健康成长。

二、祖辈教育、家风影响和观察学习几则

中华民族历来重视家庭，尊老爱幼，勤俭持家，书香相传是中华民族传统美

德的良好家风。孩子成长要注重优良家风的发扬,要通过言传身教,让孩子在耳濡目染中,在好榜样的影响下,学会做人做事。祖辈教育资源丰富,加上幼儿心灵十分敏感,他们在与祖辈和父母共同生活中,时时刻刻关注着长者的一言一行、一举一动,不仅有感受,而且有模仿。学习心理学认为,这是观察性学习,儿童特别倾向于观察和模仿他们身边的亲人。他们通过观察和模仿可以学会各种各样的亲社会行为。良好的家风,常常以通过观察与模仿代代相传。"近来,神经科学家发现了为观察学习提供神经基础的镜像神经元,它位于与大脑运动的皮层相邻的额叶区。""镜像神经元有助于儿童移情能力和对他人心理状态的推测等品质的发展。""模仿可以影响儿童的发展。""要鼓励儿童读书,就要创造家庭的读书氛围",使他们在书香书海中得到健康成长。①

在我长达十多年对孙辈的跟踪个案研究中,以下三则案例给我印象深刻。

案例之一:《老太太真勤劳》

这是我的小外孙在我家四代同堂之时,于小学四年级写的一篇作文。

我家有一位老太太。她是我外婆的妈妈,虽然年纪已经94岁了,可还是十分勤劳。

我家的老太太一直是我家的"主厨"。每天晚上,她都要忙里忙外,一边在厨房烧菜,一边又要将烧好的菜端上桌。我们吃好饭后,老太太还要忙着收拾桌子、洗碗。虽然妈妈一直想帮她做,可她还是执意不肯。

今天,我们吃好饭后,老太太又"出场"了。她拿起脏碗,走进厨房。刚开始洗碗,她喜欢看的电视剧就开始了。我妈妈想让她去看电视,由妈妈洗碗。便来到老太太身旁,对她说:"你去看电视吧,我来洗碗。""不行,"老太太笑着回答,"洗好碗,收拾好桌子后,我再去看电视!"

妈妈见劝不动她老人家,只好搬出我,让我去劝老太太。我拉着老太太的袖口,一边说:"去看电视吧!"一边拉着她想往外走,可老太太执意不肯走。最后,妈妈只好和老太太商量:"你去收拾桌子,我来洗碗。"老太太想了又想,终于答应了。

从上面这个事例,足以看出老太太的勤劳,她放弃了看电视的机会,用来洗碗,收拾桌子,还不愿让小辈帮她做。她最常说的一句话是:"这样好,还可以活动一下筋骨。"

---

① (美)戴维·迈尔斯.心理学精要[M].黄希庭,等译.北京:人民邮电出版社,2009:200.

这就是我家的一位勤劳的老太太。

读后感：在老太太勤劳家风的影响下,我女儿变得十分勤快,小外孙专门写过《看妈妈烧菜》。"妈妈炒的青菜,带着油光、晶莹剔透,美味可口"。他也常下厨房,学做家务,如自制糟毛豆等,受到父母的表扬和鼓励。

案例之二:《我的爷爷》

这是小孙子在小学四年级时写的一篇短文。

我爷爷两鬓斑白,黑头发快没有了。但是,爷爷为了我的学习,十分关心,对我的作业,看得十分认真,常给我分析错题和纠正错题。

一天晚上,我半夜起来上厕所,看到爷爷卧室的灯还亮着,我一看时间,已是深夜11点钟了。我推开爷爷的卧室,看到爷爷还在分析我的作业,此时此刻,我的眼睛湿润了!我对爷爷说:"爷爷,太晚了,早点睡吧!明天再看也可以。"爷爷说:"没事、没事!身体好!晚一点睡没关系。"我听了想,爷爷为了我,深更半夜,还在分析我的作业,我激动得哭了!

第二天,我起床后,见到爷爷还在睡觉,我没有打扰他,轻轻地上学去了!

在上学的路上,我想:爷爷,你真好!为了我的学习,你日夜关心着我,我的好爷爷!谢谢你!

读后感:《我的爷爷》一文,记载着一个孩子在深更半夜亲眼看见的一个情境,看到爷爷在关心他的学习状况的具体情境,触景生情而哭了!写得情真意切,十分感人。

从社会心理学来分析家庭情境的影响,在这一特定的心理空间,特别是祖辈关切产生的特殊的心灵感动效应,被心理学称为晕轮效应。在个体社会化过程中,将某些印象扩展,以至感动。中国成语"爱屋及乌"正是晕轮效应的反映。①

我从孙子高一所写的作文《我与书》一文中看到:"我爷爷是一位对书痴迷的人。因此,我自己也可以说,是在书的海洋中长大的。由于这一原因,我从小就对书有一种深厚的感情。我看过《爱的教育》《钢铁是怎样炼成的》等许多书,它们告诉我,同学间要有纯真的友谊;一个人在成长中要有顽强的毅力。这一

---

① 林传鼎,等主编.心理学词典[M].南昌:江西科学技术出版社,1986:346.

切,都是书给我的精神营养,这与我受爷爷爱书的影响分不开。我要感激爷爷,感谢书给我的一切。"

孙辈童年时代的半夜情境,少年时代的爱书的影响,到青年时代正是开花结果之时。听他父亲说,他在大学得到奖学金,完成了美术设计的精美制作本,他首先想到要送给爷爷一本。

在家庭教育中,要有教育自信:"只要有耕耘,不怕没收获。"但要潜移默化,如同时雨春风,重于滋润熏陶,不可急于求成、立竿见影。孩子成长成熟成才,要有一个渐进的过程,因此要提倡慢教育。

案例之三:小外孙写有两篇作文,一是《"书虫"外公》,二是《外公,教育研究者》,写得很有意思。《"书虫"外公》写于小学二年级(上),写好后还对他妈妈说,书虫是打引号的!

"书虫"外公——我的外公是"书虫",我家里到处都是书。我的外公每天都要看很多书,看得很专心,也很投入。我的外公常常让我也看书,还让我划出好词好句和不懂的字。

"书虫"外公教了我很多知识。我们一起咬文嚼字。

(老师评语:"好一幅祖孙乐读的图画。"还批上五角星。)

还有一篇写于高中二年级(上),题目是《外公,教育研究者》。

外公,教育研究者

近来,外公正在写一本关于教育的书。他将两份与我有关的文稿给我阅读,一份名为"童趣的特点和兴趣的培养",另一份名为"内向型少年的特点和优势潜能的发挥"。读完后颇有感触。

外公,这位教育研究者,是一位"读人"的人。在文章中,他分析人的心理、人的成长。他的素材来自书籍文献,但更重要的素材来自孩子们、老师们的文章。他仔细地收集、整理了我从小学到高中的作文。在文中,他常常引用我的作文,通过我的话来分析我的情感,用我的实例来引证观点。例如,他用我小时候做实验的故事来引证童趣的探索性,用我写的《我最不喜欢听的一句话》来引证童趣的选择性。他还在"内向型少年的特点和优势潜能的发挥"中引用了我的两位初中老师受邀撰写的两篇文章,从另一个角度分析我的性格。

在剖析人的特点的同时,外公在探索如何用最好的方法去引导和教育孩子们。在"童趣的特点和兴趣的培养"中,外公在分析了童趣的性质与重要之处后,提出了几点反思,点出了童趣教育上的几个问题;在"内向型少年的特点和优势潜能的发挥"中,在分析了内向者与外向者的特点的同时,呼吁因材施教,不要忽视内向者的潜能。

外公经常向我要各种相关的资料,作文、考卷、教师评语,等等。其实,一方面是为了做研究,另一方面也是出于对我的关心。他经常在读完资料后与我交流。有时,他还会特地写一些感想给我,其间流露出对我的关切。当我写他生病时,他在感想中表达了病中对我的想念;当他阅读了我的教师评语时,又对评语中的内容做了研究。他曾写道"你为我提供了很好的精神食粮与精神支柱",令我很感动。

他既是我的外公,又是一位教育研究者,这是分不开的。正是出于对我以及对其他孩子的爱,他才能如此沉醉于教育事业,才能对教育作出深刻的探索。

读后感:《"书虫"外公》,写得生动形象,富有童心、童真与童趣,正如他的语文老师在批语中所写的那样:"好一幅祖孙乐读的图画。"当代亲职教育提倡建设学习型家庭,倡导祖孙、父母与孩子共同学习。我在学习型家庭生活中颇有感受和收获。小外孙从小学低年级开始,一直沉迷于阅读之中,他妈妈在寒暑假常带他去浦东图书馆,共享读书的快乐。他进初中后还当选了大队宣传委员,进高中后在数学建模、人工智能等方面颇有兴趣特长,被学校推荐去香港、深圳等地参加全国性智能竞赛,扩展科技视野,表现良好,这与他童年时期受到家庭学风的熏陶有关。

另一篇《外公,教育研究者》,也是一篇随笔。写对我研究的关心与支持,还作出了点评。这对我来说是一大支持。个案研究是对一个对象心理发展过程的系统研究,其中特别强调资料的收集,对其作品的分析。① 由于个案研究的复杂性,一般中学生出现心理闭锁期,他们的作文、随笔等不愿意给家人看,我听我女儿说孩子的作文他们也无法看到,可是,小外孙能主动地将他的作文、随笔给我送上,这是对我绝对的尊重、信任、理解和支持。为此,我不仅由衷地感激,而且真诚地向他表示学习。学习他对真、善、美的追求,学习他认真刻苦的

---

① 董奇,申继亮.心理与教育研究法[M].杭州:浙江教育出版社,2005:294.

学习态度,学习他对长者的信任与尊敬,我没有他的支持,我的教育科研不会如此顺利,案例不会那么生动、真实而又精彩。因此,我的《教育中的情和爱》一书也可以说是祖孙合作的产物,又是教育中的情和爱的融合,也是情与爱特有魅力的结晶!我相信:"没有爱,就没有教育。""有情有爱,教育才有生命!它是教育幸福感之源!"

三、在协调子女与孙辈中的作用

祖辈在家庭中的定位要摆正关系,不能"倚老卖老",中国古语说:"若要好,老做小","家以和为贵",要学会宽容、忍让和反思,要加强学习,向子女学习,向孙辈学习,不断提高自己的认知水平和协调能力。在教育孙辈上,我尊重子女,摆正关系,分清主次,他们是法定的监护人,是第一位的教育者;我们是保护者、抚育者,子女和孙辈有冲突时,祖辈可以发挥协调者的作用。

在我小外孙初中一年级上学期(12岁),他正处于独立性要求特别强烈时期。在这一阶段,他强烈要求各种活动和自己的一举一动,有更多的独立自主性,要摆脱小学生时期父母的种种保护。初中生常常对父母的种种过度保护非常反感,抱有逆反情绪,表现出反抗性行为。这是我事前就有所知晓的,但想不到来得那么快,而且如此激烈。

我小外孙刚进中学不久,与妈妈的冲突就发生了。事情的起因与过程是这样:我小外孙的祖上几代独子单传,他父母结婚之后,妈妈又长期不孕,但在名医名家的精心治疗下,妈妈终于怀孕了!全家喜出望外,这一小生命来之不易,大家都特别珍爱、珍惜和格外爱护。在他八个月之后,妈妈上班,将他托付给同一栋大楼里如同亲人似的邻居大妈妈照顾,持续了12年,彼此相处得很好!现在小外孙由小学生成为中学生之后,他的生理、心理和周围环境都有变化。他父母与大妈妈商量,还是请她继续接送,这样更为安全。起初一两个月还可以,后来这孩子看到他同学中像他那样由大人接送的人愈来愈少,有一天,他向妈妈提出要求,要独自回家,不要再由大妈妈接送。妈妈向他解释:是否还可以再延长一年,到初二再让他独自一人上学?对此,这孩子当场表示:"不行!"要求第二天起,就让他独自上学和独自回家,不要在校门口被人看到有人接送,使他难堪、难过。此时,他妈妈跟他商量是不是可以有一个过渡期。可是小外孙表示:"不行",要立刻执行。在相互争执过程中,他妈向他解释:由于他的小生命得来不易,因此要特别保护。此时,这孩子也据理力争!他说:"我也调查过,像我这样的情况,在班级同学中也有好几个。可是他们父母没有像我那样,由小学到初中有人一直到校门口来接送。"面对这一情况,他妈妈作了让步,提出到初一上学期结束再改变,让他初一下学期,独自回家,这时孩子马上说:"你讲的话是否算数?"此时此刻,我正在他们身边,我指出以下几点:(1)孩子要理解父母爱子心之真切,采用接送办法,纯粹是出于安全的考虑;(2)父母要理解孩子要求独自回家,是成长的表现,是要求自主自由的心态,应当给予肯定和尊重;(3)你妈妈提出由初二开始,改为初一下学期开始,有一个过渡期,也要理解和尊重父母;(4)最近两个月,请大妈妈不到校门口来接,而在地铁进口处接你,是否可取?

  小外孙的自尊心得到理解和尊重,他表示上述意见可以考虑。但是,他还是不放心!他说:妈妈讲的话,是否算数?不要到初一下学期又反悔。我当即表示,这由外公作保证。以本学期结束为准。到时,你们彼此尊重,所作的承诺,均不改变,到时如有变化,外公支持你!此时,他感到有外公支持,也很高兴。这一冲突在彼此理解和尊重中得到和解。

  有关孩子成长中的家庭冲突,是发展心理学和社会心理学都是十分关注的问题,处理不当,对孩子的成长会起负面作用,因此要谨慎对待。现代家庭教育学强调家庭成员的自主性和独立性。祖辈和子辈与孙辈之间要双向与多向交流和沟通,学会彼此理解和尊重,有冲突要用民主、协商的方式来解决,祖辈教育重在沟通。

  对上述事件,我有三点反思:(1)对孙辈的照顾,在方式方法上要与时俱进,要由重保护转向重理解、尊重和支持;(2)在冲突发生时,要在子女与孙辈之间,抱有相互尊重和倾听的心态,不可偏于一方,不可轻易表态,否则,会影响祖孙三代和谐相处的亲情关系;(3)在照顾和接送上,还要理解和尊重接送者的心态及关系的相处。大妈妈从孩子8个月带到12岁,不可说断就断,这是对接送者、照顾者的不尊重。我让外孙要学会理解和尊重从小照顾自己的护送者,这是礼貌,也是记恩、感恩和报恩,不可只想到自己的独立自主,而忘了过去曾经关心过自己的亲人般的抚育者。这种记恩和感恩比报恩更为重要,这是人情人性的基础,也是社会道德情感的资源。只有学会在自己的成长过程中,把亲人、亲友的点滴之情铭记于心,才有"滴水之恩涌泉相报"之情。将孩子培养成为有情有义者、知恩报恩者,需要从人与人的相处中,从点滴做起。只有铭记滴水之恩的道德记忆,才会有涌泉相报的道德之举。

以上之事,虽是小事,但从亲子教育的角度来看,它是大情大义者形成的基础。由于,上述问题处理得当妥帖,这孩子到高三,与大妈妈一家一直相处良好。

我们强调要精心精细精准地培育小树苗的成长,不可粗心大意,就要向苗圃里的育苗人学习。幼苗在风调雨顺中成长,需要家庭的和睦和谐,祖辈的教育功能要做家和的协调者、良好家风的传承者、孙辈合理需求的支持者和自主发展的保护者。

四、祖辈参与幼儿自理能力培养的细化研究

我于2008年与上海市浦东紫薇幼儿园曹湘瑜园长和朱玉梅老师一起,开展了祖辈参与幼儿自理能力培养的正负面影响和适切性关系研究。

1. 肯定祖辈参与幼儿自理能力培养的正面影响

第一,育儿经验丰富。祖辈有丰富的育儿实践经验,对孩子在不同年龄容易出现什么问题,应该怎样处理,知道的要比孩子的父母多得多。在幼儿自理方面,祖辈家长能给予悉心照料,细微之处尽显抚育经验的丰厚。如在孩子的穿着方面,年轻的父母往往优先考虑品牌款式,孩子穿着后的靓丽精神,祖辈则会考虑到服装面料的柔软度,孩子穿着后的方便舒适,孩子独立的解脱穿着是否方便;又如在孩子的饮食方面,年轻的父母可能将快餐文化延伸至家庭,孩子的饮食比较单一,祖辈则会兼顾多种品种和粗细食物合理搭配的餐饮习惯,保证孩子饮食的均衡,养成孩子不偏食的用餐好习惯等。事实证明,许多由祖辈带大的孩子,身体素质较好,发病率较少,在生活照顾和安全保障方面要强于其他孩子。

第二,情感丰富、耐心、时间充裕。祖辈有历尽人生沧桑后的返璞归真,会有一种"童心不灭之感",特别喜欢与孩子一起生活,享受含饴弄孙的天伦之乐。他们有充裕的时间和精力耐心地照顾孩子的生活。他们在长期的社会实践中积累了丰富的社会阅历和人生感情,普遍会认为孩子应在愉快、宽松的环境下学习与生活,不必要求过高。祖辈与孩子交流时,容易和孙辈建立融洽的感情。与祖辈相处的孩子在情绪上比较稳定,较少有焦虑、痛苦或害怕等不良情绪。

就如一位孩子的爸爸所说："祖辈抚育可能更优于父母，爷爷奶奶慈祥的爱、充足的时间和耐心是对父母教育的一种弥补。"在孩子自理生活的场景中，我们经常会听到父母对孩子的催促"快点、快点，要来不及了"，与其产生强烈反差的是爷爷奶奶对孩子的耐心"慢点、慢点，不着急"，祖辈们充裕的耐心，能为幼儿生活自理的锻炼营造出宽松的心理氛围。

第三，尊老情感激励。"尊老爱幼"自古就是中华美德，与祖辈相处的孩子沐浴着爷爷奶奶无尽的爱。在这长长的爱河中，孩子们的内心逐渐被感染，转化为祖孙之间的双向互爱。在合作研究中，家长们为我们提供了不少生动的事例。嘉嘉妈妈说："某一天，一件意外的事让我忽然发现，祖辈管带对孩子自理能力的影响也并不全是负面的。外婆的美尼尔氏症犯了，对我女儿说：'宝宝，你自己的事情自己做，好吗？外婆身体不好。'结果，我女儿自己穿好了衣服、鞋袜，自己刷牙，自己找出了面包，吃完了早餐，最后拿出了她心爱的玩具玩了起来。要知道在平时，这些都由外婆包办。连着几天她都有很好的表现，女儿说：'外婆年纪大了，头发白，生病了，宝宝的事情宝宝自己来做。'"祖辈抚育在一定程度上可以激发孩子尊敬长辈、关心弱者、促进角色转换，增强自理的愿望。若是把握"尊老"的良好契机，它是促进孩子自理能力发展的天赐良机。机不可失，时不再来。

2. 祖辈参与幼儿自理能力培养负面影响的分析

第一，溺爱中的"掠夺"。祖辈对孙辈普遍比较溺爱、纵容，疼爱的心态多于对晚辈严格要求的把握，他们常常把照顾孙子女视作一种娱乐、填补时间和相伴，这与他们当年做父辈时教养子女的责任心很不一样。不少祖辈对孙辈的爱，常常带有占有的成分，在时间和活动空间上有一种剥夺的成分存在。祖辈以老人的地位和不可遏止的简爱心情把晚辈的一切生活"掠夺"过来，从入睡到穿衣，从盥洗到整理，竭尽全力承办孩子生活中的一切事情，致使孩子失去了大量的自我锻炼机会。许多祖辈习惯于在孩子遇到困难时说："我来"而不是"你试试看"。在本课题研究的家庭生活录像中，我们看到楠楠的爷爷把洗脚水端进了房间，楠楠坐在小椅子上玩游戏机，爷爷脱下楠楠的鞋袜，为楠楠用毛巾擦脚，用手揉脚，还用脚底对脚底摩擦，洗完脚后爷爷还要闻闻孩子脱下的袜子，如果觉得有些异味，让楠楠的双脚搁在自己腿上给他换上新袜子。这一过程既有亲情的成分，也剥夺了孩子成长中自我锻炼的机遇。在"祖辈抚育大家谈"的征集中,乐乐的外公外婆说,我们也算是有文化有知识的人,年轻的时候只知道忙工作,不知道疼小孩,甚至他妈妈是怎么长大的都记不清了。现在有了第三代,感觉要把所有的爱都给他还嫌不够呢,隔代亲嘛!祖辈的过分溺爱,常常会"掠夺"幼儿生活自理能力的锻炼机会。孩子觉得想吃的食物只要开口即可,想穿的衣服只要伸手即得,想玩的玩具只要嚷嚷即有,如果一切来得如此简单,不需要通过自己的努力,习惯成自然,幼儿依赖心理就会日趋严重。

第二,方法中的"无奈"。祖孙两辈分别处于不同的年代,价值观一般较为保守的祖辈,以传统的教养方式养育现代社会中的幼儿,他们习惯采用"老一套"的方法教育孩子。在内容上,他们对孩子惯用"压""哄""骗";要求孩子"听话""安静""少动",结果发现孩子越来越不听话,越来越难管,他们深感自己力不从心,无可奈何,常常束手无策。如童童爷爷说,童童吃饭的时候经常随便吃几口就离开座位,钻到桌子底下玩会儿,或者吵着看动画片,要是不满足她的欲望与要求,她就不吃饭,甚至把嘴巴里的食物故意吐在地上。为了让童童多吃饭,无奈的爷爷往往就会千方百计地满足她的要求。"我们边看边吃,好吗?"这正中孩子的下怀。于是孩子一边看电视,爷爷就在她的身旁一边喂着她。直到一碗饭全部吃完,爷爷就会觉得很欣慰。又如曾经当过教师的易易奶奶说:"虽然我们过去长期从事教师工作,对于这些孩子成长中的一般道理和教育原则我们都懂,但具体落实到自己孙子的身上时就出现了偏差:孩子不肯吃饭时,我生怕饿着他,就一口一口地喂。孩子赖在床上不肯起床穿衣时,为了准时到园,就只能包办代替了。"现在的孩子既聪明又调皮,爷爷奶奶只能向他们"屈从""投降"。对于一般缺乏教育素养和教养技巧的祖辈,时常容易出现教养不当的情况,更会感到孩子抚育和培养中的无奈。

第三,育孙观的"偏颇"。幼儿成长过程中,有着身体、智力、情感、意志、性格和行为习惯的养成等诸多方面的因素存在。而在当代我国的家庭教育中,许多父母和祖辈在孩子入学前除了将主要精力花在对孩子生活起居的细致照顾和身体健康的全面保护上,想方设法让孩子吃好、穿暖、不生病之外,还尤为重视幼儿智力的早期开发,大部分家长和祖辈对孩子的智力发展甚为关注,重智轻育的现象不仅普遍存在,而且问题较为严重。对于幼儿生活自理能力的发展,不少祖辈的想法是"树大自然直""人大自然会"。如洋洋外婆说:"宝宝不愿单独睡觉的问题的确让人感到头痛,但哪个小孩不是这么过来的呢?以前大家的住房条件都不好,小孩不都是跟父母睡在一张床上长到很大了才分开的嘛!我女儿女婿经常嘴里喊着要让他自己睡,要独立,可是实际上并不这样做。我们也没有这样的要求,因为他妈妈小时候不也是和我们睡到快10岁才分开的,现在不也蛮好的吗?"思思外公说:"孩子现在毕竟还小,随着年龄一天天增长,自然会懂事,会独立的,到时你想帮忙他都不乐意呢。"祖辈育孙观上的这些"偏颇",使孩子在忙于认字学数、弹琴绘画的同时,享受着生活方面的全方位照顾,造成了幼儿自我服务能力发展上的相对缓慢及其他方面的缺陷。

隔代教育已经成为家庭教育的主要形态之一,已引起国内外的社会工作者和其他学科领域工作人员以及学者的兴趣和重视。祖辈照顾着幼儿的生活起居,与孩子父母、幼儿园教师共同成为幼儿生活自理能力的培养者。

3. 指导祖辈家长培养小班幼儿自理能力的策略研究

祖辈的教养方式,如何加以指导呢?

第一,在幼儿自理动作发展认知阶段,主要采取演示性策略。当小班孩子自理动作的发展处于认知阶段时,他们缺乏对具体动作的认识和理解,即使孩子有自理的兴趣,如果缺少自理的认知,就是想做也做不好。所以,要让幼儿做到生活自理,必须先通过演示,让他们获得关于该动作的某种"认知",并在头脑中形成和建立起关于生活情景的表象,明确生活自理的方法。祖辈家长可以将各类生活内容直观地演示给孩子看,要把自理动作的顺序、方法解释清楚,边讲边示范。如小班幼儿在洗漱方面的评估指标是学习正确洗手,其要求是饭前便后要洗手,洗得干净,不留脏物。期望幼儿独立自觉地完成这些基本动作显然很难,他们往往只是用水把手弄湿,就表示洗了。所以,我们和祖辈家长一起研究运用演示的方法配以言语,说明洗手一般有六个过程:卷起袖口,湿湿小手,擦擦肥皂,搓搓手心手背,清水冲冲,再用毛巾擦一擦。这六个动作的顺序要反复演示和练习,幼儿才能逐渐形成对洗手正确而又完整的动作表象,顺应了他们通过模仿掌握他人经验,习得良好行为习惯的特征。

第二,在幼儿自理动作发展联结阶段,主要采取分解式策略。对于逐渐摆脱完全依赖成人照顾生活的小班幼儿来说,亲自动手为自己服务并不是件容易的事,他们自理动作的发展继认知阶段后处于联结阶段。以日常的穿脱衣服为例,其中包括分辨正反、拉套袖口、系解纽扣、折叠摆放等许多动作顺序,幼儿需要将这些动作有机地结合起来,才能形成比较连贯的穿脱衣服动作。

爱孙心切的祖辈家长们与教师一起在案例中研究,以分解式策略的运用,帮助并促进小班幼儿在生活动作方面建立较为稳固的联结。如,一些祖辈对幼儿园的生活游戏,在培养幼儿穿脱衣服时将"系、解、扣"与穿脱衣服进行分解练习。情境式的分解练习,将穿脱衣服比较复杂的系列动作分解成局部动作,便于小班幼儿的接受和掌握。我们和祖辈们一起在分析生动的事例和直观的录像中捕捉并探析小班幼儿年龄特点与其生活自理能力发展之间的联系,积极运用适宜的指导策略,有意识地培养孩子日常生活中的自我服务能力。

第三,支持性策略。我们与祖辈家长在运用支持性策略的实践中,将对小班幼儿生活自理方面的支持主要归纳为两方面。一是环境方面的支持,如小班幼儿手部小肌肉群正处于逐步发展时期,吃饭的时候,应当有适当的盘、匙,使用普通碗是不适宜的。另外,在中国普通家庭,小孩吃饭的时候,缺少合适的桌椅,主要表现在成人进餐的桌椅偏高,而孩子的上身短,这样便很容易造成吃饭费力又不方便的尴尬局面,所以提供合理、舒适的桌椅是孩子愉快、自主用餐的重要条件。二是内容方面的支持,如在起居方面,小班幼儿达到的要求是安静入睡,不哭闹,会穿简单的衣裤,祖辈家长不必强求孩子学习系鞋带等逾越孩子学习能力范畴的动作,还需要考虑到幼儿不同的生活背景,不同的体质等差异情况。

第四,游戏性策略。游戏是一种基于个体内在需要的自主性活动,游戏是伴随幼儿成长的主要方式。小班这一年龄段的孩子,是以游戏为生命的,游戏可以让幼儿获得快乐、经验和健康。基于小班幼儿热爱游戏的特点,我和祖辈家长共同在培养孩子生活自理能力的过程中充分运用游戏性策略,在游戏情境中培养幼儿独立生活的能力,游戏性策略将幼儿的生活活动生动化、形象化、趣味化,更易让幼儿理解和接受,自然萌发孩子主动参与自理的愿望,在轻松愉快的游戏活动中提高自我服务的能力。

第五,鼓励性策略。两三岁的小孩子就喜欢"听好话",喜欢旁人称赞他,无论是教师还是祖辈家长都会强烈地感觉到孩子对赞扬的期望和喜爱。随着年龄的增长,这种喜欢嘉许的心理愈加浓厚。教育学家和心理学家普遍认为,赞扬是孩子成长的"催化剂"。孩子的努力得到了承认,自尊心得到了满足,会萌生幸福的体验。这种健康的幸福的体验,能进一步增加孩子的自信心和上进心,激发孩子采取更加积极的行动,去争取更大的进步。因此,祖辈家长在培养小班幼儿生活自理能力的过程中,广泛运用鼓励性策略。

4. 从祖辈抚育现状拟定策略

在小班幼儿自理能力的养成过程中,祖辈作为照料者,其教养方式和情感态度直接影响着孩子们的自理行为和生活习惯。为此,祖辈在分析目前抚育现状的过程中,从自身寻找培养幼儿自理能力的最佳策略,以科学的育儿观,促进幼儿良好生活习惯的养成。

第一,爱的适切性策略。每一位老人都深爱着自己的孙儿,但是因为爱的方式不同,对孩子自理能力的发展也产生了截然不同的影响。如果祖辈包办代替了幼儿的生活,随着年龄的增长,对孩子自理能力成长的消极作用也与日俱增,一分一分抹杀着孩子的独立性与自理能力。如果祖辈能让孩子自主发展沐浴在这种成熟的爱之中,就能给予孩子自由,成为自己生活中的小主人。

第二,坚持性策略。根据小班幼儿自理能力养成初期具有的不稳定因素,我们和祖辈家长认为对小班孩子生活自理能力的教育一定要持之以恒,既不能随意改变培养要求,也不能时时满足孩子的依赖想法。这样就不利于孩子良好生活习惯的养成,以至于影响孩子整体自理能力的发展。如坚持一致的要求,幼儿应当在固定的地方刷牙,不可以随意在任何地方洗刷,晚上入睡前刷牙,刷牙后不可以再进食。

5. 有关祖辈参与幼儿自理能力培养的思考与建议

第一,以发展的眼光看祖辈抚育。我们要与祖辈家长建立新型的合作关系,增进家园之间的相互交流,共促幼儿健康发展。同时,不应该因为对象是祖辈,便片面地重视如何培养幼儿良好生活、行为习惯方面的指导,而忽视或放弃认知、表达、情感教育等方面的指导。

第二,以孙辈的年龄段研究隔代教育。孙辈的年龄不同,生长发育、发展方向、教养目标也有不同的需求,不同年龄段儿童的隔代教育也有自己的特点和不同要求,家园双方都需要作进一步深入的调查和分析。幼儿年龄越小,家庭教育占据的影响力越大,早期家庭教育工作的重心并不是单一地放在幼儿对象上,而需要同时研究幼儿家长的教育方式,特别是不同年龄的家庭教育与隔代教育。此外,幼儿间的个体差异等方面也是我们需要再细致研究的问题。

第三,以两代协同教育促进幼儿发展。在祖辈与父母共同教育孩子的过程中,父母主动与祖辈沟通必不可少。隔代教育的本身并没有什么对错之分,彼此分担了儿辈的教育责任,还可以为老年人增添无穷的乐趣。作为年轻的爸爸妈妈,也应当主动承担育儿的任务,多与年老父母进行思想上的沟通交流,达成科学而又协同的教育模式,为孩子的健康成长提供条件,为孩子一生的发展奠定基础。

第八章

社会交往育真情与自主发展探究

交往是精神的享受,友谊是人生的幸福。
人类在交往中寻求安慰,获得价值,
美化心灵,陶冶情操,愉悦身心。

我在社会交往中接触过许多校长和教师,发现擅长与人交往的教师有很强的人格魅力和超常的交往能力。他们在与教师和学生交往中人见人爱,深受教师和学生们的喜欢。有新闻报道:上海市虹口实验学校胡培华校长用包容与尊重让每个孩子更优秀,用信任和鼓励让每个教师更自信。他善用审美者的眼光去发现教师身上的闪光点和学生潜能的生长点。有记者写道:"尽管是男校长,但他特别细腻,哪个老师生病了,哪个学生家有困难,甚至下雨哪儿的防滑垫没放上,经常都是他第一个发现。"在教师和学生眼里,胡校长是他们生活中最可亲的人。[①] 如何学会在社会生活中与人交往,是教育的一大课题,联合国教科文组织的有关报告中,学会交往被视为 21 世纪的通行证之一。

我研究过交往的内涵与功能,以及师生交往、生生交往等有关专题,现整理如下。

第一节　交往与儿童情感发展

一、交往的基本概念

交往是指人们运用语言或非语言符号交换意见、传达思想、表述感情和需要等的交流过程,包括物质交往和精神交往。它是人与人之间为了协调或联合力量去获得某种共同成果而进行的相互作用。交往时,每一个参与者都必须是积极的,他一方面要主动影响对方,另一方面要积极觉知对方的影响并作出适当的反应。

交往的基本职能在于:组织共同活动;形成彼此的关系;获得相互了解;求

---

① 新民晚报.2014-04-02,新民教育版.

得自身发展。因此,交往对儿童情感发展和人格形成具有关键性的作用。交往促进健康成长,而孤独会影响心理健康,造成病态反应。

交往的本质是一种活动,它由以下多种要素组成:(1)交往是有对象的活动,即有交往伙伴。交往伙伴在交往过程中表现出个性特征、行为风格、社会态度等品质,这是交往的具体对象。交往对象的选择,常常决定了交往活动的发展方向和交往的品位层次。(2)交往是有需要的活动。交往是由归属需要引起的一种生存性活动。交往中的主体需要认识和评价对方,并通过对方来认识和评价自己,这是自我认知的需要,也是认识他人、认识社会的需要。(3)交往是有动机驱使的活动。为什么要进行交往?人各有志,同者合,异者离。交往是执行动机的活动,动机水平愈高,交往品位也随之提高。(4)交往是动作参与的活动。有生活中相互照顾的交往,有游戏中的交往,有竞争,有协作,也有学习上手拉手式的交往。(5)交往是有任务有手段有成果的活动,它具有一定的目的,并采用相应的操作工具创造物质或精神产品。

从发生学角度来看,0—6岁是交往的发生发展期,6—12岁是交往友谊的形成期,12岁开始进入交往友谊发展的更高阶段。

儿童交往包括两个范畴:一是与成人的交往;二是与同伴的交往。由于交往的对象不同,他们在情感上发生的作用也各不相同。

二、儿童与成人交往及其在情感发展中的影响

儿童与成人交往的主要体验是摆脱孤独感。我们对婴儿的早期观察发现,2—3个月时,婴儿的哭除因饥饿和生理上不舒服之外,还由于需要依恋和安全,一旦有人走近婴儿的身旁,他的哭泣也会停止。

有人从需要入手研究个体交往的发生,提出判断儿童有无交往需要,进而判断儿童的行为是否属于交往行为的四条标准:(1)儿童是否注意对方,是否对他感兴趣即对方是否成为儿童社会知觉和认识积极性的对象。(2)是否出现对对方的情绪性行为,其中反映着儿童对对方的基本评价和态度。(3)是否产生以吸引对方的注意、向对方显示自己的能力为目的的主动性动作。这种动作中蕴含着儿童要对方了解自己,并通过其反应来认识自己的意图。(4)对他人的态度是否敏感。这体现着儿童对他人评价的知觉和自我评

价。如果儿童的行为同时符合以上四条标准,说明他已经具有了交往的需要。①

有研究表明,儿童的交往需要主要包括对各种新印象的需要、积极活动的需要、承认与支持的需要。这三个需要在交往动机中表现为三种基本类型:认识性交往动机、活动性交往动机和个性交往动机。

认识性交往动机是儿童在满足对新印象的需要的过程中产生的。自出生之日起,儿童就表现出对各种新印象的兴趣。成人作为新信息的源泉、认识活动的组织者成为儿童交往活动的动机。

活动性交往动机是在满足儿童积极活动需要的过程中形成的。每一个健康的儿童都有充沛的精力和强烈的活动需要。此时,需要成人作为行动榜样、合作伙伴和活动助手参与其中。

个性交往动机的满足是儿童得到他人承认与支持的需要。事实上,每个人都需要得到别人的承认和支持,这是精神需要的重要部分。童年期表现为需要成人的关心、理解和爱护。在儿童活动和成长中,成人始终是重要的关怀源泉和执行社会道德规则的法官与导师。

儿童在家庭生活中的主要交往对象是父母、祖父母、外祖父母和兄弟姐妹。研究表明,母亲在与子女的交往中,给予最多的是抚育、照料和丰富的情感反应,以及言语教导、具体示范、行为榜样、平时鼓励与错误纠正,等等。其中,母亲对婴幼儿的交往态度和丰富而又积极的情感交流,会对婴儿一生的良好人际关系和健康情感产生奠基性的影响。

父亲与子女的交往具有母亲不可代替的特殊作用。父子交往的内容偏重游戏、游玩和学习指导等活动,具有更多的认知性和活动性;方式上则偏重身体运动、户外活动和科技工艺性活动等,具有更大的活动量和更多的刺激性。父亲常在与子女的交往中成为子女游戏的伙伴、学习的指导者和品行的榜样。

儿童在与祖辈的交往中,常常会受到祖辈无微不至的关怀,既有安全感、关怀感,也有束缚感。由于祖辈照料的周全性,容易产生保护有余、放手不足的负面影响,造成孩子交往上的依赖性,进而影响儿童独立性的发展。

南京师范大学刘晶波博士对师生交往问题展开了专题性研究。她认为,交

---

① 冯晓霞.学前儿童的交往——利西娜个体交往发生理论简介[M]//学前心理学参考资料.北京:人民教育出版社,1991:357.

往具有互动性,"互动是人类个体生存发展的前提,是社会生活的基础","个体的心灵与自我是互动的产物"。在幼儿园与学校生活中,师生互动居各种人际互动的核心。有研究表明,教师在与儿童的交互作用中,自身的诚实以及对儿童的尊重与细心照顾对儿童的安全感、自信心,以及童年期对事物的积极探索都是必不可少的。儿童和教师有情感上的安全性关系,使儿童对同伴更为友好,更加爱交际,更容易为同伴所接受,并且在与同伴交往时很少表现出侵犯性行为。因此,建立温暖、亲近、关心、参与和支持型的师生关系特别重要。

学校中的师生交往更有特色。教师不仅是儿童学习、掌握各种科学知识与社会技能的指导者,而且是道德品质、行为规范的培育者。教师的教学水平、个性特征给学生以深刻的影响。调查发现,学生最喜欢的教师往往是讲课有趣、喜欢体育运动、严格、友善、耐心、公正、知识丰富、能为同学着想的教师。对教师的评价影响着学生对教师的反应,他们对自己喜欢的教师报以积极反应,极为重视自己喜欢的教师的评价,而往往对自己不喜欢的教师予以消极的反应,以至产生逆反性情绪反应。由此可见,在师生交往中,学生对教师的态度包含更多的情感成分,这要求教师努力保持与学生的良好关系,促进学生的健康成长。

三、儿童同伴交往与情感发展

研究表明,渴望与同伴一起活动,渴望得到同伴的承认和支持,是 7 岁前儿童交往需要的基本内容。因此,活动性动机和个性动机可以说是贯穿儿童发展过程始终的交往动机。由于儿童整个发展水平在有规律地变化,同伴交往的具体内容也随之改变,呈现出一些质的特点。表现为 2—4 岁儿童处于情绪实际性交往阶段,他们希望同伴参加自己的游戏娱乐活动,渴望在同伴面前表现自己。4—6 岁儿童处于情绪活动性交往阶段,他们在游戏中进行着双重交往:角色交往,即被扮演者(如"医生"和"病人")之间在想象情境中的交往;同伴交往,即角色的扮演者——儿童在现实情境中的交往。这两种交往交织在一起,以保证游戏顺利进行。这种交往可以促进儿童在活动中发展主动性与创造性,也可以增进儿童合作的愿望,有利于儿童社会知觉、交往技能和自我意识的发展,有利于儿童克服思维的自我中心化,有利于儿童认识和了解同伴的个性品质和能力特长。随着游戏和社会环境的变化，这个年龄段的儿童的同伴交往进入一个新水平。6—7岁儿童处于非情境活动性交往阶段。语言是非情境活动性交往的基本手段，小学生活以学习活动为主，语言成为入学儿童同伴交往的主要工具，同伴交往也进入了一个新阶段。

儿童进入小学后，同伴交往的频率和深度都有进一步的发展，他们跨入学校的同时，也进入了一个更为开阔的交往世界。小学生每天有很大一部分时间是在学校里度过的，他们接触的人和事更加丰富多彩。在同一个班级里，有来自不同类型、不同家庭经济条件的儿童，他们一起从事的活动更加多样，有学习、娱乐、劳动、体育运动和集体活动。儿童进行同伴交往的机会更多，交往形式也更多样，社会交互作用的形式和内容也日趋复杂和深刻。随着年龄增长，同伴交往给他们的情感及个性发展以越来越大的影响。

友谊感的增进是这一阶段同伴交往带来的主要成果。友谊是和亲近的同伴、同学等建立起来的特别的亲密关系。友谊与儿童情感发展关系紧密，它提供给儿童相互学习社会技能、交往、合作、自我控制，以及体验情绪和进行认识活动的机会，为以后的人际交往奠定基础。小学生重视与同伴建立友谊，当朋友在场时，其学习和活动会更加快乐。有研究表明，8—10岁儿童开始理解友谊是一种相互的关系，双方相互尊重、友好，充满情谊。儿童对友谊的认识在逐渐发展，6—7岁儿童认为朋友就是一起玩耍的伙伴；9—11岁的儿童强调相互同情和互相帮助，认为忠诚是朋友的重要特征，朋友关系应该是比较稳定的。

对于儿童同伴交往中的友谊发展，塞尔曼提出五个阶段：第一个阶段(3—7岁)，这是友谊不稳定阶段。第二个阶段(4—9岁)是单向帮助阶段，儿童要求朋友能够服从自己的愿望和要求。第三个阶段(6—12岁)是双向帮助但不能共患难的合作阶段。儿童对友谊的交互性有了一定的了解，但仍具有明显的功利性特点。第四个阶段(9—15岁)是亲密的共享阶段。儿童发展了朋友的概念，认为朋友之间要保持信任和忠诚，甘苦与共；在交往中能互相倾诉秘密，但有强烈的排他性和独占性。第五个阶段(12岁开始)是友谊发展的高峰阶段。表现为初中生的交往友谊更具选择性、亲密性和稳定性等特点，这是同性同伴敞开心扉交往的加速期，也是对父母、教师和异性同伴心理上的封闭的高峰期。青年初期的学生在心理方面最重要的发展是对同伴的亲密程度的增强，同伴交往的选择性和稳定性也同时有了飞跃性的增长。高中时期是交友的高峰期和关键期。这一阶段培养真诚、真挚的友谊极为重要。[1] 古希腊哲学家伊壁鸠鲁说过:"在智慧提供整个人生的一切幸福之中,以获得友谊为最重要。"

第二节 师生交往与师生之情

师生之爱是一种奇特而又美好的情感,它没有血缘关系,也不靠个人之间的利益关系来维持,素不相识却会一见如故,不是亲人却胜似亲人。在教师的眼中,学生代表着未来、希望和自己的理想;在学生的心目中,教师是父母,是兄姐,是知识的传授者、人格的塑造者,是新生活的引路人,是仿效的榜样。学生渴望得到教师的爱,教师也同样希望得到学生的爱。北京市优秀教师丁榕说:"师生之情是同志之情、姐妹之情、母子之情,它是纯朴的、有力的,它时刻鼓舞着我们。""我仿佛是跋涉千山万水的探矿者发现了宝贵的矿苗,又像是荒漠里的旅行者看到了渴望的甘泉……在孩子们身上,我找到了人世间最宝贵的东西——真诚。这珠玑似的真诚,不值得我为它献力献身吗?"可是,在实际生活中,师生间的相处既有甘泉,也有苦水。教师既有因学生对自己的亲近和信赖而带来的温暖和慰藉,也有因学生无礼而感到难以忍受的委屈,甚至是心酸、心痛和心碎。而学生也常常有他们难言的苦闷,有时甚至会难过地流泪,他们在呼喊:"老师,请您把爱给予您的每个学生。"对于师生之间的这种复杂情感,我们需要从社会心理学、教育心理学和整个教育发展的大背景来加以审视和提高。

一、师生爱的本质是什么

师生爱是一种特殊的社会性情感。它不同于父母和子女间的血缘爱、兄弟姐妹间的同胞爱,是一种无私而又崇高的事业爱、理想爱、奉献爱。它凝结着教师对理想的憧憬,对真善美的追求,对自身价值的尊重。瑞士教育家裴斯泰洛齐正是这样。他青年时代受卢梭教育思想的影响,决心改造社会,立志将个人生命献给自己的理想。他用自己的家产和积蓄去创办孤儿院,为贫困儿童接受

---

[1] 转引自:王耘,等.小学生心理学[M].杭州:浙江教育出版社,1993:300.

教育、过幸福生活付出了不懈努力。当年刚入院的儿童的健康和道德状况很差,他们面黄肌瘦,身体羸弱,衣衫褴褛,虱子累累;受流浪生活的影响,他们扒窃、赌博、斗殴、狡诈成性;他们的眼睛里充满着怀疑、恐惧、仇恨、愤怒……面对这一切,裴斯泰洛齐没有不安和失望,他认为这不是儿童的天性,而是社会给他们心灵带来的创伤。他对儿童的未来抱有无限希望,对自己的事业充满信心,他决心成为这些儿童的父亲、保姆、教师和仆人。他给儿童实施爱的教育,激发他们的良知,培养他们善良的情感和团结友爱、互助合作的精神。他尊重儿童的个性和人格,发展他们的自主精神,让他们在生活中自我服务,自己管理自己。他还使孤儿院的教育和生活家庭化,他与儿童一起吃住,一起劳动。他教儿童识字、读书和计算,带他们到工厂参观,常常和他们一起谈心。经过数月努力,儿童的健康和道德有了改善,他的工作也因此得到了社会的赞扬。他在给友人的信中写道:"我生活在儿童中间,从早到晚和他们在一起,照顾他们的生活,教育他们,鼓励他们,给他们以温暖和爱,教他们学习和劳动,增长他们的智慧和活力,教他们懂得人的尊严,尊重自己,也尊重别人,诚实、善良、公正,同情别人的痛苦和不幸,帮助受难者。""我的热情如同春天的太阳,给孩子们以幸福和欢乐。他们生病时,我在他们身边;他们健康时,我也在他们身边;他们睡觉时,我仍在他们身边。我最后一个睡觉,第一个起身。""我生活在他们中间,我的手握着他们的手,我的脉搏和他们的脉搏一起跳动;我的眼睛注视着他们的眼睛,我的眼泪和他们的眼泪同流;我和他们共欢笑。""我时刻注视着每一个孩子心灵的细微变化;我的心向每一个孩子敞开着。""我没有一切,只有他们。"①

从上述朴实无华的话语中,我们可以看到裴斯泰洛齐对教育事业的忠诚,对儿童赤诚的爱。在他的爱心感召下,儿童得到了健康成长。学校生活充满欢乐,没有争吵,不用惩罚,儿童能自己管理自己,他们对学校所教的功课极感兴趣。师生关系质朴自然,亲如家人。参观者络绎不绝,仰慕之情溢于言表。裴斯泰洛齐的理想、精神和事业得到了发扬光大。

教师对学生的无私的爱,在我国广大教师中,尤其在优秀教师中十分普遍,他们视此为天职,已成为性格的一部分。西南师范学院的刘兆吉教授曾对120名优秀教师和模范班主任的心理特点进行专题研究,其结果表明,100%的教师

---

① 转引自:戴本博,张法琨,主编.外国教育史[M].北京:人民教育出版社,1990:235.

对学生有深厚的情感,在学生中有很高的威信。他们和学生之间有着鱼水之情。一个学生因触电右手致残,教师手把手教他用左手写字,连大小便都帮助他解裤带,终于把这个残疾学生教育为有成就的人。家长感动得流着泪对教师说:"您又当老师又当妈妈,为孩子操尽了心呀!"教师把满腔热情倾注在学生身上,学生也乐于向教师倾诉自己的烦恼,接受教师的教育和指导。其亲融融,其乐无穷!

师生爱作为一种特殊的社会性情感,在未来教育发展中,将愈来愈发挥它独特的社会功能。据相关教育心理学研究成果,情感在个体的整个心理活动中,起着调节、组织、导向和动力作用,它的发展对个体的认知、行为乃至身心健康发展都有制约和促进作用。过去学校教育的传统模式是重知识传授而忽视了情感培养。因此,不少国家在20世纪70年代开始普遍重视情感教育在学校教育中的地位和作用,把师生互爱的研究列为重要课题进行实验探索。据有关方面的预测,未来的世纪将是情感教育进一步发展的世纪,这是由高科技带来人的高情感、高需求、高目标的总趋势决定的。为此,如何在学校生活中把师生互爱的水平提升到一个新高度,已成为提高教育质量的关键之一。

二、师爱能力的提高

有位优秀教师在学习了弗洛姆《爱的艺术》一书之后,结合自己的教育感受,在日记中写道:"我爱教师工作,我爱我的学生,篇篇日记引起我多少幸福的回忆,激起我多少情感的波澜。我是失去得太多而得到得太少了吗?我是照亮了别人而毁灭了自己吗?不!不是的。弗洛姆认为:'爱不是一个人偶然幸运地体验并"陶醉"的一种纯粹快感,而是一门艺术,一门需要知识和努力才能学会的艺术。它的基础是给予、关心、责任感、尊重和了解。爱与其说是一种情感,毋宁说是一种能力、一种态度。'"[①]国外一份研究报告认为,一个教师必须具备10多种能力,包括观察力、想象力、注意分配能力和语言表达能力等,而首要的能力就是爱生的能力。他们认为,教师对学生的爱是一种理智的爱,积极肯定的爱,激励学生奋发的爱。[②]这种爱的能力,包括对学生的识别和发现的能力、理解和尊重的能力、沟通和倾听的能力,以及自我剖析的能力等。

---

① 丁榕.情感、科学、艺术——班主任工作手记[M].北京:光明日报出版社,1990:1.
② 转引自:瞿葆奎,主编.教育学文集·教育[M].北京:人民教育出版社,1991:223.

1. 识别和发现的能力

爱学生,首先要识别和发现学生。教育心理学认为,树立正确的学生观,是建立良好师生关系,产生师爱的基础。不管教师是否自觉,他们特有的学生观会影响他们的教育态度和教育方式,会支配他们的行为,会制约教师角色的体现。有一种评价性的学生观认为,教师要排除情感因素去纯粹客观地评价学生。在他们眼中,学生总是那样调皮、愚笨和不可教育。持这种观念的教师看到学生不是胆怯就是厌烦,他们要求学生言听计从、唯唯诺诺。一旦发现学生听课时有小动作出现,就会训斥他们:"你们不愿听,就给我滚出去。"或处罚他们:"给我站出来。"他们处处与学生相悖而行,这必然造成师生关系的对立和紧张。而另一种是移情性的学生观。持这种观点的教师认为,学生是可爱的,没有教育不好的学生,教师应该设身处地地检验学生的所作所为。他们承认学生尊敬教师,乐意接受教师教导,希望得到教师的注意、重视、关怀和鼓励;同时又看到学生是独立的个体,有强烈的自信心和自尊感,不愿任人摆布和驱使,表现出顽强的独立性。这样的教师对聪明的、笨拙的、听话的或顽皮的学生,都能以同情、真诚、热爱和关怀的态度对待,成功地扮演了教师的角色。许多优秀教师身上有一个共同的特点,他们认为,学生尽管有不少毛病,有时甚至惹人生气、讨厌,但从本质来看,他们既能通情又能达理,都有不同程度的闪光点在闪耀。因此,问题在于我们是否善于发现,能否把点点滴滴的闪光点凝聚成强大的光源,去照亮他们前进的道路,而这正是教师识别力的高低所在。

2. 理解和尊重的能力

教师对自己角色地位的认知以他人的角色地位作为参照。具有清晰角色观念的教师能够使自我角色期望与对他人的角色期望相一致,因而能够客观地看待学生,不先入为主,不以偏概全,避免主观随意性,做到心胸豁达。这样的教师能够灵活地对待学生,善于改变自己的参照系,容纳与自己不同的见解、思想、情感和价值观,理解与自己原有参照系并不完全一致的学生行为,并能理解在身体、智力、感知、运动、社交和情感等方面各自有异的学生。为了能更深刻地理解学生,教师要深入学生的内心世界,体验他们的情感,并把自己的情感倾注在学生身上,使自己在情感上处于学生的地位,处处为学生着想。在与学生的相处中,理解是尊重的基础,尊重是打开学生心扉的钥匙,是发展他们潜能的动力。即使是对小学低年级儿童,也要尊重他们的人格,尊重他们的努力,信任他们的能力,使他们从小具有自尊、自信、自强的自我形象,长大之后能以这种形象勇敢地走向社会。

3. 沟通和倾听的能力

在师生交往中,由于彼此的地位不同、年龄不同、经历不同,常常会产生不同的兴趣爱好和价值取向,以至形成代沟。这就需要通过谈心等方式,相互交换意见,达到在认知、欲望和态度上的相互了解,求得某些共识。不少优秀教师主张要在学生中多交几个朋友,使自己更多地了解学生心理、生理的特点和变化,了解他们思想发展的轨迹和走向,让学生乐于打开思想的门窗,向自己倾吐内心深处的秘密,从而摸准他们思想运行的脉搏,把握教育的时机和分寸,达到最佳的教育效果。为此,在师生沟通过程中,教师需要学会倾听学生的诉说,这本身就是对学生的尊重和热爱。教育心理学认为,在倾听中应创造一种安全、非评价性的环境,让对方放心地表达他的思想和感受。在这一过程中,教师应十分重视学生的意见,认真地听取,不要轻易打断学生的讲话,而且尽可能对学生提出的不同意见和种种建议作出诚恳的回应,使师生情感的沟通达到最高水平。

4. 自我剖析的能力

在师生互爱的过程中处理好师生关系,这在很大程度上依赖教师对自己的了解。教师在学生面前有时会产生某些害怕心理,害怕自己因能力不足而在学生面前丢面子,害怕在众多学生面前举止不够得体……面对上述情况,有人认为:不应当让学生知道自己的弱点,以免遭到捉弄,而要把恐惧和心慌隐藏起来,强充能人。心理学研究表明,这样做的教育效果往往适得其反,恰恰易在学生面前失去教师的真诚。在人际交往中,如果教师很直率、很真诚地将他的真实忧虑告诉学生,如他并非全知全晓,他对学生沉默而持久地凝视深感困惑,等等,那么师生间往往会取得谅解和合作,从而建立起更为和谐的师生关系。

人有两个基本的心理需要:一是爱别人和被人爱的需要;二是求成和自重的需要。当教师把自己一生的大好时光花在学生身上的时候,为了有效地进行教育,他必须理解学生、尊重学生和爱护学生。爱别人和被人爱是一个循环往复的过程。如果教师想要被人爱,他先要持续地爱别人。这里的关键在于:爱别人和被人爱要求双方都积极参与,而教师更应是积极、主动的一方。为了得到学生的爱,教师必须重视学生的爱,乐于接受学生的爱。他必须认为学生是值得尊重的人,学生的感情是重要的、宝贵的。总之,教师必须在思想上以平等的态度对待学生,因为学生不只是接受爱护和关怀,而且也会将同样的感情反馈给教师。教师只有具有这样一种心理准备,才能真正爱学生,学生也才能真正爱教师。

三、学生爱的反馈

学生从入学第一天起,就对教师抱有一种特殊的心态:崇敬、热爱、亲近和向往。有人说这种心态和花草树木趋向阳光一样,叫作"向师性"。教师的注意和微笑,对学生来说就像阳光般温暖。教师在学生的生活中是最为重要的人物。有人统计过,学生一天之中,至少有4个小时要与教师生活在一起,其他时间也受到教师的某种制约。从一定意义上说,学生的成长受制于教师的影响。因此,他们殷切地希望有一位能关心、爱护他们的好老师。这种渴望教师爱的心态,可以说是每个学生都有的一种自然倾向和基本心理特征,同时也孕育着他们对教师强烈的爱。在学生心目中,教师形象十分高大、非常完美。只要教师不以自己的言行来败坏自己的形象,那么这种高大而又完美的形象将在学生心目中保存终生。毛泽东给徐特立的祝寿信一开始就说:"你是我二十年前的先生,你现在仍然是我的先生,你将来还是我的先生。"这表达了一个学生对教师永恒的爱。鲁迅在《藤野先生》一文的末尾写道:"他的性格,在我的眼里和心里是伟大的,虽然他的姓名并不为许多人所知道。"这也同样表达了学生对教师的无限崇敬之情和终生不忘之爱。

我们在研究中发现,学生对教师的爱萌发于幼儿期,发展于儿童少年期,成熟于青年期。

上海市教育科学研究院张雪珍老师曾对167名幼儿入学前的心态进行调查,结果发现,绝大多数的幼儿对幼儿园老师爱得十分纯真,具有强烈的依恋感。在离开幼儿园跟老师说一句悄悄话时,他们说:"老师,我要向你告别了,心里很难过。""老师,再见了,我永远不会忘记你。""老师,等你老了,我来帮助你……"这说明幼儿对教师爱的感情已经产生,而且会随着年岁的增长与日俱增。

在师生互爱的实验研究中,从观察记录、个案日记、师生互赠礼物等多种类型的定性资料中可以看到,小学生在师爱的影响下,在受爱的过程中,正在形成一种创爱的能力。这种热爱教师的能力,包括对教师工作的理解和支持,以及对教师强烈的思念和关心体贴。上海市虹口区第三中心小学特级教师、全国优秀教育工作者吴惠娟,酷爱学生,也获得了学生的爱。在她身体欠佳时,学生能心领神会地主动配合,使教学进行得十分出色。这是吴老师1991年12月30日写的一篇日记:"这两天,我嗓子失声,一点声音都发不出,怎能走进教室上课呢?我很担心。老师们也劝我去看病,请病假。怎么办呢?我不能讲话,孩子们会乱吗?会影响教学质量吗?问号一个又一个。但是,全班孩子帮我解决了心头的忧虑。孩子们得知我身体欠佳,他们给予我非常好的配合。他们看到我只会张嘴,发不出声音,大家都仔细地看着我的口形,看着我的手势。我用教鞭一指黑板,他们就齐读生字新词;我右手指一伸,他们就进行字形的分析;我一点头,右手一举,他们就积极发言。总之,配合得非常默契,使我十分感动。"

学生对教师的爱,到中学阶段,以至毕业之后,会随着他们自我意识的发展、独立性的增强、各方面的成熟而具有新的特点。其中一点表现为对教师提出更高的要求,给予更深的爱。他们真诚地希望教师知识更渊博,工作更出色,人格更完美,自我要求更严格,处处能为人师表,是可以完全信赖的人。

总之,师生爱既是一种无比欢乐的精神享受,又是一种巨大的教育力量,它是教育者与受教育者之间的纽带和互信的桥梁,也是整个教育成败的基础和前提。对于教师,它是一种精神支柱;对于学生,它是一种强大的力量,激励着他们蓬勃向上,富有朝气,成为一名热爱祖国、热爱人民、热爱科学、热爱人生、热爱真理的真正的人。

四、师生情感交往中的一份调查报告

2008年,我与浦东新区洋泾实验小学陆英老师一起对小学四至五年级学生的内心世界进行了调查——"孩子的烦恼和老师的关怀"。

班主任工作的第一要素是要使孩子能在班级这一特定的生活空间中,获得一种心理上的安全感和温暖,获得一种精神上的归属感和幸福感,让他们能在班主任和同学们的关怀下得到健康成长和身心和谐的发展。能在学习与交往生活中,获得认知与情感的协调发展。美国心理学家布卢姆作过这样的比喻,他说:"一个人要用两个并排的梯子去爬墙,一个梯子代表认知行为和认知目

标,另一个梯子代表情感行为和情感目标。这两者又互为联系,不可分割。"可惜,在现实生活中,人们常常忽视了学生的情感发展,往往只注意他们的认知行为和认知目标,而丢失了他们的情感行为和情感目标,造成了畸形的教育。要使学生得到身心和谐的发展,就需要找回"另一半"的教育,即关怀学生成长的生命教育和情绪情感教育。

如何去寻找呢?陆老师写道:"我感到幸福的童年,应让他们能在幸福的生活中度过,而且要让他们能感受到生活的幸福,体验到幸福生活来之不易,为之珍惜。可是,在现实生活中,社会环境受到功利主义的影响,在急于求成、紧张学习的压力下,幸福的童年变成苦恼的童年。再加上,我去年教的是四年级的学生,他们那个年龄段正处于儿童期向少年期的过渡,他们既有童心、童真、童趣,又有成长中的烦心与苦恼,他们的内心有一种宣泄和表达的要求,他们渴望获得老师的理解,希望能和教师沟通。于是,我利用记周记的形式,要求他们围绕'我的开心与烦恼'把自己生活中的真情实感一一记述和抒发出来,以便达到和老师心灵上的交流、情感上的沟通。具体要求是'让我们尽情地倾诉自己内心的一切吧!有话则长,无话则短,三言两语都可以,不拘形式,不求统一格式和华丽辞藻,只求真情实感、自我舒展和表达清楚,在写每一篇周记前,可自列标题,点明开心还是烦恼,并写上撰写的日期'。

以上要求提出后,不仅得到同学们的欢迎,而且他们在自己的周记中敞开胸怀,写下了自己的心声和苦恼。这为我了解孩子们的情感世界打开了一扇窗,也为我与他们进行心灵上的沟通提供了平台。

在短短的两个月内,45个同学总共写下近两百篇的周记。其中,《我的烦恼》《我的痛苦》《我的惭愧》《我的悔恨》和《我是一只笼中之鸟》等周记让我对他们有了更多的了解和关注。我将他们有关烦恼的周记大体分为六类。

一是他们身体发育过程中的生理性烦恼。例如,耐耐写的《胖的烦恼》:'西瓜太郎''你最近怎么又胖了'。'每当听到这句话时,我心里会十分反感,因为我实在是太胖了,在班级里,我是一个名副其实的小胖子。圆圆的脸蛋,大大的将军肚,走起路来一摇一摆,活像一只小企鹅。此事,我想起来也很苦恼。不知谁能给我一个最好的主意,让我减肥。我想最好的办法恐怕只有一条,那就是运动!'

这种生理性的烦恼,在孩子成长中,有时会随着他们心理上的成熟自我解脱。问题是我要求班里的小朋友不要因为他肥胖而嘲笑、讽刺和侮辱他,而要友好地争取与他一起多运动,让他在集体活动中得到更多的自然性减肥。

二是学生为成绩下降而烦恼。扬扬在《烦恼的事》中写道:'英语考试的模拟测验中,我只得到了59分,回到家妈妈看到这分数就怒气冲天。她骂我没出息,这真使我无地自容。此时此刻,我感到心灰意冷,我觉得整个世界都变了,连原本清脆的鸟叫声也变成刺耳的指责声,原本晴空万里的蓝天也变得阴森森像乌云密布那样在嘲笑着我……面对这不良的成绩我只能拿起考卷,仔细检查。我发现,许多地方的失分都是由粗心造成的。为此,我暗下决心:一、上课一定要认真听讲;二、做作业和考试时,一定不能贪快,'不能有早点做完可以去玩的念头,还要养成做完后仔细检查的习惯。'

这是属于'后进'的学生,我在他们周记上写上'你是要好好反省自己,老师相信你能从失误中吸取教训!'话是这样说,但对于学习粗心的同学还要时刻留心与关心,并与其他学科老师一起配合,在交卷子时,一定要提醒孩子,让他再检查一次考卷,以便养成自我检查的好习惯。

三是渴望自由,因父母的强迫强制而产生的烦恼。林林写道:'人生有快乐,也有烦恼。最近我十分烦恼,因为父母强迫我做没完没了的作业。有一次,回家很晚了,爸爸还是把一大沓作业放在我面前,并说:"把这些作业做完再去睡觉。"我一听十分吃惊。心想,不会吧!这么晚了还要做作业,我恳求爸爸说:"好爸爸,今天这么晚了别做了,明天再做吧!让我去睡觉吧!"爸爸打了我一巴掌,还说:"今天的事不能拖到明天!"只听见"砰"的一声,他把门关上之后,走了!那时我含着眼泪,开始做作业,我边做边想:"爸爸,你不要强迫别人一定要完成什么事情。让我自己选择好吗?强迫是不对的,像你这样强迫我,对我睡眠会有很大的影响!你知道吗?"我希望爸爸会把这些不好习惯改正过来。"可不可以,我的爸爸?"'

我看到这一记录后,想了很多。我一方面理解孩子的苦衷和要求,另一方面也理解父母无奈的心态,所以我在孩子的周记本上批上:学要学得认真,玩要玩得痛快,有问题要好好地跟爸爸沟通。事实上,我一方面主动配合他的爸爸妈妈,千方百计地让这孩子的学习作业能及时完成;另一方面又主动与他爸爸联系,希望他们能注意到孩子学习上的进步,并多加鼓励,而在指导与要求孩子做作业时,要尊重他的自主性和独立性,让他能在自主、自由和自强中提高学习效率与学习成绩。作为班主任,我要学会做孩子与家长之间心灵沟通的使者和桥梁,既使孩子的合理要求得到保护和满足,又使家长在沟通中学会耐心教育和尊重孩子。

四是与家长交往中引起的烦恼。有些父母在与子女交往时,不注意言谈举止,容易攀比,引起子女的反感。不少同学在周记中写道:'父母老是把我和别人做比较,心里真烦。'例如,文文写道:'妈妈拿着别人的照片,对我说:你看人家姐姐长得多漂亮,五官标致,皮肤雪白,而你呢?此时此刻,我实在忍不住了,我就说:我黑,我不漂亮,又不是我的错,这是我生下来就早已定好了的,能怪我吗?妈妈听了我的话,也收敛了许多。'

我认为,父母对子女的爱是无条件的,而某些先天性的因素无法改变。有些因素与遗传有关。我们作为家长,要学会接纳和尊重现实。文文的妈妈得到女儿的提醒,也能及时地意识到自己的失言,自觉地反省。我也在家长会上不时提醒家长,在与子女交往时要学会保护子女的自尊心和独特性,孩子各有千秋,不要攀比,要更多地看到自己子女身上的优点与潜能。

五是与同学交往时产生的某些烦恼。例如,飞飞在周记中写到:'由于我妈给我取的名字有些特别,因此,同学们常常要给我取绰号。有一次上数学课,老师讲到数序时,就有同学插嘴说:我们班级有人会一飞、二飞、三飞、四飞……弄得我十分尴尬和难过。有时我想到自己这个名字也十分反感,饭也吃不好,觉也睡不好,真想把这个名字改掉。'

我在她的周记上写道:'名字是一个人的标志和符号,我们可以从积极意义上去理解它,让生命飞翔,让生活飞跃起来。至于有些同学爱起绰号,我要找这些同学聊聊。'不仅如此,我在班会课上专门讲了此事,要求同学之间学会相互尊重,不要给同学起外号,这是不文明行为,它会造成不必要的烦恼和苦闷,以后班级起外号风也刹住了。

六是个性差异带来的烦恼。有不少同学在个性上过于内向,因动作过慢而感到烦恼;也有的因过于外向,过于急躁,过于马虎、糊涂、粗心而带来种种麻烦和烦恼。可可在她的周记中写道:'我真糊涂。周三上午要交饭钱,我打开口袋和书包,外三层内三层,找了半天就是没有找到钱,急得像热锅上的蚂蚁,最后在上语文课时打开书本,才发现 100 元的饭钱完整无损地夹在语文书里,我啊真是马大哈。'另有一位同学在周记上写道:'我最大的烦恼是丢三落四,一会儿作业本丢了,一会儿练习卷找不到了,影响我的学习,使得我十分烦心。我这毛病什么时候才可以改掉呢？说句老实话,这个问题我自己也不知道。'

对此,我认为性格差异是客观存在的,我们应采取理解、尊重和宽容的态度,在工作中要因材施教。丢三落四,粗心大意,是小孩中的普遍性问题,又是发展性问题,此事也会引起孩子们的苦恼、烦心、自责和怨恨,这可以理解。我想,对待这样的学生,一方面要重视做事细心和一丝不苟品质的培养；另一方面也不要过于苛求他们,对孩子个性上的苛刻要求,有可能使他们过于谨小慎微而形成不必要的强迫性人格。在孩子的个性发展上要区别对待。小孩从粗心到细心有一个过程,不可一蹴而就。对于外向、急躁型的孩子来说,粗心糊涂也许会伴随终生,只要大事清楚不糊涂则也应认可。

总之,我在缓解和消除孩子的烦恼时,采取的是理解、尊重和因人而异的心态与方式。我从孩子们的自我反省的周记中,感受到他们有一种自我消解和自我分析的能力。因此,我们要循循善诱,体贴关怀,提高班级工作的艺术水平,用艺术家的眼光去发现他们成长过程中的智慧之美、道德之美、心灵之美；还要研究他们成长的烦恼,用春天的雨、夏天的风、秋天的月亮、冬天的太阳般的关怀来温暖孩子们的心,让他们在关爱的阳光下消除烦恼,茁壮成长。"

五、学生对老师爱的反馈几则

在个案跟踪研究中,令我感动的是教师对学生之爱竟会在一个学生身上留下如此深刻而又美好的记忆。有孩子从小学到初中以至高中阶段,都在他的作文中,用最真诚、真挚、真实的情感怀念和感恩着教师的爱。

我的老师(写于小学五年级)

人人都有老师,我也有我的老师,她就是我的班主任——陆老师。陆老师是我最敬佩的老师。

记得有一次,陆老师生病了。她上午没有来上课,我们大家都十分担心她,有的说:"老师是不是生病了？"有的说:"陆老师会不会发高烧了？"……大家脸上露出了焦急的神色。

到下午,陆老师终于来给我们上课了,尽管她说话声音很轻,但是大家听得十分专心,就连平时最调皮的小红也十分认真地听讲。

后来,我们才知道,原来陆老师还在发烧。她上午在医院里吊盐水。医生叫她回家静养休息,而陆老师没有这样做,她还是带病来上课。陆老师对我们很关心,这精神真伟大!

记得四年级暑假,陆老师放弃休息,无偿地给我们补课。

当我来到她家,发现有一些成绩不理想的同学也在。我看了,眼泪在眼眶里打转。我心想:这是多好的老师啊! 她为了我们,宁可放弃假期,真了不起!

有人说老师像一盏明灯,为我们照亮前进的方向;有人说老师像一本书,给我们打开知识的大门,让我们能在知识的海洋中遨游! 我们的陆老师,就是点亮我们前路的明灯,打开知识大门的一本书! 陆老师您关心我们,我们永远不会忘记您!

开在记忆深处的花朵(初一时的一篇作文)

在我的记忆中,有着许多美丽的花朵。不少花朵慢慢地凋谢了,在记忆中也慢慢地淡忘了! 可是,在我记忆的深处有一朵美丽的花朵永远绽放着,这就是我小学时的陆老师。

陆老师,她不像有些老师那样,有同学犯错后,就打电话给家长,还把错误大大地夸张一番。而我们的陆老师从来不轻易给家长打电话,即使有问题,她总是通过个别谈话,进行心灵的交流,给同学指出缺点,帮助他努力前进!

有一次,我也犯了错误。陆老师发现后,就找我个别谈话,要我做一个诚实的好孩子。此事使我十分感动!

虽然陆老师平时很温柔,但是上课时十分认真,从不马虎,因此,同学们都认真听讲,没有人在下面开小差。

陆老师,你不仅教我们知识,而且教我们好好做人! 你的一言一行,我都记在心里! 你是我藏在记忆深处一枝永不凋谢的美丽花朵。

生命中的艳阳(高一时的一篇作文)

我在小学时,一度比较自由散漫,学习也不太认真,这一状况被我三年级的班主任陆老师注意到了!

在一次考试之后,她把我叫到办公室。我想她是否要给我训责一顿。我十分不以为然地走进她的办公室,等待接受老师的批评。可是,当我走到她面前时,发现她脸上丝毫没有那种准备训人的怒气。她看了看我,心平气和地问我:"你对学习有什么想法?"我下意识地回答是:"不好玩!"老师听到这回答,笑了笑,接下来,她问我一些家常事和爱玩的事,只字不提这次考试中的问题,使我疑惑和好奇,感到这位老师不一般,也使我对她多了一份好感!

接下来的相处中,她总是主动接近我,有时叫我去她办公室坐坐,让我和她说说生活中有趣的事,还要我帮她做一些事,以示对我的信任,并且不断地表扬我。

她在我毫无觉察之下,使我的心灵打开了一扇窗户,让老师对我的信任、鼓励的阳光,照了进来,使我感到温暖。这是老师爱的艳阳,使我在学习和生活中受到鼓舞!这正如亚里士多德所说的那样,心中有阳光,永远照亮我们不断前进!

我感谢陆老师给我生命中的艳阳,让我的生命增添活力,使我在学习与生活的道路上不断前进!

六、家长心目中的老师

"老师的爱是春风、雨露和阳光——记陆英老师的人格魅力",这是小学五年级一位家长给学校领导的一封信!

信中写到,陆老师对学生的爱是出于真情,表于真诚,行于真切。这突出地表现为,她对班级的每一个学生,都以真切的理解、真实的关怀,给予一视同仁的严格要求和积极引导。在家长的心目中,最为忌恨的老师是"以分取人""以偏待人"的老师,常常以个人的喜爱、偏见和功利主义的心态去对待学生与家长。而陆英老师以一个人民教师的高尚师德和纯真的师情来关心、关怀、关爱每一个孩子的成长。她对学生的爱是一种不计报酬的给予和任劳任怨的付出。她唯一的心愿是用自己的生命之火点燃学生前进的火炬,促使智慧潜能花蕾的绽放。

男孩子贪玩,读书不上心,面对学习压力一度产生厌学的心态。面对这一现状,家长为之担忧和苦恼。对此,陆老师没有一味批评和指责,总是千方百计地给予理解和鼓励。她严中有爱,教中有情,导中有法。一方面,主动而又热情地登门家访,与家长一起分析孩子学习成绩不佳的原因和症结,并共同讨论教育对策;另一方面,她又冒酷暑,顶严寒,放弃休假,完全无私地对孩子进行个别辅导,有针对性地给予知识上的补短和提高,并且给予精神上、心理上的表扬和鼓励。当孩子作文水平略有提高时,她就把孩子写的作文在全班小朋友中传阅,以示表扬。她还用打印的办法把孩子所写的好词、好句,以简报的形式在班级中给予肯定和示范。在生活上,她又给予孩子无微不至的关怀、体贴和照顾。孩子在日记中写道:"四年级时,有一天吃完午饭之后,我突然肚子疼痛起来,此事被陆老师发现后,她马上送我到卫生室进行医治,还主动与我父母联系,并帮助我整理书包和文具,送我回家休养。"孩子还写道:"我真想对陆老师说:'老师,您真诚地关心我,我要由衷地感谢您!'"

陆老师在孩子心中有如此的吸引力和亲和力,令人钦佩。陆老师的人格魅力来自何处呢?这源于她对孩子们真心的爱、真挚的情和真诚的亲,它们形成一种强有力的师生互爱的心理磁场和温馨的班级氛围,为孩子们的身心健康、学习进步和德、智、体、美、劳的发展创造了优化条件。为此,家长衷心地感谢陆老师,为有这样一位富有爱心、具有高尚人格魅力的优秀教师来引导孩子成长而感到欣慰、幸运和幸福!

第三节 师生交往艺术的细化研究

有研究发现,人们接收外界信息70%—80%来自视觉信息。[①]"百闻不如一见",从某种意义来说,师生交往中,非言语交流要比言语交流更为重要。我在对师生情感交往的研究中,对首因效应、暗示效应、表情、微笑以及赞赏等交往艺术有过较为细化的分析。

一、师生交往中的首因效应

这是一种社会认知效应,它指在社会交往中,最初获得的信息较以后得到的信息对于整个印象的态度会产生较强影响的一种心理现象。[②]

[①] 屠荣生,唐思群,编著.师生沟通的艺术[M].北京:教育科学出版社,2001:84.
[②] 林崇德,杨治良,黄希庭.心理学大辞典[M].上海:上海教育出版社,2003:1162.

我在上海市虹口区第三中心小学进行师生互爱的研究,要求重视首因效应的发挥。小学一年级开学第一天,我们要求教师用甜美的微笑、温柔的手势、亲切的动作、高雅的举止等多种方式,给学生以强烈的亲切感,使孩子们在入学第一天获得美好的首次印象,感受到师爱之情的可亲、可爱和可敬。这一实践效果确实很好。有家长在孩子的成长日记中写道:"今天,我家的孩子第一天上学。她回家后,挺高兴地对我说:'妈妈,我们的老师挺喜欢我,我进教室时,她拉着我的手,把我送到座位上,她的脸上总是笑眯眯的。'我问她:'你喜欢这所学校吗?'她说:'非常喜欢!今天,老师带我们参观校园,我们小学有很大的操场,有儿童乐园、图书馆、音乐室,都挺好的。'我说:'学习是很辛苦的,你长得那么小,妈妈真为你担心!'我女儿挺自豪地说:'我们老师说人长得小不要紧,只要有志气,肯学习就行了。'我们听了都很高兴。大家都笑了!"从这一篇日记中,我们可以看到这个孩子上学后受到的师爱的教育影响,不仅来自书本知识,而且大量是来自老师的微笑,一个亲切的拉手动作,一句鼓励的话语。此外,还从参观校园中,接受全方位的教育环境的影响,产生强烈的情绪反应,从而产生深刻的情感体验,其中首次印象尤为深刻。

二、师生交往中的暗示效应

暗示学认为,暗示有着不可抗拒和不可思议的巨大力量,它用目光语读出别人内心的"密码",通过行为的代码释放生命的能量,它用言语、体语、手势语、情境等含蓄的、间接的方式,对他人的心理和行为产生影响,可使人的心境、兴趣、情绪、爱好、心愿等方面发生变化。暗示是一种生存智慧,受用无穷。[①]

在日常教育工作中,不为人们太注意而又在课内外间接发生教育影响的因素有很多,如教师的风度、仪表、手势以及学校的环境布置、人际交往、心理气氛、校风、班风等。有人把它称为"隐性课程",又叫"隐蔽课程"。这一隐性课程主要是通过暗示来发挥教育作用的。它的教育功能在我国古代已有所认识。例如,"孟母三迁"这一故事就说明,儿童少年的成长深受环境的影响。这种影响是无形的、隐性的,其中包括地理、种族、社会、学校、家庭、人际交往方式以及风俗习惯等。这种不知不觉的渗透性的影响,在心理学上称为"暗示效应"。专

---

① 东方史,编著.暗示学[M].北京:中华工商联合出版社,1999:1.

门研究暗示效应的科学为暗示学。暗示学认为,暗示是一种普遍的心理现象。它是人与人之间、人与环境之间,通过含蓄的、间接的方式,对别人的心理和行为产生影响。其作用往往会使别人不自觉地按照一定的方式行动,或者接受其思想和信念。我们在上海市虹口区第三中心小学进行的"师生互爱关系"的实验研究,就从多方面考虑充分发挥师生情感交流中的暗示效应。要求把握师生交往过程中的各种行为变量,在不同时间、空间,运用不同方式来进行师生之间的情感交流。学生对老师的爱,对班级的爱,对学校的爱,对生活的爱,这种种美好的情感体验,大量来自人际交往中的暗示效应。在小学阶段,师生情感交流中的暗示效应更为强烈。这与小学生在情感发展过程中具有更强的情绪敏感性有关。因此,我们要在学校教育中充分重视暗示效应研究,把握它的特点和规律,更好地发挥其独特的教育功能。

1. 暗示在师生情感交流中的特点和教育功能

暗示在师生情感交流中的特点和教育功能有哪些?根据我们的实验研究,主要有下列三点。

第一,隐蔽性带来了易受性。暗示一般是通过隐蔽的形式,蕴含于人际交往活动之中,让人们在不知不觉中接受情感体验。有家长在观察日记中写道:"今天,我的孩子放学回家显得特别高兴,没进屋就对我说:'妈妈,妈妈,我有一样好东西,你猜是什么?'我什么也猜不到。他说:'是老师送给我的生日礼物——一个小小的动物卷笔刀'。他激动地说:'我们老师真好。连我的生日也记得很牢,她送我礼物,希望我爱护学习用品,好好学习,把学习用品保管好。'我这孩子,过去有一个很坏的习惯,对什么东西都不爱惜,对什么东西都无所谓。可对这一学习用品,他一反常态,十分小心地放在钢琴上,对隔壁的姐姐说:'只准看,不许动。'"可见,老师把教育的期望,对孩子的爱心,通过某种物化的暗示形式传递给孩子,不仅易被接受,而且,还会让学生备受鼓舞,终生难忘。

第二,间接性带来了开放性。暗示的主要特点之一,是具有间接性,它主要通过被暗示者的自我联想活动,接受其多方面的教育,达到开放性的影响效果。其生理基础是在调动大脑右半球的非语言系统的优势功能,充分发挥人脑接受教育影响的巨大潜能,激发无意识的心理活动,产生情感意志等方面的鼓舞力量,去接受其多方面的教育影响,以达到陶冶情操的深刻作用。有位家长在日记中写道:"我和孩子一起走在回家的路上,我问:'你们的老师怎么样?'我的孩子回答:'我们老师做事很仔细,我们小朋友不小心把桌上的学号擦了,她就认认真真地给大家一个一个地补上。我们看到后,很感动!大家觉得我们的老师真好!因此,我们班级同学还编了一首歌:世上还有老师好!妈妈老师一样好。'我们做家长的,听了也很高兴。把自己的孩子托付给这样的老师,我们不仅放心、安心,而且很称心!"从这篇日记中我们可以看到,老师一个小小的动作,不仅引起了孩子们的感情波澜,让他们产生了种种的联想,而且感染到了家长,产生了感情的连锁反应。这正是暗示的特有效应。

第三,无意性带来了愉悦性。暗示发挥作用,主要依赖于学生的无意注意和无意识记。引起无意注意和无意识记的是学生感兴趣的新异刺激,由此产生一种新的愉快的情感体验。例如,有个孩子的学名叫金湛,而他的小名为"东东"。有一次,老师无意之中叫了他的小名,这引起了他一种异常兴奋的愉悦状态。他一回家,就把这种心情告诉了他的妈妈。他妈妈在孩子的成长日记中写道:"今天,金湛特别高兴地对我说:'妈妈,今天早读的时候,班主任没叫我金湛,叫我东东,还拍拍我的手,我也拍拍她的手。'他歪着头,脸上带着羞涩的笑容。看得出,他感到很幸福,很亲热。"孩子这种幸福感和亲热感,来自老师对他的称呼,这给予孩子特别亲切的感受,他感受到的不是师道尊严,而是师如慈母、校如家园。当然,暗示使用的语言、表情、动作、手势等各种方式产生的效应,常常因受暗示者的性别、年龄、个性特点和知识经验、情绪背景的不同而有所差异,为此,教师重视情感交流中的暗示效应的同时,也要从多方面去进行研究和探索。

2. 在学校教育中使用暗示应注意的事项

为了能使暗示在学校教育中不断产生良性效应,我们认为应注意下列三点。

第一,要创造一个尊师重教的社会环境。为了发挥社会环境对学生成长的良性示范功能,要优化社会教育大环境。师生情感双向交流中的暗示效应不是在真空中产生的,而是在整个社会大背景的舆论影响下产生的。如果全社会能营造强有力的尊师重教的舆论影响,将有利于学校中的师生情感交流,而且这种舆论影响本身就是一种全方位的社会暗示,这是民族文化、民族传统给予民族未来的心理影响,它对民族思想、道德和心理素质的提高具有不可估量的作用。

第二,要创造一个文明优美的校园环境。苏霍姆林斯基提出:"努力使学校的墙壁也讲话。"这是说,学校的课堂不仅在教室里,而且在校园里的每一个地方,学校的一砖一瓦,一草一木都能发挥陶冶性情,激发美感,让人热爱生活的教育作用。为此,要重视校园的全方位建设,努力实现校园环境的绿化、美化、净化和诗化。让整个学校布置都渗透它的教育内容。有的学校在调整校园布局时,设置园林小品,有假山喷池、曲廊亭台,使校园中树木繁荫,四季飘香,如同花园一般。让学生置身其间,得到爽心悦目的精神享受,得到审美情趣的熏陶,从而产生愉悦向上的精神力量。有同学说:"这样美的环境,我们不忍心让自己的不文明行为破坏它。"这说明,环境是一种给人以教育的隐性力量,它具有内在的教育功能。不少学校的领导决心要把学校办成文明的校园,学习的乐园,生活的花园,温暖的家园。这是非常明智的决策,文明优美的校园环境正在发挥着积极的教育影响。随着岁月的发展,它的良性的暗示效应作用必将愈来愈大。

第三,要创造一个和谐友爱的人际环境。人的心理活动总是在一定的心理生活空间进行的。这种心理生活空间包括父母的关怀,老师的关心,集体的温暖,民主的气氛和周围环境的鼓励,等等,具有显性和隐性的教育效果。其中,教师的爱是师生互信的桥梁,是教育取得成效的基础和前提,是学生科学知识转化为科学信念的必要条件。教师的爱会给学生带来温暖和力量,它是开启学生心扉的钥匙,是幼苗成长的阳光和雨露。教师的爱,犹如春风化雨,可以滋润学生的心田,使美好的精神种子发芽、开花、结果。[①]

三、教师的微笑、表情等教育功能的发挥

1. 教师的微笑

20世纪哲学家柏格森写过一部《笑的研究》的美学专著。[②] 古希腊哲人认为:"笑既是最普遍的心理现象,又是一门最复杂深奥的学问。"有诗人说,笑是阳光,生活中缺少笑,就缺少阳光,生命中缺少笑,就会生病。也有人说,21世纪是微笑的世纪,教师的职业是微笑的职业,微笑是教师最美的语言,又是点燃学生成长的心灯。

对上述观点,我有亲身的感受和特殊的体验。事情发生于21世纪初,我在上海市枫泾中学担任教育科研顾问之时,在校园内碰到我几十年前的一位学

---

① 梅仲荪.发挥师生情感交流中的暗示效应[J].天津教育,1992(5):13-14.
② 王玮.笑之纵横[M].上海:上海社会科学院出版社,1988:1.

生,他是枫泾中学高中部的语文老师。他一见面就问我:"您还记得我吗?"我当时用微笑表示我记得他。他接着又问:"老师,您还记得您和我有过一段交往的经历吗?"我说:时间太久了,我过去的学生很多,不可能把交往过的事都记得清楚。他于是主动地给我讲述了让他印象特别深刻的故事。他说:"有一天,您来给我们上课,我刚从图书馆借了一本新书——《篆刻的研究》,出于兴奋、新鲜和好奇,我走进教室之后,迫不及待地还在翻阅这一新书。"此时,我回忆起当时的情景:我上课前习惯性地扫视了一下全班同学。看到这位同学低着头在看一本《篆刻的研究》。我稍停了一下,这位同学似乎发现我已经看到他在看"闲书",于是情绪突然紧张起来,怕我当众批评与指责他。可是,我当时只是对他微微地笑了笑,表示对他这行为的理解,也相信他有控制能力,会将此事处理好,接着他就将注意力转向听课。

40年过去了,对这一经历他仍历历在目,而且感激地告诉我,他那时十分紧张,害怕老师当众点名批评他,可是我以微笑向他表示对他迫不及待地翻看新书的好奇心的理解、尊重、信任和保护。他还说:"老师,您这一微笑,使我在师范三年对老师一直抱有感激之情。时至今日,我对此还是铭记于心。而且,我还把老师这一微笑带到我的工作岗位上,传承到我教过的学生身上,对学生成长中出现的种种心理状态和行为习惯,给予理解、尊重和引导。"

谈到这一微笑,我又联想到,在"文革"中期,我教过一位特别优秀的学生,他在语文方面非常有才华。有一次,在上我的教育学课时,他在低头看印度诗人泰戈尔的《飞鸟集》。我没有当众批评与指责他,而是对他微笑,对这位学生上课时的这一行为表示理解,并相信他有自制力,会处理好听课与看其他书的关系。事隔数年,他在文学道路方面颇有成就,回母校给师生作报告时,还谈到母校老师给予他的关心、爱护、理解和尊重。

在这里需要指出的是,我们有不少教师对微笑的教育功能似乎缺乏理解,常常认为对学生"凶"即为"严",让学生对教师有紧张感、恐惧感即为"师道尊严",这必然引起教育上的误导,对学生的心灵带去负面影响。

我的合作者、枫泾中学德育特级教师申淑敏在她的《班主任的情与爱——班级审美化主体实践的探索》一书中,好几处写到教师的微笑。她认为:"微笑是理解、尊重和宽容的语言。"她做学生时,特别渴望看到老师真诚的微笑。老师的微笑,"定格在我生命的历程中,召唤着我、激励着我,我暗暗发誓将来做一个带着微笑善待每一个学生的老师"。她很喜欢普希金的那句名言："带着微笑走向生活的人,生活也必将对他微笑。"她还欣赏刘心武的那句话："地球上的生灵中,唯有人会微笑,群体的微笑构筑和平,他人的微笑导致理解,自我的微笑则是心灵的净化剂。"申老师还说："微笑是上帝赐予我们最美丽的心灵沟通方式,是人类最美丽的语言。微笑是一种智慧。我们面对的是一个个生理、心理、智慧、情感等诸方面在不断变化的生命主体。这就决定了教师的工作不能像机器一样程式化。教师对学生的微笑是一种关怀、一种态度,它包含着信任、赞许、理解、支持、宽容和赞赏。微笑不需要任何成本,却可以使人精神富足,心灵沟通,人们没有理由吝惜自己的微笑。"①

教师微笑的教育功能体现在下列几个方面:欣赏性的微笑是赞美;理解性的微笑是关怀;肯定性的微笑是鼓励;支持性的微笑是帮助;积极性的微笑是引导。微笑对教师自身而言,是对事业、对学科、对学生深情之爱的自然流露,又是教育美的生动体现,是教育自信和人格美的一种指标。在我们的教师职业生涯中,每位老师都应带着微笑,走进课堂,走进每一个学生的心灵。

关于笑,有人从中国情感文化和心理学角度进行过专题研究。他们认为笑有 80 多种,可分为六类:满足的喜笑、轻蔑的讥笑、友善的微笑、逢迎的陪笑、沮丧的苦笑、异常的傻笑等。其中,"喜笑表示喜悦和满足,友善的微笑包含赞赏、同情、鼓励、理解和会心"。我认为,教师要防止和避免对学生不尊重而出现带有伤害性的讥笑、冷笑和消极性的陪笑、苦笑和傻笑。教师应用喜笑和微笑来善对学生。

当学生有进步、有成就时,应为学生的努力有了收获而开怀欢笑。这笑既是自身喜悦的表达,又是给孩子心灵的鼓舞和同学间欢乐的分享。教师的微笑,不只是一种喜悦的表达,而且还是教育情境的创设。教师的微笑不只是一种单一的情感流露,而是体现教育爱的给予,它是尊重、理解、宽容和互爱的教育情感的创设,有带给学生终身影响的教育功效。教师真诚的微笑具有其他传情方式不可替代的教育功能,会使人一生铭记这美好情境,会伴随其一生。

情绪心理学认为,微笑具有传递积极信息的功能,它带有肯定、鼓励和赞赏

---

① 申淑敏.班主任的情与爱——班级审美化主体实践的探索[M].北京:中国文联出版社,2012:72.

性的评价功能以及愿意建立良好关系的人际交往功能。因此,教师要善于使用和发挥微笑的教育功能。教师鼓励性的微笑,能使学生感到温暖;教师真诚、会心、宽容和理解性的微笑,能使学生感到温馨和善意。对学生来说,教师的微笑是阳光、春风和甘露。

2. 教师表情的把握

师生交往艺术,还包括表情、称呼、语言等教育功能的发挥。

教师情绪情感作为师生交流的信息手段,其外显特征主要为表情。一般表情由面部肌肉运动模式、声调变化和身体姿态变化构成。师生情感交流通常是借助以上三种表情的整合来实现信息的传递,以达到互相了解的目的。它要求教师把握师生交往过程中的各种行为动作和表情流露,包括在不同时间、空间下如何把握,其运用方式也因具体情境而异。如开学第一天,就要求教师运用自己微笑的表情、温柔的手势、亲近的动作、高雅的举止等多种方式给学生以强烈的亲切感,获得美好的首次印象,使学生们从入学第一天起就感受到师爱之亲和情。

3. 教师称呼的妙用

我们在进行师爱之情的传递研究中,发现暗示作为间接手段更具有情绪的感染功能和特殊的愉悦功能。不少学生十分关注老师对他们的亲昵称呼。尤其是小学低年级学生,当老师叫他的乳名或昵称时,他们会感到特别幸福、特别亲切,他们从中感受到的不是师道尊严,而是师如慈母、校如家园的亲切感情。

4. 教师语言的赞赏

在师生情感交往方式上,提倡语言肯定和表情与体态语的赞赏相结合。当学生回答出一个非常有难度的问题或学生的答案出乎教师的意料时,教师情不自禁地伸出大拇指,同时说:"太棒了!"此时,学生会在心理上获得一种强烈的满足感。老师的口头表扬和体态语言的肯定会使学生的自信心倍增。

5. 教师爱要取得学生的认同

教师在与学生进行情感交流时,在使用语言、表情、动作、手势等各种方式时要考虑学生的性别、年龄、气质类型、个性特点和知识经验、情绪心态以及心理背景的差异。要以学生的认同为前提,以学生的感受和体验为基础,以求获得正向的情感反应。

四、同内向型学生的交往

在师生交往中,外向型学生比较热情、主动、积极,而内向型学生似乎不热情、不主动、不积极。可是,你对这些学生进行深度了解、与其有了深层交往之后,就会发现他们身上别有情趣和魅力。下面是上海市实验学校高三(4)班班主任胡琳燕老师对我跟踪研究的对象写的一个教育案例。

内向而严谨的 S 同学

(一) 从悄然无声到慢慢引起关注

作为任课老师,我过去对 S 同学的印象不深,除了因为任课班级多和学生多之外,更主要是因为 S 同学平时一直安静地、默默地学习,从没有发生过什么"特别事件"。到高三,除了继续担任任课老师之外,我开始担任他们班的班主任,慢慢开始真正熟悉 S 同学。

最开始的时候是月考前,S 同学身体不适,偶尔还有流鼻血的情况,而高三的每一次月考成绩对孩子来说都特别重要,会影响学期的综合排名,所以在考试前我特别关心 S 同学,怕他因为身体的原因而影响考试,希望他能备一些药放在身边,以防万一身体不舒服时急用。

此后我不自觉地开始关注 S 同学。每次批改作业,总有一本用黑色墨水笔书写,字迹工整,答题严谨,准确率很高,常常会被我挑选出来作为范本的作业本,翻到封面一看肯定是 S 同学的作业。作业如同为人,S 同学平时就是一个为人低调、学习认真、处事严谨、作风踏实的同学。正因为如此,S 同学在学习上也取得了优异的成绩。

(二) 在长期的相处中得到同学的信任

新学期进行班委改选。S 同学高一、高二两年并不是班委会成员,高三改选惯例基本是维持原有的班委成员。但是经过两年的相处,他真诚可靠、细致严谨的处事态度打动了班级同学,全班 39 名同学就有 26 位同学给 S 同学投上了神圣的一票。由于高三阶段学习任务繁重,我考虑 S 同学成绩优秀,担任班级干部不会影响学习,再加之他处事严谨、踏实认真的态度,我决定把最重的任务——劳动委员一职交给他。原因之一是劳动是班级日常管理的重中之重,交给 S 这样严谨的同学不会出现什么问题。除此之外,还有一个更重要的原因:

劳动是需要和全班同学接触的,借此机会可以让S同学和全班同学有更多交流和接触的机会。

(三)默默无闻,做事严谨,责任心强

从那以后,每天晚上值日,S同学都会留下来协助值日的同学完成任务,待值日任务全部做完,检查完毕后他才放心地离开教室。每次学校大扫除,S同学都会把教室里的卫生工作分成很多个小任务安排给同学,并告知他们,让他们清楚自己的劳动任务,再也不用班主任操心类似的事情。虽然这项工作又苦、又累,但S同学从未有一句怨言。一次月考的前夜,按照惯例,同学们放学后是要把教室里的桌椅摆放成考场模式的,那天我因为忙碌忘记布置同学完成项工作了,学生放学后我才想起来。我惊慌地跑到教室一看,桌椅整整齐齐地按照考试人数和要求排放着,桌肚里面全部清空,地面一尘不染。这是S同学放学后安排同学完成的。我不禁感叹自己选对了人,他真是一个认真踏实、做事可靠的小助手。

(四)坚信自己,大胆质疑,敢于纠错

学习上,S同学一丝不苟,有自己的见解,并且敢于质疑。一次数学区一模考试,因为有一道题出题错误,计算结果的数据不存在。一般这种正式考试中,题目出错的可能性是微乎其微。由于这样的定势思维,大多数同学在这道题算不出答案的情况下也不敢空着,而写出答案的同学多数是把这道题将错就错地算出一个答案填上去,但也有很少的几个同学坚持自己的观点,写出正确答案:"不存在"。第二天,数学老师拿到标准答案公布:这道题将错就错算出的答案和写出"不存在"是给分的,而这两种答案中,"不存在"的答案更加科学。这时很多同学大声叹息,因为虽然觉得这道题错了,但不敢写答案或"不存在"或是乱写答案而丢了5分,实在是太可惜。同学们都说:"这种级别的考试谁敢写答案不存在啊!"这时S同学说:"我就写了'不存在'。"可见S同学对知识掌握的牢固程度以及对自己观点的坚持和对题目大胆提出质疑的优良品质。

点评

我在阅读此案例时,感到在师生交往中,同内向型学生交往需要特别细心、精心和用心。

性格内向者常常会独处一侧,默默无闻,如果不发生什么特别事例,不会被人注意。作为班主任,需要和班级中每一个学生交流和接触。胡老师从细心观察中了解S同学作业字迹工整、答题严谨,看到他为人低调而作风踏实、学习认真、成绩优异等优点,开始关注他。

性格内向者做事不张扬,有些苦累也无怨言,需要老师在与这类学生交往时,更加用心地关心、肯定、挖掘其内在的潜能。

性格内向者有其独特的个性与思维方式,他们的见解与众不同,要求老师用心去深度了解,看到他们坚定的信念,大胆质疑、敢于纠错的精神。而这些品质正是未来创新人才所需要的基础品质。

我从胡老师教育案例一文中,看到她对学生母爱般的关心、师爱特有的细心、精心和用心,依据内向者的成长特点与规律,给予体贴入微的照顾,精细缜密的观察,情深意切的关心、肯定和赞赏,给内向者的成长带来了更多的热度与温度。内向者的性格特点是外冷内热,老师给予他的一切,他会一一记在心中,成为记忆深处的花,人生路上的灯,精神生命中的阳光和雨露,滋润着他健康成长,学习进步,人格完美。

第四节　同学交往与同学友谊

友谊是培养人的感情的学校。回忆学生时代的友谊会产生一种不可思议的魅力,这种魅力能使人心地善良。

苏霍姆林斯基在论述学生时代培养友谊的意义和建立同学爱的重要性时说:"我们之所以需要友谊,并不是想用它来打发时间,而是要在人的身上,首先在自己的身上培养一种美德。我认为首先教育的一项极其重要的原则是,要使每个人从少年和青年早期就对人的高尚精神深怀赞美之情,产生敬爱之心。这实际上决定着对人、对人性美的信任。如果缺少这种信任,人的内心世界将是空虚的,生活中遇到微波的挫折都会使他牢骚满腹,垂头丧气。"人的高尚情操的培养,人与人之间真诚友谊的建立,社会精神文明的发扬,在当今改革开放的形势下显得尤为重要。"我们的国家正经历着一次经济起飞,人们的物质生活水平正在迅速地提高,越是这样的时候,我们越应当正视竞争机制对人际关系、传统文化的破坏,越竞争越要强调真、善、美,如果不注意提高人道主义精神,不提倡人与人之间的亲情友爱,将会出现非常不良的后果。我们应当创造一种富有生命力的新东方文明,它使生产力高速发展,人民生活丰厚,又是人人在其中感到安全、温暖的社会。我们的艺术家有责任在经济发展的同时引导社会文明的发展。"①这里提出了一个应当引起人们高度重视的社会问题,同时也表达了一种美好的社会理想。实现这种理想,不仅需要艺术家尽心竭力,而且应成为全社会各界人士共同努力奋斗的目标。人民教师更应责无旁贷地担当起这一历史使命,为创造富有生命力的新东方文明作出努力。要建立人与人之间新型友爱的关系,使每个人都能生活在安全、温暖、彼此理解、相互信任的环境中,这就要让孩子从小在与小伙伴的相处中学会与他人友好相处,团结互助,真诚合作。

从家庭教育和个体社会化角度来看,兄弟姐妹之间的相互关系是儿童最早的社会交往生活,其中既有手足之间的亲密接触,又有相互制约和帮助教育的作用。人的各种性格特征就是在既亲密又制约的环境中形成的。在家庭教育和中小幼教育中,要特别重视研究儿童之间、青少年之间友谊的建立,使同学之爱能情同手足,使他们能视校园为家园,在与同龄人的交往中得到更多的理解、友爱和激励。

一、同学爱的社会功能

爱作为人类特有的情感,具有强大而又深刻的社会功能,在漫漫的历史长河中,它没有得到充分的重视。在一般人的头脑中,人只是一部"思想的机器",只是依靠思维去认识世界和改造世界,而忽视了对情感作用的认识。研究表明,情感绝不是一种"无足轻重"的心理现象,它具有引导人们走向美好未来的动力功能,为人类带来亲切、温暖、友爱的协调功能和身心愉快、欢乐的保健功能,情感是引导个体社会化的核心内容。"感情是构成进化成果的一个关键部分,甚至比饥饿、性欲这些基本的内驱力更为重要。"美国心理学家汤姆金斯指出:"焦虑能使人突然冲出卧室,恐惧能使人丧失食欲,绝望能使人用剃须刀片作出致命的轻率举动。"②据了解,目前在中学生中非正常死亡人数在增多,其中一个重要原因是,当他们极端苦闷时,没有知心朋友可以倾诉孤独的痛苦,很多人

---

① 文汇报,1992-09-23.
② E.E.古德,J.M.施罗夫,S.伯克,何百华.感情是什么[J].现代外国哲学社会科学文摘,1992(3):33.

因为痛苦无法排解而走上了自寻短见之路。所以，许多心理学家和教育家一致呼吁人们要高度关注这一现象，要高度重视同学爱、伙伴情的社会功能的发挥。

同学爱，是儿童和青少年时期最重要的一种伙伴关系，是在共同学习、生活过程中形成的一种特殊的亲切依恋的感情。它对儿童和青少年的成长具有力量支持、安全保障、行为榜样等作用。他们视亲密的同学为自己的知心伙伴，心理上的"治疗者"，行动上的"评定者"，前进路上的"鼓舞者"，错误行为出现时的"制止者"，思想情感上的"理解者"。同学的友谊，是一把雨伞下的两个身影，是一张课桌上的两对明眸，是理想土壤中培育出来的两朵鲜花，也是憧憬乐章中的两个音符，可演奏出美妙的乐曲，伴随他们欢度美好的人生。

同学爱的社会功能之一，是能给予人们真诚理解、相互鼓励，能提供人们行为的榜样。孩子一进学校，从生活到学习，从游戏到劳动，都会遇到成人所不易理解的种种困难。他们有自身的兴趣爱好、不安及烦恼，这种年龄上的种种特点，常常不被父母和老师理解。他们与父母、老师之间容易产生代沟。孩子们长大之后有许多心里话往往不愿与父母、老师谈，而愿意和同学谈，其原因是同学间学习内容、生活方式等方面比较相似，容易找到共同语言，成为知己、知音、知心者。他们对父母和老师的教导，在情感方面易产生某些抵触情绪。这种情绪随着年龄的增长、独立性的提高，常常愈来愈烈。而在同学中间，他们会找到志同道合的伙伴，相互鼓励，为着一个共同的理想携手前进。有关人士认为，亲密的伙伴，真挚的友谊，在中小学生的心理发展过程中起着某些关键的作用。尤其在科学技术迅速发展和社会不断进步的现在，伙伴关系将更多方面地影响其未来。因此，爱因斯坦认为："世间最美好的东西，莫过于有几个头脑和心地都很正直的、严正的朋友。"

同学爱的社会功能之二，是能起到一般医生所不能起到的心理治疗的作用。早在500年前，英国哲学家培根就说过："友谊的主要效用之一就在于能使人心中的愤懑抑郁之气得以宣泄释放，这些不平之气是各种情感都可以引起的……除了一个真心朋友之外，没有一样药剂是可以通心的。对一个真正的朋友你可以传达你的忧愁、欢悦、恐惧、希望、疑忌、谏诤，以及任何压在你心上的事情。"[①] 现代发展心理学研究表明，同学友谊可以帮助儿童和青少年解除他们

---

① （英）弗兰西斯·培根.培根论说文集[M].水天同，译.北京：商务印书馆，1983：95.

心中的种种烦恼,包括对父母的埋怨,学习成绩不佳引起的懊丧,青春期带来的特殊紧张心理,等等。它可以使人们从压抑、愤怒和焦虑中解脱出来。因此,同学之爱是医治青少年心病的一剂良药,是他们心理健康的"保健品"。

同学爱的社会功能之三,是它能发挥教育作用,有助于学生良好品质的形成和社会化进程的发展。法国文学家雨果曾说过:"亲善产生幸福,文明带来和睦。"让孩子从小生活在同学友爱之中,可以培养他们文明的行为,慷慨大方的性格,对人对事负责的精神。他们彼此相处,学习上可以相互促进,生活上可以相互照顾,思想上可以相互激励。亲密的同学在身旁,不仅是一位朋友,而且也是一位老师,可以随时商量和请教,使自己多一份战胜困难的力量,多一个锐意进取的伙伴,多一块陶冶情操的砥石。孔子说:"三人行,必有我师焉。""与善人居,如入芝兰之室,久而不闻其香,即与之化矣。"教育心理学研究认为,我们可以利用同学爱给教育带来潜移默化的激励功能。有所学校进行了"小导师制"的实验研究,在阅读教学和计算练习中,让同学之间互教互学,这样既发挥了青少年的聪明才智,又培养了他们的社会责任感,收到了很好的教育效果。这正是陶行知先生创造的"小先生制",它对上述品质的培养有很大的促进作用。

当然,由于学生毕竟年轻,有许多方面还不成熟,加上社会环境中的某些不良风气的影响,小伙伴这种非正式的社会群体,有时会给孩子成长带来某些负面影响。为了培养真诚的友谊和美好的情感,教师和家长都要了解同学爱的发展过程,以便按他们不同的年龄特点及早加以引导,这样才会收到好的效果。

二、同学爱的发展

同学之间的爱,一般要经历以下四个发展阶段。

1. 幼儿阶段为萌芽期

婴儿和幼儿的一切需要的满足,常常是通过母亲来实现的。母亲是他们一切欢乐、安全感和良好情绪的源泉。进幼儿园之后,教师的爱在他们的成长中占有特殊地位。他们喜欢幼儿园教师给予的鼓励和表扬。同时,幼儿在游戏活动中产生了要与同龄人交往的需要。有一个6岁儿童,在缺乏同伴时,母亲建议由自己来代替他的小朋友,可是他说:"我要小朋友,你又不是小朋友,我不要。"这清楚地表明,幼儿有了要与同龄人交往的需要。这种交往对幼儿的人格发展起着十分重要的作用,可以培养他们从小合群的性格,加速其社会化的进程，为其入学建立同学爱提供基础。

2. 小学阶段为形成期

孩子从入学第一天起，就开始形成同学的概念。他们在与同学的交往中，存在着希望与恐惧、期待与紧张交织在一起的复杂心理。一年级小学生初入学时，在与同学交往中，感到和与老师亲近相比，与同学亲近更为困难。因为，年龄相同的孩子刚进学校，在一起活动时存在着互不相让的特点。在同学关系上，没有袒护，没有调解，没有人给他们以某种特殊的权利和特别的方便。在遇到生活和学习上的困难时，也很少有人会主动地给予特别的帮助，主要靠他们自己来解决。在孤立无援的情况下，他们要寻找帮助。这种帮助表现为同学之间的相互谦让和主动关心，这是促进儿童友爱发展和社会化水平提高的重要一环。所谓朋友之间的友爱和友谊，对于一年级小学生来说还处于摸索阶段，是形成同学爱的准备期。

有关研究表明，小学生从二年级开始，就进入建立小朋友友谊关系的黎明时期。到三四年级，这种小朋友的友谊关系得到进一步发展。有人称这一时期是儿童进入"集团游戏的最绚丽多彩的时代"。也有人称这个年龄为"团伙年龄"。他们喜欢结成三四个人的小群体，一起上学、游戏、复习功课，在这个过程中，学会与同学交往，发展与同学之间的友谊。这时，男女同学之间的活动差异开始扩大，男生喜欢足球、赛跑等活动，而女生喜欢画画、跳绳、唱歌、跳舞等活动。他们和父母、老师开始疏远，他们认为自己已长大，视父母、老师的教导和嘱咐为多余的唠叨。有关调查表明，他们最尊敬和最喜欢的人，原先占第一、第二位的是父母和老师，而现在，不少孩子将同学和小朋友列为第一位。这与他们常在一起活动和兴趣爱好相同有关。到小学高年级，他们开始选择友爱的对象。有一位四年级小朋友在作文中写道："在班上，我有很多朋友，而其中最最好的朋友只有两个。她们头脑聪明，语言、数学以及其他功课都很好，而且还会拉手风琴、弹钢琴。她们脸儿圆圆的，特别可爱。我真想变得像她们那样聪明。和她们在一起，我感到很幸福。对她俩的事，我一生不会忘记。"这反映同学间的友爱，朝着由不稳定趋向稳定，由分散趋向集中，由无选择向有选择的方向发展。

3. 初中阶段为发展期

中学时期，同学爱发展到了一个新的阶段。他们随着自我意识的增强、独立性的提高，强烈地需要友谊和同学间的互爱。其特点有以下三点。

第一，初中生的同学友爱有一定的心理基础。小学阶段儿童交朋友的基础是共同活动和共同兴趣，一般不稳定。而到初中之后，他们之间友爱的基础是共同学习、共同进步。在情感结合上，趋向深刻、稳定和具有一定的选择性，他们有许多内心的秘密，不愿意和父母商量，而愿向同学倾吐。

第二，初中生的同学友爱，大部分是同性间的友爱。在与异性的交往中，开始产生某种特殊情感，但还处于朦胧状态。

第三，初中生的同学友爱，以友谊为目标，主要是为了相互鼓励，共同提高。

4. 高中阶段为成熟期

高中学生正处于青年初期，是"同学少年，风华正茂"的时期，同学爱趋向成熟。他们珍惜友谊，把它视为人生最重要的一种情感，所以在选择性、稳定性和亲密度上均有明显的特点。

第一，同学友爱有明确的选择性。他们要求选择有共同人生理想和目标追求的人作为自己真挚的朋友，他们把彼此的友爱看作自我剖析和了解别人、认识生活的学校。他们要求他人能和自己保持思想情感上的一致，成为绝对真诚、完全可靠的知音。在友谊观上，常常带有理想主义的倾向。

第二，同学友爱有强烈的狂热性。由于这一年龄正处于情感上的狂飙时期，他们狂热地追求新知识和新思想，把志同道合者视为知己，强烈地要求建立一种永恒的友谊，为共同的理想奋斗终生。

第三，由于生理上和心理上的原因，他们在与异性交往中不可避免地产生一种特殊的爱慕和爱恋之情，它要求最大限度地保持亲密的关系和更多的亲近与接触，有的还会进一步发展成爱情。这种美好、纯真的情感应当得到珍惜和爱护，引导它朝着健康的方向发展，成为一种动力，鼓舞彼此更勤奋地学习和努力上进。

三、同学爱的培养

从上述分析中可以看到，同学之间的友爱具有多功能的特点。作为父母和老师以及团队组织，应当高度重视和十分珍惜，并加以精心培育。法国著名作家大仲马说："友爱如同花朵，只有细心培育，才能使它心花怒放，鲜艳夺目。如果不加珍惜，任性发作，就会遭到破坏，那这花就会萎颓凋谢。"为了更好地培育同学间真诚友爱之情，我们需要从以下三方面开展工作。

1. 引导合群

有关调查发现,目前在幼儿园中,有半数孩子与同伴缺乏友爱,性格孤僻,自私任性,胆小懦弱,自我中心。这要求家长从小让孩子和邻居的小朋友一起活动。父母给孩子买了新图书、新玩具后,要鼓励孩子带到幼儿园去,让孩子和小伙伴们一起观看和游戏,要鼓励孩子多交几个好朋友。这不仅能克服孩子因"关在家里"而造成的"自私""小气"等不良性格,而且能从小培养他们善于与小伙伴一起合作游戏、分享快乐和合群友好、举止大方等好品德。

有些幼儿园和中小学教师创造了一种"大带小"的活动。在幼儿园由大班儿童带小班儿童;在中小学,由高年级同学带低年级同学。大哥哥大姐姐在帮助小弟弟小妹妹的过程中,表现得特别认真耐心。他们说:"为了照顾好小弟弟小妹妹,我一定要处处以模范行为去影响他们,当作好榜样。"这一活动的开展,不仅使他们彼此之间在情感上得到满足,而且"教学相长",促进了良好品德的形成,很自然地纠正了某些孩子不合群的倾向。

2. 学会交往

交往是人类特有的相互沟通和相互作用的基本行为方式,对儿童和青少年社会化发展和同学友爱的形成具有重要意义,它是友情建立的纽带。可惜,据多方了解,目前多数孩子由于缺乏和同龄伙伴的社会交往,产生了不少苦恼,有不少孩子说"没有人和我一起玩,也没有人注意我",造成了"孤独者"的性格。国外也发现,儿童群体中的"排斥儿"学生在上升,原因之一是我们学校教育中缺乏交往训练。最近有学校开展了交往系列指导的研究,如江苏省海安县实验小学开展了"调整活动节奏,改善教育交往"的研究。他们在小学低年级进行亲子交往与师生交往的训练指导,在中、高年级进行同伴交往的指导,使亲子交往由溺爱到民主,师生交往由对立冲突到合作协调,同伴交往由自发到自觉,整体上提高了交往水平。上海市闸北区彭浦新村第一小学通过少先队组织开展"交往技能奖章训练活动",创设活动舞台,让广大少先队员增强健康的交往心理和合作意识,并提高了他们的交往能力,使之在活动中学会交往。又如上海市宝山区德育室进行了游戏、学习、劳动和日常生活中的交往指导。内容包括:游戏秩序要有先后,游戏规则要人人遵守,游戏中要礼让——大同学让小同学,男同学让女同学。在玩具、学习服务器和劳动工具缺少时,要学会克制和礼让,不要争先恐后去抢夺。而被让的同学,也应主动表示感谢。在游戏竞争中,要学会向胜利者祝贺,不要妒忌,更不要任性,发脾气,干出蛮横无理的蠢事来,破坏团结,使竞争失去意义。

3. 培养友谊

同学友谊是同学与同学之间建立的一种亲密无间的情感。这种情感的基础,在于彼此相处中的真诚、理解、信任和关心。所谓真诚,是指相互间有真情实感,诚实恳切;不虚假,不欺骗,不互相利用;相互关心和帮助,事事处处关心他人比关心自己为重。要真正做到这一点,就必须从小树立"心中有他人"的观念,要让孩子从童年到少年都要接受为别人多尽义务的训练,使其具有同情他人的移情能力。有所学校开展了"人间自有真情在"和"想一想""问一问""帮一帮""议一议"等教育活动。当一个班级有位同学失去亲人时,让大家设身处地去理解这一同学感受到的痛苦和困难。班级同学纷纷送上自己多年储蓄的钱,给她以温馨的友情,还用各种方式来表达对这一同学真诚的爱。他们在慰问信中写道:"我们全班同学都在分担着你那沉痛的悲哀,愿你化悲痛为力量,面对生活的挑战,重新扬起生活的风帆。""在人生旅途中,我们将自始至终地伴随着你,去度过未来的人生。"这一切使这位同学已经变冷的心开始回暖,新的希望又回到了她的心头。马克思有一句名言:"人同世界的关系是一种人的关系,那么你就只能用爱来交换爱,只能用信任来交换信任。"只有精心去培养同学爱,才能收到"不是亲人,胜似亲人;同学之爱,情同手足"的效果。

有人说:同学是在同一个地点、同所学校、同一个班级共同生活、学习过一段时间的亲近者,又是相遇、相识、相知、相交的至亲者,它虽无生理上的血缘血亲关系,恰在特殊年龄阶段,在精神生命中融入一种友情、友谊的文化基因和情感积淀。同学的名字,有时会比家人的名字更温馨更有魅力更让人怀念,因为没有功利性、私利性。同学之间有一种至纯至真至爱的情愫,有永远说不完的话,叙不完的事,道不尽的喜悦,说不完的感受,彼此共同生活中的种种画面永留心中。尤其是少年时代,这份情谊特别单纯与真诚,它的至纯至真如同玉壶中的水,明月下的光,让人心旷神怡。在学生时代,与同学交往带来的精神记忆和财富,不会随时间的推移而淡化和贬值,而会是在内心深处永存的光源。

同学是人生中的细流,源远流长;同学是人情中至纯至真的至亲;同学是精神生命的绿洲,郁郁葱葱,滋润终身,永存心间,弥足珍贵!

第五节 集体生活与学生情感培养

班级是一个特定的时空范围和社会实体,一群同龄的小伙伴,在教师的关怀下,以一种特殊的交往方式,在一个团结友爱的集体中成长。班级给予个体社会化的特殊功能是什么?学生情感发展的历程及其培养的主要因素是什么?

一、班级是孕育学生热爱生活、热爱集体的摇篮

这里,先让我们记述一次班级活动。某一天下午,初二(2)班的教室里充满了欢声笑语,原来这里正在举行"爱我集体主题班会"。

主持人迈着稳健的步伐走到教室中央,没有冠冕堂皇的开场白,开门见山提了个奇怪的问题:"爱是什么?"不少脑子灵活的同学马上回答:"爱是情感!""爱是烈火!""爱是相互的!"范敏不愧为语文课代表,说得自然而又不同凡响:"爱是奉献!""是的,爱是奉献!"主持人不失时机地接口道。然后她走到了黑板前,揭开了黑板前的幕布。"爱我集体主题班会"几个俊逸的草体字立即展现在大家眼前。旁边的一些小字尤其令人注意:爱是美好,爱是温暖,爱是奉献。同学们,让我们一起去爱吧!爱你的老师,爱你的同学,爱我们的第二个家——初二(2)班吧!

"是的,班级是一个团结友爱的实体,是我们的第二个家,我们每一个同学都要用心中的爱去浇灌这朵集体之花,让它开放得更加美丽,更加芬芳!"小穆同学以这段话作为自己演讲的开场白。跟随着她那声情并茂的演讲,同学们仿佛又回到了昨天:第一次,我们相识在金色的秋天,班级把我们的心连在一起。为了取得军训第一,我们刻苦操练,不知洒下了多少汗水;第一次晨扫,大家都起了一个大早,只为了出色地完成任务;第一次义务劳动,好脏的门、好高的窗,可是为了不让别人小看我们这个班,咱们上;开学典礼时,下起倾盆大雨,为了保证班级的队列整齐,没有人伸出手遮雨,尽管都被淋得浑身湿透,我们还是坚持不动。当我们听到阵阵赞扬声时,都兴奋不已。这种爱集体的感情油然而生,日趋强烈。这种感情,不是挂在口头上的漂亮誓言,而是用心、用行动在爱。

"有人说,我们的集体是由 48 名同学组成的,其实这也不尽然。我们集体还

有10位特殊成员,那便是我们的10位任课老师。他们也同样地爱着我们的班级集体,爱着我们每一个同学……"主持人娓娓叙道:"我们班主任老师长期患高血压,有时低压也高达110毫米水银柱,但他每天早出晚归,从没有因为身体不适而请过一次病假;数学老师忍着丧父的悲痛,摘下黑纱照常上课;外语老师有严重哮喘,可每次发病时,她总是咳嗽着坚持上课……"这一段话说得大家频频点头。这时坐在教室后排的数学老师站了起来,她走到前面,深情地说:"我只是做了一个教师应该做的事。《教育学》书中提出,要我们教师去爱每一个学生,而你们却用48颗心爱着我们每一位教师。我要把自己的全部精力无私地奉献给每一个学生,终生不渝。谢谢大家!""哗……"教室里顿时响起雷鸣般的掌声。接着英语老师用英语先说了一句:"爱是相互的!"然后她用无比诚挚的口吻说:"用我的爱去唤起同学的爱,用我的心去温暖同学的心,这是我的天职。"大家的掌声更为热烈。

这就是爱,这是世界上最动人的爱!大家再也忍不住了,情不自禁地唱起了《爱的奉献》:"这是心的呼唤,这是爱的奉献,这是人间的春天……"歌声越来越响,越来越热烈。望着同学和老师的笑脸,小王一跃而起,高声朗诵了自己的诗作《我选择》:"如果让我再一次选择,我还是愿意作为二(2)班的一员!"这就是班级集体的魅力,爱充满了班级集体。①

上述主题班会,是中小学教育活动中较为普遍的一例。它反映了广大儿童和青少年在成长过程中,不仅要掌握科学知识,去认识客观世界,去探索自然的奥秘,更要从社会、教育、心理学角度来看班级体。班集体不但具有传授系统科学文化知识、形成社会规范、指导生活目标的功能,而且还具有培养社会角色、学会人际交往、体验彼此情感、促进个体实现社会化的功能。它使广大儿童和青少年以学习与交往活动为中介,去调节社会要求和个性发展,从而使个体的自然人成为真正意义上的社会人,达到人格社会化和角色人格化的目的。因此,我们可以将班集体理解为社会生活中的一个最小单位,整个社会大厦中的一块基石,它的重要作用在于促进学生个体的社会化。它使思想认识各异、需要兴趣不同的儿童和青少年,通过共同的学习生活和丰富多彩的集体活动,去感受人类最高尚的精神欢乐,去认识爱的真谛,去体验人际交往中的真诚和理解,去接受师生爱和伙伴情,从而孕育和激发一种热爱生活、热爱集体、酷爱学

---

① 任小艾.我的班主任工作[M].北京:光明日报出版社,1989:53.

习、酷爱人生的强烈感情,为他们走向社会奠定基础。

二、学生对班级集体产生情感的心理轨迹

人在儿童时期就有了与同龄人交往的需要。这种与同龄人建立的伙伴关系是亲子关系和师生关系不能替代的。他们与同龄人的交往,如在课堂上,在兴趣小组中,在邻里之间,都会产生一种特别美好的情感体验。孩子年龄越小,班集体对个人的教育影响就越大。他们具有特别敏感、特别细腻的感受能力。有关教育实验表明,小学中低年级儿童具有特别敏感和容易轻信等特点。他们的心向人们敞开着,这时老师所说的某一句话,常常会影响孩子的终生。全国优秀班主任毛蓓蕾老师的教育实践中,有大量例子可以证明这一点。在她的眼里,即使是"淘气鬼""小捣蛋"或者"拆天拆地"的皮大王,都有可能成为未来建设事业中的"英雄好汉"。她曾遇到过一个长得出奇矮小、成天调皮捣蛋的孩子,他参与打架,常常弄得头破血流,脸上留有数十个疤痕。他的头上没有几根头发,所以别人给他取了个外号叫"芋艿头"。毛老师对这样的学生,不是厌恶和歧视,而是满怀热情地给予关心,真诚而又耐心地与他谈心,并委以班级劳动委员的"重任",以此激励他的自尊心和上进心。在一次班级演出的前夕,不巧他因脑震荡住院治疗。在病床上他苦苦地向妈妈哀求:"让我到学校去参加汇报演出……"班级同学得知这件事后,都十分感动。这位昔日的皮大王,沉浸在被理解、友爱的气氛中。在集体力量的帮助下,加上教师亲切的关怀教育,终于成了"三好学生"。由此可见,童年时的伙伴情和师生爱,会给个体的成长以巨大的教育作用和情感上的激励。

孩子们进入中学之后,他们情感发展的轨迹进入到了一个新的时期。这是精神上获得人类道德珍品的最活跃的时期,是情绪最饱满的时期,在思想情操的形成和发展上,进入到了自我肯定的时期。有不少老师能机智地把握这一时机,给学生以多姿多彩的生活内容,使学生在紧张的脑力劳动中蓄积的青春活力和各种能量得以健康地宣泄和释放,从而保持着良好的心理状态,又使学生在活动中密切人际关系,增强班集体内部的凝聚力。例如,组织学生开展郊外障碍越野比赛,远游风景秀丽的名胜之地等,使学生在集体中互相爱护、互相帮助。当同学们行走了十几公里,登临山顶,远眺群山,饱览"苍山如海,残阳如血"的壮观日出之后,他们会产生出一种气势雄伟的感受。在民俗民风的社会

考察中,学生们获得了一幅幅外部世界的多彩画卷,受到大自然的陶冶,真是心旷神怡。同样他们也会记住,这是在班集体活动中获得的乐趣。青少年的特点在于追求新奇,寻找刺激,这当中又蕴含一种"自找苦吃"的精神状态。他们忘情地生活,在徒步行军中磨炼自己的意志,大有"不管风吹浪打,胜似闲庭信步"的兴致,再累再苦,也毫无嗟天怨地之辞。这是在集体力量的鼓舞下的一种勇敢的"自我超越"。同学们在集体活动中,增强了主体意识和群体意识,发挥着各自的潜能。他们勇敢地投入大千世界的怀抱,从社会生活和山水灵性中领悟人生的真谛。

三、班级文化培养班级情感

有人从社会文化学的角度研究认为,班集体情感形成的源泉在于班级文化的孕育。

在班级文化中,有代表成人经验的教师文化,它由教师的教育思想、专业知识、教学素养和教风教态等多种因素组成。其中课程文化对儿童和青少年形成热爱班级、热爱集体的思想情感有着巨大而又深刻的潜移默化的作用。它由认知文化、审美文化、伦理文化等多种因素组成,构成了一个科学文化和人文文化交融渗透的复合体。在学生文化中,代表着儿童和青少年独特世界的经验,包括他们特有的价值取向、思考方式和行为模式,等等。青少年学生处于身心快速发展的青春时期,自我意识觉醒,主体观念增强,人格上的独立性在提高,精神生活上的自由要求也更为强烈。他们的兴趣、爱好、需要和文化视野极为丰富广阔。他们涉猎的文化世界,他们接触的书籍、报刊、电影、电视、音乐、美术、体育等,都比教师们预料的要广阔得多。社会上不断出现的新信息、文化思潮、艺术流派、影视明星,直到时尚、风俗、流行服饰等,都在强烈地吸引着广大的青少年。可以说,每一个学生都有他自己的文化信息网,具有刻着自己个性印记的知识、信息和价值体系。教师应当深入到儿童和青少年的兴趣和爱好之中,珍视他们神往的文化信息,并具有心理移位的能力,力求使自己像学生那样去感受、体验和思考,相互切磋、平等探讨、双向交流,努力寻求教师文化与学生文化的结合点和共鸣区。

班级是师生共同活动的舞台,舞台的中心是课堂。教学活动最能显示班级文化的功能,促进班级情感的形成。如在语文课上,有的教师改变了由教师一讲到底的单一模式,采取了以学生为主体、师生共同参与的教学模式,发挥学生在学习中的主体作用,给学生以自我表现的机会,让学生在课堂上显示自己的个性和才能。遇到不同的观点,不强求统一的"标准答案",而是创设条件,让同学在课堂上相互交流、争鸣和评价,还鼓励学生从不同角度发表自己的独特见解,使课堂真正成为班组社会的中心舞台,为学生走向未来创造条件。上述做法不仅提高了教学质量,而且使班级文化和师生情感提高到了一个新水平,使学生在参加班级文化建设中更加热爱班级,更加热爱同学,更加热爱教师,更加热爱学习,从而更加热爱生活。为他们在未来的社会大舞台上成为一名出色的主角,演出有声有色、威武雄壮的剧目打下了良好的基础。

四、"班级是我家,人人都爱她"

这是我在枫泾中学参与审美化德育研究中,协助申淑敏老师开展了班级建设审美化的实践探索的若干实例。

在引导学生共同参与班级特色文化的建设过程中,同学提出国有国徽,校有校训,我们班也应该有自己的班徽、班训;为了营造出温馨和谐的大家庭,我们还应该有自己理想的班风、学风、班歌;为了时时督促自己不断进步,还应该有班级口号、班级誓词!

为了让每一个学生都能体验到做班级主人的自豪,申老师提议每一个同学都可以根据自己的意愿为我们班级设计班名、班徽、班训、班歌、班风、学风、口号、誓词。

经过两周的思考、酝酿和设计,我们利用主题为"发现他人的美,展示自己的美"的班会,开展了一场富有情趣、共同参与的审美活动。每一个人都有平等的机会在大家面前展示、说明自己设计的意图和理念。通过从小队到班级的层层竞选,最后确定:

班名:"阳光班"。

班徽:众人托起太阳,在阳光照耀下集体奔向自主、自由、美丽的地方。

班训:想,壮志凌云;干,脚踏实地。

班风:积极主动,我能成功。

班歌:阳光班的传奇。

学风:学习着是充实的,学习着是快乐的,学习着是美丽的,学习着是幸福的。

班级口号：二班二班，扬起风帆，团结互助，勇往直前。

这样做的意义是重大的。一个新组建的团体，往往缺乏向心力，其中的每一个成员还缺乏对班级的认同感和归属感。而这个建设班级文化的过程，不但是通过一定的条例将孩子们的心拧在一块的过程，而且让同学们在参加展示、评选作品的过程中，通过对自己作品设计意图的介绍以及相互间的交流，不仅发现了他人的美，而且在感悟美的过程中也在创造自己的美。

实践证明，上述活动让我们看到每一个孩子都有广阔的发展空间和巨大的智慧潜能，他们都有向美崇善的追求！只要我们善于运用教育智慧，发扬大爱精神，以人为本，循循善诱地引导学生去发现美，感悟美，学生就能学会用审美的眼光去欣赏他人，在大家庭中感受集体的温暖，体验成长的快乐，从而更加热爱集体，增强集体荣誉感、自豪感和为集体争光的责任感！[①]

第六节　社会交往与自主发展

一、社会交往

社会是以一定的生产方式与生活规则组织起来的人类生活共同体。

人在社会中生活，从婴幼儿到成人，均在社会环境影响下，通过人际接触与社会交往，获得社会的行为规范，成为社会成员。这是由自然人发展为社会人的过程，这一过程即为社会化过程。其中，社会交往起着核心与关键的作用。为此，我们要重视学生的社会交往。在加德纳的多元智能中，就有人际交往智能，它是指人在社会生活中，能了解他人、与他人进行心灵沟通的能力。它包括注意他人的情绪、气质、动机、性格和技能技巧等方面的特点和特长，这是高情感智力的重要组成部分。在与孩子交往中我们不难发现，有的孩子能广交朋友，能与周围的小朋友融洽相处，很容易加入到小朋友的游戏活动之中，也容易受到"小伙伴的欢迎和爱戴"。学会交往、善于交往，是社会生活中的润滑剂。也有学生缺乏交往技巧，在社交活动中有紧张感，这常常与童年时代缺乏社会

---

① 申淑敏.班主任的情与爱——班级审美化主体实践的探索[M].北京：中国文联出版社，2012：21.

交往有关。因此,心理学家认为,童年早期要培养他们坦然地与他人对话,主动与他人接触,从小要有感激之心,对关心、帮助、照顾自己的人与行为,要学会用"谢谢"等礼貌语言,以示对他人的尊重与感激,这会增加人际交往中的亲切感、亲密感和融洽性与协调性。

我对社会交往的研究,始于1988年参与中小学德育整体改革的课题研究。当年承担《中学生日常行为规范》的起草,我提出的框架是"五讲",即对己讲仪表、对人讲礼貌、对学习讲勤奋、对父母讲孝敬、对社会讲公德。在条目解释中,讲到在有人群的地方,就有人与人的交往。马克思曾精辟地指出:"人的本质并不是单个人所固有的抽象物。在其现实性上,它是一切社会关系的总和。"事实正是这样。我们每个人都处在双向的、错综复杂的人际关系的网络之中。在现代社会生活中,如何正确处理人际关系,以真诚的态度来与周围的人友好相处,以文明礼貌来待人接物,让文明之花长盛,让友谊之树常青;中国古代儒家学者孟子说过:"爱人者,人恒爱之;敬人者,人恒敬之。"科学家爱因斯坦称友谊为"世界最美好的东西",著名作家巴金把友情比作"生活中的一盏明灯"。[①] 在社会生活中,真诚友爱、互相帮助,是人际交往美的体现,也是发扬中华民族优秀传统美德和建设社会主义文化强国的需要。引导孩子成长,要引导其善于从点滴小事中学会欣赏真善美。我在从事儿童与青少年成长研究中,关注着阳光的抚育、良好社会环境的影响和孩子成长中的自主发展。

二、社会交往与自主发展

学生在社会交往中不应是消极被动者,而应是积极主动者,作为社会生活中的主人,在社会交往中,学会人际关系和谐相处的同时,也要学会自我教育、自我反省、自我协调和自主发展。自主是指个体在社会交往中,既要认识自身的特点、爱好、特长和潜力潜能,自尊、自爱、自信、自强,具有独立自主选择的能力,又要尊重他人,感受他人对自己的关心和爱护,在社会教育和自我教育相结合中,使自己的人格更完美,社交能力更强,身心发展更健康。有人从心理学角度对学生的自我发展进行了专门研究,开展了自主动机、自主权利、自主感受、自主选择、自我调节、自我发展等方面的形成机制的研究,也提及个体在社会生

---

① 国家教育委员会中学教育局,主编.中学生日常行为指导[M].北京:北京出版社,1988:101.

活中,在完成学习活动和社会任务中,自主性人格特征的形成,使自己成为社会的主人,自我的创造者,独立人格的自立塑造者。[①] 在学校与社会生活中,通过社会调查、社会交往的志愿者等活动,满足青少年的自主发展的需求,使之能在社会生活中施展才华,提高社会交往能力和审美能力,完善人格品质。

上述教育理念和教育理想在以下几个案例中得到了很好的体现。

三、社会交往中的阳光之美

我在个案研究中,看到一位初一学生所写的作文《有阳光真好》。

有 阳 光 真 好

自然万物因为拥有了阳光而充满生机与活力。我的生命中,曾有这样的"一缕"阳光,给我带来了温暖。

那天我在车站上等着"130"的到来,在我苦苦的等待之中,"130"终于来了,我上了车,拿出交通卡,十分帅气地一刷,自以为十分完美了,突然听到一个声音,不是我十分熟悉的"嘀答"声,而是一声"无法读取"。我心中惊道,什么,难道我的卡坏了,不可能啊!我还是不信,又刷了一下,还是那句"无法读取"。无奈之下,我只好投币了,突然一想我好像没有带钱啊。我心中拼命地安慰自己,一定带钱了,一定带钱了。最终我把书包翻了个底朝天也没有找到钱,完了!车已经开了一段路,我现在真是进退两难啊!下车也不行,继续待在车上也不行。

正当我没有办法之时,我突然看到一个人影,这不是我的同学小帆吗!我如同找到救命稻草一样,走到小帆面前说:"小帆,两块钱有吗?借我一下,明天还。"小帆找了找,对我摇了摇头,并对我说:"对不起,没有!"我顿时像被晴天霹雳打中一样,前一秒我就像在美好的天气下散着步,而后一秒,大地震动了,地面裂了开来,把我摔入万丈深渊。完了,完了!心想着,我的一世英名,就要毁于一旦了!

突然,一个声音在我的耳边响起,"孩子。"我看了看左右,看到一位爷爷对我笑了笑。我问他道:"老爷爷,您是在叫我吗?"那爷爷点了点头,问我:

---

① 李晓文.学生自我发展之心理学探索[M].北京:教育科学出版社,2002:29.

"孩子,你是不是没带钱啊?"我犹豫了一下,还是点了点头。只见他在口袋里掏了一会儿,两个硬币出现在了我的面前,"这是?""这是给你的,拿去吧,孩子。"我失望的心田,突然射入了一缕阳光,那缕明媚的阳光顿时温暖着我的心。我激动地接过钱,连忙说了几声"谢谢",然后把钱投进投币箱。接着,我转过身,又对他说了几声"谢谢"。他摆了摆手,说:"下次别忘了。"我感激地对他点了点头。

那两块钱包含着长辈对晚辈的关爱,虽然只是个不认识的老爷爷,但他就像一缕"阳光"照亮着我的心,时时刻刻地提醒着我不要再忘记带钱了。

我对此文的评析和感想:

从情感发展心理学角度来说,学生成长需要阳光,也需要善于吸收阳光,社会生活中需要创造更多的阳光来哺育儿童青少年的健康成长。

第一,阳光少年来自阳光的哺育。

据我了解,这位学生在成长过程中,多位老师对他的评价是"阳光开朗""为人大气大度""在集体生活中肯付出""能主动为同学服务",有助人为乐和奉献精神,"同学关系好"。我想,这位同学的上述优点,其精神生命之源、立生之本的根,与社会生活中的阳光哺育是分不开的。中国古代有社会教化论、环境熏陶论,其中包括自然环境陶冶和社会环境熏陶,尤其是家风、民风和社会风气的陶冶。孔子说:"里仁为美。择不处仁,焉得之。"为之,党中央号召要加强思想道德建设和生态文明建设,功在当代,利在千秋。用阳光世界绿色生态来激励人们向上向善、孝心爱亲,发扬社会好风尚。①

《有阳光真好》这篇短文写到这位学生在为难之际,有位老爷爷看到这一情景,主动地给他帮助。"孩子,是不是没有带钱,我给您……"那时,从失望中看到希望,"我失望的心田,突然射入了一缕阳光,那缕明媚的阳光顿时温暖着我的心。我激动地接过钱,连忙说了几声'谢谢'!"此时此刻,这位老爷爷助人之美的真情,不仅感动了小作者,而且感动着看到此文的所有读者,大家为这位老爷爷的义举和真诚爱心所感动。

第二,阳光的教育功能需要珍惜。

在自然生态学中,万物生长靠太阳,绿色植物通过吸收阳光能量进行光合

---

① 中国共产党第十九次全国代表大会文件汇编[M].北京:人民出版社,2017:42.

作用而生长。人类之生存也要依靠自然物的营养与能量。人的精神生命中似乎也存在类似的光合作用。《有阳光真好》一文告诉我们,正是他人的善举使这孩子的情感产生了变化和提升。

中学生常有粗心大意之时。这位小作者在文章开头写道:"我上了车,拿出交通卡,十分帅气地一刷,自以为十分完美了,突然听到一个声音,不是我十分熟悉的'嘀答'声,而是'无法读取。'"这一系列的动作的描写,不仅完全真实,而且还很生动形象。小作者本来深信自己卡上有钱,发现没有之后,他把书包翻了个底部朝天,没有找到钱,于是只好向同学借钱。这一系列的记叙,一方面写出了实情,另一方面也体现了他的诚心实意,没有半点心虚与取巧之意,十分可信。当另一个同学说没有钱时,他写道"我顿时像被晴天霹雳打中一样……把我摔下万丈深渊,完了!完了!"此时,突然一个声音在我耳边响起:"孩子,你是不是没有带钱啊……"。那时,他从失望中看到希望。

从学生自主发展与自我教育角度来分析,他的感恩、记恩正是成长的一大要素。

第三,有阳光真好,好在善于感恩、记恩和对美的感受与体验。

罗丹说过:"美是到处都有的,对于我们的眼睛,不是缺少美,而是缺少发现。"此文之好,在于作者能在生活中发现美、感受美和提炼美。美源于真、源于善。在他为难之际,一位老爷爷出于善心,急他人之所急,助人为乐,让他"绝处逢生"。

这位老爷爷的善举,能温暖他的今天,还将温暖他的明天,他以老爷爷的行为做榜样,立志做一个有利于他人的人。

我们从他高中班主任的评语中看到他的进步与成长。他"担任团支书,能主动为同学服务,有奉献精神,与同学关系好,对生活有可贵的热情,积极开朗。"这与他能从社会交往中发现美、感受美、体验美、提炼美,让阳光给予生命以朝气是分不开的。

四、社会交往中的志愿者

在社会交往中,引导学生参加志愿者活动,使之既可服务他人,又能得到自我教育与自主发展的好机会和好平台。下列是个案中的一篇纪实作文。

志愿者感想

我在仁济医院的自助挂号机旁做了五天的志愿者。五天里,我学到很多东西,有了一些前所未有的体验。

许多离开学校踏上工作岗位的人都会有些迷茫。工作岗位上没有老师、课堂,许多事都要自己去学习。我第一天到岗后,也是不知所措。在另一位有经验的志愿者旁看了一会儿,知道了大概后,就"冒险"走到一台没有志愿者的机器旁亲身尝试。一开始的确遇到很多困难,有许多操作不会,但在这时候,总有一些老患者会告诉我怎么做。只用了一个上午的时间,我就基本能熟练操作了。当然,问题总是会产生的,遇到一些比较普遍的问题,就去问医生或别的志愿者,问题也就解决了。有些时候,自己观察到一些细节,也能为以后的工作提供帮助。"在实践中学习"不是一句空话,而是工作中最重要也是十分有效的学习途径。有了这样的体验,我在将来真正工作时就不会再迷茫了,只要去试、去问、去观察,就会一点点进步。

从前,我只是往返于家与学校之间,很少接触社会上的人。在上岗之前,我也曾担心,是否会遇到许多难以沟通的人。但工作五天,发现我们的社会不是一个冷酷的社会,而是一个真诚、温暖的社会。大多数人会很有耐心地与我沟通。一些人对自助挂号中的一些制度一开始不理解,但也会耐心地听我解释。即使一些人排了队,却不能自助挂号,也不会有过激的表现,而是询问我解决方法后匆匆离开。许多人在我服务后会说"谢谢"。一位老伯将水杯放在了机器台面上而滑落摔碎,我自知我也有责任,他却真诚地握着我的手连说"不好意思"。人们的行为令我感动,也为我将来踏入社会增加了一些信心。

在医院的工作是辛苦的,一天站六个小时,不停地操作。但是,每天在回家的路上我总能想起一天里帮过的人、体会到的东西,这是幸福的。一些同学在别的志愿者岗位上做过,说那里的工作太清闲,他们更喜欢仁济医院的志愿者岗位。其实我们厌恶的不是辛苦的工作,反而是那些无所事事的工作。幸福源于充实。这给我将来求职提供了一些引导。

志愿者,看似是付出,实际是获益。

我的点评：

该生去仁济医院当志愿者是在 2016 年的暑假，那时他由高一升入高二，我知道他态度积极、认真，事后还得到了好评和表扬。

他的《志愿者感想》一文给我三点教益和启发。

第一，由学校走上社会会有"迷茫"，没有老师在身旁，会"不知所措"，这就需要独自去进行尝试、探索以至"冒险"，"在实践中学习"。学生成长过去长期偏重书本学习，而忽视社会实践。书本学习需要阅读，向社会实践学习，需要观察，需要亲身去感受与体验，需要向医生与其他志愿者请教。在请教中，由迷茫转为熟悉、清楚和操作上的进步。过去人们常说实践出真知，事实上实践的功能不仅在认识上，而且还在情感、意志、性格与社交能力等许多方面，它具有培养人格、增强能力、培养美德的综合作用。为此，今后需要加强。

第二，此文提及真诚而温暖的社会，这一感受、体验极为宝贵。在我们的社会生活中，有阳光也有"雾霾"。让学生学会感受人与人交往中的真诚和温暖极为重要，这是人生的基础和精神元素，没有真诚与温暖的感受，人心就会冷却。社会实践不仅要注重社会操作能力的提高，更要重视社会交往中对人间真情的感受。"世上自有真情在。"在物欲影响的社会中，人心温暖特别重要。那位老伯伯将水杯放在机器台面上，水杯滑落摔碎之时，"我自知有责任"，可这位老伯却主动而又真诚地"握着"我的手，连说"不好意思"。这行为感动"我"，增强了"我"今后走向社会的信心，这就是"文化自信"的社会基础，也是传统美德、宽容他人、严于律己的文化之熏陶与感染。

第三，付出与获益。这一感受与体验就是人类爱的本源，也是幸福感的源泉。正如这位学生所体会到的那样，幸福来自充实，来自付出，来自奉献。虽然当志愿者有辛苦的一面，是体能上的辛劳，却换来精神上的充实和快乐，这为我们道德情感的形成、人生观的确立打下坚实的基础。

我愿在今后的教育改革中，让我们的学生能更多地去感受人心本质之真、人际交往之善、社会生活之美，让他们能在真、善、美的哺育中，成为真人、善者和美的欣赏者与创造者！

五、独特魅力者的培养——生态位育一例

在社会交往与自主发展中，我跟踪研究了思诚 18 年，想不到他身上故事多

多。在这部书稿完成之际，我看到上海市实验学校高中部主任，教了他三年语文的袁万萍老师写的一份案例——《我眼中的思诚》。

思诚是我的学生，是我执教的高三(6)班这个由众多优秀学生组成的集体中"不可无一，不可有二"的极为标志性、个性化的一员。

没有什么特别的相识仪式，认识他就在教室里。高一开学前一天，我对照座位表认识了他——肃然端坐，不苟言笑，但细看起来，眉目里真有一点读书人的气质，清瘦白净，书生气十足。

第一印象的直觉判断其实是不错的，他沉默寡言，记忆中几乎就没有主动和我有过一次关于学习或其他方面交流。但是，他一直在用自己的方式表达自己，从而直击到你的心和脑海深处：他的随笔文笔精炼，书写隽美，知人论世常有精辟独到之见解又不乏思想深度。高一时他的文章常被我夸赞，因为里面流淌着的是对生活细腻而深沉的爱，是对社会的思考和探索，这些文字表现出一个优秀的高中学生对生活、人生的关注和探索。透过文字，可见这个孩子不俗的品位和高雅的性情。回想起"读书行走"活动中的细节：他推荐梭罗的《瓦尔登湖》，几个要点提纲挈领地统整着巨著，他的表达精准、清晰，他有一种安静、理性的力量，听者会不自主地被带入他的情境；"光影瞬间"他介绍《萨利机长》，体制与人性的冲突，重新思考英雄的定义等视角已经引发了同学课上课下的热烈回应，而他肖然不动，一如既往地淡定自如。

他其实是个极有魅力的学生！

他对数学建模有着浓厚的兴趣，从高一甚至更早，他就已经在学校特需课程中找到自己的这个研究方向。他有明确的学习目的和自主学习的能力——有学习任务不声张，有比赛佳绩不张扬，有时你会很难相信一个孩子有如此的定力，能如此稳重；原本很好奇，他这个"沉默"先生如何在小组学习中与他人进行交流和讨论，但后来渐渐发现，在建模小组中他并不沉默，他不唯书本，不唯专家，勇于质疑，坚持探索与实证，成为建模课程学习中不可多得的领军人物。

思诚在他觉得需要表达的时候是不吝啬他的语言的。

印象深刻的还有他高三第一学期报名参加上海交通大学的致远营活动。他来询问有关政策、开成绩证明、盖章，从不多一句赘语；办完报名的事在走廊里再看到他没有眼神交流。但是，整个过程他从加我微信开始，没有让他妈妈插手做一丁点。高三第二学期自主招生报名开始后,他也是有条理有方向地安排自己的报名工作,到我这里签字盖章,但依然不多说一句话。那天我和他妈妈开玩笑说:"我就奇怪了,他外公和你都是那么热情开朗、乐于交流的,怎么他就是不愿意开口。"我说:"是不是可以让他主动和我交流一次?"

那天午饭后回到办公室,看到他在办公室门口等我。终于等到他了。我一喜,他也嘴角上扬——他的笑容其实很可爱。他说妈妈这一系都是开朗活泼的,爸爸这一族都像他一样闷闷的,因为他总觉得没什么要说的,该做啥就做掉好了。他一边说一边看手表,我以为他局促想逃离,他说是后面有同学要和老师谈作文,他想把时间留给别人。这就是典型的理工男的思维,简洁、直接、理性,但我知道思诚其实从来不乏温暖。

同学们爱叫他"思爸爸",大概是戏称他的少年老成吧;他也会和同学开玩笑,很节制,但他嘴角那抹不经意的笑意很动人;他还是乒乓球高手,和前世界冠军对垒身手很矫健;他妈妈说他在家语文花的时间少,难怪高三语文不太见起色……

和我课堂里的很多学生一样,他上课身姿挺拔而端正,缄默而专注,也经常能感觉他沉浸在自己的精神世界驰骋,自由思考,谨慎表达。他很普通,却也很独特,我始终相信他内心有一股强大的力量,召唤他始终坚定地追求着自己的梦想,就像一只自由的鸟儿始终心系着天空一样。

中国有句古语:"天地位焉,万物育焉。"我常常感慨,思诚这样与众不同的孩子因为在学校、家庭、社会的和谐天地里得到关爱、教育和滋养,他的成长才能够如此自由、美好。从实验出发,思诚读书论道。如今他即将迈向他心中更高的理想,愿他一如既往,谨言慎行,深爱着、追求着,不断进取,自强不息,相信他会用一生去实践。

每念及此,我的心中都会涌起无限的柔情、挚爱和感动,剩下的就是祝福和祝愿:未来更美好!

我的读后感:

袁老师在她所写的个案中提到"天地位焉,万物育焉",说明思诚的成长得益于天地间良好的教育环境和他自身的自主发展。这一过程,令人欣慰和喜悦。

袁老师引用的这一古语出自儒家经典《中庸》。据传是子思所作。他主张"致中和，天地位焉，万物育焉"，这是指"位者，安其所也，育者，遂其生也"。对此我们可理解为，将学生安置于和谐的教育生态环境中，在各方面的积极影响下，使孩子的自主性得到培育，逐渐生长、成熟和成才。现代优生学家和教育家潘光旦传承古代的天人合一、位育成长的教育思想，倡导人的成长要有"位育"的理念，他主张一切生命的目的要求"位育"。① 应以人为本位，尊重学生的独特意向和独立自主的人格培养，"以独则足，以群则和"的人性发展，使其在知、情、意诸方面得到熏陶和孕育。如同植物的种子，在爱的阳光下，萌芽、发叶、开花、结果。思诚小学就读于上海市第六师范附属小学，中学六年就读于上海市实验学校；他们的教育理念是，为孩子的早期成长提供良好的教育环境，开发潜能，发展个性，健全人格；塑造一个富有人格魅力的教师群体，去培育一大批极有独特人格魅力的优秀学生。袁老师所写的这一案例，生动、具体、形象地展示了他们怀有"位育"的教育生态理念，创造了有情有爱、有智有慧的和谐环境，让其生活于充满温馨、温暖的群体中，让一个极其内向、个性独特的孩子不感到孤独、孤单、孤立，让他在自己的精神世界中驰骋，自由思想得到发挥，精准的思维和谨慎的语言得到表达和鼓励。一群颇有魅力者，在天地和谐和自强不息中得到成长。

我们看到一粒精神生命的种子，在教育的情爱中得到滋润和孕育，在自主、自由、自信、自尊中得到生发，为之感激和高兴。愿这颗幼苗能健康地茁壮成长！

我们是教育生态论者，人的素质发展和人格提升需要以归属安全感、自尊自信感和责任使命感等积极情感品质为基础和支撑。素质教育和人格培育不仅需要严格要求和意志磨砺，更需要如诗如画、含"情"脉脉、心心相印和入情入理、入心入脑的关怀。让我们的教育真正成为有情的教育，让教育在有情中哺育真情、真诚和真爱。让教育生活在现实的土壤之中，在关爱的阳光下，开出美丽的生命之花，结出幸福的成长之果。让我们在先进的教育理念指引下，把握情感智慧发展的最佳时期，创造最佳的人文关怀的教育环境，使每一个学生身心都能得到最佳的发展，为他们的终生发展和幸福人生奠定基础！

---

① 潘光旦.潘光旦教育文存[M].潘乃谷,潘乃和,编.北京：人民教育出版社,2002：4.

附录　著者主要论著索引(按时间顺序)

1. 做好六足岁儿童的入学教育[N].文汇报,1978-08-23.
2. 怎样使儿童集中注意[J].上海教育,1978(2).
3. 启发式是培养人才的有效方法[J].上海师范学院学报,1980(1).
4. 在精细的观察中认识世界[N].文汇报,1980-02-13.
5. 要重视儿童形象思维的培养[J].人民教育,1980(12).
6. 研究新时期青少年教育中的新问题[N].文汇报,1980-06-14.
7. 师范学校学生智力的培养[M]//论人民教师.北京:人民教育出版社,1981.
8. 对小学低年级学生听说能力训练的初步研究[M]//上海市教育学会1981年会论文选.(合写)
9. 气质、性格和教育[J].上海教育,1982(6).
10. 马克思青年初期理想的特点及其形成[J].心理学探索,1983(1).选入《学习马克思的教育思想——社会马克思逝世一百周年文集》.北京:人民教育出版社(获上海市教育科研成果奖).
11. 小学低年级儿童听说能力研究[J].心理科学通讯,1983(5).选入《心理学论文选》,上海市心理学汇编.
12. 中学理想教育实验纲要[J].上海青少年研究,1983(9).
13. 谈师范招生制度的改革[J].师范教育,1985(5).(合写)
14. 提高青年的爱情理想水准[J].青年研究,1985(6).
15. 小学听说训练[M].杭州:浙江教育出版社,1985.(合著)
16. 爱情的理想和理想的爱情[J].婚姻和家庭,1986(2).
17. 小学儿童教育心理学——全国卫星电视教材[M].北京:人民教育出版社,

1986(获全国儿童教育心理学研究会优秀著作奖).(合作编著)

18. 启发式、人民教师素质修养[M]//陈育辛,主编.新编教育学.上海：上海教育出版社,1986.

19. 中小学生社会主义、共产主义理想启蒙教育[M]//王逢贤,主编.中小学生爱国主义、共产主义教育论.北京：教育科学出版社,1987(获全国首届优秀教育理论著作一等奖).

20. 《中学生日常行为规范》的意义及内容[M]//国家教育委员会中学教育司,主编.中学生日常行为指导.北京：北京出版社,1988.

21. 论爱在构建德育新格局中的地位[J].上海教育科研,1988(6).

22. 爱国之情始于家乡之恋[J].上海中学教育,1990(2).

23. 关于德育实体研究的初步思考[J].上海教育科研,1990(2).

24. 爱国之情要从小培养——幼、小、中分阶段进行爱国主义教育实验初探[J].教育论坛,1991(2)(获上海市哲学社会科学优秀成果论文类优秀奖(1986—1993)).

25. 德育最佳期的研究[J].浙江教育科学,1991(2).

26. 学校、家庭、社会德育一体化[M].福州：福建教育出版社,1992.(合编)

27. 中学生爱国主义情感形成过程的研究[J].教育科学,1993(1).

28. 爱国情感需要从小培养[M]//中国福利会,上海宋庆龄基金会.心系儿童 缔造未来——宋庆龄儿童教育思想和实践研讨会文集.

29. 把握最佳时期,提高德育实效——探索确定和实施德育大纲的心理学依据之一[M]//中学德育大纲论文集.北京：教育科学出版社,1993.

30. 中小学生爱国主义教育中的心理学问题[J].教育研究,1993(3).

31. 爱国情感心理成分的三维结构和中学生爱国情感的调查[J].上海教育科研,1994(7)(获上海市教育学会论文一等奖).

32. 探索爱国情感的心理成分及形成机制——我国传统德育教育中心理问题研究[M]//上海市中小学爱国主义教育经验集.上海：上海远东出版社,1994.

33. 上海市中小学爱国主义教育现状调查综合报告[J].上海教育科研,1994(7).(上海市中小学爱国主义教育及心理学问题课题调查组　组长梅仲孙执笔)选入《爱国、育人、成才》.上海：上海远东出版社,1994.

34. 中小学爱国主义教育教育经验资料荟萃[M].沈阳：辽宁师范大学出版社，1994.(与吴雅琴合作主编)
35. 创造和谐、幸福的情感世界——读朱小蔓博士《情感教育论纲》[N].江苏教育报，1995-05-03.
36. 爱国情感教育心理学初探[M]//上海市第五届教育科学研究获奖成果论文集.上海：上海教育出版社，1995.
37. 爱国情感教育心理学初探[M].北京：人民教育出版社，1995(2001再版).(合著)
38. 加强爱国主义教育，增强民族自尊心和自豪感——邓小平爱国主义教育思想研究[M]//百年大计纵横谈——全国教育系统邓小平建设有中国特色社会主义教育理念研讨会文集.北京：首都师范大学出版社，1995.
39. 道德教育的现实性和超越度[J].教育研究，1996(3).
40. 朱小蔓《情感教育论纲》评介[J].教育研究，1996(6).选入《情感教育论纲》.北京：人民出版社，2007.
41. 重视爱国情感体验和移情能力培养[J].思想理论教育，1996(9).
42. 试论爱国情结文化——民族文化爱国情感培养的研究[M]//社会文化与伦理道德论文集.上海：上海社会科学院出版社，1996(获中美"社会文化与伦理道德"征文优秀论文奖).
43. 爱国情感的本质与文化认同[J].思想理论教育，1997(9).
44. 爱国主义教育要重视感受和体验[J].浙江教育，1997(11).
45. 儿童情感发展与教育[M].南京：江苏教育出版社，1997(2003再版).(与朱小蔓合著)
46. 爱国主义教育研究要深入到个体发展层次[M]//播爱国心、育爱国人——上海市爱国中学爱国主义教育实践研究.北京：中国青年出版社，1998.
47. 开发资优潜能，培养创新人才[J].现代特殊教育，1999(4).(与周卫合作)
48. 爱国情感教育心理学研究[M].北京：人民教育出版社，1999.(与顾海根合作编著)
49. 心理辅导与生活保健[M]//学前一体化教育——让有特殊教育儿童在融合中成长.上海：上海教育出版社，1999.
50. 试论爱祖国情结文化[M]//道德教育论丛(第一卷).南京：南京师范大学

出版社,2000.

51. 道德情感教育初探[J].思想理论教育,2001(12).(与朱小蔓合作)
52. 感受——道德体验的基础[J].思想理论教育,2001(12).
53. 民族文化和中小学爱国情感形成与培育[J].中国德育,2008(9).
54. 体验教育的实施体系[M]//体验教育.北京:中国青年出版社,2002.
55. 婴儿依恋感形成和抚育者的关注——婴儿培育模式研究[M]//道德教育丛书(第二卷).南京:南京师范大学出版社,2002.
56. 起步之路如何走——上海关注0—3岁婴儿早期发展研究评述[J].上海教育科研,2002(12).(与胡育合作)
57. 新世纪的"爱的教育"[M]//情满校园——上海卢湾一中心情感教育创新实践.上海:上海人民出版社,2005.
58. 抚育者的眼睛——一位爷爷对孙子的心理解密[M].上海:中国福利会出版社,2006.
59. 儿童愉悦感的体验和烦恼感的缓解——小学生情感教育课的探索[J].上海教育科研,2006(8).(与吴蓉瑾、程华合作)
60. 有情的德育与德育的有情[J].思想理论教育,2006(3)(综合版).
61. 教育的有情与师爱之情的传递[J].少先队研究,2012(1).
62. 我和朱小蔓教授的合作研究[J].上海教育科研,2012(8).
63. 为人类幸福而工作——马克思青年初期理想特点及其形成[J].思想理论教育(现代教学版)(特约稿),2018(6).

后 记

在我初稿完成之际,我特别怀念过去培养过我的小学、中学和大学的老师们。与本书完成有直接关联的是华东师范大学的胡守芬教授。我记得在20年前的一天下午,我去复旦大学附属华山医院探望住院的胡老师。他重病之中还惦念着我。他诉说着对我的期望,希望我能利用自身的优势——有心理学、教育学的专业基础且有长期从事师范教育第一线的教学经验和对中小幼教育研究的资料积累——抓紧时间完成有关心理学研究和情感教育研究的专著。他那般的期望,给我心灵上的震撼和鞭策,使我感动和感激。对我寄予期望的,还有中国科学院心理研究所潘菽教授、北京大学孟昭兰教授、北京师范大学朱智贤教授、东北师范大学王逢贤教授、华东师范大学朱曼珠教授、上海师范大学李伯黍教授、南京师范大学鲁洁教授等。他们用不同的方式,给我关心、指导和帮助。这一切,我一直铭记于心,鞭策我努力学习、工作和研究。

在书稿完成之时,特别要感谢和我长期合作的朱小蔓教授,她那坚定的教育信念、特有的专业情怀、执着的理想追求、独特的学术睿智让我钦佩,多年来以真诚之心给了我研究上的支持和鼓励。在我80寿辰之际,她寄来了情深意切的贺词与序言,我为之感动不已。情感教育研究的著名学者、中国教育学会第七届副会长张志勇在百忙之中通读了我的初稿,以他的学术境界和理论视角,给书稿以精准性的评析,我为之感激不尽。他们的学术友谊弥足珍贵,我万分珍惜,永存心间。

此书的完成,受到上海市人大常委会教科文卫委原主任、上海市教委原副主任、上海教育丛书办公室前任执行主编夏秀蓉和现任主编尹后庆的关心、尊重、信任和支持。编委仇言瑾看过初稿的前两章,给我提出了很好的修改意见。在初稿的审阅中,夏秀蓉老师还亲笔对书稿内容进行了删改,俞恭庆副主编给予了多方面的肯定和鼓励,编委仇言瑾、宋旭辉对整本书稿提出了很好的修改建议,为提高书稿质量给予了帮助。

　　此书的完成,要感谢与我长期开展合作研究的众多上海中小幼校长、园长和老师,他们与我真诚合作,提供无私的帮助,并提供了各种条件和资料。其中,杨浦高级中学康士凯校长、金山枫泾中学陆旭东校长、申淑敏老师,卢湾第一中心小学吴蓉瑾校长等直接参与了书稿有关章节的合作撰写,特此致敬、致谢。

　　此书的完成还要感谢我的单位上海市教育科学研究院及其普通教育研究所的历届领导和现任所长汤林春和刘莉老师,他们为我的书稿电子稿的制作和整本书稿的完成做了大量的工作。教科院退休支部陈泽庚书记在我寿辰时,送上了他亲笔书写的条幅,说我"情感教育献终身,不分寒暑书为伴,研修实践展经纶,大师齐夸好精神",以示对我完成书稿的激励。

　　在书稿完成的过程中,我患病住院长达一年,我要感谢仁济医院钟鸣教授、俞旻皓医生,浦东公利医院陈石伟医生、朱庆云医生、吕强医生,曙光宝山分院徐健医生,龙华医院周时高医生等专家名医,他们用精诚的医德、精湛的医术、精心精准的治疗,使我转危为安,为我完成这一专著提供了保证。

　　在书稿完成时,我要感谢挚友周卫、施建华、徐竹平、申淑敏等老师对初稿认真细致的审阅,以及文字方面的修改,田健老师还寄来了读后感,给予肯定。上海教育出版社的谢冬华副编审和廖承琳编辑更是忠于职守,全面关心,热情支持,认真审读和修改书稿,使书稿的质量得到提高,趋于完美。

　　我更要感谢几十年朝夕相处的亲人——疼爱我的父母与长兄,年迈体贴的岳母,热爱教师工作的爱人与女儿,以及鼓励我写作的儿子和可爱的孙子、外孙。他们给我事业上的支持、生活上的照顾、健康上的关心,创造各种条件让我专心研究,安心写作。孙子与外孙更以他们的健康成长和天真的表述,为本书提供了许多真实而生动感人的案例,为书稿增添了特有的童趣和自然的本色。

　　因此,这一专著的完成,可以说是众多专家教授、各级领导和广大教师与我的亲人、好友、同学、学生一起参与、合作研究的成果,也是我对他们情深厚爱的答谢!

　　由于我本人水平等问题,所以书稿存在的缺点可能不少,恳请广大读者给予批评指正并提出宝贵意见,以便将这一专题研究引向深入,使其完善。

2018年3月28日

上海教育丛书

反映先进教育思想和实践经验　传播教育教学智慧
体现上海教育改革发展的成果　引领教育教学改革

1994 年

　　上海普通教育史(1949—1989)　　　　　　　　　　　17.20 元
　　　　吕型伟　主编
　　为了未来——我的教育观　　　　　　　　　　　　　17.00 元
　　　　吕型伟　著

1995 年

　　耕耘散记　　　　　　　　　　　　　　　　　　　　10.00 元
　　　　方仁工　著
　　语文教学新探——"双分"教学的理论与实践　　　　　9.00 元
　　　　陆继椿　著
　　听力残疾儿童的语言教学　　　　　　　　　　　　　12.00 元
　　　　银春铭　编著
　　班主任日记　　　　　　　　　　　　　　　　　　　7.90 元
　　　　黄静华　著

1996 年

　　和校长教师谈教学　　　　　　　　　　　　　　　　9.00 元
　　　　陆善涛　著
　　语文教学与智力发展　　　　　　　　　　　　　　　7.50 元
　　　　周寿仁　著
　　幼儿心理素质教育　　　　　　　　　　　　　　　　9.50 元
　　　　高志方　著
　　小学生心理辅导札记　　　　　　　　　　　　　　　10.00 元
　　　　毛蓓蕾　著

1997 年

　　我和愉快教育　　　　　　　　　　　　　　　　　　10.00 元

倪谷音 著

以物讲理和见物思理——谈谈中学物理的教与学　　　　12.60 元
　　唐一鸣 著

语文教学谈艺录　　　　　　　　　　　　　　　　　　　10.80 元
　　于　漪 著

青春期教育的实施　　　　　　　　　　　　　　　　　　11.80 元
　　姚佩宽 著

幼教改革新探——"幼儿园综合性主题教育"探微　　　　 9.80 元
　　倪冰如　赵　赫 著

学校家长工作　　　　　　　　　　　　　　　　　　　　 9.30 元
　　高　峰 著

沿着未知的道路漫游——上海的 OM 活动　　　　　　　　9.00 元
　　陈伟新　陈玲菊 著

中学化学教与学的优化　　　　　　　　　　　　　　　　10.50 元
　　何吉飞 著

少先队的自动化　　　　　　　　　　　　　　　　　　　14.70 元
　　段　镇　沈功玲 著

我教化学课　　　　　　　　　　　　　　　　　　　　　13.30 元
　　黄有诚 著

1998 年

走进幼儿绘画世界　　　　　　　　　　　　　　　　　　 9.50 元
　　李慰宜 著

文言文的教与学　　　　　　　　　　　　　　　　　　　12.50 元
　　卢　元 著

家庭教育心理　　　　　　　　　　　　　　　　　　　　11.00 元
　　吴锦骠　郭德峰 著

开发潜能　发展个性　　　　　　　　　　　　　　　　　10.80 元
　　恽昭世 著

注重方法　自我发展——谈谈物理尖子学生的培养　　　　13.50 元
　　张大同　曹德群 著

情系操场　　　　　　　　　　　　　　　　　　　　　　12.70 元

李华丰　著

物理实验创造技法和实验研究　　　　　　　　　　　　11.50 元
　　冯容士　陈燮荣　著

探索中学英语教学成功之路　　　　　　　　　　　　　8.80 元
　　陈少敏　著

思想品德课教学原则与方法　　　　　　　　　　　　　9.30 元
　　顾志鸣　张振芝　著

培养数学思维能力的探索　　　　　　　　　　　　　17.90 元
　　陈振宣　著

爱的奉献——工读耕耘手记　　　　　　　　　　　　　8.85 元
　　周长根　著

集体的组织与培养——少先队工作回忆笔记　　　　　　9.60 元
　　刘元璋　著

献给孩子们的歌　　　　　　　　　　　　　　　　　　8.00 元
　　严金萱　著

中学历史课堂教学方法研究　　　　　　　　　　　　14.00 元
　　朱光明　著

1999 年

幼儿园"生存"课程的研究　　　　　　　　　　　　12.70 元
　　姜勇　徐刚　著

育人之路二十载——大同中学教改纪实　　　　　　　　9.30 元
　　王世虎　陈德生　张浩良　徐志雄　著

心与心的交流——走进小学语文教学的艺术殿堂　　　　8.50 元
　　张平南　著

中学数学思想方法的教学　　　　　　　　　　　　　13.00 元
　　戴丽萍　著

跳跃的音符——唱游教学　　　　　　　　　　　　　10.50 元
　　陈蓓蕾　著

和青年教师谈语文教学　　　　　　　　　　　　　　11.00 元
　　钱梦龙　著

让思想政治课充满活力　　　　　　　　　　　　　　　8.30 元

　　　　浦以安　著

中、外幼儿教育的比较与实践　　　　　　　　　　　　　　　10.40元
　　　　钱　文　封莉容　主编

数学教师札记　　　　　　　　　　　　　　　　　　　　　12.50元
　　　　胡松林　著

青浦实验启示录　　　　　　　　　　　　　　　　　　　　11.00元
　　　　顾泠沅　郑润洲　李秀铃　编

学会参与　走向未来　　　　　　　　　　　　　　　　　　14.00元
　　　　张雪龙　著

感悟生命——谈中学生物的教与学　　　　　　　　　　　　7.10元
　　　　王璟玛　著

2000年

农村教育综合改革与燎原计划　　　　　　　　　　　　　　12.70元
　　　　俞恭庆　著

小学科技活动课探索　　　　　　　　　　　　　　　　　　9.50元
　　　　刘炳生　著

面向市场　主动适应——上海市竖河职校办学之路　　　　　9.30元
　　　　黄应义　著

绿色教育——中学环境教育的实践与认识　　　　　　　　　12.40元
　　　　周大来　著

2002年

为了未来——我的教育观(续集)　　　　　　　　　　　　　26.00元
　　　　吕型伟　著

校舍建设50载　　　　　　　　　　　　　　　　　　　　　25.00元
　　　　刘期泽　著

2003年

小班化教育　　　　　　　　　　　　　　　　　　　　　　16.00元
　　　　毛　放　著

幼儿园"生存"课程的实践　　　　　　　　　　　　　　　　14.00元
　　　　吴荷芬　主编

岁月如歌——上海世界外国语小学的成长故事　　　　　　　20.00元

    王小平　钱佩红　著
  从第二课堂走来——尚文中学教改纪实 　　　　　　　　　　　13.00元
    毛懿飞　管彦丰　吴端辉　著

2004年

  课堂,走向儿童——上海市实验小学开放教育再探 　　　　　　16.00元
    杨　荣　等著

2005年

  残障儿童心理生理教育干预案例研究 　　　　　　　　　　　　14.00元
    何金娣　贺　莉　编著
  继承传统　直面挑战——上海市省吾中学德育工作纪实 　　　　15.00元
    陆雪琴　陈佩云　陈炳福　胡侣元　编著

2006年

  理想与现实——我的教育实践 　　　　　　　　　　　　　　　12.00元
    李汉云　著
  情理相融创和谐——我当校长20年 　　　　　　　　　　　　　15.00元
    李首民　著

2007年

  把德育过程还给学生——黄浦区德育工作纪实 　　　　　　　　16.00元
    曹跟林　李　峻　毛裕介　著
  学校课程领导与教师群体发展——上海市长宁区初级职业技术
    学校的研究与实践 　　　　　　　　　　　　　　　　　　17.00元
    夏　峰　沈　立　编著
  女校·女生 　　　　　　　　　　　　　　　　　　　　　　　25.00元
    徐永初　主编
  探究学习与教师行为改善 　　　　　　　　　　　　　　　　　29.50元
    吴子健　编著
  当好大队辅导员 　　　　　　　　　　　　　　　　　　　　　21.00元
    洪雨露　著

2008年

  有效教研——基础教育教研工作导论 　　　　　　　　　　　　49.00元
    赵才欣　著

现代学校解读与建构 42.00元
　　赵连根　等著

2009年

语文名篇诵读 46.00元
　　唐婷婷　著

用现在竞争将来——上海市南湖职业学校围绕市场办学的实践 40.00元
　　张云生　等著

搏动的讲台——我教思想政治课 35.00元
　　秦　璞　著

资优生教育——乐育菁英的追求 52.00元
　　唐盛昌　著

2010年

未成年学生不良行为的发现与教育调适 30.00元
　　杨永明　等著

园长的故事——幼儿园领导与管理案例 48.00元
　　何幼华　郭宗莉　黄　铮　编著

视障教育——上海盲校百年印证 57.00元
　　徐洪妹　编著

愉快学习　有效课堂——愉快教育学科学习设计的实践 47.00元
　　徐承博　等著

让每个学生在创造实践中成长 44.00元
　　芮仁杰　丁　姗　著

走进游戏　走近幼儿 49.00元
　　徐则民　洪晓琴　编著

我的语文修炼 35.00元
　　王雅琴　著

2011年

有效教学——金山区课堂教学实践写实 38.00元
　　徐　虹　等著

教学生活得像个"人"——我的大语文教学 52.00元
　　黄玉峰　著

寻找适合每个学生发展的教育之路——徐汇教育优质均衡发展
　　改革纪实 33.00元
　　　　王懋功　等著

志高者能远行 50.00元
　　鲍贤俊　著

满足儿童需要　成就幸福童年 35.00元
　　郭宗莉　著

学校体育之心语 37.00元
　　徐阿根　著

2012年

陈鹤琴与上海教育 49.00元
　　上海市陈鹤琴教育思想研究会　著

腾飞于沃土 39.00元
　　任淑秋　刘夏亮　朱瑛　编著

语文教学谈艺录(修订本) 36.00元
　　于漪　著

科技星星在这里闪烁 36.00元
　　卢晓明　著

舞蹈追梦 57.00元
　　胡蕴琪　著

治一校若烹小鲜 49.00元
　　卞松泉　著

后"茶馆式"教学 43.00元
　　张人利　著

2013年

缔造未来 60.00元
　　陈白桦　等著

家庭教育精选百例 35.00元
　　仲立新　唐洪平　编著

段力佩与育才中学 34.00元
　　陈青云　编著

"人之为人"的教育追求——我的育人思想与办学实践　　　46.00 元
　　仇忠海　著

赵宪初与南洋模范　　　37.00 元
　　高　屹　李雄豪　等编著

见证变革——站在上海基础教育转折点上　　　54.00 元
　　尹后庆　著

2014 年

重规范　强实践　求创新——上海市全面实施中小幼见习教师
　　规范化培训纪实　　　48.00 元
　　上海市见习教师规范化培训项目组　编著

陶行知与上海教育　　　52.00 元
　　屠　棠　编著

口述教改——地区实验或研究纪事　　　38.00 元
　　顾泠沅　著

走向新优质——"新优质学校推进"项目指导手册　　　45.00 元
　　胡兴宏　主编

墙外开花墙内香——委托管理与成功教育　　　40.00 元
　　刘京海　著

生态寻梦——崇明县生态教育写真　　　39.00 元
　　黄　强　主编

2015 年

激发成长自觉——"中和位育"引领的求索之路　　　48.00 元
　　张建中　主编

2016 年

师道　匠心——特级教师给学生、家长和教师的 60 堂公开课　　　72.00 元
　　上海市特级教师联谊会　上海教育杂志社　编著

上海课程改革 25 年(1988—2013)　　　49.00 元
　　孙元清　徐淀芳　张福生　赵才欣　著

空间引发的学习变革——上海市市西中学"思维广场"解码　　　38.00 元
　　董君武　方秀红　等著

中学化学教学设计　　　54.00 元

叶佩玉　著

2017 年

让孩子表现自己　让教师发现孩子——以幼儿自主学习为
核心的低结构活动探索　　　　　　　　　　　　　52.00 元
　　　郑惠萍　编著

宝宝心语　　　　　　　　　　　　　　　　　　　39.80 元
　　　茅红美　主编

让每个学生创意翱翔——头脑奥林匹克活动 30 年　49.00 元
　　　陈伟新　叶品元　等著

教育剧场——女中的创新课程　　　　　　　　　　36.00 元
　　　徐永初　主编

上海教研素描——转型中的基础教育教研工作探讨　34.00 元
　　　陆伯鸿　著

让每一个孩子成为与众不同的自己　　　　　　　　40.00 元
　　　徐　红　著

名师之路——上海市"双名工程"的探索与实践　　　68.00 元
　　　上海市教师专业发展工程领导小组　著

在玩中与科技结缘——科技幼儿园的办园追求与实践　45.00 元
　　　高一敏　著

特色之路——上海民办中小学发展历程　　　　　　36.00 元
　　　胡　卫　主编

2018 年

行进在上海数学课程改革路上　　　　　　　　　　35.00 元
　　　邱万作　著

修炼(上)——百位特级谈教师专业成长　　　　　　54.00 元
　　　上海市特级教师特级校长联谊会　上海教育杂志社　编

修炼(下)——百位特级谈教师专业成长　　　　　　54.00 元
　　　上海市特级教师特级校长联谊会　上海教育杂志社　编

教育信息化——走进自适应学习时代　　　　　　　46.00 元
　　　张治　等著

DIS，上海创造——数字化实验系统研发纪实　　　　76.00 元
　　　冯容士　李鼎　著

教育中的情和爱——儿童、青少年情感发展与教育研究40年　　50.00元
梅仲孙　著

图书在版编目(CIP)数据

教育中的情和爱：儿童、青少年情感发展与教育研究 40 年 / 梅仲孙著. — 上海：上海教育出版社，2018.11
(上海教育丛书)
ISBN 978-7-5444-8851-8
Ⅰ.①教… Ⅱ.①梅… Ⅲ.①教育心理学-文集
Ⅳ.①G44-53
中国版本图书馆 CIP 数据核字(2018)第 262636 号

责任编辑　廖承琳　徐凤娇
封面设计　陆　弦

上海教育丛书
教育中的情和爱
——儿童、青少年情感发展与教育研究 40 年
梅仲孙　著

出版发行	上海教育出版社有限公司
官　　网	www.seph.com.cn
地　　址	上海永福路 123 号
邮　　编	200031
印　　刷	上海展强印刷有限公司
开　　本	700×1000　1/16　印张 27.5　插页 3
字　　数	420 千字
版　　次	2018 年 11 月第 1 版
印　　次	2018 年 11 月第 1 次印刷
书　　号	ISBN 978-7-5444-8851-8/G·7332
定　　价	50.00 元

如发现质量问题，读者可向本社调换　　电话：021-64377165